FONTES CHRISTIANI

GREGOR DER GROSSE
EVANGELIENHOMILIEN
I

D1666252

FONTES CHRISTIANI

Zweisprachige Neuausgabe christlicher Quellentexte
aus Altertum und Mittelalter

Herausgegeben von
Norbert Brox, Siegmar Döpp, Wilhelm Geerlings,
Gisbert Greshake, Rainer Ilgner, Rudolf Schieffer

Band 28/1

GREGOR DER GROSSE

EVANGELIENHOMILIEN

I

LATEINISCH
DEUTSCH

HERDER

FREIBURG · BASEL · WIEN

BARCELONA · ROM · NEW YORK

GREGOR DER GROSSE

HOMILIAE IN EVANGELIA

EVANGELIENHOMILIEN

ERSTER TEILBAND

ÜBERSETZT UND EINGELEITET
VON
MICHAEL FIEDROWICZ

HERDER

FREIBURG · BASEL · WIEN
BARCELONA · ROM · NEW YORK

Abdruck des von H. Hurter edierten Textes aus Sancti Gregorii
Magni Romani pontificis XL Homiliarum in Evangelia Libri
duo (= Sanctorum Patrum Opera selecta 2/6), Innsbruck 1892,
mit den Corrigenda von G. Cremascoli (in: Bibliotheca Gregorii Magni, Bd. 2, Rom 1994) mit freundlicher Genehmigung des
Verlages Città Nuova Editrice, Rom.

Fontes-Redaktion:
Rosalie Hellmann, Horst Schneider, Christian Schulze

Gedruckt mit Unterstützung der
Alfried Krupp von Bohlen und Halbach-Stiftung

Die Deutsche Bibliothek – CIP-Einheitsaufnahme

Gregorius ‹Magnus›: Homiliae in Evangelia : [latei-
nisch/deutsch] = Evangelienhomilien / Gregor der
Große. Übers. und eingeleitet von Michael Fiedrowicz.
– Freiburg im Breisgau ; Basel ; Wien ; Barcelona ; Rom ;
New York : Herder
(Fontes Christiani ; Bd. 28)
Teilbd. 1 (1997)
ISBN 3-451-23811-X kartoniert
ISBN 3-451-23911-6 gebunden

Umschlagbild: Marmorplatte eines Lesepults,
Ravenna, S. Apollinare Nuovo, 6. Jh.

Satz: Arbeitsstelle Fontes Christiani, Bochum
Herstellung: Freiburger Graphische Betriebe 1997
ISBN 3-451-23811-X kartoniert
ISBN 3-451-23911-6 gebunden

INHALTSVERZEICHNIS

ERSTER TEILBAND

Abkürzungsverzeichnis VIII
   Werkabkürzungen VIII
   Allgemeine Abkürzungen X
   Bibliographische Abkürzungen X

Bibliographie XIV
   Quellen XIV
   Literatur XXII

EINLEITUNG

  I. Leben und Werk Gregors des Großen 1
    1. Persönlichkeit und Pontifikat 1
    2. Die Werke Gregors 5
  II. Gregor als Homilet und Exeget 8
    1. Verkündigung 8
    2. Schriftauslegung 10
 III. Die Evangelienhomilien 17
    1. Entstehung und Überlieferung 17
      a) Abfassung 17
      b) Datierung 19
      c) Überlieferung 20
      d) Verbreitung und Fortleben 23
    2. Struktur und Form 25
      a) Schriftbezug 25
      b) Aufbau 27
      c) Adressaten 28
      d) Sprache und Stil 29
    3. Spiritualität 34
      a) Vorbereitung auf das Weltgericht 34

b) Sehnsucht nach der Gottesschau 35
c) Loslösung von der Welt 37
d) Zuwendung zum Nächsten 38
e) Die Bestimmung des Menschen im Spiegel
  des Kirchenjahres 39
4. Quellen 40

IV. Zum Text 42

TEXT UND ÜBERSETZUNG

Widmungsbrief an Secundinus 46
Homilie 1 50
Homilie 2 64
Homilie 3 80
Homilie 4 90
Homilie 5 102
Homilie 6 112
Homilie 7 126
Homilie 8 140
Homilie 9 148
Homilie 10 164
Homilie 11 180
Homilie 12 192
Homilie 13 210
Homilie 14 224
Homilie 15 238
Homilie 16 252
Homilie 17 266
Homilie 18 304
Homilie 19 318
Homilie 20 340

ZWEITER TEILBAND

Text und Übersetzung

Homilie 21 374
Homilie 22 390
Homilie 23 416
Homilie 24 424
Homilie 25 442
Homilie 26 470
Homilie 27 498
Homilie 28 518
Homilie 29 528
Homilie 30 550
Homilie 31 578
Homilie 32 594
Homilie 33 616
Homilie 34 640
Homilie 35 684
Homilie 36 708
Homilie 37 740
Homilie 38 766
Homilie 39 808
Homilie 40 834

Anhang

Register 872

ABKÜRZUNGSVERZEICHNIS

WERKABKÜRZUNGEN

AMBROSIASTER
ad Corinth. prima ad Corinthios prima

AMBROSIUS
in Luc. expositio euangelii secundum Lucam
Isaac de Isaac et anima

AUGUSTINUS
catech. rud. de catechizandis rudibus
c. Faust. contra Faustum Manichaeum
civ. de civitate dei
conf. confessiones
enchir. enchiridion *vel* ad Laurentium de fide, spe et
caritate
haer. de haeresibus ad Quodvultdeum
in epist. Ioh. in epistulam Iohannis ad Parthos tractatus
in euang. Ioh. in Iohannis euangelium tractatus
in psalm. in psalmos enarrationes
quaest. ev. quaestiones euangeliorum
serm. sermones
vera relig. de vera religione

CÄSARIUS VON ARLES
serm. sermones

CASSIAN
conl. conlationes
inst. de institutis coenobiorum et de octo principalium vitiorum remediis

CICERO
div. de divinatione

CYPRIAN
epist. epistulae
mortal. de mortalitate

DIONYSIUS AREOPAGITA
c. h. de caelesti hierarchia

GAUDENTIUS VON BRESCIA
serm. sermones et tractatus

GREGOR DER GROSSE
dial. dialogi
epist. registrum epistularum
in cant. expositionis in canticum canticorum reliquiae
in euang. in euangelia homiliae
in Ezech. in Ezechielem homiliae
in I Reg. expositiones in librum primum regum
moral. moralia in Iob
past. regula pastoralis

GREGOR VON NAZIANZ
or. orationes

GREGOR VON TOURS
glor. conf. in gloria confessorum

HIERONYMUS
c. Lucif. altercatio Luciferiani et orthodoxi
epist. epistulae
in Matth. commentarii in Matthaeum
in Zach. commentarii in Zachariam prophetam
nom. hebr. hebraica nomina

IRENÄUS VON LYON
haer. adversus haereses

JOHANNES CHRYSOSTOMUS
hom. in Col. homiliae in epistulam ad Colossenses

LEO DER GROSSE
serm. sermones

LIBER PONTIFICALIS
Lib. pontif. liber pontificalis

MARTYROLOGIUM ROMANUM
Mart. Rom. martyrologium Romanum

ORIGENES
Cels. contra Celsum
comm. in Io. commentarii in Iohannem

frg. in Lam.	fragmenta in Lamentationes
hom. in Ezech.	homiliae in Ezechielem
hom. in Jer.	homiliae in Jeremiam
hom. in Num.	homiliae in Numeros

PRISCILLIAN
Lib. apol. liber apologeticus

TERTULLIAN
apol. apologeticum
carn. de carne Christi

ALLGEMEINE ABKÜRZUNGEN

al.	alii		FS	Festschrift
AT	Altes Testament		Hom.	Homilie
atl.	alttestamentlich		LXX	Septuaginta
bearb.	bearbeitet		prol.	prologus
ders.	derselbe		übers.	übersetzt
eingel.	eingeleitet		Vg.	Vulgata
engl.	englisch		G	Griechische Vorlage

BIBLIOGRAPHISCHE ABKÜRZUNGEN

AEcR	American ecclesiastical review, Washington D.C.
Aevum	Aevum. Rassegna di scienze storiche, linguistiche e filologiche, Mailand
AHP	Archivum historiae pontificiae, Rom
AnBoll	Analecta Bollandiana, Brüssel
ASEs	Annali di storia dell'esegesi, Bologna
ASRSP	Archivio della (R.) Società Romana di Storia Patria, Rom
Aug.	Augustinianum, Rom
BALAC	Bulletin d'ancienne littérature et d'archéologie chrétienne, Paris
BAug	Bibliothèque augustinienne
Ben.	Benedictina. Fascioli trimestrali di studi benedettini, Rom
BGAM	Beiträge zur Geschichte des alten Mönchtums und des Benediktinerordens

BGL	Bibliothek der griechischen Literatur
BGPhMA	Beiträge zur Geschichte der Philosophie und Theologie des Mittelalters. Texte und Untersuchungen
—.NF	— Neue Folge
BKV	Bibliothek der Kirchenväter [1]1, 1869 – 80, 1888 [2]1, 1911 – 62/63, 1931 2. Reihe: 1, 1932 – 20, 1938
BSRel	Biblioteca di scienze religiose
CCist	Collectanea Cisterciensia, Forges u. a.
CCL	Corpus Christianorum Latinorum
CCMéd	Cahiers de civilisation médiévale. X[c]–XII[c] siècles, Poitier
CistS	Cistercian studies, Berryville
CistSS	Cistercian studies series
CMe	Christliche Meister
CSEL	Corpus scriptorum ecclesiasticorum Latinorum
CUFr	Collection des universités de France
Diss. T	Dissertationen. Sankt Ottilien — Theologische Reihe
DPAC	Dizionario patristico e di antichità cristiane. Dir. da Angelo di Berardino. Casale Monteferrato 1–3, 1983–1988
DSp	Dictionnaire de spiritualité ascétique et mystique, doctrine et histoire. Paris 1, 1937 ff
EAug	Études augustiniennes
EcOra	Ecclesia Orans. Zur Einführung in den Geist der Liturgie, Freiburg
EE	Estudios eclesiásticos, Madrid
EL	Ephemerides liturgicae, Vatikanstadt
EO	Ecclesia orans. Periodica de scientiis liturgicis, Rom
FC	Fontes Christiani
FMSt	Frühmittelalterliche Studien, Berlin
FThSt	Freiburger theologische Studien
GCS	Die griechischen christlichen Schriftsteller der ersten drei Jahrhunderte
GIF	Giornale italiano di filologia, Neapel
HJb	Historisches Jahrbuch der Görresgesellschaft, München u. a.
HKG(J)	Handbuch der Kirchengeschichte, hrsg. von H. Jedin
IMU	Italia medioevale e umanistica, Padua
IThQ	Irish theological quarterly, Maynooth u. a.
IThS	Innsbrucker Theologische Studien
JVCK	Jahrbuch des Vereins für christliche Kunst in München
Koin.	Koinonia. Beiträge zur ökumenischen Spiritualität und Theologie, Essen
LThK	Lexikon für Theologie und Kirche, Freiburg 1, 1930 bis 10, 1938; [2]1, 1957 – 10, 1965 + Reg.Bd. 1965; [3]1, 1993 ff
LWJ	Literaturwissenschaftliches Jahrbuch der Görres-Gesellschaft, Freiburg

LWQF	Liturgiewissenschaftliche Quellen und Forschungen
MGH.Ep	Monumenta Germaniae historica inde ab a.c. 500 usque ad a. 1500. Epistolae
MüSt	Münsterschwarzacher Studien
Par.	Paradosis. Études de littérature et de théologie ancienne
PBR	Patristic and Byzantine Review. Paterikē-Byzantinē epistheoresis, Kingston N.Y.
PG	Patrologiae cursus completus. Accurante J.-P. Migne, Paris. Series Graeca
PL	— Series Latina
PRE.S	Paulys Real-Encyclopädie der classischen Alterthumswissenschaft. Neuauflage begonnen von G. Wissowa. Supplement
RAC	Reallexikon für Antike und Christentum, Stuttgart 1950ff
RBen	Revue bénédictine de critique, d'histoire et de littérature religieuses, Maredsous
REAug	Revue des études augustiniennes, Paris
RechAug	Recherches augustiniennes, Paris
RevSR	Revue des sciences religieuses, Straßburg
RHE	Revue d'histoire ecclésiastique, Louvain
RHSp	Revue d'histoire de la spiritualité, Paris
RQ	Römische Quartalschrift für christliche Altertumskunde und Kirchengeschichte
RQ.S	Römische Quartalschrift für christliche Altertumskunde und Kirchengeschichte — Supplementheft
RSR	Recherches de science religieuse, Paris
RThAM	Recherches de théologie ancienne et médiévale, Louvain
SAC	Studi di antichità cristiana, Rom u.a.
Sal.	Salesianum. Pontificio Atheneo Salesiano, Turin
SChr	Sources chrétiennes
SE	Sacris erudiri. Jaarboek voor godsdienstwetenschappen. Steenbrugge u.a.
SEA	Studia ephemeridis ‚Augustinianum'
SGSG	Studi gregoriani per la storia di Gregorio VII e della riforma gregoriana, Rom
SKV	Schriften der Kirchenväter
Spec.	Speculum. A journal of mediaeval studies, Cambridge (Mass.)
SpicFri	Spicilegium Friburgense. Texte zur Geschichte des kirchlichen Lebens
StAns ALit	Studia Anselmiana. Philosophica [et] theologica. Analecta Liturgica
STG	Studien zur Theologie und Geschichte
StMed	Studi medievali, Turin

StMon	Studia monastica, Montserrat
StoSpi	Storia della spiritualità
StPatr	Studia Patristica. Papers presented to the international conference on patristic studies
STPIMS	Studies and texts. Pontifical Institute of Mediaeval Studies
StSil	Studia Silensia
Theol(P)	Théologie. Études publ. sous la dir. de la Faculté de Théologie S. J. de Lyon-Fourvière, Paris
Thes. LL	Thesaurus linguae Latinae, Leipzig 1, 1900 ff
TS	Theological studies. Theological Faculties of the Society of Jesus in the United States, Woodstock (Md.) u. a.
VD	Verbum Domini. Commentarii de re biblica, Rom
VieMon	Vie monastique
VigChr	Vigiliae Christianae. Review of early Christian life and language, Amsterdam
VKHSM	Veröffentlichungen aus dem Kirchenhistorischen Seminar München
VM	Vita Monastica, Rom
VS. S	Vie spirituelle. Supplément, Paris
WSlJb	Wiener Slavistisches Jahrbuch, Wien
ZKG	Zeitschrift für Kirchengeschichte, Stuttgart u. a.
ZKTh	Zeitschrift für katholische Theologie, Wien u. a.

BIBLIOGRAPHIE

QUELLEN

AMBROSIASTER
Ad Corinthios prima:
— *Ambrosiastri qui dicitur commentarius in epistulas Paulinas 2. In epistulas ad Corinthios* (hrsg. von H. J. VOGELS = CSEL 81/2), Wien 1968.

AMBROSIUS
De Isaac et anima:
— De Isaac vel anima: *Sancti Ambrosii opera 1* (hrsg. von C. SCHENKL = CSEL 32/1), Prag/Wien/Leipzig 1897, 639–700.
Expositio euangelii secundum Lucam:
— *Expositio Evangelii secundum Lucam* (hrsg. von C. SCHENKL = CSEL 32/4, Sancti Ambrosii opera 4), Prag/Wien/Leipzig 1902.
— Expositio evangelii secundum Lucam (hrsg. von M. ADRIAEN): *Sancti Ambrosii Mediolanensis opera 4* (CCL 14), Turnholt 1957, 1–400.
— *Des heiligen Kirchenlehrers Ambrosius von Mailand ausgewählte Schriften 2* (übers. von J. E. NIEDERHUBER = BKV² 21), München 1915.

AUGUSTINUS
Confessiones:
— *Sancti Augustini Confessionum libri XIII* (hrsg. von L. VERHEIJEN = CCL 27, Sancti Augustini opera 1/1), Turnholt 1981.
— *Bekenntnisse* (übers. von W. THIMME), München 6. Aufl. 1992.
Contra Faustum Manichaeum:
— S. Aureli Augustini contra Faustum libri XXXIII: *Sancti Aureli Augustini opera 6/1* (hrsg. von J. ZYCHA = CSEL 25/1), Prag/Wien/Leipzig 1891, 249–797.
De catechizandis rudibus:
— De catechizandis rudibus (hrsg. von I. B. BAUER): *Aurelii Augustini opera 13/2* (CCL 46), Turnholt 1969, 121–178.
— *Aurelius Augustinus. Vom ersten katechetischen Unterricht* (übers. von W. STEINMANN, bearb. von O. WERMELINGER = SKV 7), München 1985.
De civitate dei:
— *De civitate dei libri XXII*, 2 Bde. (hrsg. von B. DOMBART / A. KALB = CCL 47.48, Aurelii Augustini opera 14/1–2), Turnholt 1955.

— *Vom Gottesstaat,* 2 Bde. (übers. von W. THIMME, eingel. von C. AN-
DRESEN), München 3. Aufl. 1991.

De haeresibus ad Quodvultdeum:

— De haeresibus ad Quodvultdeum (hrsg. von R. VANDER PLAETSE / C.
BEUKERS): *Aurelii Augustini opera 13/2* (CCL 46), Turnholt 1969,
286–345.

De vera religione:

— De vera religione liber unus (hrsg. von K.-D. DAUR): *Aurelii Augustini
opera 4/1* (CCL 32), Turnholt 1962, 187–260.

— De vera religione. Von der wahren Religion: *Theologische Frühschrif-
ten. De libero arbitrio. Vom freien Willen / De vera religione. Von der
wahren Religion* (hrsg. von W. M. GREEN, übers. von W. THIMME),
Zürich/Stuttgart 1962, 366–553.

Enchiridion vel ad Laurentium de fide, spe et caritate:

— Enchiridion ad Laurentium de fide et spe et caritate (hrsg. von E.
EVANS): *Aurelii Augustini opera 13/2* (CCL 46), Turnholt 1969,
49–114.

— *Aurelius Augustinus. Enchiridion de fide spe et caritate. Handbüchlein
über Glaube Hoffnung und Liebe* (hrsg. von J. BARBEL = Testimonia.
Schriften der altchristlichen Zeit 1), Düsseldorf 1960.

In epistulam Iohannis ad Parthos tractatus X:

— *Saint Augustin. Commentaire de la première Épître de S. Jean* (hrsg.
und übers. von P. AGAËSSE = SCh 75), Paris 3. Aufl. 1984.

— *Unteilbar ist die Liebe. Predigten des hl. Augustinus ueber den ersten
Johannesbrief* (übers. von H. M. BIEDERMANN = Augustinus Heute 5),
Würzburg 1986.

In Iohannis euangelium tractatus CXXIV:

— *Sancti Aurelii Augustini in Iohannis Evangelium Tractatus CXXIV*
(hrsg. von R. WILLEMS = CCL 36, Aurelii Augustini opera 8), Turnholt
1954.

— *Des heiligen Kirchenvaters Aurelius Augustinus Vorträge über das
Evangelium des hl. Johannes,* 3 Bde. (übers. von T. SPECHT = BKV²
8. 11. 19, Des heiligen Kirchenvaters Aurelius Augustinus ausgewählte
Schriften 4–6), München 1913. 1913. 1914.

In psalmos enarrationes:

— *Sancti Aurelii Augustini Enarrationes in Psalmos,* 3 Bde. (hrsg. von
D. E. DEKKERS / J. FRAIPONT = CCL 38. 39. 40, Aurelii Augustini opera
10/1–3), Turnholt 1956. 1956. 1956.

Quaestiones euangeliorum:

— *Sancti Aurelii Augustini Quaestiones evangeliorum cum appendice
Quaestionum XVI in Matthaeum* (hrsg. von A. MUTZENBECHER =
CCL 44B, Aurelii Augustini opera 13/3), Turnholt 1980.

Sermones:

— *S. Aurelii Augustini Hipponensis Episcopi Sermones,* 2 Bde. (PL
38. 39 = Sancti Aurelii Augustini Hipponensis Episcopi opera omnia
5/1–2).

CÄSARIUS VON ARLES
Sermones:
— *Sancti Caesarii Arelatensis Sermones* (hrsg. von G. MORIN = CCL 103.104, Caesarii Arelatensis opera 1/1–2), Turnholt 1953.

CASSIAN
Conlationes:
— *Iohannis Cassiani Conlationes XXIIII* (hrsg. von M. PETSCHENIG = CSEL 13, Iohannis Cassiani opera 2), New York / London 1966 (Wien 1886).
— Des ehrwürdigen Johannes Cassianus vierundzwanzig Unterredungen mit den Vätern (übers. von K. KOHLHUND): *Sämmtliche Schriften des ehrwürdigen Johannes Cassianus 1* (BKV¹ 59), Kempten 1879, 280–600; *Sämmtliche Schriften des ehrwürdigen Johannes Cassianus 2* (BKV¹ 68), Kempten 1879, 9–428.
De institutis coenobiorum et de octo principalium vitiorum remediis:
— Iohannis Cassiani de institutis coenobiorum et de octo principalium vitiorum remediis libri XII: *Iohannis Cassiani opera 7/1* (hrsg. von M. PETSCHENIG = CSEL 17), Prag/Wien/Leipzig 1888, 3–231.
— Des ehrwürdigen Johannes Cassianus zwölf Bücher von den Einrichtungen der Klöster: *Sämmtliche Schriften des ehrwürdigen Johannes Cassianus 1* (übers. von A. ABT = BKV¹ 59), Kempten 1879, 15–271.

CICERO
De divinatione:
— De divinatione: *M.Tullii Ciceronis scripta quae manserunt omnia 46* (hrsg. von R. GIOMINI), Leipzig 1975, 1–148.
— *Über die Wahrsagung* — *De divinatione* (hrsg. und übers. von C. SCHÄUBLIN), München/Zürich 1991.

CYPRIAN
Epistulae:
— *Sancti Cypriani Episcopi Epistularium* (hrsg. von G. F. DIERCKS = CCL 3B, Sancti Cypriani Episcopi opera 3/1), Turnholt 1994.
— *Des heiligen Kirchenvaters Caecilius Cyprianus Briefe* (übers. von J. BAER = BKV² 60, Des heiligen Kirchenvaters Caecilius Cyprianus sämtliche Schriften 2), München 1928.
De mortalitate:
— Sancti Cypriani de mortalitate (hrsg. von M. SIMONETTI): *Sancti Cypriani Episcopi opera* (CCL 3A), Turnholt 1976, 15–32.
— Über die Sterblichkeit: *Des heiligen Kirchenvaters Caecilius Cyprianus sämtliche Schriften 1* (übers. von J. BAER = BKV² 34), München 1918, 234–254.

DIONYSIUS AREOPAGITA
De caelesti hierarchia:
— *Denys L'Aréopagite. La hiérarchie céleste* (hrsg. von R. ROQUES / G.
HEIL / M. DE GANDILLAC = SCh 58), Paris 1958.
— Über die himmlische Hierarchie: *Über die himmlische Hierarchie.
Über die kirchliche Hierarchie* (übers. von G. HEIL = BGL 22),
Stuttgart 1986, 28–95.

GAUDENTIUS VON BRESCIA
Sermones et tractatus:
— *S. Gaudentii Episcopi Brixiensis tractatus* (hrsg. von A. GLÜCK = CSEL
68), Wien/Leipzig 1936.

GREGOR DER GROSSE
Dialogi:
— *Dialogues*, 3 Bde. (hrsg. von A. DE VOGÜÉ, übers. von P. ANTIN = SCh
251.260.265), Paris 1978.1979.1980.
— *Des heiligen Papstes und Kirchenlehrers Gregor des Großen vier Bü-
cher Dialoge* (übers. von J. FUNK = BKV² 3, Des heiligen Papstes und
Kirchenlehrers Gregor des Großen ausgewählte Schriften 2), Mün-
chen 1933.
Expositionis in canticum canticorum reliquiae:
— In nomine domini incipit expositio in canticis canticorum a capite de
exceda relevata Domni Gregorii Papae urbis Romae: *Sancti Gregorii
Magni expositiones in canticum canticorum, in librum primum regum*
(hrsg. von P. VERBRAKEN = CCL 144), Turnholt 1963, 3–46.
— Gregor der Große. Auslegung des Hohenliedes: *Origenes und Gregor
der Große. Das Hohelied* (übers. von K. S. FRANK = CMe 29), Einsie-
deln 1987, 93–129.
Expositiones in librum primum regum:
— In librum primum regum expositionum libri VI: *Sancti Gregorii Magni
expositiones in canticum canticorum, in librum primum regum* (hrsg.
von P. VERBRAKEN = CCL 144), Turnholt 1963, 47–614.
— *Commentaire sur le Premier Livre des Rois, I (Préface – 2, 28)* (hrsg.
und übers. von A. DE VOGÜÉ = SCh 351), Paris 1989.
In euangelia homiliae:
— *San Gregorio Magno, Omelie sui vangeli* (hrsg. von G. CREMASCOLI
= Opere di Gregorio Magno 2), Rom 1994.
— Sancti Gregorii Magni Romani pontificis XL Homiliarum in Evangelia
Libri duo: *Sancti Gregorii papae I cognomento Magni opera omnia*
(PL 76), 1075–1312.
— *Sancti Gregorii Magni Romani pontificis XL Homiliarum in Evangelia
Libri duo* (hrsg. von H. HURTER = Sanctorum Patrum Opera selecta
2/6), Innsbruck 1892.
— *40 Homilien über die Evangelien* (übers. von der Abtei St. Gabriel zu
Bertholdstein), Klosterneuburg 2. Aufl. 1932.

— *Gregory the Great. Forty Gospel Homilies* (übers. von D. HURST = CistSS 123), Kalamazoo 1990.
In Ezechielem homiliae:
— *Sancti Gregorii Magni homiliae in Hiezechihelem prophetam* (hrsg. von M. ADRIAEN = CCL 142), Turnholt 1971.
— *Gregor der Große. Homilien zu Ezechiel* (übers. von G. BÜRKE = CMe 21), Einsiedeln 1983.
— *Grégoire le Grand. Homélies sur Ézéchiel 1* (hrsg. und übers. von C. MOREL = SCh 327), Paris 1986.
— *Gregorio Magno. Omelie su Ezechiele*, Bd. 1 (Vorwort von E. GAN-DOLFA, eingel. von V. RECCHIA = Opere di Gregorio Magno 3/1), Rom 1992.
Moralia in Iob:
— *S. Gregorii Magni Opera. Moralia in Iob Libri I–XXXV*, 3 Bde. (hrsg. von M. ADRIAEN = CCL 143. 143A. 143B), Turnholt 1979. 1979. 1979.
— *Gregorio Magno. Commento Morale a Giobbe, 1 (I–VIII)* (hrsg. von C. DAGENS = Opere di Gregorio Magno 1/1), Rom 1992.
— *Grégoire le Grand. Morales sur Job, Livres I et II* (hrsg. von R. GILLET, übers. von A. DE GAUDEMARIS = SCh 32bis), Paris 3. Aufl. 1989.
Registrum epistularum:
— *Gregorii I Papae Registrum epistolarum*, 2 Bde. (hrsg. von P. EWALD / L. M. HARTMANN = MGH. Ep 1. 2), Berlin 1891–1899.
— *S. Gregorii Magni Registrum Epistularum*, 2 Bde. (hrsg. von D. NOR-BERG = CCL 140. 140A, S. Gregorii Magni opera), Turnholt 1982.
— *Registre des Lettres 1 (Livres I et II)* (hrsg. und übers. von P. MINARD = SCh 370), Paris 1991.
— *Des heiligen Kirchenlehrers Gregorius des Großen ausgewählte Briefe* (übers. von T. KRANZFELDER = BKV^1 27, Ausgewählte Schriften des heiligen Gregorius des Großen, Papstes und Kirchenlehrers 2), Kemp-ten 1874.
Regula pastoralis:
— *Grégoire le Grand. Règle Pastorale*, 2 Bde. (eingel. von B. JUDIC, hrsg. von F. ROMMEL, übers. von C. MOREL = SCh 381. 382), Paris 1992. 1992.
— *Des heiligen Papstes und Kirchenlehrers Gregor des Großen Buch der Pastoralregel* (übers. von J. FUNK = BKV^2 4, Des heiligen Papstes und Kirchenlehrers Gregor des Großen ausgewählte Schriften 1), Mün-chen 1933.

GREGOR VON NAZIANZ
Orationes:
— *Grégoire de Nazianze. Discours 38–41* (hrsg. von C. MORESCHINI, übers. von P. GALLAY = SCh 358), Paris 1990.
— *Reden* (übers. von J. RÖHM = BKV^1 20, Des hl. Gregor von Nazianz ausgewählte Schriften 1), Kempten 1874.

GREGOR VON TOURS
In gloria confessorum:
— Liber de gloria beatorum confessorum: *S. Georgii Florentini Gregorii Turonensis episcopi opera omnia* (PL 71), 828–912.

HIERONYMUS
Altercatio Luciferiani et orthodoxi:
— Dialogus contra Luciferianos: *Sancti Eusebii Hieronymi Stridonensis Presbyteri opera omnia* (PL 23), 165–192.
Commentarii in Matthaeum:
— *Commentariorum libri in Matheum libri IV* (hrsg. von D. HURST / M. ADRIAEN = CCL 77, S. Hieronymi Presbyteri opera 1/7), Turnholt 1969.
Commentarii in Zachariam prophetam:
— Commentariorum in Zachariam prophetam ad exsuperium Tolosanum episcopum: *S. Hieronymi Presbyteri opera 1/6* (hrsg. von M. ADRIAEN = CCL 76A), Turnholt 1970, 747–900.
Epistulae:
— *Sancti Eusebii Hieronymi Epistulae 2: Epistulae LXXI–CXX* (hrsg. von I. HILBERG = CSEL 55, S. Eusebii Hieronymi opera 1/2), Wien/Leipzig 1912.
— *Sancti Eusebii Hieronymi Epistulae 3: Epistulae CXXI–CLIV* (hrsg. von I. HILBERG = CSEL 56, S. Eusebii Hieronymi opera 1/3), Wien/Leipzig 1918.
— *Des hl. Kirchenvaters Eusebius Hieronymus ausgewählte Briefe 1 und 2*, 2 Bde. (übers. von L. SCHADE = BKV² 16.18, Des heiligen Kirchenvaters Eusebius Hieronymus ausgewählte Schriften 2), München 1936.1937.
Hebraica nomina:
— Liber interpretationis hebraicorum nominum: *S. Hieronymi Presbyteri opera 1,1* (hrsg. von P. DE LAGARDE = CCL 72), Turnholt 1959, 57–161.

IRENÄUS VON LYON
Adversus haereses:
— Adversus haereses liber I. Gegen die Häresien Buch 1: *Epideixis. Darlegung der apostolischen Verkündigung / Adversus haereses liber I. Gegen die Häresien Buch 1* (hrsg. und übers. von N. BROX = FC 8/1), Freiburg 1993, 113–357.

JOHANNES CHRYSOSTOMUS
Homiliae in epistulam ad Colossenses:
— In epistolam ad Colossenses commentarius: *S. P. N. Joannis Chrysostomi Archiepiscopi Constantinopolitani opera omnia quae exstant 11* (PG 62), 299–392.

JOHANNES DIACONUS
Vita Sancti Gregorii Magni:
— Sancti Gregorii Magni vita: *Sancti Gregorii Papae I cognomento Magni opera omnia 1* (PL 75), 59–242.

LEO DER GROSSE
Sermones:
— *Sancti Leonis Magni Romani Pontificis Tractatus septem et nonaginta*, 2 Bde. (hrsg. von A. CHAVASSE = CCL 138. 138 A), Turnholt 1973. 1973.
— *Des heiligen Papstes und Kirchenlehrers Leo des Großen sämtliche Sermonen 1 und 2* (übers. von T. STEEGER = BKV² 54. 55, Des heiligen Papstes und Kirchenlehrers Leo des Großen sämtliche Predigten 1. 2), München 1927. 1927.

LIBER PONTIFICALIS
— *Le Liber Pontificalis*, 3 Bde. (hrsg. von L. DUCHESNE), Paris 2. Aufl. 1955. 1955. 1957.

MARTYROLOGIUM ROMANUM
— *Propylaeum ad Acta Sanctorum Decembris. Martyrologium Romanum* (hrsg. von H. DELEHAYE / P. PETERS / M. COENS / B. DE GAIFFIER / P. GROSJEAN / F. HALKIN), Brüssel 1940.

MINUCIUS FELIX
Octavius:
— *M. Minuci Felicis Octavius* (hrsg. von B. KYTZLER), Leipzig 1982.
— *M. Minucius Felix, Octavius* (hrsg. und übers. von B. KYTZLER), Stuttgart 1977.

ORIGENES
Commentarii in Iohannem:
— *Der Johanneskommentar* (hrsg. von E. PREUSCHEN = GCS 10, Origenes 4), Leipzig 1903.
— *Das Evangelium nach Johannes* (übers. von R. GÖGLER), Einsiedeln/Zürich/Köln 1959.
Fragmenta in Lamentationes:
— Die Fragmente aus der Prophetenkatene: *Jeremiahomilien, Klageliederkommentar, Erklärung der Samuel- und Königsbücher* (hrsg. von E. KLOSTERMANN = GCS 6, Origenes 3), Leipzig 1901, 235–278.
Contra Celsum:
— Πρὸς τὸν ἐπιγεγράμμενον Κέλσου ἀληθῆ λόγον Ὠριγένους, Buch 1–4: *Die Schrift vom Martyrium. Buch 1–4 gegen Celsus* (hrsg. von P. KOETSCHAU = GCS 2, Origenes 1), Leipzig 1899, 49–374.
— Πρὸς τὸν ἐπιγεγράμμενον Κέλσου ἀληθῆ λόγον Ὠριγένους, Buch 5–8: *Die Schrift vom Martyrium. Buch 5–8 gegen Celsus* (hrsg. von P. KOETSCHAU = GCS 3, Origenes 2), Leipzig 1899, 1–293.

Homiliae in Ezechielem:
— Die 14 Ezechielhomilien: *Homilien zu Samuel 1, zum Hohelied und zu den Propheten. Kommentar zum Hohelied in Rufins und Hieronymus' Übersetzung* (hrsg. von W. A. BAEHRENS = GCS 33, Origenes 8), Leipzig 1925, 319–454.
Homiliae in Jeremiam:
— Die Jeremiahomilien: *Jeremiahomilien, Klageliederkommentar, Erklärung der Samuel- und Königsbücher* (hrsg. von E. KLOSTERMANN = GCS 6, Origenes 3), Leipzig 1901, 1–194.
— *Origenes. Die griechisch erhaltenen Jeremiahomilien* (übers. von E. SCHADEL = BGL 10), Stuttgart 1980.
Homiliae in Numeros:
— Die 28 Numerihomilien: *Homilien zum Hexateuch in Rufins Übersetzung, Zweiter Teil. Die Homilien zu Numeri, Josua und Judices* (hrsg. von W. A. BAEHRENS = GCS 30, Origenes 7), Leipzig 1921, 3–285.

PAULUS DIACONUS
Vita Gregorii:
— Vita Gregorii: PL 75, 41–60.

PRISCILLIAN
Liber apologeticus:
— Priscilliani liber apologeticus: *Priscilliani quae supersunt* (hrsg. von G. SCHEPSS = CSEL 18), Prag/Wien/Leipzig 1889, 3–102.

RUFIN
De pentecoste et de spiritu sancto:
— De pentecoste et de spiritu sancto: *Tyrannii Rufini opera 1. Orationum Gregorii Nazianzeni novem interpretatio* (hrsg. von A. ENGELBRECHT = CSEL 46/1), New York / London 1965 (Wien/Leipzig 1919), 141–163.

TERTULLIAN
Apologeticum:
— Apologeticum (hrsg. von E. DEKKERS): *Quinti Septimi Florentis Tertulliani opera 1* (CCL 1), Turnholt 1954, 85–171.
— *Tertullian. Apologeticum — Verteidigung des Christentums* (hrsg. und übers. von C. BECKER), München 2. Aufl. 1961.
De carne Christi:
— De carne Christi (hrsg. von A. KROYMANN): *Quinti Septimi Florentis Tertulliani opera 2* (CCL 2), Turnholt 1954, 871–917.

LITERATUR

AMORE, A., Sebastian: LThK² 9, 557f.

AMORY, F., Whited Sepulchres. The semantic History of Hypocrisy to the high Middle Ages: RThAM 55 (1986) 5–39.

AUBIN, P., Intériorité et extériorité dans les Moralia in Job de Sanct Grégoire le Grand: RSR 62 (1974) 117–166.

BALSAVICH, M., *The witness of St. Gregory to the Place of Christ in Prayer,* Rom 1959.

BANNIARD, M., *Viva voce. Communication écrite et communication orale du IVᵉ au IXᵉ siècle en occident latin,* Paris 1992.

BARTELINK, G.J.M., Les démons comme brigands: VigChr 21 (1967) 12–24.

BAUS, K. / BECK, H.-G. / EWIG, E. / VOGT, H.J., *Die Reichskirche nach Konstantin dem Großen. Die Kirche in Ost und West von Chalkedon bis zum Frühmittelalter, 451–700* (HKG[J] 2/2), Freiburg 1975.

BERROUARD, M.-F., Un symbole de la grande pénitence: la résurrection de Lazare et son déliement: *Homélies sur L'Évangile de Saint Jean XLIV–LIV* (BAug 73B), Paris 1989, 469–473.

BOGLIONI, P., *Miracle et merveilleux religieux chez Grégoire le Grand. Théorie et thèmes,* Montréal 1974.

BÖHNE, W., Beginn und Dauer der römischen Fastenzeit im sechsten Jahrhundert: ZKG 77 (1966) 224–237.

BORGOMEO, P., *L'Église de ce temps dans la Prédication de saint Augustin,* Paris 1972.

BOVER, J.M., ,Tamquam sponsus procedens de thalamo suo' (Ps 18,6): EE 4 (1925) 59–71.

BRAYER, E., Un recueil de sermons, d'enseignements et d'exemples en ancien français, contenant des sermons de Pierre d'Ailly: *Académie des Inscriptions et Belles-Lettres. Comptes rendus des Séances,* Paris 1959, 126–128.

CABASSUT, A., Blessure d'amour: DSp 1, 1724–1729.

CALATI, B., Spiritualità del primo medioevo: *La spiritualità del medioevo* (hrsg. von B. CALATI / R. GRÉGOIRE / A. BLASUCCI = StoSpi 4), Rom 1988, 5–200.

CARLUCCIO, G., *The Seven Steps to Spiritual Perfection according to St. Gregory the Great,* Ottawa 1949.

CASEY, M., Spiritual Desire in the Gospel Homilies of Saint Gregory the Great: CistS 16 (1981) 297–314.

CASPAR, E., *Geschichte des Papsttums,* Bd. 2, Tübingen 1933.

CATRY, P., Amour du monde et amour de Dieu chez saint Grégoire le Grand: StMon 15 (1973) 253–275.

—, Désir et amour de Dieu chez saint Grégoire le Grand: RechAug 10 (1975) 271–303.

—, L'amour du prochain chez Grégoire le Grand: StMon 20 (1978) 287–344.

—, Lire l'Écriture selon saint Grégoire le Grand: CCist 34 (1972) 177–201.

CAZIER, P., Analogies entre l'encyclopédie chrétienne des Moralia et l'enseignement du grammaticus: l'exemple de l'angélologie: *Grégoire le Grand. Chantilly, Centre culturel Les Fontaines, 15–19 sept. 1982 (Colloques internationaux du Centre National de la recherche Scientifique)* (hrsg. von J. FONTAINE / R. GILLET / S. PELLISTRANDI), Paris 1986, 419–428.

CHADWICK, H., Gregory the Great and the Mission to the Anglo-Saxons: *Gregorio Magno e il suo tempo. XIX Incontro di studiosi dell'antichità cristiana in collaborazione con l'École Française de Rome, Roma, 9–12 maggio 1990*, Bd. 1 (SEA 33), Rom 1991, 199–212.

CHAVASSE, A., Aménagements liturgiques à Rome, au VIIᵉ et au VIIIᵉ siècle: RBen 99 (1989) 75–102.

—, Évangéliaire, épistolier, antiphonaire et sacramentaire. Les livres romains de la messe au VIIᵉ et au VIIIᵉ siècle: EO 6 (1989) 177–255.

—, Les célébrations eucharistiques, à Rome, Vᵉ–VIIIᵉ siècle. Une double ossature, ,in urbe': ders., *La liturgie de la ville de Rome du Vᵉ au VIIᵉ siècle. Une liturgie conditionnée par l'organisation de la vie in urbe et extra muros* (StAns 112 ALit 18), Rom 1993, 253–259.

—, Les Episcopi, dans la liturgie de l'urbs au VIIᵉ et au VIIIᵉ siècle: ders., *La liturgie de la ville de Rome du Vᵉ au VIIᵉ siècle. Une liturgie conditionnée par l'organisation de la vie in urbe et extra muros* (StAns 112 ALit 18), Rom 1993, 337–342.

COFFEY, J.P., *Gregory the Great ,ad populum': A reading of ,XL Homiliarum in evangelia libri duo'*, Fordham 1988.

CONSOLINO, F.E., I doveri del principe cristiano nel registrum Epistularum di Gregorio Magno: Aug. 33 (1993) 57–82.

—, Il Papa e le regine: potere femminile e politica ecclesiastica nell'epistolario di Gregorio Magno: *Gregorio Magno e il suo tempo. XIX Incontro di studiosi dell'antichità cristiana in collaborazione con l'École Française de Rome, Roma, 9–12 maggio 1990*, Bd. 1 (SEA 33), Rom 1991, 225–249.

CRAMPTON, L.J., S. Gregory's Homily XIX and the Institution of Septuagesima: StPatr 10 (hrsg. von F.L. CROSS), Berlin 1970, 333 bis 336.

CREMASCOLI, G., Le symbolisme des nombres dans les œuvres de Grégoire le Grand: *Grégoire le Grand. Chantilly, Centre culturel Les Fontaines, 15–19 sept. 1982 (Colloques internationaux du Centre National de la recherche Scientifique)* (hrsg. von J. FONTAINE / R. GILLET / S. PELLISTRANDI), Paris 1986, 445–454.

—, *Omelie*, siehe Quellen: Gregor der Große.

DAGENS, C., Grégoire le Grand avant son pontificat: *De Tertullian aux Mozarabes. FS J. Fontaine, Bd. 1 (Antiquité tardive et christianisme ancient [IIIᵉ–VIᵉ siècle])* (hrsg. von L. HOLTZ = EAug [Série Antiquité] 132), Paris 1992, 143–150.

—, Grégoire le Grand et le ministère de la parole. Les notions d',ordo praedicatorum' et d',officium praedicationis': *Forma Futuri. FS Card. M. Pellegrino,* Turin 1975, 1054–1073.

—, La ,conversion' de saint Grégoire le Grand: REAug 15 (1969) 149–162.

—, La fin des temps et l'Église selon saint Grégoire le Grand: RSR 58 (1970) 273–288.

—, La prédication de la pénitence chez Saint Grégoire le Grand: *Mens concordet voci. FS A.-G. Martimort,* Paris 1983, 471–483.

—, *Saint Grégoire le Grand. Culture et expérience chrétiennes,* Paris 1977.

DALEY, B.E., *The Hope of the Church. A Handbook of Patristic Eschatology,* Cambridge 1991.

DANIÉLOU, J., *Liturgie und Bibel. Die Symbolik der Sakramente bei den Kirchenvätern,* München 1963.

— / MARROU, H.-I., Von der Gründung der Kirche bis zu Gregor dem Großen: *Geschichte der Kirche 1* (hrsg. von L.J. ROGIER / R. AUBERT), Einsiedeln 1963.

DELEEUW, P.A., Gregory the Great's ,Homilies on the Gospels' in the Early Middle Ages: StMed 26 (1985) 855–869.

DESHUSSES, J., *Le Sacramentaire Grégorien. Ses principales formes d'après les plus anciens manuscrits* (SpicFri 16), Fribourg 1971.

DÖLGER, F.J., *Sol salutis. Gebet und Gesang im christlichen Altertum* (LWQF 16/17), Münster 3. Aufl. 1925.

DUDDEN, F.H., *Gregory the Great. His place in History and Thought,* 2 Bde., New York 1967. 1967 (London 1905. 1905).

DUFNER, G., Zwei Werke Gregors des Großen in ihrer italienischen Überlieferung: IMU 6 (1963) 235–252.

DULAY, M., La parabole du brebis perdue dans l'Église ancienne. De l'exégèse à l'iconographie: REAug 39 (1993) 3–22.

DUMEIGE, G., Médecin (Le Christ): DSp 10, 891–901.

DUVAL, Y., Grégoire et l'Église d'Afrique: *Gregorio Magno e il suo tempo. XIX Incontro di studiosi dell'antichità cristiana in collaborazione con l'École Française de Rome, Roma, 9–12 maggio 1990,* Bd. 1 (SEA 33), Rom 1991, 129–158.

—, La discussion entre l'apocrisiaire Grégoire et le patriarche Eutychios au sujet de la résurrection de la chair: *Grégoire le Grand. Chantilly, Centre culturel Les Fontaines, 15–19 sept. 1982 (Colloques internationaux du Centre National de la recherche Scientifique)* (hrsg. von J. FONTAINE / R. GILLET / S. PELLISTRANDI), Paris 1986, 347–366.

EISENHOFER, L., Augustinus in den Evangelien-Homilien Gregors des Großen. Ein Beitrag zur Erforschung der literarischen Quellen Gregors des Großen: *Festgabe A. Knöpfler* (hrsg. von H.M. GIETL / G. PFEILSCHIFTER), Freiburg 1917, 56–66.

ÉTAIX, R., Note sur la tradition manuscrite des Homélies sur l'Évangile de saint Grégoire le Grand: *Grégoire le Grand. Chantilly, Centre culturel Les Fontaines, 15–19 sept. 1982 (Colloques internationaux du*

Centre National de la recherche Scientifique) (hrsg. von J. FONTAINE / R. GILLET / S. PELLISTRANDI), Paris 1986, 551–559.

EVANS, G.R., Gregory on consideration: StPatr 18/4 (hrsg. von E.A. LIVINGSTONE), Kalamazoo 1983, 146–151.

FÀBREGAS, J. / OLIVAR, A., *La veu dels pares de l'Església en la Litúrgia de les Hores. Els autors de les llicons segones dels oficis de lectura,* Barcelona 1981.

FIEDROWICZ, M., *Das Kirchenverständnis Gregors des Großen. Eine Untersuchung seiner exegetischen und homiletischen Werke* (RQ.S 50), Freiburg 1994.

FONTAINE, J., L'expérience spirituelle chez Grégoire le Grand. Réflexions sur une thèse récente: RHSp 52 (1976) 141–153.

FRANK, K.S., Ἀγγελικὸς βίος. *Begriffsanalytische und begriffsgeschichtliche Untersuchung zum ‚Engelgleichen Leben' im frühen Mönchtum* (BGAM 26), Münster 1964.

FRICKEL, M., *Deus totus ubique simul. Untersuchungen zur allgemeinen Gottgegenwart im Rahmen der Gotteslehre Gregors des Großen* (FThSt 69), Freiburg 1956.

FRUTAZ, A.P., Juvenalis: LThK² 5, 1232.

GALTIER, P., Conversi: DSp 2, 2218–2224.

—, A propos de la pénitence primitive. Méthodes et conclusions: RHE 30 (1934) 517–557. 797–846

GASTALDELLI, F., Il meccanismo psicologico del peccato nei Moralia in Job di san Gregorio Magno: Sal. 28 (1966) 65–94.

GHELLINCK, J. DE, *Littérature latine au Moyen Âge,* Brüssel 1939.

GILLET, R., Grégoire le Grand: DSp 6, 872–910.

—, *Morales,* siehe Quellen: Gregor der Große.

GIORDANO, L., L'Antico Testamento nelle omelie sui vangeli di Gregorio Magno: ASEs 2 (1985) 257–262.

—, La metafora nelle Omelie sui Vangeli di Gregorio Magno: ASEs 8 (1991) 599–613.

—, Note sul Simbolismo del ‚Praedicator' nelle Omelie sui Vangeli di Gregorio Magno: *Gregorio Magno. Il maestro della Comunicazione spirituale e la tradizione gregoriana in Sicilia* (hrsg. von L. GIORDANO), Catania 1991, 157–175.

GODDING, R., Grégoire le Grand et Marie-Madeleine: *Memoriam Sanctorum Venerantes. Misc. in onore V. Saxer* (SAC 48), Vatikanstadt 469–481.

GORDINI, G.D., Processus u. Martinianus: LThK² 8, 781.

GRAMAGLIA, P.A., Linguaggio sacrificale ed eucaristia: *Gregorio Magno e il suo tempo. XIX Incontro di studiosi dell'antichità cristiana in collaborazione con l'École Française de Rome, Roma, 9–12 maggio 1990,* Bd. 2 (SEA 34), Rom 1991, 223–265.

GRIBOMONT, J., Le texte biblique de Grégoire: *Grégoire le Grand. Chantilly, Centre culturel Les Fontaines, 15–19 sept. 1982 (Colloques internationaux du Centre National de la recherche Scientifique)*

(hrsg. von J. FONTAINE / R. GILLET / S. PELLISTRANDI), Paris 1986, 467–474.

GRISAR, H., Der römische Primat nach der Lehre und Regierungspraxis Gregors des Großen: ZKTh 3 (1879) 655–693.

—, Die Stationsfeier und der erste römische ordo. Ein Beitrag zur Geschichte der römischen Meßliturgie aus der Zeit ihres Abschlusses am Ende des sechsten Jahrhunderts: ZKTh 9 (1885) 385–422.

GY, M., Bemerkungen zu den Bezeichnungen des Priestertums in der christlichen Frühzeit: *Das apostolische Amt* (hrsg. von J. GUYOT), Mainz 1961, 92–109.

HALE, P., L'imitazione di Cristo come ritorno in san Gregorio Magno: VM 84 (1966) 30–42; 85 (1966) 89–99.

HILL, N., *Die Eschatologie Gregors des Großen,* Freiburg 1941.

HOFMANN, D., *Die geistige Auslegung der Schrift bei Gregor dem Großen* (MüSt 6), Münsterschwarzach 1968.

HURST, *Gospel Homilies,* siehe Quellen: Gregor der Große.

HÜRTEN, H., Gregor der Große und der mittelalterliche Episkopat: ZKG 73 (1962) 16–41.

HURTER, *Homiliarum in Evangelia Libri,* siehe Quellen: Gregor der Große.

JUDIC, B., Pénitence publique, pénitence privée et aveu chez Grégoire le Grand: *Pratiques de la confession. Des Pères du désert au Vatican II,* (hrsg. von der Groupe de la Bussière), Paris 1983, 41–51.

—, *Règle Pastorale,* siehe Quellen: Gregor der Große.

KESSLER, S.C., *Gregor der Große als Exeget. Die Interpretation der Ezechielhomilien* (IThS 42), Innsbruck 1996.

KURZ, L., *Gregors des Großen Lehre von den Engeln,* Rottenburg a. N. 1938.

LAMIRANDE, E., *L'Église céleste selon saint Augustin,* Paris 1963.

LA PIANA, L., L'omelia in S. Gregorio Magno: EL 104 (1990) 51–64.

—, *Teologia e ministero della Parola in san Gregorio Magno* (Istituto teologico ,S. Tommaso', Messina. Contributi e Studi 1), Palermo 1987.

LAPORTE, J., Gregory the Great as a Theologian of Suffering: PBR 1 (1982) 22–31.

LAURAS, A., Le commentaire patristique de Lc 21, 25–33: StPatr 7 (hrsg. von F. L. CROSS), Berlin 1966, 503–515.

LEBON, J., Le prétendu docétisme de la christologie de saint Grégoire le Grand: RThAM 1 (1929) 177–201.

LECLERQ, J., ,Simoniaca haeresis': SGSG 1 (1947) 523–530.

—, *Wissenschaft und Gottverlangen. Zur Mönchstheologie des Mittelalters,* Düsseldorf 1965.

LECLERQ-KADANER, J., Exorcisme symbolique et quête de l'égalité d'âme sur un bas-relief romain de Ligurie: CCMéd 27 (1984) 247–249.

LIEBLANG, F., *Grundfragen der mystischen Theologie nach Gregors des Großen Moralia und Ezechielhomilien* (FThS 37), Freiburg 1934.

LÖFSTEDT, B., Adnotatiunculae patristicae: Aevum 62 (1988) 169f.

LUBAC, H. DE, *Exégèse médiévale. Les quatre sens de l'Écriture,* 2 Bde. (Theol.[P] 41.42), Paris 1959.1961.

LUISELLI, B., Il Cod. Sessoriano 39 (Fasc. 7) e la critica testuale delle Homiliae in Evangelia di Gregorio Magno: *Studi classici in onore di Q. Cataudella III,* Catania 1972, 631–655.

LUMPE, A. / BIETENHARD, H., Himmel: RAC 15, 173–212.

MACNALLEY, R.E., Gregory the Great and his Declining World: AHP 16 (1978) 7–26.

MANSELLI, R., Gregor der Große: RAC 12, 930–951.

MARGERIE, B. DE, La mission sacerdotale de retenir les péchés en liant les pécheurs; intérêt actuel et justification historique d'une exégèse tridentine. Première partie: RevSR 58 (1984) 300–317.

MARIN, M., L'esclusione degli eletti. Gregorio e la parabola delle dieci vergini: *Gregorio Magno. Il maestro della comunicazione spirituale e la tradizione gregoriana in Sicilia* (hrsg. von L. GIORDANO), Catania 1991, 143–155.

MARKUS, R.A., The problem of ‚Donatism' in the sixth century: *Gregorio Magno e il suo tempo. XIX Incontro di studiosi dell'antichità cristiana in collaborazione con l'École Française de Rome, Roma, 9–12 maggio 1990,* Bd. 1 (SEA 33), Rom 1991, 159–166.

MARTIĆ, V.S., *Dissertatio de genere dicendi S. Gregorii Magni I papae in XL homiliis in Evangelia,* Fribourg/Mostar 1934.

MASSA, E., Gregorio Magno e l'arte del linguaggio: *Gregorio Magno e il suo tempo. XIX Incontro di studiosi dell'antichità cristiana in collaborazione con l'École Française de Rome, Roma, 9–12 maggio 1990,* Bd. 2 (SEA 34), Rom 1991, 59–104.

MCCREADY, W., *Signs of sanctity. Miracles in the thought of Gregory the Great* (STPIMS 91), Toronto 1989.

MEHLMANN, J., Minus quam inter duos caritas haberi non potest: VD 45 (1967) 97–103.

—, Tertulliani liber de carne Christi ab Augustino citatur: SE 17 (1966) 269–289.

MÉNAGER, A., Les divers sens du mot ‚contemplatio' chez Grégoire le Grand: VS.S 59 (1939) 145–169; 60 (1939) 39–56.

MEYVAERT, P., The Date of Gregory the Great's Commentaries on the Canticle of Canticles and on I Kings: SE 23 (1978–1979) 191–216.

MICAELLI, C., L'angelologia di Gregorio Magno tra oriente e occidente: Koin. 16 (1992) 35–51.

MICHL, J., Engel: RAC 5, 109–200.

MINARD, *Registre des Lettres,* siehe Quellen: Gregor der Große.

MITTERER, A., Die sieben Gaben des Heiligen Geistes nach der Väterlehre: ZKTh 49 (1925) 529–566.

MODESTO, J., *Gregor der Große. Nachfolger Petri und Universalprimat* (STG 1), St. Ottilien 1989.

MOREL, C., *Homélies sur Ézéchiel,* siehe Quellen: Gregor der Große.

—, La ‚rectitudo' dans les homélies de Grégoire le Grand sur Ezéchiel: *Grégoire le Grand. Chantilly, Centre culturel Les Fontaines, 15–19 sept. 1982 (Colloques internationaux du Centre National de la recherche Scientifique)* (hrsg. von J. FONTAINE / R. GILLET / S. PELLISTRANDI), Paris 1986, 289–294.

MÜLLER, S., *‚Fervorem discamus amoris'. Das Hohelied und seine Auslegung bei Gregor dem Großen* (Diss. T 46), St. Ottilien 1991.

NEUSS, W., *Das Buch Ezechiel in Theologie und Kunst bis zum Ende des 12. Jh.* (BGAM 1–2), Münster 1912.

OETGEN, J., *Aelfric's Use of Gregory the Great's ‚Homiliae in Evangelia' in the Catholic Homilies, First and Second Series,* Toronto 1978.

OLIVAR, A., *La Predicación cristiana antigua,* Barcelona 1991.

—, Notas para el estudio de la interdependencia de textos litúrgicos y patrísticos: EO 2 (1985) 127–137.

PEGON, J., Componction: DSp 2, 1312–1321.

PENCO, G., San Gregorio e la teologia dell'immagine: Ben. 18 (1971) 32–45.

PÉPIN, J., Hermeneutik: RAC 14, 722–771.

PETERSEN, J. M., Greek influences upon Gregory the Great's Exegesis of Luke 15, 1–10 in Homelia in Evangelium II, 34: *Grégoire le Grand. Chantilly, Centre culturel Les Fontaines, 15–19 sept. 1982 (Colloques internationaux du Centre National de la recherche Scientifique)* (hrsg. von J. FONTAINE / R. GILLET / S. PELLISTRANDI), Paris 1986, 521–529.

—, ‚Homo omnino latinus?' The theological and cultural background of Pope Gregory the Great: Spec. 62 (1987) 529–551.

—, The Identification of the Titulus Fasciolae and its Connection with Pope Gregory the Great: VigChr 30 (1976) 151–158.

PFEILSCHIFTER, G., *Die authentische Ausgabe der Evangelienhomilien Gregors des Großen. Ein erster Beitrag zur Geschichte ihrer Überlieferung* (VKHSM 1/4), München 1900.

PIETRI, L., Grégoire le Grand et la Gaule: *Gregorio Magno e il suo tempo. XIX Incontro di studiosi dell'antichità cristiana in collaborazione con l'École Française de Rome, Roma, 9–12 maggio 1990,* Bd. 1 (SEA 33), Rom 1991, 109–128.

PRINZ, F., Das westliche Mönchtum zur Zeit Gregors des Großen: *Grégoire le Grand. Chantilly, Centre culturel Les Fontaines, 15–19 sept. 1982 (Colloques internationaux du Centre National de la recherche Scientifique)* (hrsg. von J. FONTAINE / R. GILLET / S. PELLISTRANDI), Paris 1986, 123–136.

RABBOW, P., *Seelenführung. Methodik der Exerzitien in der Antike,* München 1954.

RAHNER, H., Pompa diaboli. Ein Beitrag zur Bedeutungsgeschichte des Wortes πομπή — pompa in der urchristlichen Taufliturgie: ZKTh 55 (1931) 239–273.

RAPISARDA LO MENZO, G., L'Écriture sainte comme guide de la vie quotidienne dans la correspondence de Grégoire le Grand: *Grégoire*

le Grand. Chantilly, Centre culturel Les Fontaines, 15–19 sept. 1982 (Colloques internationaux du Centre National de la recherche Scientifique) (hrsg. von J. FONTAINE / R. GILLET / S. PELLISTRANDI), Paris 1986, 215–225.

RAUH, H.D., *Das Bild des Antichrist im Mittelalter. Von Tyconius zum deutschen Symbolismus* (BGPhMA. NF 9), Münster 1979.

RECCHIA, V., Gregorio Magno. Lo Spirito Santo nella vita della Chiesa e nelle singole anime (Dalla Hom. XXX in Ev. e dai Dialogi): *Spirito Santo e catechesi patristica (Convegno di studi e aggiornamento. Roma 6–7 marzo 1982)* (BSRel 54), Rom 1983, 155–194.

—, *Gregorio Magno,* siehe Quellen: Gregor der Große.

—, Il ‚Praedicator‘ nel pensiero e nell'azione di Gregorio Magno: Sal. 41 (1979) 333–374.

—, Il simbolo della croce in Gregorio Magno (Hom. in Ev. 2,32): GIF 28 (1976) 181–191.

—, La memoria di Agostino nell'esegesi biblica di Gregorio Magno: Aug. 25 (1985) 405–434.

—, Similitudo e metafora nel commento di Agostino e Gregorio Magno alla pesca miracolosa: Jo 21,1–14: *Filologia e forme letterarie* (Studi offerti a F. della Corte 5), Urbino 1987, 241–262.

RÉGAMEY, P., La ‚componction du cœur‘: VS. S 44 (1935) 65–83.

REINHART, J.M., *Methodisches zu den lexikalischen Bohemismen im Tschechisch-Kirchenslavischen am Beispiel der Homilien Gregors des Großen* (Studia boemico-slavonica 1): WSlJb 26 (1980) 46–102.

RICHARDS, J., *Gregor der Große. Sein Leben — seine Zeit,* Graz 1983.

RIVIÈRE, J., Le dogme de la rédemption après saint Augustin. Deuxième partie: au temps de saint Grégoire: RevSR 9 (1929) 477–512.

ROSARIO, P., Il pensiero escatologico di san Gregorio Magno nelle ‚Omilie sui Vangeli‘: Il Sangue della Redenzione 62 (1976) 75–92.

RUDMANN, R., *Mönchtum und kirchlicher Dienst in den Schriften Gregors des Großen,* St. Ottilien 1956.

RUFFINI, E. / LODI, E., *‚Mysterion‘ e ‚sacramentum‘. La sacramentalità negli scritti dei Padri e nei testi Liturgici primitivi,* Bologna 1987.

RUSH, A.C., Gregory the Great: Salary and Spirituality in the Priesthood: AEcR 123 (1950) 262–272.

—, Spiritual Martyrdom in St. Gregory the Great: TS 23 (1962) 569–589.

RYAN, L., Patristic teaching on the Priesthood of the faithful: IThQ 29 (1962) 25–51.

SACHOT, M., Homilie: RAC 16, 148–175.

SAINT-ROCH, P., *Pénitence dans les Conciles et les lettres des Papes des origines à la mort de Grégoire le Grand* (SAC 46), Vatikanstadt 1991.

SANDERS, G., L'épitaphe de Grégoire le Grand: banalité ou message?: *Gregorio Magno e il suo tempo. XIX Incontro di studiosi dell'antichità cristiana in collaborazione con l'École Française de Rome, Roma, 9–12 maggio 1990,* Bd. 1 (SEA 33), Rom 1991, 251–281.

SAUER, J. / SCHUMACHER, W. N., Menas: LThK² 7, 266f.

SAXER, V., Nereo ed Achilleo: DPAC 2, 2389.

—, Pancrazio martire: DPAC 2, 2594.

SCHMID, J., Brautschaft, heilige: RAC 2, 547–564.

SCHUMACHER, M., Noch ein Höhlengleichnis. Zu einem metaphorischen Argument bei Gregor dem Großen: LWJ 31 (1990) 53–68.

SCHWANK, H., *Gregor der Große als Prediger*, Berlin/Hannover 1934.

SERENATHÀ, L., *Servi di tutti. Papa e vescovi a servizio della Chiesa secondo s. Gregorio Magno*, Turin 1980.

SINISCALCO, P., Le età del mondo in Gregorio Magno: *Grégoire le Grand. Chantilly, Centre culturel Les Fontaines, 15–19 sept. 1982 (Colloques internationaux du Centre National de la recherche Scientifique)* (hrsg. von J. FONTAINE / R. GILLET / S. PELLISTRANDI), Paris 1986, 377–387.

—, *Mito e storia della salvezza. Ricerche sulle più antiche Interpretazioni di alcune Parabole Evangeliche*, Turin 1971.

—, Nota sul testo biblico del libro di Giobbe nei Moralia: *Gregorio Magno. Commento Morale a Giobbe, 1 (I–VIII)* (eingel. von C. DAGENS = Opere di Gregorio Magno 1/1), Rom 1992, 74–76.

SPANNEUT, M., La patience, martyre au cotidien: *Late Greek Fathers, Latin Fathers after Nicea, ‚Nachleben‘ of the Fathers* (hrsg. von E.A. LIVINGSTONE = StPatr 23), Leuven 1989, 186–196.

SPITZ, H.-J., Schilfrohr und Binse als Sinnträger in der lateinischen Bibelexegese: FMSt 12 (1978) 230–257.

STOCKMEIER, P., Gregors des Großen Homilie zu Mt 10,5–10 in der römischen Kirche Stefano Rotondo: *Kirchen am Lebensweg. FS Kardinal F. Wetter* (JVCK 17), St. Ottilien 1988, 377–384.

STRAW, C.E., ‚Adversitas‘ et ‚Prosperitas‘: une illustration du motif structurel de la complémentarité: *Grégoire le Grand. Chantilly, Centre culturel Les Fontaines, 15–19 sept. 1982 (Colloques internationaux du Centre National de la recherche Scientifique)* (hrsg. von J. FONTAINE / R. GILLET / S. PELLISTRANDI), Paris 1986, 277–286.

STRITZKY, M.-B. VON, Felicitas: LThK[3] 3, 1216 f.

SUSMAN, F., Il culto di S. Pietro a Roma dalla morte di Leone Magno a Vitaliano, 461–672: ASRSP 84 (1961) 1–193.

SUTCLIFFE, E. F., A Note on St. Gregory's Homilia 13 in Evangelia: IThQ 27 (1960) 69–71.

TARICCO, A., *Le Omilie sui Vangeli e su Ezechiele di san Gregorio Magno. Struttura e forma letteraria*, Turin 1969.

TEVEL, J. M., The labourers in the vineyard. The exegesis of Matthew 20, 1–7 in the early Church: VigChr 46 (1992) 356–380.

TUILIER, A., Grégoire le Grand et le titre de patriarche œcuménique: *Grégoire le Grand. Chantilly, Centre culturel Les Fontaines, 15–19 sept. 1982 (Colloques internationaux du Centre National de la recherche Scientifique)* (hrsg. von J. FONTAINE / R. GILLET / S. PELLISTRANDI), Paris 1986, 69–82.

VILELLA MASANA, J., Gregorio Magno e Hispania: *Gregorio Magno e il suo tempo. XIX Incontro di studiosi dell'antichità cristiana in collabo-*

razione con *l'École Française de Rome, Roma, 9–12 maggio 1990*, Bd. 1 (SEA 33), Rom 1991, 167–186.

VOGÜÉ, A. DE, *Dialogues*, siehe Quellen: Gregor der Große.

—, Grégoire le Grand lecteur de Grégoire de Tours?: AnBoll 94 (1976) 225–233.

—–, Les vues de Grégoire le Grand sur la vie religieuse dans son Commentaire des Rois: StMon 20 (1978) 17–63.

—, *Premier Livre des Rois*, siehe Quellen: Gregor der Große.

—, Un avatar du mythe de la caverne dans les Dialogues de Grégoire le Grand: *Homenaje a fray Justo Pérez de Urbel*, Bd. 2 (StSil 4), Silos 1977, 19–24.

VOLKMANN, B., Priszillianismus: PRE.S 14, 485–559.

WAGNER-LUTZ, U., Jerusalem I: RAC 17, 631–706.

WEBER, L., *Hauptfragen der Moraltheologie Gregors des Großen. Ein Bild altchristlicher Lebensführung* (Par. 1), Fribourg 1947.

WELTER, J.T., *L'exemplum dans la littérature religieuse et didactique du Moyen Âge*, Paris 1927.

WESTHOFF, F., *Die Lehre Gregors des Großen über die Gaben des Hl. Geistes,* Hiltrup 1940.

WILMART, D. A., Transfigurare: BALAC 1 (1911) 282–292.

WINTERSIG, A., *Die Väterlesungen des Breviers,* 5 Bde. (EcOra 13–18), Freiburg 1925. 1928. 1926. 1936. 1937.

ZELLINGER, J., Der geköderte Leviathan im Hortus deliciarum der Herrad von Landsperg: HJb 45 (1925) 161–177.

EINLEITUNG

I. Leben und Werk Gregors des Grossen

1. Persönlichkeit und Pontifikat

Als am 7./8. Februar 590 Papst Pelagius II. einer furchtbaren Pestepidemie, der Folge gewaltiger Tiberüberschwemmungen, zum Opfer fiel, wandte sich die aus Klerus, Adel und Volk bestehende Wählerschaft einstimmig an den an Dienstjahren jüngsten römischen Diakon, Gregor, schien dieser doch zu jener Stunde der einzige Mann zu sein, welcher der schwierigen Situation nicht nur der Stadt Rom, sondern auch des Landes Italien, ja der Kirche insgesamt gewachsen war.

Was wußte man von diesem Kandidaten, was hatte ihn für dieses Amt qualifiziert, welche Situation erwartete ihn zu Pontifikatsbeginn? Gregor, um das Jahr 540 in Rom geboren[1], entstammte einer vornehmen römischen Senatorenfamilie, aus der bereits zwei Päpste, Felix III. (483–492) und Agapet I. (535–536), hervorgegangen waren. Die Eltern Gregors waren wohlhabend und besaßen einen Palast auf dem Caelius gegenüber dem Palatin sowie Ländereien auf Sizilien. Gregor empfing eine gründliche und umfassende Bildung in Grammatik, Rhetorik und Rechtswissenschaft, die es ihm ermöglichte, den *cursus honorum* einzuschlagen und sich — aus alter Familientradition — in den Dienst des Staates zu stellen. 572/573 war Gregor *praefectus urbi*, höchster Beamter der Zivilverwaltung Roms. Diesem oblag es, Gesetz und Ordnung, Versorgung und öffentliche Dienste zu beaufsichtigen; er war Präsident des

---

[1] Zur Lebensphase vor der Papstwahl vgl. RICHARDS, *Gregor* 34–51; MANSELLI, *Gregor* 930–934; DAGENS, *Pontificat*.

Senates und der Gerichte. Doch schon nach kurzer Zeit legte Gregor — auf dem Gipfel seiner politischen Karriere — dieses Amt nieder, verwandelte kurz nach dem Tod seines Vaters dessen Haus auf dem Caelius in ein Kloster, um fortan mit Gleichgesinnten ein monastisches Leben zu führen, dessen Schwerpunkt die *lectio divina,* die geistliche Lesung der Heiligen Schrift, bildete. Doch erfolgte in dieser Zeit auch eine Vertiefung der theologischen Bildung Gregors durch die Lektüre der Werke Augustins und Johannes Cassians. In einem Brief aus späterer Zeit schildert Gregor das vorausgegangene Ringen um seine Entscheidung und beschreibt diese mit den Worten: „Allzu lange habe ich die Gnade der Bekehrung hinausgeschoben. Selbst nachdem ich von der Sehnsucht nach dem Himmlischen erfaßt war, habe ich es doch für besser erachtet, mich mit weltlichem Gewand zu kleiden. Die Liebe zur Ewigkeit hatte mir schon gezeigt, was ich suchen sollte, aber langwährende Gewohnheit hielt mich gefesselt, so daß ich die äußere Lebenshaltung nicht änderte. Und da mich mein Sinn noch zwang, der irdischen Welt vermeintlich nur dem Schein nach zu dienen, wurde ich, was schlimmer ist, mit dem Geist dort festgehalten. Endlich gab ich all dies entschieden auf, flüchtete in den Hafen des Klosters, ließ alles zurück, was der Welt gehört, und entkam nackt dem Schiffbruch des Lebens."[2]

Gregors *conversio* war zu jener Zeit keineswegs eine Ausnahme. Zahllose strömten „in den Hafen des Klosters", um dem „Schiffbruch des Lebens" zu entkommen. Was verbirgt sich hinter solchen Formulierungen? Liest man verschiedene Passagen der *Evangelienhomilien,* in denen von Kriegswirren, Naturkatastrophen, Erdbeben, Pestepidemien, ja vom Greisenalter der Welt die Rede ist (1,1,1.5; 1,4,2; 2,28,3), so vermag man die über jenem Jahrhundert, insbesondere dessen letzter Phase, liegenden

---

[2] *Moral.* 1 (CCL 143, 1). Vgl. DAGENS, *Conversion.*

Schatten zu erahnen. Gregors Lebensjahre fallen in eine
Zeit, die vom unaufhaltsamen Zerfall der antiken Zivilisa-
tion im weströmischen Reich geprägt war.[3] Zwar hatte
Kaiser Justinian 534–540 Italien aus der Hand der Ostgoten
zurückerobern können, jedoch trieben die von ihm aufer-
legten Abgaben das Land an den Rand des wirtschaftlichen
Ruins. 568 fielen die ursprünglich in Pannonien seßhaften
heidnisch-arianischen Langobarden in Italien ein. 579 be-
lagerten sie vergeblich Rom, 589 zerstörten sie Monte Cas-
sino. Während des Pontifikates Gregors hielten die kriege-
rischen Auseinandersetzungen in Ober- und Mittelitalien
bis auf kurze Unterbrechungen an, Hunderttausende fanden den Tod. Hinzu kam die Pest als Nachwirkung von
gewaltigen Überschwemmungen, die in den Jahren
589–591 Italien heimsuchten. Man schätzt, daß etwa ein
Drittel der Bevölkerung der Pest zum Opfer fiel. So klopf-
ten Zahllose an die Klosterpforten, teils weil sie nach Sicherheit und Unterhalt verlangten, teils weil sie sich auf das
baldige Ende der Welt vorbereiten wollten. Gregor war
einer von ihnen. Rückblickend betrachtet er die als Mönch
im Kloster verbrachten Lebensjahre als seine glücklichsten,
vermochte er doch in der Kontemplation ganz dem Himmlischen zu leben und sogar den Tod als Eingang zum wahren Leben lieben zu lernen.[4] Dieses kontemplativ-monasti-
sche Leben wurde jedoch ca. 579 jäh unterbrochen, als
Papst Pelagius II. Gregor in den Dienst der römischen
Kirche rief und zum Diakon weihte. Gregor wurde als
Apokrisiarius, das heißt als Nuntius, an den Kaiserhof zu
Konstantinopel gesandt, um dort die Interessen Roms zu
vertreten, insbesondere um militärischen Beistand gegen
die Langobarden zu erwirken. 585/586 wurde Gregor nach
Rom zurückgerufen und lebte dort wiederum in seinem
Kloster, bis er erneut in den Dienst der Kirche, diesmal auf

---

[3] Zum historischen Kontext vgl. RICHARDS, *Gregor* 13–33.
[4] Vgl. GREGOR, *dial.* 1 prol. 3 (SCh 260, 12).

die *cathedra Petri* selbst, gerufen wurde. Vergebens versuchte Gregor, den Kaiser zu bitten, die Bestätigung seiner
Wahl zu verweigern. Der Brief wurde abgefangen und aus-
getauscht, so daß Kaiser Mauritius die Wahl bestätigte. Am
3. September 590 empfing Gregor die bischöfliche Weihe.
Wenige Wochen später, im Oktober 590, schildert der Papst
seine Empfindungen: „Ein altes und heftig geschütteltes
Schiff habe ich, der ich persönlich unwürdig und schwach
bin, übernommen, denn von allen Seiten dringt das Wasser
herein, und die morschen Planken, vom täglichen Unwetter
erschüttert, verkünden schon ächzend den Untergang."[5]
    Nicht allein die weltlichen Verhältnisse waren in Gre-
gors Epoche von Katastrophen heimgesucht, auch die Kirche war von Krisen geschüttelt. Gravierende Mißstände im
Klerus — Simonie, Pflichtvergessenheit, Aufgehen in administrativen Tätigkeiten[6] —, anhaltende Glaubensspal-
tungen — arianische Elemente bei den Langobarden, das
sogenannte Drei-Kapitel-Schisma mit zahlreichen Anhän-
gern unter den Bischöfen Norditaliens[7] — sowie diszipli-
näre Kontroversen — die Auseinandersetzungen mit den
Patriarchen von Konstantinopel und der Kirche Nordafri-
kas[8] — stellten das Pontifikat Gregors vor zahlreiche Bela-
stungsproben, die den Vergleich der Kirche mit einem alten,
im Sturm schwankenden Schiff kaum übertrieben erscheinen lassen. Daß sich jedoch Gregor als Steuermann dieses
Schiffes in den Stürmen der Zeit durchaus bewährte, bestätigt der namhafte französische Historiker H.-I. Marrou,
wenn er schreibt, Gregor habe in der Linie seiner Vorgänger
des 5. und 6. Jahrhunderts das Schiff Petri mit der Energie
und Autorität eines Magistrats des alten Rom gelenkt.[9]

---

[5] *Epist.* 1,4 (CCL 140, 4); ähnlich *epist.* 1,41 (CCL 140, 47).
[6] Vgl. SERENATHÀ, *Servi* 47–49; PIETRI, *Grégoire et la Gaule* 122f.
[7] Vgl. CASPAR, *Geschichte des Papsttums* 423–426.
[8] Vgl. TUILIER, *Patriarche œcuménique;* DUVAL, *Église d'Afrique;* MAR-
KUS, *Problem of ‚Donatism'.*
[9] Vgl. DANIÉLOU/MARROU, *Kirche* 1, 433.

Friedensverhandlungen mit den vor den Toren Roms stehenden Langobarden als Vorstufe ihrer späteren Bekehrung[10], die Neuordnung des römischen Kirchenbesitzes,
der *Patrimonia Petri*[11], die Förderung des Mönchtums[12],
eine gezielte Personalpolitik hinsichtlich der Bischofsstüh-
le des römischen Metropolitanbezirkes[13], eine umfassende
Korrespondenz mit den Herrschern der neuen Königrei-
che[14] sowie die Angelsachsenmission[15] gehören zu den
wichtigsten Ereignissen und Maßnahmen, die Gregors
Pontifikat prägten und ihm schon bald nach seinem Tod am
12. März 604 seitens der Nachwelt nicht nur das ehrenvolle
Attribut „der Große", sondern auch den Titel *Consul Dei*
einbrachten[16].

2. Die Werke Gregors

Doch beruhte das Ansehen, das Gregor insbesondere im
Mittelalter genoß, nicht in erster Linie auf seiner historischen Bedeutung als Reformpapst. Vielmehr war es Gregor
als Lehrer und Verkündiger, als Meister spirituellen Lebens, der mit seinen biblischen Kommentaren und Homilien in späteren Jahrhunderten fortlebte und zur Quelle
wurde, aus der zahlreiche mittelalterliche Autoren schöpf-
ten, unter ihnen Isidor von Sevilla, Defensor von Ligugé,
Beda Venerabilis, Rhabanus Maurus, Odo von Cluny, Al-
bertus Magnus, Thomas von Aquin und Bonaventura.[17] Mit
der theologischen Autorität, die sein Werk für spätere Ge-

---

[10] Vgl. RICHARDS, *Gregor* 188–201.
[11] Vgl. RICHARDS, *Gregor* 133–146; CASPAR, *Geschichte des Papsttums* 323–339.
[12] Vgl. RICHARDS, *Gregor* 257–264; PRINZ, *Mönchtum.*
[13] Vgl. RICHARDS, *Gregor* 147–187.
[14] Vgl. CONSOLINO, *Doveri del principe;* ders., *Papa;* VILELLA MASANA, *Hispania.*
[15] RICHARDS, *Gregor* 244–256; CHADWICK, *Mission.*
[16] Vgl. SANDERS, *Épitaphe* 275–278.
[17] Vgl. DAGENS, *Culture* 16–20.

nerationen besaß, schuf Gregor die Grundlage der neuen
christlichen Kultur des Mittelalters. So erwies sich Gregor
als „Knotenpunkt des kulturellen und spirituellen Über-
gangs, Filter und zugleich Schöpfer von Werten, der eine
neue Geisteshaltung verwirklicht und den Weg zu ihr
weist, die jetzt definitiv christlich ist, aber auch verstanden
werden muß als Entfaltung dessen, was das Erbe Roms an
Gutem anzubieten hatte"[18].

Mit großer Wahrscheinlichkeit stellt eine unvollendet
gebliebene *Auslegung des Hohenliedes* das erste erhalten
gebliebene Werk Gregors dar, welches er während seines
Aufenthaltes im St.-Andreas-Kloster in den Jahren
575–579 verfaßte.[19] Gregor folgte traditioneller Auslegungspraxis, wenn er die Braut auf die Kirche und die
Einzelseele hin auslegte und das Werk insbesondere den im
kontemplativen Leben Vorangeschrittenen widmete. Während seiner Zeit als päpstlicher Apokrisiarius am Kaiserhof
zu Konstantinopel begann Gregor mit einer Auslegung des
Buches Ijob vor seinen mönchischen Mitbrüdern. Dieses
umfangreichste aller Werke Gregors, die 35 Bücher umfas-
senden *Moralia*, wurde später verschiedentlich überarbei-
tet und aktualisiert. Gerade die Gestalt des angefochtenen
Ijob wurde in den Augen Gregors zum Symbol der
Daseinserfahrung seiner Epoche, aber auch zum Sinnbild
der vielfach bedrängten Kirche seiner Zeit. Zu Beginn des
Pontifikates verfaßte Gregor die *Pastoralregel*, die nicht
nur die Grundlinien seiner eigenen Kirchenführung widerspiegeln will, sondern auch als pragmatisches Handbuch
für die Reform des bischöflichen Amtes dienen sollte.[20]
Ebenfalls zu Beginn seines Pontifikates entstanden die vorliegenden *Evangelienhomilien*, die später eingehender behandelt werden sollen. Kurz nach deren Abschluß wandte

---

[18] MANSELLI, *Gregor* 950.
[19] Vgl. MÜLLER, *Hohelied* 4–26. 236–238.
[20] Vgl. JUDIC, *Règle Pastorale* 1, 15–102.

sich Gregor gegen Ende des Jahres 593 dem Propheten
Ezechiel zu, um dessen Visionen (Ez 1, 1 – 4, 3 und 40, 1–47)
vor einem kleineren Kreis von Mönchen, Klerikern und
Gläubigen auszulegen. Nicht zufällig hatte Gregor für seine Homilien gerade dieses biblische Buch ausgewählt, bestand doch eine tiefe Analogie zwischen der Exilsituation
des Volkes Israel und den Drangsalen der eigenen Gegenwart.[21] Die 593/594 abgefaßten Dialoge stellen eine Sammlung von Lebensbeschreibungen heiligmäßiger Männer Ita-
liens dar und wollen gerade mit den zahlreichen
Wunderberichten veranschaulichen, wie sich die in den
übrigen exegetisch-homiletischen Werken aufgezeigte Heiligkeit gerade in der mitunter trostlos erscheinenden
Zeitsituation manifestieren kann.[22] Eine Auslegung der An-
fangskapitel des 1. Samuelbuches (= *Königsbuchkommen-
tar*) ist vermutlich in die mittlere oder spätere Pontifikats-
zeit Gregors zu verlegen.[23] In seinem Bemühen um die
innere Erneuerung der Kirche durch eine Reform des Klerus entdeckte Gregor gerade in jenen biblischen Erzählungen über würdige und unwürdige Gottesdiener einen Spiegel seiner Erfahrungen mit dem Klerus jener Epoche.
Schließlich bildet das über 800 Schreiben umfassende *Brief-
register* Gregors ein kostbares Zeugnis seines Wirkens im
administrativen, disziplinären und caritativen Bereich.[24]
Der reiche Gebrauch, den Gregor auch in seiner Korrespondenz von der Heiligen Schrift machte, zeigt, wie sehr
alles Handeln Gregors letztlich von einer biblischen Inspiration getragen wurde.[25]

---

[21] Vgl. MOREL, *Homélies sur Ézéchiel* 7–29.
[22] Vgl. VOGÜÉ, *Dialogues* 1, 25–30.47.49.
[23] Vgl. MEYVAERT, *Date;* VOGÜÉ, *Vues* 22; ders., *Premier Livre des Rois*
18–131.
[24] Vgl. MINARD, *Registre des Lettres* 7–52.
[25] Vgl. RAPISARDA LO MENZO, *Écriture sainte.*

II. Gregor als Homilet und Exeget

1. Verkündigung

Bereits der Umfang seiner exegetisch-homiletischen Werke
zeigt, welche Bedeutung Gregor der Verkündigung bei-
maß. Darüber hinaus werden vielfach in ausdrücklicher
Weise Aufgabe und Verantwortung des *ordo praedicatorum,* des Verkündigerstandes in der Kirche, beschrieben,
sei es, daß Gregor der Gestalt des Verkündigers breiten
Raum in den *Moralia,* den *Ezechielhomilien* und dem *Kö-
nigsbuchkommentar* einräumt, sei es, daß einzelne Schriften, wie die *Pastoralregel* oder die *Epistula Synodica* zu
Pontifikatsbeginn, den Trägern des Verkündigungsauftra-
ges gewidmet sind. Aber auch zahlreiche an Bischöfe gerichtete Briefe rufen diesen ihre vorrangige Aufgabe unermüdlich in Erinnerung.[26] In der vorliegenden Ausgabe ist
insbesondere die vor Bischöfen gehaltene 17. *Evangelien-
homilie* ein eindringliches Zeugnis dafür, daß der Papst die
Verkündigung als erste Pflicht der mit dem Hirtenamt
Betrauten ansah. Aber auch in den übrigen Homilien greift
Gregor vielfach ein biblisches Bildwort auf, um die Bedeutung der Verkündigung darzulegen.[27] Doch nicht allein die
kirchlichen Amtsträger sind zur Verkündigung verpflichtet, vielmehr sind alle Gläubigen in der Kirche, je nach
ihren Möglichkeiten, zur Glaubensweitergabe durch das
Wort berufen (1,3,2; 1,6,6; 1,9,3; 1,19,2). Die Verkündigung wird somit zum zentralen Lebensvollzug der Kirche
insgesamt, demgegenüber die Betonung ihres sakramenta-
len Lebens stark zurücktritt. Ebenso wie in den übrigen
Schriften finden sich deshalb auch in den vorliegenden

---

[26] Vgl. Dagens, *Ministère de la parole;* ders., *Culture* 311–345;
Recchia, *Praedicator;* La Piana, *Ministero della Parola;* Fiedrowicz,
Kirchenverständnis 149.
[27] Vgl. Giordano, *Simbolismo del ‚Praedicator'.*

Homilien nur vereinzelte Hinweise auf die Taufe (1, 17, 18; 2, 29, 3; 2, 38, 9), die sakramentale Sündenvergebung (2, 26, 4 bis 6) oder die Eucharistie (1, 14, 1; 2, 22, 7 f; 2, 37, 7–10).

Worauf gründet diese starke Akzentuierung der Verkündigung? Gregor ist der Überzeugung, daß der Mensch nach dem Verlust des Paradieses für die unsichtbare Welt Gottes geistig erblindet und der sichtbar-materiellen Welt verfallen ist. Ihr Sinnbild findet die so erblindete und der Weltimmanenz verhaftete Menschheit in der Gestalt des Blinden von Jericho (1, 2, 1–8; Lk 18, 35–43) und in der gekrümmten Frau, die nicht mehr zum Himmel emporzublicken vermochte (2, 31, 6 f; Lk 13, 10–12). In den *Dialogen* bietet Gregor eine weitere anschauliche Schilderung der Situation des Menschen nach dem Sündenfall. Der Mensch gleicht einem Kind, das in einem Kerker geboren wurde und keinerlei Erfahrung der anderen, jenseits der Mauern liegenden Welt besitzt. Allein die Worte seiner Mutter vermögen ihm diese unsichtbare Welt zu erschließen, sofern das Kind ihren Worten Glauben schenkt.[28] Diese Beschreibung ist nicht nur insofern interessant, als sich Gregor, trotz mancher Unterschiede und keiner direkten Kenntnis, in die Rezeptionsgeschichte des platonischen Höhlengleichnisses einreiht.[29] Vielmehr dürfte es Gregors Absicht gewesen sein, die Gestalt der Mutter als Allegorie der *Mater Ecclesia* darzustellen, bringt er doch auch sonst das mütterliche Wirken der Kirche vielfach mit der Verkündigung in Zusammenhang. Daß der Sinn kirchlichen Verkündigungswirkens für Gregor vornehmlich darin besteht, dem Menschen die unsichtbare Welt, die *patria caelestis*, als seine wahre Bestimmung zu erschließen, wird durch eine Osterhomilie (2, 24, 4) zum wunderbaren Fischfang (Joh 21, 1–14) bestätigt. Dem wogenden Element des Wassers als Sinnbild dieser Welt wird das feste Ufer als Symbol der

---

[28] Vgl. *dial.* 4, 1, 1–4 (SCh 265, 18–20).
[29] Vgl. VOGÜÉ, *Mythe de la caverne;* SCHUMACHER, *Höhlengleichnis.*

himmlischen Heimat gegenübergestellt. Indem Petrus das
mit Fischen gefüllte Netz ans Land zog, deutete er bereits
an, daß er mit dem Wort der Verkündigung einst die Gläubigen dem todbringenden Weltmeer entreißen und sie der
unvergänglichen Welt Gottes zuführen sollte. Die Kirche
wird auf diese Weise mit ihrer Verkündigung zu jenem Ort,
an dem der Mensch seiner weltübersteigenden Bestimmung
gewahr werden soll.

  Dies geschieht bei den vorliegenden Homilien bisweilen
in der Deutung des jeweiligen Festgeheimnisses[30], stets
jedoch in der vorausgehenden Auslegung der verkündeten
Evangelienperikope. Die Heilige Schrift ist für Gregor die
Grundlage jeglicher Verkündigung.[31] So gilt es nun zu fragen, mittels welcher Methoden Gregor die Heilige Schrift
interpretiert.

2. Schriftauslegung

Gregors Interpretation biblischer Texte ist von der Überzeugung getragen, daß deren ganzer Reichtum erst erschlossen ist, wenn das Verständnis über den unmittelbar
buchstäblichen Wortsinn hinaus die darin verborgene Bedeutung, das *mysterium*[32], erfaßt. Keineswegs sind es nur
die Schriften des Alten Bundes, deren rein buchstäbliches
Verständnis ungenügend bliebe. Auch der Buchstabe des
Evangeliums und die darin geschilderten Ereignisse bergen
vielfältige Geheimnisse, die es zu erschließen gilt.[33] Un-

---

[30] *In euang.* 2,22,6 (unten 400): *Ex hac quippe solemnitate exemplum nobis resurrectionis datum est, spes coelestis patriae aperta, et facta superni regni iam praesumptibilis gloria*; vgl. 2,26,10; 2,29,11.
[31] *Moral.* 18,39 (CCL 143A, 910): *Qui ad verae praedicationis verba se praeparat, necesse est ut causarum origines a sacris paginis sumat, ut omne quod loquitur ad divinae auctoritatis fundamentum revocet atque in eo aedificium suae locutionis firmet.*
[32] Zum Terminus vgl. RUFFINI/LODI, *Mysterion* 178–181.
[33] *In euang.* 2,22,2 (unten 392): *Numquid haec tum subtilis evangelistae descriptio a mysteriis vacare credenda est?*; vgl. 1,2,1.

scheinbare Details der Evangelienberichte, etwa die Anordnung der Leinentücher im leeren Grab des Herrn
(2, 22, 3 f; Joh 20, 6 f), werden Anlaß, tiefgründige Erwägungen über das Mysterium der Göttlichkeit und Passion
Christi anzustellen. Indem Christus selbst gelegentlich seine Gleichnisse auslegte, zeigte er auch die Berechtigung
allegorischer Auslegung, wie sie Gregor vornahm.[34] Jegliche Beschäftigung mit der Heiligen Schrift zielt also auf ihr
geistiges Verständnis, auf die *spiritalis intelligentia*, auf den
mysticus intellectus (2, 22, 2; 2, 33, 5; 2, 40, 1). Das Erschlie
ßen dieser Verständnisebene ist in den Augen Gregors die
eigentliche Aufgabe der Homilie, wie vielfache Hinweise
belegen, in denen der Übergang von einer bloßen Erläuterung des historischen Ereignisses zur Erforschung des Mysteriums angekündigt wird (2, 22, 2; 2, 33, 5).

Trotz dieses Vorranges des geistigen Schriftverständnisses bleibt die historische Sinnebene unverzichtbare Grundlage aller weiteren Auslegungsweisen[35], so daß Gregor gelegentlich zunächst das vom Evangelium geschilderte
Ereignis kurz in historischer Perspektive erläutert, bevor
er ausführlicher zur geistig-allegorischen Interpretation
übergeht (1, 2, 1; 2, 39, 1 f). Deren weitere Differenzierung
in eine typologische und moralische Auslegungsweise findet sich zwar in einigen bibelhermeneutischen Überlegungen Gregors, tritt jedoch in der konkreten Interpretationspraxis hinter der grundlegenderen Zweiteilung von
buchstäblichem und geistigem Schriftsinn zurück, der wiederum stark moralisch-mystisch akzentuiert ist.[36]

---

[34] *In euang.* 1, 15, 1 (unten 240): *Dominus per semetipsum dignatus est
exponere quod dicebat, ut sciatis rerum significationes quaerere in iis
etiam, quae per semetipsum noluit explanare.*

[35] *In euang.* 2, 40, 1 (unten 836): *In verbis sacri eloquii … prius servanda
est veritas historiae, et postmodum requirenda spiritalis intelligentia
allegoriae.*

[36] Vgl. HOFMANN, *Geistige Auslegung* 7. 15; KESSLER, *Exeget.*

Reichen Gebrauch macht Gregor von der patristischen Auslegungsmethode, die Schrift durch die Schrift selbst zu interpretieren.[37] Die große Vertrautheit Gregors mit dem Wort Gottes, nicht zuletzt eine Frucht der *lectio divina* seiner monastischen Lebensphase, zeigt sich in der Fülle „biblischer Orchestration", welche dem Papst zu Gebote steht. Insofern Altes und Neues Testament das Mysterium Christi zur gemeinsamen Mitte haben, vermögen sie sich gegenseitig zu erhellen (1,11,5; 2,25,3). Daher können nicht nur neutestamentliche Texte, sondern auch alttestamentliche Worte herangezogen werden, um die Auslegung des Evangeliums zu bereichern und zu vertiefen.[38] Drei verschiedene Funktionen lassen sich hierbei unterscheiden.[39] Zunächst kann ein alttestamentliches Zitat als Testimonium angeführt werden, um eine Aussage des Evangeliums, die *veritas historiae,* beispielsweise durch ein Propheten- oder Psalmwort zu bestätigen (1,17,2). Darüber hinaus dient die allegorische Interpretation alttestamentlicher Zitate der *spiritalis intelligentia* auch des Evangeliums, wenn dessen geistiges Verständnis durch jene Worte vertieft und angereichert wird (1,17,8–12). Schließlich kann sich auch die moralische Interpretation des Evangeliums auf ein entsprechendes Wort des Alten Testamentes stützen (1,15,2; 2,35,9). So bringt Gregor die Vielfalt alttestamentlicher Überlieferung auch in der Auslegung der Evangelien zur Geltung, wenn er auf dessen verschiedenen Interpretationsebenen immer wieder jene Worte hinzuzieht, um in der Konkordanz des biblischen Zeugnisses die Bedeutungsfülle der ihm vorliegenden Perikope aufscheinen zu lassen.[40]

---

[37] Zur antik-paganen Herkunft und patristischen Verwendung der Methode vgl. PÉPIN, *Hermeneutik* 757–759.

[38] GIORDANO, *Antico Testamento* 258 Anm. 5, zählt ca. 200 atl. Zitate.

[39] Vgl. GIORDANO, *Antico Testamento* 259–262.

[40] Zur Methode vgl. GREGOR, *moral.* 27,14 (CCL 143B, 1339).

Insofern es nun in der geistigen Auslegung der Evangelien anders als bei alttestamentlichen Texten nicht mehr darum gehen kann, deren Buchstaben für das Mysterium Christi transparent zu machen, das ja bereits vom Wort des Evangeliums bezeugt wird, stellt sich die Frage nach der inneren Ausrichtung des vom Exegeten zu erschließenden *mysterium*. Gregors Exegese zielt darauf, die biblischen Worte in ihrer Bedeutung zu universalisieren und zu aktualisieren, indem die einmalig-vergangenen, konkret-situationsbezogenen Geschehnisse und Aussagen zu Sinnträgern einer allgemeingültigen und gegenwärtig erfahrbaren Wahrheit und Wirklichkeit werden. Zunächst können einzelne in den Evangelien erwähnte Gestalten als Sinnbilder der Menschheit insgesamt gedeutet werden. Der Blinde von Jericho (1, 2, 1–8; Lk 18, 35–43) wird Symbol des durch den Sündenfall geistig erblindeten Menschen, die gekrümmte Frau (2, 31, 6 f; Lk 13, 10–12) veranschaulicht dessen Unvermögen, sich geistig von der irdischen zur himmlischen Welt emporzurichten. Parabeln, etwa das Doppelgleichnis vom verlorenen Schaf und der verlorenen Drachme (2, 34, 3–6; Lk 15, 3–10), können in heilsgeschichtlicher Perspektive das Mysterium von Sündenfall und Erlösung der Menschheit widerspiegeln. Vielfach wird auch das Mysterium der Kirche, von dem der Buchstabe des Evangeliums ja noch weitgehend schweigt, durch allegorisch-typologische Interpretation in den Texten entdeckt. Zunächst bringt Gregor das Thema der Kirche aus den Juden und den Heiden in vielen Homilien zur Sprache (1, 3, 1; 1, 4, 1; 1, 14, 4; 1, 19, 1; 1, 20, 3.9; 2, 22, 2 f; 2, 33, 5 f; 2, 36, 8; 2, 40, 2). Auch das unvermeidbare Miteinander von Guten und Bösen in der Kirche, der *Ecclesia permixta,* wird vielfach thematisiert (1, 11, 4; 1, 12, 1; 1, 19, 5; 2, 24, 3; 2, 38, 7 f). Doch fehlt auch der Blick auf die eschatologische Vollendung der Kirche keineswegs (1, 14, 4; 2, 24, 3; 2, 34, 3; 2, 38, 9).

Innerhalb der geistigen Schriftauslegung ist die Kirche nicht ein Mysterium, dem allein der Glaube gilt, vielmehr

betrachtet sie Gregor auch als den Ort, an dem für die
Gläubigen das Wort des Evangeliums zu verwirklichen ist:
„Doch ein Geschehnis bezeichnet etwas, das in der heiligen
Kirche zu geschehen hat. Wir müssen ja, was geschehen ist,
in der Weise hören, daß wir auch das bedenken, was wir in
dieser Hinsicht durch Nachahmung tun sollen" (2, 21, 2).[41]
Gelegentlich besitzt bereits der Wortsinn solch eine moralische Bedeutung, wie Gregor insbesondere anhand der
Erzählung vom armen Lazarus darlegt (2, 40, 1. 3–10).[42]
Doch vielfach vermag Gregor mittels geistiger Auslegung
auch solche Aussagen des Evangeliums in moralischer Perspektive zu erschließen, die ihrem Wortsinn nach nicht in
diese Richtung weisen. So werden beispielsweise die Gaben
der drei Weisen aus dem Morgenland Symbole von Weisheit, Gebetseifer und leiblicher Abtötung (1, 10, 6); die Sal-
ben der zum Grabe des Herrn eilenden Frauen werden
Sinnbild des Wohlgeruchs der Tugenden, der die Gläubigen
erfüllen soll (2, 21, 2); der Untergang Jerusalems wird transparent für den moralischen Niedergang auch der einzelnen
Seele (2, 39, 3). Immer wieder versucht Gregor also, die
Auslegung des Gotteswortes auf das Leben der Hörer
selbst zu beziehen (1, 15, 1; 2, 22, 7–9; 2, 24, 5; 2, 28, 1 f;
2, 34, 11). Auf der Ebene des moralischen Schriftverständnisses wird vielfach dem Leben Christi exemplarische Bedeutung beigemessen, wenn Gregor die Gläubigen zur
Nachahmung seines Beispieles unermüdlich auffordert
(1, 14, 1; 1, 17, 1; 2, 24, 5; 2, 32, 5).[43] Gerade der Entfaltung
der moralischen Dimension des biblischen Wortes gilt das
besondere Interesse Gregors, der mit dieser Akzentuierung
der Auslegungspraxis des Origenes unverkennbar nahe
steht.[44] Dieses exegetische Interesse Gregors erhält seine

---

[41] Siehe unten 377.
[42] Vgl. HOFMANN, *Geistige Auslegung* 44 f.
[43] Vgl. BALSAVICH, *Witness* 99–107.
[44] Vgl. DAGENS, *Culture* 75–81; LUBAC, *Exégèse* 1, 558; HOFMANN,
Geistige Auslegung 44–49.

Erklärung, wenn man in den Homilien die Aussage findet,
daß in jener Epoche die Massen der Kirche zuströmten,
ohne daß jedoch eine wirkliche Bekehrung erfolgt wäre
(2, 32, 7 f; 2, 38, 8).[45] Die zahlreichen Warnungen vor dem
Scheinchristentum, die Mahnungen, daß dem bekannten
Glauben auch das Leben entsprechen müsse, die Appelle
zur Umkehr angesichts des bevorstehenden Weltgerichts
erklären sich aus der Zeit Gregors, die von der Diskrepanz
zwischen äußerlicher Kirchenzugehörigkeit und wahrer
Bekehrung bei großen Teilen der Getauften charakterisiert
war. So erklärt sich auch die vornehmlich dem moralischen
Schriftsinn geltende Auslegungspraxis Gregors in den
Evangelienhomilien, geht es doch nicht mehr in erster Linie darum, dem Volk die Glaubenswahrheiten darzulegen,
sondern dessen Lebenspraxis mit dem Glauben in Einklang
zu bringen. Doch darf zum rechten Verständnis dieser
Akzentuierung nicht die heilsgeschichtliche Dimension
auch des moralischen Schriftsinnes vergessen werden. Ein
Beispiel hierfür bietet die Auslegung einer Verheißung des
Propheten Jesaja (41, 18 f), die im Zusammenhang der Homilie (1, 20, 12 f) zunächst nur illustrative Funktion besitzen sollte, dann jedoch ungeplant zu einem längeren Ex-
kurs entfaltet wird. Die Verheißung Gottes, in der Wüste
Bäume verschiedenster Art wachsen zu lassen, sieht Gregor
in der Kirche erfüllt, wenn er die vielgestaltige Vegetation
auf die verschiedenen Stände und Lebensformen innerhalb
der Kirche hin allegorisch auslegt. Hier zeigt sich, daß bei
Gregor der moralische Schriftsinn nicht auf eine rein pra-
xisorientierte Umsetzung des biblischen Wortes reduziert
werden darf, sondern durchaus eine heilsgeschichtliche
Komponente besitzt, welche die Aktualisierung des Got-

---

[45] Vgl. GREGOR, *moral.* 29, 12. 14 (CCL 143B, 1441 f); 31, 10 (CCL 143B,
1557). Hierzu DAGENS, *Culture* 20.

teswortes in der jeweiligen Gegenwart proklamiert (1, 9, 5; 2, 29, 4; 2, 39, 3).[46]

Diesem Anliegen einer Aktualisierung des biblischen Wortes in der Gegenwart seiner Hörer dient auch ein weiteres Charakteristikum der Auslegungsweise Gregors. Der Papst liest das Evangelium häufig im Licht der unmittelbaren Zeitereignisse, wenn er beispielsweise die in den Endzeitreden Jesu geschilderten Vorzeichen des Weltunterganges (vgl. Lk 21, 25 f) in den über Rom hereingebrochenen Katastrophen bereits anfänglich realisiert sieht: „Von all dem sehen wir, wie es zum Teil tatsächlich schon eingetreten ist, von anderem fürchten wir, daß es in naher Zukunft hereinbrechen wird. Denn daß sich Volk gegen Volk erhebt und deren Drangsal die Erde heimsucht, nehmen wir in unseren Zeiten schon mehr wahr, als daß wir es in Büchern lesen" (1, 1, 1; vgl. 1, 4, 2).[47] Mittels der Schrift wird also die Gegenwart interpretiert, die ihrerseits zur Bestätigung und Erfüllung des biblischen Wortes wird, das erst so seine letzte Sinntiefe empfängt. Die Liturgie erweist sich somit als der Ort, an dem sich die Begegnung von Gotteswort und Geschichte vollzieht, um mittels der kirchlichen Verkündigung jenes Echo in den Gläubigen zu erwirken, das deren Leben zur Antwort auf den im Evangelium und in den Zeichen der Zeit vernommenen Ruf Gottes werden läßt.

---

[46] Vgl. Calati, *Spiritualità* 18: „Si supera ogni atteggiamento spirituale solo moralistico, a vantaggio del richiamo profetico dell'*oggi* in cui inserirsi per compiere il mistero di amore a cui l'introduce la Parola. … Il senso della *imitatio* nel contesto gregoriano conserva tutta la sua portata oggetiva storico-salvifica."

[47] Siehe unten 53. Vgl. Dagens, *Culture* 111 f.

III. Die Evangelienhomilien

1. Entstehung und Überlieferung

a) Abfassung

Über die Entstehung der *Evangelienhomilien* gibt die von
dem römischen Diakon Johannes wahrscheinlich zwischen
873 und 875 verfaßte Biographie Gregors Auskunft. Danach hielt der Papst den größten Teil dieser Predigten
anläßlich der unter seinem Pontifikat neu geordneten Sta-
tionsgottesdienste[48], zu denen nicht nur Feste und besondere liturgische Zeiten gehörten (Advent: Hom. 1,1; 1,2;
1,4; 1,6; 1,7; Mensis X[i]: Hom. 1,20; Geburt des Herrn:
Hom. 1,8; Epiphanie: Hom. 1,10; Sexagesima: Hom. 1,15;
Fastenzeit: Hom. 1,16; 1,18; Ostern: Hom. 2,21; 2,22;
österliche Zeit: Hom. 2,23–26; Himmelfahrt: Hom. 2,29;
Pfingsten: Hom. 2,30; Mensis IV und VII: Hom. 2,31; 2,34;
2,35), sondern im weiteren Sinne auch die Versammlungen
an den Gedenktagen der Heiligen zählten (Hom. 1,3; 1,9;
1,11; 2,27; 2,28; 2,32; 2,35; 2,37). Die Auslegung des
Gotteswortes erhielt hierbei solches Gewicht, daß Gregor
sogar das für die Eucharistiefeier verwendete Sakramentar
des Papstes Gelasius I. erheblich verkürzte, um für die
Verkündigung ausreichend Zeit zu gewinnen.[49]

   Die Vortragsdauer der meisten Homilien dürfte zwischen 13 und 18 Minuten gelegen haben. Die kürzeste, die
23. Homilie, hat schätzungsweise 7 Minuten, die längste,
die 34. Homilie, circa 56 Minuten gedauert.[50]

   Weitere Hinweise über deren Verkündigung finden sich
im Widmungsbrief, den Gregor der Sammlung seiner 40
Homilien bei ihrer Übersendung an Bischof Secundinus
von Taormina voranstellte. Die im ersten Buch zusammen-

---

[48] Vgl. Grisar, *Stationsfeier* 389–394.
[49] Vgl. Johannes Diaconus, *Vita Sancti Gregorii* 2,17–19 (PL 75, 94).
[50] So die Schätzungen von Olivar, *Predicación* 716.

gefaßten Auslegungen hatte Gregor aufgrund seiner geschwächten Gesundheit nicht selber vorgetragen, sondern
zuvor einem seiner Sekretäre diktiert, um diese Homilien
anschließend während der Meßfeier in seiner Gegenwart
durch den Sekretär vorlesen zu lassen.[51] Als Gregor jedoch
beobachten mußte, wie diese Form der Verkündigung bisweilen geringe Aufmerksamkeit fand, beschloß er, trotz
seiner schwachen Stimme sich mit einer persönlichen Ansprache an die Gläubigen zu wenden (2,21,1; 2,22,1;
2,34,1). Es ist zu vermuten, daß Gregor die Auslegungen
dieser zweiten Gruppe ohne schriftlichen Entwurf frei gehalten hat, räumt er doch in einer Homilie (2,39,10) ein,
die ursprünglich beabsichtigte Kürze nicht eingehalten zu
haben. Diese Ansprachen wurden von Stenographen festgehalten.[52] Vorgelesen beziehungsweise gehalten wurden
diese Homilien *inter sacra Missarum solemnia*[53], unmittelbar nach der Verkündigung des Evangeliums (1,1,1; 1,3,1;
1,15,1; 2,24,1; 2,28,1). Die den Homilien zugrunde liegende Perikopenordnung geht auf eine ältere Tradition der
Kirche von Rom zurück.[54] Ein aus der Zeit um 645 stam-
mendes römisches Evangeliar enthält bereits eine veränder-
te Evangelienordnung und macht somit den Predigtzyklus
Gregors zu einem wertvollen Zeugnis römischer Liturgie-
geschichte.[55]

---

[51] *Epistula ad Secundinum* (unten 46): *dictata expositio ... est per notarium recitata.* JOHANNES DIACONUS, *Vita Sancti Gregorii* 2,11 (PL 75,
92), erwähnt einen Sekretär AEMILIANUS.
[52] *Epistula ad Secundinum* (unten 46): *explanationem coram populo ipse
locutus sum: atque ita ut loquebar, excepta est.*
[53] *Epistula ad Secundinum* (unten 46).
[54] *Epistula ad Secundinum* (unten 46): *quae diebus certis in hac Ecclesia
legi ex more solent.* Vgl. CHAVASSE, *Évangéliaire* 178 f.
[55] Vgl. CHAVASSE, *Aménagements* 85–90.

b) Datierung

Der Widmungsbrief Gregors enthält keine Angaben, die eine präzise Datierung dieser Homilien ermöglichten. Da jedoch Gregor in seinen 593 und 594 entstandenen Dialogen mehrfach auf die *Evangelienauslegung* verweist, muß diese zeitlich vor deren Abfassung angesetzt werden.[56] Anhand interner Kriterien ist eine weitere zeitliche Präzisierung zu versuchen. Die Auslegungen des ersten Buches erstrecken sich über eine Jahreswende, da sich die auf verschiedene Heiligenfeste bezogenen Homilien (1,3; 1,5; 1,9; 1,11; 1,12; 1,13) innerhalb des Zeitraumes vom 23. November bis zum 21./28. Januar datieren lassen und sich die übrigen Homilien von Advent (November/Dezember; 1,1; 1,6; 1,7), Weihnachten (8), Epiphanie (10) bis zur Fastenzeit (16) erstrecken.[57] Zeitliche Hinweise in einigen Homilien (1,19,7; 2,38,16) auf ein Ereignis während der Pestepidemie führen nach Chavasse zur Präzisierung des Jahres, insofern Homilie 1,19 auf das Jahr 591 und Homilie 2,38 auf das Jahr 592 zu datieren sind.[58] Von diesen Daten aus läßt sich die erste, im Advent gehaltene Homilie, die ebenfalls die über Rom hereingebrochenen Katastrophen erwähnt (1,1,5), auf November 590 festlegen, während die letzte klar datierbare 38. Homilie auf Februar 592 anzusetzen ist.[59] Der geschwächte Gesundheitszustand zwang jedoch Gregor, den Predigtzyklus zuweilen für längere Zeit zu unterbrechen, so daß er erst nach mehrwöchiger Pause die Verkündigung wieder aufnehmen konnte (2,22,1; 2,34,1). Nicht allein das Klima der Sommermonate, auch die Kriegsnöte schwächten Gregors Gesundheit und beeinträchtigten seine Verkündigung, bis die Ende Juni 592 vor den Toren Roms stehenden Langobarden Gregor

---

[56] Vgl. PFEILSCHIFTER, *Ausgabe* 68–76.
[57] So CHAVASSE, *Aménagements* 90.
[58] Vgl. CHAVASSE, *Aménagements* 91.
[59] So CHAVASSE, *Aménagements* 101.

nötigten, seine Auslegungen der Evangelien gänzlich abzu-
brechen.[60]

c) Überlieferung

Wie aus dem Widmungsbrief Gregors hervorgeht, hat er
selbst eine Gesamtausgabe der 40 *Evangelienhomilien* vor-
genommen. Entsprechend ihres unterschiedlichen Charakters ließ Gregor die vorgelesenen und die frei gehaltenen
Auslegungen auf zwei verschiedene Kodizes verteilen, wo-
bei jeweils die chronologische Reihenfolge ihrer Entstehung bewahrt bleiben sollte. Im ersten Buch befinden sich
also die zwanzig vorgelesenen Homilien, während das
zweite Buch die zwanzig frei gehaltenen Auslegungen umfaßt. Ob dieser von Gregor selbst besorgten Ausgabe die
jeweilige Evangelienperikope beigefügt war, wird erst eine
kritische Sichtung des Handschriftenbestandes klären können. Jedoch läßt sich der Umfang der jeweiligen Perikopen
zumeist genau bestimmen, da Gregor den zugrunde liegenden Text Vers für Vers auslegte (2,23,1). Gelegentlich findet
sich sogar ein ausdrücklicher Hinweis auf Anfang und
Schluß der Perikope (2,21,5; 2,22,6; 2,25,7; 2,29,8;
2,30,1.4; 2,39,2; 2,40,3). Ob und inwieweit die in einigen
Manuskripten am Anfang der jeweiligen Homilie stehenden Angaben über Ort und Zeit der Verkündigung auf die
von Gregor selbst besorgte Gesamtausgabe zurückgehen,
kann ebenfalls erst durch eine kritische Edition geklärt
werden.[61] Doch dürften eher topographische als chronolo-

---

[60] Vgl. CHAVASSE, *Aménagements* 102 Anm. 28: „Quand Ariulf n'était
pas menaçant, Grégoire alla prêcher (h. 3, 9 et 11) à des stations (Félicité,
Silvestre, Agnès), tenues *extra Muros* (jusqu'à 2 milles des Murs), au
Nord-Nord-Est de Rome. À partir de novembre 591, quand la situation
se détériore, il s'en va prêcher (h. 35, 37 et 38) au Sud de Rome, *extra
Muros* (jusqu'à 2 milles des Murs): Mennae, Sebastiani, Nerei et Achil-
lei."
[61] Vgl. PFEILSCHIFTER, *Ausgabe* 100–103.

gische Angaben von Gregor selbst stammen.[62] Vorerst
bleibt deshalb eine gewisse Vorsicht geboten, da die Mau-
rinerausgabe beispielsweise die 19. Homilie dem Sonntag
Septuagesima zuordnet, während die Aussagen Gregors
auf die am Mittwoch der vierten Fastenwoche vollzogene
Zeremonie *in aurium apertione* deuten.[63] Solche Unstim-
migkeiten lassen sich unter anderem darauf zurückführen,
daß infolge geänderter Perikopenordnungen der nachgre-
gorianischen Epoche später geltende Verknüpfungen von
liturgischen Orten und Zeiten mit bestimmten Evangelien
auf die früher von Gregor abgefaßten Homilien übertragen
und somit Entwicklungen in der römischen Liturgiege-
schichte verwischt wurden.[64] So können für die Datierung
der jeweiligen Homilie nur interne Kriterien herangezogen
werden. Auch die Frage, ob und inwieweit die grundlegen-
de Edition der Mauriner die ursprüngliche chronologische
Reihenfolge der Homilien getreu bewahrt hat, kann nur
mit Vorsicht beantwortet werden. In den einzelnen Handschriften, beispielsweise in den Kodizes Later. 1674 und
Corb. 166, ist die Reihenfolge äußerst verschieden, auch
diesmal durch eine Anpassung an spätere Perikopenordnungen bedingt.[65] Wiederum bleibt nur die textimmanente
Analyse zur Bestimmung der Reihenfolge.[66]

Doch nicht erst spätere Epochen veränderten die von
Gregor selbst vorgesehene Ordnung. Im Widmungsbrief
beklagt Gregor, daß die Homilien vervielfältigt wurden,

---

[62] Vgl. CHAVASSE, *Célébrations eucharistiques* 74. Nach GRISAR, *Stationsfeier* 400, könnten auch die Hinweise auf Herren- und Heiligenfeste
von Gregor hinzugefügt sein.
[63] So CHAVASSE, *Aménagements* 95.
[64] Vgl. CHAVASSE, *Aménagements* 90.
[65] Vgl. CHAVASSE, *Aménagements* 90. HURST, *Gospel Homilies* 3 f,
nimmt im ersten Buch Umstellungen aufgrund der Reihenfolge der
liturgischen Feste vor, ohne jedoch anscheinend die Ergebnisse von
CHAVASSE zu kennen.
[66] Vgl. die Resultate bei PFEILSCHIFTER, *Ausgabe* 111 f.

bevor er sie noch einmal überarbeiten konnte. Kennzeichen
jener Exemplare waren seinen Angaben zufolge ein unkorrigiert gebliebenes Schwanken in der Auslegung der Versu-
chungsperikope am Anfang der 16. Homilie sowie eine
Änderung der chronologischen Reihenfolge oder der Auf-
teilung in zwei verschiedene Bücher. Wer jene von Gregor
erwähnten „Brüder" waren, die sich die Homilien gegen
den Willen ihres Verfassers verschafft hatten, läßt sich nicht
eindeutig feststellen, möglicherweise handelte es sich um
Verehrer und Freunde des Papstes, Kleriker und Laien,
welche die Mitschriften der Stenographen abschrieben und
verbreiteten.[67] Die weite Verbreitung jener inoffiziellen
Ausgabe bezeugt Gregor selbst, wenn er in seinem Widmungsbrief den sizilianischen Bischof von Taormina an-
weist, alle unkorrigierten Exemplare anhand der ihm nun
übersandten authentischen Ausgabe zu verbessern. Auch
der Hinweis auf das in der päpstlichen Bibliothek des
Laterans für alle Besitzer einer Ausgabe zur Überprüfung
ausgelegte authentische Exemplar zeigt Gregors Überzeugung von der weiten Verbreitung der inoffiziellen Ab-
schriften. Wie bei seinen sonstigen Werken war Gregor also
auch hinsichtlich der *Evangelienhomilien*, besonders der
frei vorgetragenen, auf eine sorgfältige Überarbeitung bedacht, die vornehmlich stilistische Verbesserungen, aber
auch gelegentliche inhaltliche Korrekturen umfaßte. Möglicherweise nahm Gregor später noch einmal eine zweite
Revision des Homilientextes vor, um weitere stilistische
Verbesserungen hinzuzufügen und Schriftzitate, die auf
ältere lateinische Übersetzungen zurückgriffen und oft aus
dem Gedächtnis erfolgten, anhand der Vulgata zu korrigieren. So würde sich die auffällige Differenz zwischen dem
textus receptus, wahrscheinlich das Resultat einer solchen
systematischen Revision, und einer kleineren Gruppe von
Manuskripten erklären, die verschiedene, ursprünglicher

---

[67] Vgl. PFEILSCHIFTER, *Ausgabe* 81 f; BANNIARD, *Viva voce* 151 f.

erscheinende Abweichungen aufweisen. Da schon Paterius,
der Vertraute des Papstes, den *textus receptus* benutzte, läßt
sich die Revision wohl auf Gregor selbst zurückführen.[68]
Doch darf davon ausgegangen werden, daß die authentische Ausgabe, wohl in der zweiten Hälfte des Jahres 592
oder in der ersten Hälfte des Jahres 593 erschienen, die
Homilien im wesentlichen in der Form wiedergibt, in der
sie gehalten wurden.[69] Es ist jedoch damit zu rechnen, daß
manche der von Gregor erwähnten inoffiziellen Manuskripte unkorrigiert geblieben sind und weitere Abschrif-
ten nach sich zogen.[70]

d) Verbreitung und Fortleben

Welche Verbreitung fand nun die authentische Ausgabe zu
Gregors Lebzeiten? Wie dem Widmungsbrief zu entnehmen ist, erhielt der Bischof Secundinus von Taormina ein
Exemplar von Gregor selbst zugesandt. Daneben bezeugt
ein Brief des Papstes an einen anderen Secundinus, der als
servus Dei inclausus angeredet wird, daß auch dieser eine
Ausgabe der *Homilien* erhalten habe.[71] So gelangten Exemplare nach Sizilien und Oberitalien, um dort weitere Verbreitung zu finden. Daß auch verschiedene römische Klöster und Bibliotheken der Basiliken eine Homilienausgabe
zum Geschenk erhielten oder erwarben, darf als wahrscheinlich gelten. Auch ist eine frühe Verbreitung in Eng-
land und Gallien wohl noch zu Lebzeiten Gregors anzunehmen.[72]

   Nach dem Tode Gregors fanden die *Evangelienhomilien*
insbesondere in der karolingischen Epoche weite Verbrei-

---

[68] Vgl. hierzu ÉTAIX, *Tradition manuscrite*.
[69] So PFEILSCHIFTER, *Ausgabe* 92 f. 95.
[70] Zu den Kriterien ihrer Identifizierung vgl. PFEILSCHIFTER, *Ausgabe*
88–90.
[71] Vgl. *epist.* 9, 148 (CCL 140A, 704). Der Brief stammt vom Mai 599.
[72] Vgl. PFEILSCHIFTER, *Ausgabe* 107–110.

tung.[73] Bischöfliche Statuten des 8. und 9. Jahrhunderts
forderten für die Priester in den Pfarrkirchen den Besitz
von Homiliaren, die als Modell für die Unterweisung der
Gläubigen dienen sollten. Die einzige namentlich erwähnte
Homiliensammlung sind hierbei die Predigten Gregors.
Verzeichnisse der Bücherbestände in einzelnen Pfarreien
bestätigen die Einhaltung der bischöflichen Weisungen,
finden sich doch die gregorianischen Homilien in vielen der
erhaltenen Listen. Doch auch in den Klöstern existierten
zahlreiche Kopien, sei es, daß die Evangelienauslegungen
liturgische Verwendung während der Messe oder des Offi-
ziums fanden, sei es, daß sie für die private geistliche Lesung oder aber auch für den Lateinunterricht in den Klo-
sterschulen benutzt wurden. Schließlich bildeten die
Homilien Gregors auch eine der wichtigsten Quellen der
karolingischen Homiliare, die zumeist den Charakter von
Florilegien patristischer Werke hatten. Insbesondere die
Autoren Beda Venerabilis, Rhabanus Maurus, Aelfric,
Haymo von Halberstadt und Honorius von Autun haben
mit vielfachen Entlehnungen auf die *Homilien* Gregors
zurückgegriffen.[74] Ebenso wurde die Exemplatechnik Gregors von der Predigttheorie und -praxis des Mittelalters
aufgegriffen und zu einer wirksamen Form volkstümlicher
Belehrung entfaltet.[75] Auch mittelalterliche Übersetzungen
ins Altfranzösische, Italienische und Slawische[76] bezeugen
die große Popularität jener *Evangelienhomilien*, aber auch
ihren Einfluß auf die mittelalterliche Spiritualität.[77] Noch

---

[73] Zum folgenden vgl. DELEEUW, *Homilies on the Gospels.*
[74] Vgl. SCHWANK, *Prediger* 82–84; zu BEDA vgl. HURST, *Gospel Homilies*
4 sowie dessen Anmerkungen zu den einzelnen Homilien; zu AELFRIC
vgl. OETGEN, *Aelfric's Use.*
[75] Vgl. SCHWANK, *Prediger* 84–87.
[76] Vgl. BRAYER, *Recueil de sermons;* DUFNER, *Zwei Werke* 245–251;
REINHART, *Methodisches.*
[77] Vgl. GHELLINCK, *Littérature* 24: „Avec ses *Moralia in Job,* sa *Regula
pastoralis,* ses *Quarante homélies sur les Évangiles* … et ses *Dialogues*

einmal wird die große Wertschätzung der Evangelienauslegung Gregors darin deutlich, daß mit Ausnahme weniger
Homilien alle anderen Predigten auszugsweise in das römische Brevier aufgenommen wurden. In der römischen Ausgabe von 1521 nimmt Gregor mit 18 Lesungen den zweiten
Platz nach Augustinus (43 Lesungen) und vor Ambrosius
(16 Lesungen) ein.[78] In der erneuerten *Liturgia horarum* ist
der Anteil der gregorianischen Homilien wesentlich geringer ausgefallen.[79]

2. Struktur und Form

a) Schriftbezug

Die vorliegenden Homilien Gregors haben stets die Auslegung des unmittelbar zuvor verkündeten Evangeliums zum
Inhalt. In einem Fall wird jedoch auf die dem Evangelium
vorangegangene Lesung Bezug genommen, um auch die in
der Apostelgeschichte (2,1–4) geschilderte Geistsendung
in die Pfingstpredigt (2,30,4) einzubeziehen. Daß der in
einer Osterpredigt (2,22,7) zitierte Paulusvers (1 Kor 5,7)
der vorausgegangenen Lesung zugehörte, läßt sich durch
das Zeugnis eines späteren römischen Epistolars (W, Nr. 86;
um 730) vermuten. Insbesondere anläßlich der kirchlichen
Hochfeste fügt Gregor oft eine gesonderte Deutung des
Festmysteriums der Auslegung des Evangeliums hinzu
(2,22,6; 2,25,7; 2,29,1; 2,30,4). Weitere Hinweise liturgi-
scher Art, etwa auf das begangene Heiligen- oder Marty-
rerfest, bleiben vereinzelt (1,3,3; 1,5,4; 1,11,3). Die meisten Homilien beschränken sich also auf die Auslegung des
jeweiligen Evangeliums, dessen Text in der Regel Vers für

… comptent parmi les livres les plus lus, les plus souvent copiés et les
plus enrichis de gloses marginales en langue vulgaire, durant tout le
moyen âge.“
[78] Nach den Indizes von WINTERSIG, *Väterlesungen*, Bde. 1–5, fehlen
die Homilien 4, 15, 19, 20.
[79] Vgl. FÀBREGAS/OLIVAR, *Veu dels pares* 110–112.

Vers erläutert wird[80]. Diese Methode hatten die christlichen Exegeten von der antiken Unterrichtsform des *grammaticus* übernommen, der die klassischen Texte versweise vor seinen Schülern kommentierte. Diese Methode bestimmte auch die Form der christlichen Homilie östlicher und westlicher Tradition.[81]

Die Evangelienperikopen bieten den Text der Vulgata, deren Version Gregor ebenfalls seinen anderen biblischen Kommentarwerken zugrunde legte. Wie jedoch in den übrigen Schriften Gregor auch auf eine ältere lateinische Übersetzung oder griechische Version des Alten Testamentes Bezug nehmen konnte, wenn deren Text der spirituellen Auslegung dienlicher erschien[82], so wurden auch in den *Evangelienhomilien* die zur Interpretation herangezogenen weiteren biblischen, insbesondere alttestamentlichen Texte zuweilen in einer von der Vulgata abweichenden Form (z.B. 1, 10, 3: Spr 21, 30; 2, 34, 11: Dtn 32, 8) zitiert. Vielfach muß damit zu rechnen sein, daß Gregor solche Testimonien von anderen Autoren übernahm, ohne damit in jedem Falle selbst auf andere Bibelübersetzungen zurückzugreifen. Doch weiß Gregor auch um Varianten des Vulgatatextes, die er gelegentlich notiert (2, 34, 6: Lk 15, 8).

Welches sind nun die formalen Hauptmerkmale der vorliegenden Homilien?[83]

---

[80] *In euang.* 2, 23, 1 (unten 418): *Lectionis ... evangelicae ... sensum ... per singula verba discutere.*

[81] Vgl. CAZIER, *Analogies* 419–423; SACHOT, *Homilie* 158 f.

[82] *Moral.* 5 (CCL 143, 7): *Novam translationem dissero; sed cum probationis causa me exigit, nunc novam, nunc veterem per testimonia adsumo; ut quia sedes apostolica cui Deo auctore praesideo ... utraque utitur, mei quoque labor studii ex utraque fulciatur.* Vgl. GRIBOMONT, *Texte biblique;* SINISCALCO, *Nota;* RECCHIA, *Gregorio Magno* 25–31.

[83] Bislang liegt nur die unveröffentlichte Dissertation von TARICCO, *Omelie,* vor; vgl. auch SCHWANK, *Prediger* 52–72; LA PIANA, *Omelia.*

b) Aufbau

Betrachtet man den Aufbau, so wird man eine kunstvolle, an den Regeln klassischer Rhetorik orientierte Komposition vermissen. Einige Homilien werden von Gregor mit einer kurzen Anrede seiner Hörer eröffnet, indem er angesichts der Länge der liturgischen Feier eine kurze Predigt verspricht (1, 8, 1; 1, 19, 1; 2, 23, 1; 2, 35, 1) oder sich in persönlicherer Weise über seinen geschwächten Gesundheitszustand äußert, der ihn jedoch nicht am Predigen hindern soll (2, 21, 1; 2, 22, 2; 2, 34, 1). Vielfach beginnt die Homilie auch mit einem kurzen Hinweis auf das unmittelbar zuvor verkündete Evangelium, das eine Auslegung erfordert, um seinen Bedeutungsreichtum verstehen zu können (1, 3, 1; 1, 9, 1; 1, 13, 1; 2, 22, 2). Oft wird jedoch die Homilie unvermittelt eröffnet, indem Gregor mittels einer Frage eine Aussage des Evangeliums aufgreift und zu beantworten sucht (1, 4, 1; 1, 6, 1; 1, 8, 1; 1, 10, 1; 1, 16, 1; 2, 24, 1; 2, 26, 1; 2, 27, 1; 2, 28, 1; 2, 38, 1). Doch auch eine solche Ausgangsfrage vermag der Homilie kaum eine innere Einheit zu verleihen. Indem Gregor nämlich die Technik versweiser Kommentierung des Evangeliums mit der durchgängigen allegorischen Interpretationsmethode verknüpft, versucht er, nicht allein die zentrale Aussage oder Begebenheit der jeweiligen Perikope über den Wortsinn hinaus in einem geistigen Verständnis zu erschließen. Vielmehr werden auch die Details des mehr narrativen Kontextes allegorisch gedeutet, so daß die Homilie bisweilen keine thematische Einheit mehr darstellt, sondern nur noch inhaltlich voneinander isolierte Erwägungen zu Einzelversen oder kleineren Versgruppen bieten kann (1, 4; 2, 20; 2, 24; 2, 26; 2, 29). Den unmittelbaren Abschluß der Homilien bildet oft ein eindringlicher Aufruf, das Gehörte in die Praxis umzusetzen, sich nicht von der vergänglichen Welt fesseln zu lassen, sondern das Himmlische zu ersehnen (1, 5, 4; 1, 14, 6; 2, 26, 12; 2, 28, 3; 2, 29, 11). Vielfach schließt ein solcher Appell an die Hörer mit einer Bitte um den göttlichen Beistand

(1,4,5; 1,6,6; 1,9,7; 1,10,7; 2,21,7; 2,36,13; 2,37,10) oder einer Zusicherung desselben (2,22,9; 2,25,10; 2,27,9; 2,35,9), um in einer Doxologie christologischen (1,6,6; 1,9,7; 2,23,2) oder trinitarischen Charakters auszuklingen (1,19,7; 2,21,7; 2,22,9; 2,24,6; 2,26,12; 2,27,9; 2,29,11; 2,30,10; 2,31,8; 2,32,9; 2,33,8; 2,34,18; 2,35,9; 2,36,13; 2,37,10; 2,38,16; 2,39,10; 2,40,12)[84]. Weitere formale Charakteristika sind vom Adressatenkreis der Homilien bestimmt.

c) Adressaten

Die Hörerschaft der vorliegenden Auslegungen bildeten alle Schichten des römischen Volkes[85], das zahlreich zu den päpstlichen Gottesdiensten zusammenströmte (1,11,4; 1,19,5). Da Gregor in verschiedenen Kirchen Roms predigte, war der Kreis seiner Zuhörer keineswegs immer identisch (2,38,15). Gregor versuchte, das unterschiedliche Auffassungsvermögen der Hörer zu berücksichtigen, um die einen nicht zu überfordern und den anderen nicht nur längst Bekanntes zu bieten (1,13,1). Doch bleibt das Bemühen um allgemeine Verständlichkeit vorrangig. Daher bediente sich Gregor, Augustinus und Cäsarius von Arles folgend, in den *Evangelienhomilien* des *sermo humilis*. Vielfach hat Gregor die *condescensio* des Verkündigers, das demütige Sich-Anpassen an die Fassungskraft der ihm Anvertrauten, betont. In der Verkündigung darf es nicht darum gehen, daß der Prediger seine theologischen Kenntnisse oder rhetorischen Fähigkeiten zur Schau stellt. Vielmehr ist der geistliche Nutzen der Gläubigen alleiniges Kriterium für die konkrete Gestalt der Predigt.[86] Vorbild solcher An-

---

[84] Zum Gebrauch der Doxologien in der patristischen Homiletik vgl. OLIVAR, *Predicación* 524 f.

[85] *Epistula ad Secundinum* (unten 46): *coram populo ipse locutus sum.* Vgl. BANNIARD, *Viva voce* 151 f. 154.

[86] Vgl. *moral.* 20,4 (CCL 143A, 1004); 30,48 (CCL 143B, 1523).

passung an das intellektuell-spirituelle Niveau der Hörer
ist das Verhalten Gottes selbst, der sich in der Heiligen
Schrift, besonders im Alten Testament, der menschlichen
Fassungskraft anpaßte.[87] Daß Gregor durchaus verschiedene Stilebenen zu beherrschen verstand, zeigt ein Vergleich
der *Evangelienhomilien* mit den *Moralia* und *Ezechielhomilien*. Während die letzten beiden Werke ein höheres
Bildungsniveau der Adressaten voraussetzen und die Möglichkeiten sprachlicher Gestaltung in reichem Maße aus-
schöpfen[88], zeigt sich in den *Evangelienhomilien* Gregor
kaum daran interessiert, deren literarische Form auszufei-
len oder das ihm durchaus noch vertraute Repertoire klassischer Rhetorik anzuwenden. Der Bildungsstand des aus-
gehenden 6. Jahrhunderts verlangte gerade für die an das
Volk gerichteten Homilien einen klaren, schlichten und
anschaulichen Stil.

d) Sprache und Stil

Diesem Erfordernis entsprechen zunächst eine überschau-
bare, meist parataktische Syntax[89] sowie zahlreiche stereo-
type Formulierungen[90], die es ermöglichen, dem Gedankengang ohne Mühe zu folgen. Vielfach finden sich
Erläuterungen schwierig erscheinender Begriffe und Aussagen (2, 38, 4). Für Gregor noch charakteristischer ist jedoch sein Bemühen um Anschaulichkeit des Gesagten.
Gerade die vom Sündenfall bedingte Erblindung des Menschen für das Geistige, für die unsichtbare Welt Gottes, läßt
in Gregors Augen das Sichtbare zur Brücke werden, um
wieder zum Unsichtbaren zu gelangen (1, 11, 1; 2, 30, 10).
Diesem Ziel dient auch die reiche Verwendung von Meta-

---

[87] Vgl. *moral.* 32, 7 (CCL 143B, 1631); 2, 35 (CCL 143, 81); 6, 22 (CCL
143, 299); 28, 41 (CCL 143B, 1427 f.).
[88] Vgl. MASSA, *Arte del linguaggio.*
[89] Vgl. MARTIĆ, *Dissertatio.*
[90] Z.B.: *sequitur, unde et subditur, quaerendum nobis est, notandum est.*

phern, die geistigen Begriffen und Zusammenhängen Kon-
kretheit verleihen und die Überzeugungskraft der Aussage
intensivieren.[91] Insofern diese Metaphern zumeist der Bild-
haftigkeit des Evangeliums entlehnt sind und sie weiter
entfalten, bestimmt das biblische Wort nicht allein den
Inhalt der Homilien, sondern auch ihre stilistische Gestalt.
Dies wird ebenso in den häufig verwendeten Antithesen
deutlich, die zum sprachlichen Reflex einer im Evangelium
selbst begründeten Gegensätzlichkeit werden (1, 4, 4;
2, 40, 12).[92]

Vielfach versucht Gregor, die Auslegung der Heiligen
Schrift mit konkreten Erfahrungen seiner Hörer zu verknüpfen.[93] Zahlreiche Paraphrasen der Herrenworte, mit
der stereotypen Formulierung „als wollte er offen sagen:
…" eingeleitet, dienen häufig dazu, das Evangelium in die
Zeitsituation und Lebensverhältnisse der Predigthörer zu
übersetzen (1, 1, 3. 4; 1, 5, 3). Auch Veranschaulichungen
anhand konkreter Beispiele und Erfahrungstatsachen lassen immer wieder Gregors Bemühen erkennen, das Evangelium von der Lebenswelt seiner Hörer zu erschließen.
Um die rechte Vorbereitung auf die Begegnung mit dem
Weltenrichter seinen Hörern nahezubringen, führt ihnen
der ehemalige *praefectus urbi* das Beispiel eines Zivilpro-
zesses vor Augen (2, 26, 11; 2, 32, 9). Auch alltägliche Be-
gegnungen, der Weg zum Forum oder zu den Thermen
(1, 6, 6), die Erwartung eines hohen Gastes im eigenen Haus
(2, 30, 2), die Flucht aus einer brennenden Wohnung
(1, 4, 5), die Praxis des Wein- und Ölbaumanbaus (1, 15, 4),
die Getreideaussaat (2, 32, 5), vermögen zur Illustration der
vom Evangelium geforderten Glaubenspraxis herangezo-

---

[91] Vgl. GIORDANO, *Metafora* 609: „… un susseguirsi di traslati che
corporizzano lo spirituale — carità, peccato, malizia, brame terrene —
e rendono l'interpretazione di una cristallina limpidezza."
[92] Vgl. MASSA, *Arte del linguaggio* 87: „il dualismo evangelico sospinge
all'agonismo, all'antitesi, al paradosso".
[93] Vgl. DAGENS, *Culture* 109–112.

gen zu werden (vgl. auch 1, 2, 7; 1, 3, 3; 1, 4, 2; 1, 7, 2; 1, 14, 6;
2, 30, 10; 2, 32, 2; 2, 34, 4. 17; 2, 35, 6; 2, 36, 3). So zeigt sich
gerade in solchen Passagen der schlichte, aber unmittelbar-
anschauliche und erfahrungsbezogene Stil dieser Homilien, der sie von der Würde, Gemessenheit und theologischen Prägnanz Leos des Großen unterschieden sein läßt
und der Gregor hinsichtlich der literarischen Form in die
Tradition der Moralisten des antiken Rom, eines Horaz
oder Seneca, stellt, geht es dem Papst doch immer wieder
um den Bezug zur konkreten Lebenspraxis seiner Hörer.[94]
    In diesen Zusammenhang gehört auch die exemplarische
Erzählung, die Gregor in seiner Auslegung bei einigen
Homilien einfügt (1, 12, 7; 1, 15, 5; 1, 19, 7; 2, 23, 2; 2, 32, 8;
2, 34, 18; 2, 35, 8; 2, 36, 13; 2, 37, 8 f; 2, 38, 15 f; 2, 39, 10;
2, 40, 11).[95] Auch hier geht es darum, anhand einer anschaulichen Begebenheit, deren Glaubwürdigkeit Gregor vielfach unterstreicht (2, 34, 18; 2, 36, 13; 2, 37, 9; 2, 39, 10;
2, 40, 11), die sich aus der Evangelienperikope ergebende
moralische Botschaft den Hörern noch einmal in lebendiger, erfahrungsbezogener Weise einzuprägen, wie insbesondere die aufrüttelnden Imperative der Schlußmahnung
zeigen (1, 12, 7; 1, 15, 5; 2, 23, 2; 2, 34, 18; 2, 36, 13; 2, 38, 15 f;
2, 39, 10). Wenn die Mehrheit dieser Erzählungen sich im
zweiten Homilienbuch findet, in den letzten sieben Homilien ein solches Exemplum niemals fehlt, in der 37. und 38.
Homilie schließlich sogar zwei Erzählungen vorkommen,
dann zeigt dies deutlich, daß Gregor während der Pre-
digtpraxis immer stärker von deren Wirksamkeit für seine
konkrete homiletische Zielsetzung überzeugt war. Mag
auch die Bedeutung der Exempla im Anschluß an die antike
Rhetorik von der frühchristlichen Homiletik öfter betont

---

[94] Vgl. DAGENS, *Culture* 110.
[95] Vgl. SCHWANK, *Prediger* 64–68; zur erneuten Verwendung im 4. Buch
der *Dialoge* vgl. VOGÜÉ, *Dialogues* 1, 29; PFEILSCHIFTER, *Ausgabe*
71–75.

worden sein[96], so räumte ihnen doch erst Gregor breiteren
Raum in seinen Predigten ein und verlieh ihnen eine unverkennbar mirakulöse sowie moralisch-pädagogische Akzentuierung, welche die Exemplatechnik der mittelalterlichen Autoren entscheidend prägen sollte. Bereits in der
Pastoralregel unterstreicht Gregor die Nützlichkeit solch
exemplarischer Erzählungen für die Ermahnung weniger
gebildeter Hörer im Unterschied zur Belehrung Gebildeter.[97] Auch in den *Evangelienhomilien* selbst erwähnt Gregor, daß „manchmal eher Beispiele von Gläubigen als Worte von Lehrenden den Sinn der Hörer bekehren"[98] (2, 38, 15;
vgl. 2, 39, 10).
   Doch geht es Gregor noch um mehr als nur um eine
äußerliche Anpassung der Verkündigung an das Auffassungsvermögen seiner Hörer. Gregor versucht immer wieder, die Zuhörer in seinen eigenen Gedankengang einzubeziehen, sie das Gesagte innerlich nachvollziehen und dieses
so zur eigenen Erfahrung und Überzeugung werden zu
lassen (1, 2, 4; 2, 34, 12). Diesem Ziel dienen die zahlreichen
Aufrufe „bedenkt, erwägt, überlegt, stellt euch vor Augen", die sich in allen Homilien finden (z.B. 1, 1, 6; 1, 4, 5;
1, 7, 4; 1, 9, 1; 2, 34, 12). Das Aufgreifen möglicher Einwände
und Zweifel der Hörer ist ebenfalls von der Absicht getragen, ihnen den Weg zum Verständnis der Glaubensbot-
schaft zu ebnen (1, 5, 2; 2, 26, 12; 2, 30, 10). Auch die vielen
rhetorischen Fragen — häufig in der stereotypen Formulierung „was bedeutet dies anderes als …?" — zielen insbesondere bei der allegorischen Erläuterung des biblischen

---

[96] Vgl. AMBROSIASTER, *ad Corinth. prima* 10, 15; 14, 7 (CSEL 81/2,
113. 151 f); LEO, *serm.* 85, 1 (CCL 138A, 535); vgl. auch die *exempla* bei
AUGUSTINUS, *civ.* 22, 8 (CCL 48, 815–827); *serm.* 308, 5 (PL 38, 1409).
Vgl. die Kritik an WELTER, *Exemplum,* bei CASPAR, *Geschichte des
Papsttums* 388 Anm. 5.
[97] Siehe *past.* 3, 6 (SCh 382, 286).
[98] Siehe unten 797.

Textes darauf, die Hörer nicht mit der Aussage zu konfrontieren, sondern diese gewissermaßen zusammen mit dem Verkündiger von ihnen selbst entdecken zu lassen (2, 22, 9). Ebenso läßt die überaus reiche Verwendung der kausalen und konklusiven Partikeln *enim, ergo, igitur* Gregors Bemühen erkennen, seinen Hörern gerade die moralischen Konsequenzen des Evangeliums evident werden zu lassen und ihre Lebenspraxis aus eigener Überzeugung mit dem Glauben in Übereinstimmung zu bringen. Nicht zuletzt die eindringlichen Imperative der paränetischen Passagen, insbesondere in den aufrüttelnden Schlußermahnungen, lassen aus der mitunter etwas schwerfällig wirkenden kommentarhaften Form der Evangelienauslegung lebendige, das Volk packende und anspornende Ansprachen werden (1, 1, 6; 2, 26, 10).

Zu außergewöhnlicher Eindringlichkeit vermag sich Gregors Stil dort zu erheben, wo er jene Themen zur Sprache bringt, welche die innerste Mitte seines Denkens bestimmen. Der Stil wird dann zum Spiegel der Seele Gregors selbst, wenn er von der Sehnsucht nach der himmlischen Heimat spricht (1, 14, 5 f), um mit dem in ihm selbst glühenden Verlangen auch die Herzen seiner Hörer zu entflammen (2, 30, 5). Mag auch im vergleichenden Blick auf die anderen großen Verkündiger der westlichen Kirche, Ambrosius, Augustinus, Leo, über Gregors Verkündigung das Urteil gefällt worden sein, daß sie „im ganzen gesehen einen Rückgang gegenüber der feinen Form und dem hohen Schwung der älteren patristischen Homiletik"[99] bedeutet, so liegt doch der unverwechselbare Wert der vorliegenden Homilien gerade in der in ihnen zum Ausdruck kommenden Spiritualität ihres Verkünders, deren Grundzüge nun zu betrachten sind.

---

[99] SCHWANK, *Prediger* 81.

3. Spiritualität

a) Vorbereitung auf das Weltgericht

Fragt man nach einem Grundgedanken, der die *Evangeli-enhomilien* charakterisiert, so läßt sich auf die nah erwartete Wiederkunft Christi als Weltenrichter verweisen, angesichts deren alle Gläubigen zu einer tiefgreifenden Bekehrung aufgerufen sind.[100] Ungleich stärker als in der vorausgegangenen Auslegung des Buches Ijob finden die Erschütterungen jener Epoche — Kriegswirren, Pestepidemien und Hungersnöte — ein unüberhörbares Echo und werden für Gregor zur unbezweifelbaren Bestätigung der Worte Jesu über die Zeichen der Endzeit (1, 1, 1; 1, 4, 2; 2, 28, 3). Im Blick auf die dramatischen Ereignisse seiner Zeit spricht Gregor vom Greisenalter der Welt, das dem Tod nicht mehr fern ist (1, 1, 5).[101] Es liegt dem Papst fern, den Geschichtsverlauf nur von weltimmanenten Faktoren bestimmt zu sehen. Vielmehr betrachtet er alles Weltgeschehen in christozentrischer Perspektive.[102] Die Menschheitsgeschichte ist auf die Wiederkunft Christi am Ende der Zeiten hin orientiert. In kaum einer Homilie fehlt der Hinweis darauf, daß Christus als Weltenrichter wiederkommen wird. Insbesondere die Auslegungen der Gleichnisse von den anvertrauten Talenten (1, 9), von den zehn Jungfrauen (1, 12), der Knechte, die auf die Rückkehr ihres Herrn warten (1, 13), des Hochzeitsmahles (2, 36) und des armen Lazarus (2, 40) kreisen um diesen Gedanken. Die Liturgie der Adventszeit intensiviert jene Thematik (1, 1). Einige der von Christus angekündigten Vorzeichen seiner Wiederkunft sieht Gregor bereits realisiert, andere stehen

---

[100] Vgl. ROSARIO, *Pensiero escatologico;* DAGENS, *Prédication;* COFFEY, *Gregory the Great.*

[101] Zum Zusammenhang dieser Sicht mit dem Untergang Roms vgl. DAGENS, *Culture* 361–367.

[102] *In euang.* 1, 10, 4 (unten 170): *Sed a fidelium cordibus absit, ut aliquid esse fatum dicant.*

noch aus (1, 1, 1). Die bis zur endgültigen Wiederkehr Christi verbleibende Zeit betrachtet Gregor als eine den Menschen vom Weltenrichter gewährte Frist, um mit der Bekehrung Ernst zu machen (1, 10, 7; 1, 12, 4–6; 2, 29, 11; 2, 37, 10; 2, 38, 10). Unermüdlich ruft Gregor deshalb den Gläubigen einerseits die Barmherzigkeit Gottes, andererseits die Schrecken des Gerichtstages ins Bewußtsein, um sie zu rechtzeitiger Umkehr zu bewegen (1, 1, 6; 1, 9, 7; 1, 12, 4; 2, 25, 9 f; 2, 29, 3; 2, 34, 15).

Doch erschöpft sich die eschatologische Orientierung der Verkündigung Gregors nicht in der Ankündigung des drohenden Gerichtes. Vielmehr betrachtet er diese nur dort als erforderlich, wo das ewige Reich nicht um seiner selbst willen geliebt wird, wo nur Furcht von der Weltverfallenheit zu lösen vermag.[103] So beschränkt sich Gregor nicht darauf, die Schrecken des Gerichtes und der ewigen Strafe zu schildern, sondern versucht stets, auch die Schönheit des ewigen Lebens seinen Hörern vor Augen zu führen, um in ihnen die Sehnsucht nach der Schau Gottes zu wecken (1, 12, 4; 1, 14, 5 f; 1, 17, 9; 2, 27, 4; 2, 37, 1).

b) Sehnsucht nach der Gottesschau

Mit dieser Perspektive erschließt sich nun die eigentliche Botschaft der Verkündigung Gregors, die auch die übrigen Werke prägt, seiner Verkündigung und Schriftauslegung ihre gedankliche Kohärenz verleiht und Gregors unverwechselbaren Beitrag innerhalb der Tradition christlicher Spiritualität ausmacht. Das Spezifikum gregorianischer Spiritualität läßt sich mit dem Begriff der Sehnsucht zum Ausdruck bringen. Gregor gilt als „Lehrer der Sehn-

---

[103] *In euang.* 1, 11, 5 (unten 190): *Audiat de regno quod amet, audiat de supplicio unusquisque quod timeat: ut torpentem animum et terrae vehementer inhaerentem, si amor ad regnum non trahit, vel timor minet.*

sucht"[104]. Um die Bedeutung der Sehnsucht nach Gott innerhalb der Glaubenswelt Gregors richtig einordnen zu
können, muß ein Blick auf die zugrunde liegende heilsgeschichtliche Konzeption geworfen werden. Ein an-
schauliches Bild hierfür bietet die Auslegung der Parabeln
vom verlorenen Schaf und der verlorenen Drachme (Lk
15,1–10). Die ursprüngliche, im Schöpfungsplan gründen-
de Bestimmung des Menschen war aufgrund der Gott-
ebenbildlichkeit[105] die Schau seines Schöpfers in Gemeinschaft mit den Engeln (2,34,3.6).[106] Der Sündenfall, die
Abwendung von der Schau des unvergänglichen Lichtes,
ließ den Menschen die Gemeinschaft mit Gott, aber auch
die Teilhabe an der Gottesschau der Engel verlieren, geistig
erblinden, der Welt verfallen und das Ewige vergessen
(1,2,1; 2,31,6f; 2,39,3). Der tiefste Sinn der Heilsgeschichte liegt in der Rückführung des Menschen zu seiner ursprünglichen Bestimmung der Gottesschau. Christus
machte sich auf die Suche nach dem Verlorenen, um die
Gemeinschaft der Gott schauenden Geschöpfe in ihrer
Vollzahl wiederherzustellen und so die Einheit der Menschen mit ihren himmlischen Mitbürgern, den Engeln, end-
gültig zu begründen (1,8,2; 1,13,2; 2,21,2; 2,34,3f.6). So
hat Christus die geistige Erblindung der Menschheit geheilt, sie aus ihrer Weltverfallenheit wieder zum Himmlischen emporgerichtet und ihr den Weg der Rückkehr ins
Paradies erschlossen (1,2,1; 1,10,7; 2,22,6; 2,31,7).[107]
Christus hat jedoch nicht nur die himmlische Welt dem
Menschen wieder erschlossen, er gebietet und weckt auch
die Sehnsucht nach ihr im Menschen (1,18,1; 2,29,11).
Diese Glut der Sehnsucht wird insbesondere durch den
Heiligen Geist im Menschen entfacht (2,30,5).

---

[104] So LECLERQ, *Wissenschaft* 34–45; CASEY, *Spiritual Desire;* CATRY,
Désir.
[105] Vgl. PENCO, *Teologia dell'immagine.*
[106] Vgl. FIEDROWICZ, *Kirchenverständnis* 85f.
[107] Vgl. HALE, *Imitazione.*

c) Loslösung von der Welt

Die auf das Himmlische gerichtete Lebensorientierung des Menschen, das *coeleste desiderium* (1, 10, 6; 1, 11, 1; 1, 17, 14), bedeutet einen tiefgreifenden Verzicht auf rein weltimmanente Lebenserfüllungen, eine Abkehr von allem irdisch-fleischlichen Verlangen, von allem Streben nach Besitz und Ansehen (1, 5, 2; 1, 18, 1; 2, 33, 7; 2, 40, 11). Wenn dieser Verzicht nicht vollzogen wird, besteht die Gefahr, das Gespür für die spirituelle Welt zu verlieren (1, 17, 14; 2, 37, 3). Die zahlreichen Appelle, die Welt zu fliehen und zu verachten, zielen also darauf, den Menschen zur inneren Freiheit zu führen, die ihm eine ungehinderte Ausrichtung auf Gott ermöglichen soll. Die Loslösung von der Welt dient allein der Bindung an Gott.[108] Die Sehnsucht ist Ausdruck und Gestalt der Gottesliebe, solange dieser noch nicht von Angesicht zu Angesicht geschaut werden kann. Die Sehnsucht nach dem Himmlischen vereint den Menschen, leiblich noch auf Erden, geistig bereits mit den Bewohnern des Himmels, den Engeln (2, 21, 7). Schenkt also die Sehnsucht nach dem Himmlischen bereits auf Erden einen Vorgeschmack der Ewigkeit, ja sogar eine Teilhabe daran (2, 27, 4; 2, 34, 4), so verliert, wie nach dem Entdekken der kostbaren Perle (Mt 13, 45 f), alles Irdische seine Faszinationskraft, um allein das Verlangen nach Gott im Herzen wohnen zu lassen (1, 11, 2; 2, 25, 2; 2, 34, 11). Doch selbst dort, wo noch nicht „allein der Glanz der kostbaren Perle im Geist erstrahlt" (1, 11, 2), soll sich die Sehnsucht zumindest aufgrund des nahenden Weltendes nicht mehr an das Vergängliche klammern, sondern den Anker der Hoffnung in die ewige Heimat werfen und sich an das Bleibende binden (2, 28, 3; 2, 29, 11).

Hat der Mönchspapst Gregor mit solchen Forderungen alle Gläubigen innerhalb der Kirche auf die monastische

---

[108] *In euang.* 2, 36, 2 (unten 714): *Cum vos admoneo ad contemptum seculi, invitare vos venio ad coenam Dei.*

Lebensform vollkommenen Weltverzichtes und radikaler Weltflucht verpflichten wollen? Gewiß ist auch in den vor dem Volk gehaltenen Homilien der Einfluß monastischer Spiritualität unverkennbar, gehörte doch die Rückkehr ins Paradies, die Wiedererlangung der ursprünglichen engelgleichen Gemeinschaft mit Gott in der Kontemplation zu deren zentralen Gedanken.[109] Doch bleibt zu beachten, daß es Gregor stets um den Aufweis grundlegender Elemente christlicher Spiritualität geht, die für alle Gläubigen in der Kirche gültig sind.[110] So wird keineswegs ein radikaler Besitzverzicht propagiert, sondern nur eine innere Loslösung gefordert, damit irdischer Besitz nicht die Sehnsucht nach dem Himmlischen hindere (2,36,11.13). Darüber hinaus betont Gregor immer wieder die Möglichkeit und Berechtigung stufenweiser Annäherung an das von ihm beschriebene Vollkommenheitsideal (1,5,4; 2,24,6; 2,31,8).

d) Zuwendung zum Nächsten

Auch die Pflichten der Nächstenliebe werden von dieser Lebensorientierung durchaus nicht vergessen. Auf dem Weg zu Gott muß jeder Gläubige nach Weggefährten suchen, um das Ziel seiner Sehnsucht nicht allein zu erreichen (1,6,6; 2,38,10). Nicht das Glaubensbekenntnis allein, sondern der gelebte Glaube und die praktizierte Liebe lassen den Menschen zur Schar der Erwählten gehören, die der ewigen Gemeinschaft mit Gott teilhaft werden (1,19,5; 2,29,3; 2,38,14). Gerade das bald zu erwartende Weltende vermag die Bereitschaft zum Almosengeben zu erleichtern, scheint es doch unvernünftig, auf einer nur noch kurzen Wegstrecke umfangreichen Reiseproviant mit sich tragen zu wollen (2,32,5). Stets versucht also Gregor in seiner

---

[109] Vgl. FRANK, Ἀγγελικὸς βίος 97–123; RUDMANN, Mönchtum 51–55.
[110] Vgl. DAGENS, Culture 25.28.438; FONTAINE, Expérience spirituelle 147.

eschatologisch orientierten Verkündigung, die moralischen Konsequenzen des nah erwarteten Weltendes seinen Hörern bewußtzumachen. Schließlich vermag gerade die Zuwendung zum Nächsten, die *compassio*, das Mitfühlen mit dessen Nöten (2,32,3; 2,33,5; 2,34,2; 2,37,5), wiederum zu intensiverem Aufstieg zu Gott zu führen (2,39,10) und so die Nächstenliebe zur Schule der Gottesliebe zu machen (2,26,3; 2,30,10).

So erweist sich die Sehnsucht als Grundorientierung menschlicher Existenz. Wo diese in das menschliche Wesen eingeschriebene Dynamik sich nicht an Irdisch-Vergängliches verliert, sondern in Gott selbst ihr letztes Ziel findet, wird sie zum integrierenden Prinzip aller Lebensvollzüge, das dem Menschen hilft, schon hier auf Erden seiner ewigen Bestimmung mehr und mehr zu entsprechen, um diese einst vollkommen im Himmel realisieren zu können.

e) Die Bestimmung des Menschen im Spiegel des Kirchenjahres

Das liturgische Jahr der Kirche mit seinen geprägten Zeiten und den verschiedenen Herren- und Heiligenfesten umkreist in Gregors Verkündigung beständig dieses zentrale Motiv seiner Spiritualität, um aus unterschiedlicher Perspektive je neue Aspekte zu erschließen. Richtet die Adventszeit den Blick auf die Wiederkunft Christi (1,1,1f) und auf die Büßergestalt seines Wegbereiters Johannes (1,6; 1,20), so fordert der in der Menschwerdung Christi geschaffene Friede zwischen himmlischer und irdischer Welt, zwischen Engeln und Menschen einen Lebenswandel, der ihrer erneuerten Würde entspricht (1,8,2). Insbesondere die Quadragesima ruft zu entschiedenem Kampf gegen die irdischen Begierden nach dem Vorbild des in der Wüste versuchten Herrn (1,16). Doch auch die Mysterien von Auferstehung und Himmelfahrt verlangen als inneren Mitvollzug die Loslösung von sündiger Weltverfallenheit und die Ausrichtung des Lebens auf die himmlische Heimat

(2,22,7–9; 2,29,11). Ebenso werden die Feuerzungen bei
der Herabkunft des Heiligen Geistes in einer Pfingsthomilie Gregors zum Hinweis dafür, daß das Wirken des Geistes
die innere Erstarrung der Herzen zu lösen und die Sehnsucht nach dem Himmlischen zu entflammen vermag
(2,30,5). Schließlich bieten auch die Feste der Heiligen,
insbesondere der Martyrer, dem Verkündiger reiche Gelegenheit, diese den Gläubigen als leuchtende Zeichen der
Weltüberwindung vor Augen zu stellen und zu ihrer Nach-
folge aufzurufen (1,3,3f; 1,11,3; 2,27,9; 2,28,3; 2,32,7;
2,35,7). So werden in der Verkündigung Gregors die verschiedenen Mysterien und Gestalten des Kirchenjahres
zum eindringlichen Appell an die Gläubigen, ihre wahre
Bestimmung nicht aus den Augen zu verlieren, sondern im
Blick auf Christus und seine Heiligen ihr irdisches Leben
schon in dieser Welt entschieden auf das ewige Ziel hin
auszurichten.

4. Quellen

Dem Leser, der über eine gewisse Kenntnis der patristischen Tradition verfügt, werden bei der Lektüre Gregors
viele Gedanken vertraut klingen, ohne daß jedoch eine
konkrete Quelle präzise ermittelt werden könnte.[111] Wenn
die Methode der gregorianischen Schriftauslegung der von
Origenes praktizierten allegorischen Exegese sehr nahe-
steht, so zeigen sich die deutlichsten Berührungen gedank-
licher Art mit der Verkündigung Augustins. Doch auch
hier ist der unmittelbare Rückgriff auf einen konkreten
augustinischen Text oft nicht eindeutig nachweisbar.[112]
Aufgrund seiner Vertrautheit mit den Schriften Augustins

---

[111] Vgl. GILLET, *Morales* 13.
[112] EISENHOFER, *Augustinus* 57: „Gregor hat seine Quelle innerlich
verarbeitet, und wie ein eigenes Geistesprodukt, umkleidet mit der
Individualität Gregors, tritt sie wieder zutage."

kann Gregor aus verschiedenen Werken entlehnte Passagen
zusammenfügen und seinen eigenen Intentionen anpassen.
Der Rückgriff, fern jeglichen mechanischen Zitierens, vollzieht sich vornehmlich punktuell hinsichtlich einzelner
biblischer Bilder und Symbole, deren augustinische Interpretation Gregor infolge der Lektüre seiner Werke im Gedächtnis bewahrte und für seine eigene Schriftauslegung,
oft in gewandeltem Kontext und mit veränderter Intention,
nutzbar machen konnte. So vermag Gregor durchaus neue
Sentenzen zu prägen, in denen sich ein Echo augustinischer
Formulierungen bis in die rhetorische Form hinein vernehmen läßt, ohne doch zur bloßen Kopie des Vorbildes zu
werden.[113] Weitere Quellen der *Evangelienhomilien* wurden von der bisherigen Forschung nicht untersucht, obwohl sich hier ohne Zweifel noch manche interessante
Entdeckung machen ließe. So zeigt beispielsweise die
Pfingsthomilie (2, 30, 7–9) unverkennbar die Benutzung einer Pfingstpredigt des Gregor von Nazianz, die Gregor in
der lateinischen Übersetzung Rufins gelesen hatte, wie
Entsprechungen in der Wortwahl eindeutig zeigen.[114] Wiederum wird die Vorlage, trotz enger Berührungen, eigen-
ständig von Gregor modifiziert und seinen eigenen Intentionen angepaßt. Dieses Beispiel ist darüber hinaus für die
Arbeitsweise Gregors dadurch interessant, daß er im gleichen Zusammenhang noch auf eine Pfingstpredigt Augustins rekurriert, um dieser die Kontrastierung des Spra-
chenwunders mit der babylonischen Sprachenverwirrung
zu entnehmen, gleichzeitig aber das antidonatistische Ko-
lorit fortzulassen.[115] Solche Verknüpfung verschiedener
Quellen, die Auswahl und Modifizierung in anderem Kon-

---

[113] Vgl. RECCHIA, *Memoria* 431 f.
[114] Siehe RUFIN, *De pentecoste et de spiritu sancto* 14 (CSEL 46/1,
158–160), und GREGOR VON NAZIANZ, *or.* 41, 14 (SCh 358, 344–348).
[115] Vgl. AUGUSTINUS, *serm.* 271 (PL 38, 1245 f.).

text entstandener Gedanken zeigen einerseits die Vertrautheit Gregors mit der vorangegangenen Tradition, andererseits auch deren Auswertung anhand eigener Leitgedanken.

IV. ZUM TEXT

Die vorliegende Ausgabe der *Evangelienhomilien* bietet
den Text der Edition von H. Hurter, übernommen von der
durch G. Cremascoli innerhalb der Reihe Bibliotheca Gregorii Magni besorgten zweisprachigen Ausgabe und hier-
nach abgedruckt. Die von Hurter hinzugefügten Kapitel-
überschriften wurden nicht übernommen, offenkundige
Druckfehler korrigiert, wenige, von Cremascoli gegen
Hurter verteidigte Lesarten der Mauriner[116] beibehalten.
Hurters Edition basiert — mit kleineren Korrekturen —
auf der von Migne nachgedruckten Ausgabe der Mauriner[117], die zwar nach Grisar nicht zu deren besten gehört,
jedoch nach Pfeilschifter generell als zuverlässig betrachtet
werden darf.[118] Darüber hinaus benutzte Hurter die Edition des Venezianers J. B. Gallicciolo († 1806), welcher verschiedene Manuskripte der Bibliotheca Marciana konsul-
tierte. Drei zusätzliche Handschriften wurden von D.
Hurst für eine englische Übersetzung herangezogen[119]: 1)
Corpus Christi College, Cambridge, Engl., Nr. 69, 8. Jh.;
2) Archivo Capitular de Catedral de Barcelona, Spanien,
Nr. 120, 8. Jh.; 3) Bibliothèque Nationale de Paris, Nr.
12254 der mittelalterlichen Manuskripte, 9. Jh. Da in jener
Übersetzungsausgabe jeglicher Hinweis auf Differenzen
zu den herkömmlichen Lesarten leider unterblieb, war eine

---

[116] Vgl. hierzu CREMASCOLI, *Omelie* 14.
[117] Zu den benutzten Handschriften vgl. die Hinweise in PL 76, 1076.
[118] Siehe GRISAR, *Stationsfeier* 397; PFEILSCHIFTER, *Ausgabe* 4.
[119] Siehe HURST, *Gospel Homilies* 3.

Berücksichtigung für die vorliegende Übersetzung nicht
möglich. Weitere Einzelstudien zu textkritischen Proble-
men bieten Löfstedt (zu Hom. 1, 6; 1, 19; 1, 20), Luiselli (zu
Hom. 1, 18; 1, 19) sowie Étaix[122], dessen vorbereitete Kolla-
tionen zu einer kritischen Edition bereits das Urteil ermöglichten, daß hinsichtlich des bisherigen Maurinertextes wenig substantielle Änderungen zu erwarten sind.[123]

---

[120] LÖFSTEDT, *Adnotatiunculae;* LUISELLI, *Cod. Sessoriano* 39; ÉTAIX,
Tradition manuscrite. Textkritische Probleme werden in den Anmerkungen der Übersetzung angezeigt.

[121] ÉTAIX, *Tradition manuscrite* 551: „une édition critique fondée sur un
grand nombre de manuscrits apporterait peu de changements par rap-
port à celle procurée par les Mauristes et reproduite par la Patrologie de
Migne: des corrections mineures certainement, mais peu de modifica-
tions substantielles. Quoi qu'on ait dit parfois, l'édition des Mauristes
mérite confiance."

TEXT UND ÜBERSETZUNG

Reverentissimo et sanctissimo fratri Secundino episcopo,
Gregorius servus servorum Dei.

Inter sacra Missarum solemnia ex his, quae diebus certis in
hac Ecclesia legi ex more solent, sancti Evangelii quadra- 5
ginta lectiones exposui. Et quarumdam quidem dictata expositio assistente plebe est per notarium recitata: quarumdam vero explanationem coram populo ipse locutus sum:
atque ita ut loquebar, excepta est. Sed quidam fratres, sacri
verbi studio ferventes, antequam ad propositum modum ea 10
quae dixeram, subtili emendatione perducerem, transtu-
lerunt. Quos recte ego quasi quibusdam famelicis similes
dixerim, qui prius escas edere appetunt, quam plenius ex-
coquantur. Hoc vero ubi scriptum est: „Ductus est Iesus in
desertum a spiritu, ut tentaretur a diabolo", prius quidem 15
quasi sub quadam ambiguitate exposui; sed eamdem dubi-
tationem postmodum certa notatione correxi. Easdem quoque homilias, eo quo dictae sunt ordine, in duobus codicibus ponere curavi: ut et priores viginti, quae dictatae sunt,
et posteriores totidem, quae sub oculis dictae, in singulis 20
essent distinctae corporibus. Quod vero quaedam antepo-
sitae sunt, quae in Evangelio post leguntur; quaedam vero
postpositae, quae ante per evangelistam scriptae sunt, inve-
niuntur; nequaquam movere tuam fraternitatem debet; quia

---

[1] Stadt an der Ostküste Siziliens.
[2] Gemeint ist die Kirche von Rom insgesamt.
[3] Nach BANNIARD, *Viva voce* 150 Anm. 178, zog GREGOR einen Sekretär
aufgrund der größeren Vertrautheit mit dem Text einem Lektoren vor.
PAULUS DIACONUS, *Vita Gregorii* 2,11, erwähnt für die *Evangelienhomilien* den Sekretär AEMILIANUS.

An den hochwürdigsten und überaus heiligen Bruder,
den Bischof Secundinus,
von Gregor, dem Diener der Diener Gottes.

Von den Texten, die während der heiligen Meßfeier an
bestimmten Tagen in dieser Kirche[2] nach bestehendem
Brauch verlesen werden, habe ich vierzig Lesungen des
heiligen Evangeliums ausgelegt. Die Auslegung des einen
Teiles wurde zwar nur diktiert und im Beisein des Volkes
durch einen Sekretär verlesen[3]; doch die Erklärung des
anderen Teiles habe ich vor dem Volk persönlich vorgetragen, und so wie ich sprach, wurde es aufgezeichnet. Nun
haben es jedoch einige Brüder, glühend im Eifer für das
göttliche Wort, abgeschrieben, bevor ich mit sorgfältiger
Korrektur das, was ich gesagt hatte, in die beabsichtigte
Fassung bringen konnte. Diese möchte ich zu Recht mit
Heißhungrigen vergleichen, die die Speisen schon essen
wollen, bevor sie gar gekocht sind. Die Stelle nun, wo
geschrieben steht „Jesus wurde vom Geist in die Wüste
geführt, um vom Teufel versucht zu werden" (Mt 4, 1), legte
ich zuerst zwar mit einer gewissen Unschlüssigkeit aus,
doch später habe ich eben dieses Schwanken durch eine
eindeutige Anmerkung korrigiert.[4] Ich ließ diese Homilien
auch in der Anordnung, wie sie gehalten wurden, auf zwei
Bücher so verteilen, daß die ersten zwanzig, welche diktiert
wurden, und die weiteren zwanzig, die vor aller Augen
gehalten wurden, in je einem Band getrennt vorlägen. Daß
nun aber einige Texte, die im Evangelium an späterer Stelle
zu lesen sind, vorangestellt wurden, andere sich jedoch
nachgestellt finden, die durch den Evangelisten an früherer
Stelle niedergeschrieben sind, soll dich, mein Bruder, kei-

---

[4] Vgl. *in euang.* 1, 16, 1.

sicut a me diversis temporibus dictae sunt, ita quoque sunt
ab exceptoribus in codicibus affixae. Tua itaque fraternitas,
sacris semper lectionibus intenta, si praedictum locum
Evangelii invenerit sub dubietate prolatum; vel easdem
homilias repererit, ita ut praedixi, non esse dispositas; has 5
inemendatas remansisse cognoscat: et iuxta eas, quas per
praesentem portitorem mittere studui, corrigat: nulloque
modo illas sine emendatione remanere permittat. Editae
autem in scrinio sanctae ecclesiae nostrae retinentur: ut si
qui forte a tua fraternitate longe sunt, hic inveniant, unde 10
in his quae emendatae sunt, certiores fiant.

nesfalls verwirren, da sie so von den Schreibern in den
Büchern festgehalten wurden, wie sie von mir zu verschiedenen Zeiten formuliert wurden. Solltest du also, mein
Bruder, stets auf heilige Lesungen bedacht, die erwähnte
Evangelienstelle finden, die mit einer gewissen Unschlüssigkeit dargelegt wurde, oder entdecken, daß die Homilien
nicht so, wie ich es im vorangegangenen gesagt habe, ange-
ordnet sind, dann mögest du erkennen, daß sie unverbessert
geblieben sind, und sie anhand derer korrigieren, die ich dir
durch den jetzigen Überbringer zukommen lassen wollte;
und keinesfalls darfst du zulassen, daß jene unverbessert
bleiben. Die offizielle Ausgabe wird im Archiv unserer
heiligen Kirche[5] aufbewahrt, damit diejenigen, die von dir,
mein Bruder, vielleicht zu weit entfernt sind, hier ein Exemplar finden können, anhand dessen sie sich der Verbesserungen vergewissern mögen.

---

[5] Am Lateranpalast, wo GREGOR wohnte.

LIBER PRIMUS

HOMILIA I

Habita ad populum in Basilica S. Petri apostoli,
Dominica secunda Adventus Domini

Lectio sancti Evangelii secundum Lucam 21, 25–33
In illo tempore: Dixit Iesus discipulis suis: Erunt signa in 5
sole et luna et stellis, et in terris pressura gentium, prae
confusione sonitus maris et fluctuum arescentibus homini-
bus prae timore et exspectatione, quae supervenient univer-
so orbi. Nam virtutes coelorum movebuntur. Et tunc vide-
bunt Filium hominis venientem in nubibus cum potestate 10
magna et maiestate. His autem fieri incipientibus, respicite,
et levate capita vestra, quoniam appropinquat redemptio
vestra. Et dixit illis similitudinem: Videte ficulneam, et
omnes arbores: cum producunt iam ex se fructum, scitis
quoniam prope est aestas. Ita et vos, cum videritis haec fieri, 15
scitote quoniam prope est regnum Dei. Amen dico vobis,
quia non praeteribit generatio haec donec omnia fiant.
Coelum et terra transibunt: verba autem mea non trans-
ibunt.

1. Dominus ac Redemptor noster, fratres carissimi, paratos 20
nos invenire desiderans, senescentem mundum quae mala
sequantur denunciat ut nos ab eius amore compescat. Ap-
propinquantem eius terminum quantae percussiones prae-

---

[1] Zu den Homilien 1, 1; 1, 2; 1, 4; 1, 6; 1, 7 vgl. CHAVASSE, *Aménagements*
92 f: „le dispositif de l'Homéliaire de Grégoire procure les cinq Lectures
requises pour un Avent à six dimanches, la Lecture du dimanche VI
(vacat) se confondant avec celle du Samedi *in XII lectiones*". Zur Datierung der Homilie auf den 12. 11. 590 vgl. ebd. 92.

ERSTES BUCH

HOMILIE 1

Gehalten vor dem Volk in der Basilika des heiligen
Apostels Petrus, am zweiten Sonntag im Advent[1]

Lesung des heiligen Evangeliums nach Lukas 21, 25–33
In jener Zeit sprach Jesus zu seinen Jüngern: Es wird Zei-
chen geben an Sonne, Mond und Sternen, und auf Erden
wird Verwirrung unter den Völkern herrschen angesichts
des Brausens des Meeres und der Wogen. Die Menschen
werden vergehen vor banger Erwartung der Dinge, die
über den Erdkreis kommen werden. Denn die Kräfte des
Himmels werden erschüttert werden. Dann wird man den
Menschensohn auf den Wolken kommen sehen mit großer
Macht und Herrlichkeit. Wenn das einzutreten beginnt,
dann richtet euch auf, und erhebt euer Haupt, denn eure
Erlösung naht. Und er trug ihnen ein Gleichnis vor: Be-
trachtet den Feigenbaum und alle anderen Bäume; wenn
sie schon ausschlagen, wißt ihr, daß der Sommer nahe ist.
So sollt ihr auch wissen, wenn ihr dies geschehen seht, daß
das Reich Gottes nahe ist. Amen, ich sage euch: Diese
Generation wird nicht vergehen, bis all dies geschieht.
Himmel und Erde werden vergehen, meine Worte aber
werden nicht vergehen.

1. Da unser Herr und Erlöser wünscht, uns, geliebte Brüder[2], bereit zu finden, kündet er an, welche Übel der Welt
in ihrem Greisenalter folgen werden, um unsere Liebe zu
ihr zu unterdrücken. Er enthüllt, welch gewaltige Erschüt-

---

[2] Zu den verschiedenen Anredeformen in der patristischen Homiletik
vgl. OLIVAR, *Predicación* 879–884.

veniant, innotescit: ut si Deum metuere in tranquillitate
non volumus, vicinum eius iudicium vel percussionibus
attriti timeamus. Huic etenim lectioni sancti Evangelii,
quam modo vestra fraternitas audivit, paulo superius Dominus praemisit, dicens: „Exsurget gens contra gentem, et 5
regnum adversus regnum: et erunt terraemotus magni per
loca, et pestilentiae, et fames." Et quibusdam interpositis,
hoc quod modo audistis, adiunxit: „Erunt signa in sole, et
luna, et stellis, et in terris pressura gentium, prae confusione
sonitus maris et fluctuum." Ex quibus profecto omnibus 10
alia iam facta cernimus, alia e proximo ventura formidamus.
Nam gentem super gentem exsurgere, earumque pressuram
terris insistere, plus iam in nostris temporibus cernimus,
quam in codicibus legimus. Quod terraemotus urbes innu-
meras subruat, ex aliis mundi partibus scitis quam frequen- 15
ter au|divimus. Pestilentias sine cessatione patimur. Signa | 60
vero in sole et luna et stellis adhuc aperte minime videmus:
sed quia et haec non longe sint, ex ipsa iam aëris immutatione colligimus. Quamvis priusquam Italia gentili gladio
ferienda traderetur, igneas in coelo acies vidimus, ipsum qui 20
postea humani generis fusus est, sanguinem coruscantem.
Confusio autem maris et fluctuum necdum nova exorta est.
Sed cum multa praenunciata iam completa sint, dubium non
est, quin sequantur etiam pauca quae restant: quia sequentium rerum certitudo est praeteritarum exhibitio.   25

---

3 Zur Erwartung des Weltendes bei GREGOR vgl. DAGENS, *Fin des temps;*
MACNALLEY, *Declining World;* DALEY, *Hope* 211.
4 Im Unterschied zur Mehrheit der patristischen Auslegungen der ersten fünf Jahrhunderte interpretiert GREGOR die Worte Christi nicht im
spirituellen, sondern wörtlich-realistischen Sinn; vgl. LAURAS, *Commentaire* 505–508.514 f.
5 Ähnlich GREGOR, *epist.* 3,29 (CCL 140, 175).
6 Hierzu vgl. RICHARDS, *Gregor* 22–25.

terungen ihrem nahenden Ende[3] vorausgehen werden, damit, wenn wir Gott schon nicht in friedvoller Ruhe fürchten wollen, wir zumindest durch Erschütterungen zermürbt sein nahes Gericht fürchten. Denn dieser Lesung des
heiligen Evangeliums, die ihr, meine Brüder, soeben gehört
habt, schickte der Herr kurz zuvor voraus: „Volk wird sich
gegen Volk erheben und Reich gegen Reich; und starke
Erdbeben wird es überall geben, Pest und Hungersnot" (Lk
21,10f). Und nach einigen Einschüben fügte er hinzu, was
ihr soeben gehört habt: „Es wird Zeichen geben an Sonne,
Mond und Sternen, und auf Erden wird Verwirrung unter
den Völkern herrschen angesichts des Brausens des Meeres
und der Wogen" (Lk 21,25). Von all dem sehen wir, wie es
zum Teil tatsächlich schon eingetreten ist, von anderem
fürchten wir, daß es in naher Zukunft hereinbrechen wird.[4]
Denn daß sich Volk gegen Volk erhebt und deren Drangsal
die Erde heimsucht, nehmen wir in unseren Zeiten schon
mehr wahr, als daß wir es in Büchern lesen.[5] Ihr wißt, wie
häufig wir schon von anderen Gegenden vernahmen, daß
ein Erdbeben zahllose Städte einstürzen läßt. Unaufhörlich
müssen wir Pestepidemien erdulden.[6] Zwar sehen wir bislang noch keinerlei Zeichen an Sonne, Mond und Sternen,
doch daß dies nicht mehr allzuweit entfernt ist, können wir
aus klimatischen Veränderungen schließen. Immerhin haben wir, schon bevor Italien dem heidnischen Schwert
ausgeliefert wurde[7], am Himmel feurige Schlachtreihen
erblickt, sogar funkelndes Blut, welches später als das der
Menschheit vergossen wurde. Ein außergewöhnliches Auf-
brausen des Meeres und der Wogen ist bislang nicht eingetreten. Da sich aber viel Angekündigtes schon erfüllt hat,
besteht kein Zweifel, daß auch das Wenige, das noch aus-
steht, folgt, bietet doch das Eintreten der vergangenen
Ereignisse die Gewähr für das noch Kommende.

---

[7] Gemeint ist die Langobardeninvasion.

2. Haec nos, fratres carissimi, idcirco dicimus, ut ad cautelae studium vestrae mentes evigilent: ne securitate torpeant, ne ignorantia languescant, sed semper eas et timor solicitet, et in bono opere solicitudo confirmet, pensantes hoc quod Redemptoris nostri voce subiungitur: „Arescen- 5 tibus hominibus prae timore et exspectatione, quae super- venient universo orbi. Nam virtutes coelorum movebun- tur." Quid etenim Dominus virtutes coelorum, nisi angelos, archangelos, thronos, dominationes, principatus, et po- testates appellat, quae in adventu districti iudicis nostris 10 tunc oculis visibiliter apparebunt, ut districte tunc a nobis exigant hoc, quod nos modo invisibilis Conditor aequani- miter portat. Ubi et subditur: „Et tunc videbunt Filium hominis venientem in nubibus cum potestate magna et maiestate." Ac si aperte diceretur: In potestate et maiestate 15 visuri sunt, quem in humilitate positum audire noluerunt: ut virtutem eius tanto tunc districtius sentiant, quanto nunc cervicem cordis ad eius patientiam non inclinant.

3. Sed quia haec contra reprobos dicta sunt, mox ad electorum consolationem verba vertuntur. Nam et subdi- 20 tur: „His autem fieri incipientibus, respicite, et levate vos capita vestra, quoniam appropinquat redemptio vestra." Ac si aperte Veritas electos suos admoneat, dicens: Cum plagae mundi crebrescunt, cum terror iudicii virtutibus commotis ostenditur, levate capita, id est exhilarate corda: quia dum 25 finitur mundus, cui amici non estis, prope fit redemptio quam quaesistis. In Scriptura etenim sacra saepe caput pro mente ponitur: quia sicut capite reguntur membra, ita et cogitationes mente disponuntur. Levare itaque capita, est

---

8 Zur adventlichen Terminologie der Homilien dieser Zeit vgl. CHAVAS-
SE, Aménagements 93.
9 Im Vergleich zur patristischen Auslegungstradition des Verses verzichtet GREGOR auf eine spirituelle Interpretation der Wolken, um statt
dessen den Kontrast zwischen der ersten und zweiten Ankunft Christi
hervorzuheben; vgl. LAURAS, Commentaire 508–512.
10 Bei GREGOR eine häufige Bezeichnung für Christus.

2. Wir sagen dies, geliebte Brüder, deswegen, damit euer Sinn wachsam werde im Bemühen um die Vorsicht, damit er nicht aus Sorglosigkeit schläfrig, nicht aus Unwissenheit nachlässig werde, sondern ihn stets Furcht besorgt mache und die Sorgsamkeit ihn im Tun des Guten festige, eingedenk dessen, was das Wort unseres Erlösers hinzufügt: „Die Menschen werden vergehen vor banger Erwartung der Dinge, die über den Erdkreis kommen werden. Denn die Kräfte des Himmels werden erschüttert werden" (Lk 21,26). Was anderes nennt denn der Herr Kräfte des Himmels als die Engel, Erzengel, Throne, Herrschaften, Fürsten und Mächte, die bei der Ankunft[8] des strengen Richters dann sichtbar vor unseren Augen erscheinen werden, um dann streng von uns das einzufordern, was an uns der unsichtbare Schöpfer jetzt noch langmütig erträgt. Hierbei wird noch hinzugefügt: „Dann wird man den Menschensohn auf den Wolken kommen sehen mit großer Macht und Herrlichkeit" (Lk 21,27). Als sollte es ausdrücklich heißen: In Macht und Herrlichkeit werden sie den sehen, den sie in der Gestalt seiner Demut nicht hören wollten, um seine Macht dann um so strenger zu erfahren, je weniger sie jetzt den Nacken ihres Herzens seiner Langmut beugen.[9]

3. Da dies jedoch gegen die Verworfenen gesagt wurde, wenden sich bald darauf die Worte zum Trost der Erwählten. Es wird nämlich hinzugefügt: „Wenn das einzutreten beginnt, dann richtet euch auf, und erhebt euer Haupt, denn eure Erlösung naht" (Lk 21,28). Als wollte die Wahrheit[10] ihre Erwählten offen mit folgenden Worten mahnen: Wenn die Plagen der Welt sich häufen, wenn der Schrecken des Gerichtes sich in den erschütterten Kräften offenbart, dann erhebt euer Haupt, das heißt, laßt euer Herz frohlocken, denn wenn die Welt vergeht, deren Freunde ihr nicht seid, naht die Erlösung, nach der ihr verlangt. In der Heiligen Schrift wird nämlich häufig das Haupt anstelle des Geistes genannt, denn wie die Glieder vom Haupt regiert werden, so werden auch die Gedanken vom Geist geordnet.

mentes nostras ad gaudia patriae coelestis erigere. Qui ergo
Deum diligunt, ex mundi fine gaudere atque hilarescere
iubentur: quia videlicet eum quem amant, mox inveniunt,
dum transit is quem non amaverunt. Absit enim ut fidelis
quisque qui Deum videre desiderat, de mundi percussioni- 5
bus lugeat, quem finiri eisdem suis percussionibus non
ignorat. Scriptum | namque est: „Quicumque voluerit ami- | 62
cus esse seculi huius, inimicus Dei constituitur." Qui ergo
appropinquante mundi fine non gaudet, amicum se illius
esse testatur, atque per hoc inimicus Dei esse convincitur. 10
Sed absit hoc a fidelium cordibus, absit ab his qui et esse
aliam vitam per fidem credunt, et eam per operationem
diligunt. Ex mundi enim destructione lugere, eorum est qui
radices cordis in eius amore plantaverunt, qui sequentem
vitam non quaerunt, qui illam neque esse suspicantur. Nos 15
autem qui coelestis patriae gaudia aeterna cognovimus, fe-
stinare ad ea quantocius debemus. Optandum nobis est
citius pergere, atque ad illam breviore via pervenire. Quibus
enim malis mundus non urgetur? Quae nos tristitia, quae
adversitas non angustat? Quid est vita mortalis, nisi via? Et 20
quale sit, fratres mei, perpendite, in labore viae lassescere,
et tamen eandem viam nolle finiri. Quod autem calcari
mundus ac despici debeat, Redemptor noster provida comparatione manifestat, cum protinus adiungit: „Videte ficulneam et omnes arbores, cum producunt iam ex se fructum, 25
scitis quia prope est aestas. Ita et vos cum videritis haec fieri,
scitote quoniam prope est regnum Dei." Ac si aperte dicat:

---

[11] Zur Umschreibung der eschatologischen Vollendung spricht GRE-
GOR meist von der *patria coelestis*, die letztlich mit der Gottesschau
identisch ist, wie aus *moral.* 27,27 (CCL 143B, 1351) hervorgeht. Vgl.
auch HILL, *Eschatologie* 114–142.
[12] Die Forderung der Weltverachtung gründet für GREGOR in ihrer
Vergänglichkeit; vgl. WEBER, *Moraltheologie* 116–128, und CATRY,
Amour du monde 259–265.

Das Haupt zu erheben bedeutet daher, unseren Geist zu den Freuden der himmlischen Heimat[11] zu erheben. Die also Gott lieben, werden aufgefordert, sich über das Ende der Welt zu freuen und darüber froh zu werden, denn bald finden sie ja, den sie lieben, wenn die Welt vergeht, die sie nicht geliebt haben. Denn fern sei es, daß ein Gläubiger, der sich sehnt, Gott zu schauen, über die Erschütterungen der Welt trauert, von der er weiß, daß gerade diese Erschütterungen ihr Ende bereiten. Es steht ja geschrieben: „Wer ein Freund dieser Welt sein will, wird zum Feind Gottes" (Jak 4, 4). Wer sich also nicht über das nahende Weltende freut, bezeugt, daß er ihr Freund ist, und wird dadurch als Feind Gottes überführt. Doch fern sei dies von den Herzen der Gläubigen, fern sei dies von denen, die aufgrund des Glaubens überzeugt sind, daß es noch ein anderes Leben gibt, welches sie mit all ihrem Tun lieben. Wegen der Zerstörung der Welt zu trauern ist Kennzeichen derer, die die Wurzeln ihres Herzens voller Liebe in die Welt gesenkt haben, die das folgende Leben nicht suchen, die nicht einmal ahnen, daß es ein solches gibt. Wir aber, die wir die ewigen Freuden der himmlischen Heimat erkannt haben, müssen dorthin je eher, desto lieber eilen. Wir müssen wünschen, recht schnell aufzubrechen und auf kürzestem Weg dorthin zu gelangen. Denn gibt es ein Übel, das die Welt nicht heimsucht? Welche Traurigkeit, welche Widrigkeit bedrängt uns nicht? Was ist das sterbliche Leben anderes als ein Weg? Und, meine Brüder, bedenkt, wie widersprüchlich es wäre, aufgrund der Mühsal des Weges zu ermatten und dennoch nicht zu wollen, daß dieser Weg ende. Daß aber die Welt mit Füßen zu treten und geringzuschätzen[12] ist, zeigt unser Erlöser mit einem weitschauenden Gleichnis, wenn er unverzüglich hinzufügt: „Betrachtet den Feigenbaum und alle anderen Bäume; wenn sie schon ausschlagen, wißt ihr, daß der Sommer nahe ist. So sollt ihr wissen, wenn ihr dies geschehen seht, daß das Reich Gottes nahe ist" (Lk 21, 29–31). Als wollte er offen sagen: Wie man aufgrund der

Quia sicut ex fructibus arborum vicina aestas cognoscitur,
ita ex ruina mundi prope esse agnoscitur regnum Dei. Quibus profecto verbis ostenditur, quia fructus mundi ruina
est. Ad hoc enim crescit, ut cadat. Ad hoc germinat, ut
quaecumque germinaverit, cladibus consumat. Bene autem 5
regnum Dei aestati comparatur: quia tunc moeroris nostri
nubila transeunt, et vitae dies aeterni Solis claritate fulge-
scunt.

4. Quae omnia sub magna certitudine confirmantur, cum
sententia subiungitur qua dicitur: „Amen dico vobis, quia 10
non praeteribit generatio haec, donec omnia fiant. Coelum
et terra transibunt, verba autem mea non transibunt." Nihil
enim in rerum corporalium natura coelo et terra durabilius:
et nihil in rerum natura tam velociter, quam sermo transit.
Verba enim quousque imperfecta sunt, verba non sunt: cum 15
vero perfecta fuerint, omnino iam non sunt; quia nec perfici
nisi transeundo possunt. Ait ergo: „Coelum et terra transibunt, verba autem mea non transibunt." Ac si aperte dicat:
Omne quod apud vos durabile est, sine immutatione durabile ad aeternitatem non est: et omne quod apud me transire 20
cernitur, fixum et sine transitu tenetur: quia sine mutabilitate manentes sententias exprimit meus sermo qui transit.

5. Ecce, fratres mei, iam cernimus quod audiebamus.
Novis quotidie et crebrescentibus malis mundus urgetur.
Ex illa plebe innumera quanti remanseritis, aspicitis; | et 25 | 6
tamen adhuc quotidie flagella urgent, repentini casus opprimunt, novae nos et improvisae clades affligunt. Sicut
enim in iuventute viget corpus, forte et incolume manet
pectus, torosa cervix, plena sunt bronchia; in annis autem
senilibus statura curvatur, cervix exsiccata deponitur, fre- 30

---

[13] Die starke Betonung der Vergänglichkeit der Welt unterscheidet
GREGOR von der patristischen Auslegungstradition dieser Verse; vgl.
LAURAS, *Commentaire* 512–514.
[14] Nach Schätzungen fiel ein Drittel der Bevölkerung der Pest zum
Opfer; vgl. RICHARDS, *Gregor* 25.

Blüte der Bäume den nahen Sommer erkennt, so läßt sich aus dem Untergang der Welt feststellen, daß das Gottesreich nahe ist.[13] Mit diesen Worten wird in der Tat gezeigt, daß die Frucht der Welt Untergang ist. Dazu nämlich wächst sie heran, um zu vergehen. Dazu blüht sie auf, um alles, was aufkeimte, im Vergehen zunichte zu machen. Treffend wird das Gottesreich mit dem Sommer verglichen, weil dann die Wolken unserer Betrübnis vorübergehen und die Tage des Lebens im Glanz der ewigen Sonne erstrahlen.

4. All dies wird mit großer Sicherheit bestätigt, wenn die Aussage hinzugefügt wird, in der es heißt: „Amen, ich sage euch: Diese Generation wird nicht vergehen, bis all dies geschieht. Himmel und Erde werden vergehen, aber meine Worte werden nicht vergehen" (Lk 21,32 f). Nichts ist in der materiellen Natur dauerhafter als Himmel und Erde, und nichts vergeht in dieser Natur rascher als ein Wort. Solange nämlich Worte unvollständig sind, sind es keine Worte; sobald sie jedoch vollständig sind, bestehen sie schon gar nicht mehr, da sie nur im Vergehen vollständig werden können. Daher spricht er: „Himmel und Erde werden vergehen; meine Worte aber werden nicht vergehen." Als wollte er offen sagen: Alles, was bei euch von Dauer ist, ist nicht ohne Veränderung bis zur Ewigkeit dauerhaft; und alles, was man bei mir vergehen sieht, hält sich unveränderlich und unvergänglich, weil mein Wort, das vergeht, unveränderlich bleibende Gedanken zum Ausdruck bringt.

5. Seht, meine Brüder, schon schauen wir, was wir gehört haben. Täglich wird die Welt von neuen und stets größeren Übeln bedrängt. Ihr seht, wie wenige aus dem zahlreichen Volk übriggeblieben sind[14]; dennoch bedrängen uns noch täglich Heimsuchungen, brechen plötzliche Unglücksfälle herein, treffen uns neue und unvorhergesehene Katastrophen. Wie nämlich in der Jugend der Körper voller Kraft ist, die Brust stark und gesund, der Nacken fest, die Bronchien voll, jedoch im Greisenalter die Gestalt gebeugt ist, der Nacken sich kraftlos neigt, häufige Atemnot die Brust

quentibus suspiriis pectus urgetur, virtus deficit, loquentis
verba anhelitus intercidit; nam etsi languor desit, plerumque senibus ipsa sua salus aegritudo est: ita mundus in annis
prioribus velut in iuventute viguit, ad propagandam humani generis prolem robustus fuit, salute corporum viridis, 5
opulentia rerum pinguis; at nunc ipsa sua senectute depri-
mitur, et quasi ad vicinam mortem molestiis crescentibus
urgetur. Nolite ergo, fratres mei, diligere quem videtis diu
stare non posse. Praecepta apostolica in animo ponite, quibus nos admonet, dicens: „Nolite diligere mundum, neque 10
ea quae in mundo sunt: quia si quis diligit mundum, non est
caritas Patris in eo." Nudiustertius, fratres, agnovistis,
quod subito turbine annosa arbusta eruta, destructae
domus, atque ecclesiae a fundamentis eversae sunt. Quanti
ad vesperum sani atque incolumes, acturos se in crastinum 15
aliquid putabant: et tamen nocte eadem, repentina morte
defuncti sunt, in laqueo ruinae deprehensi?

6. Sed considerandum nobis est, dilectissimi, quod ad
haec agenda invisibilis iudex venti tenuissimi spiritum movit: unius procellam nubis excitavit, et terram subruit, ca- 20
sura tot aedificiorum fundamenta concussit. Quid ergo
iudex iste facturus est cum per semetipsum venerit, et in
ultionem peccatorum ira eius exarserit, si portari non potest
cum nos per tenuissimam nubem ferit? In irae eius praesentia quae caro subsistet, si ventum movit, et terram subruit, 25
concitavit aëra, et tot aedificia stravit? Hanc districtionem
venturi iudicis Paulus considerans, ait: „Horrendum est

---

[15] Ähnlich, ohne jedoch vom Tod zu sprechen, AUGUSTINUS, *serm.* 81, 8
(PL 38, 504). Zum Zusammenhang dieser Einstellung GREGORS mit dem
Untergang Roms vgl. DAGENS, *Culture* 361–367.

[16] Vgl. GREGOR, *dial.* 2, 15, 3 (SCh 260, 184).

[17] Zum Terminus *consideratio, considerare* vgl. EVANS, *Consideration.*

[18] Bei GREGOR tritt die Wirksamkeit kreatürlicher Zweitursachen vor
dem allumfassenden Wirken Gottes stark zurück; vgl. *moral.* 12, 2 (CCL
143A, 628) und 25, 33 (CCL 143B, 1258 f). Zahlreiche Beispiele bietet
FRICKEL, *Deus* 129 Anm. 179.

beklemmt, die Kraft nachläßt, die Worte des Sprechenden von Kurzatmigkeit unterbrochen werden — mag auch Siechtum noch fehlen, oft bedeutet für Greise schon das Leben Krankheit —, ebenso stand die Welt in früheren Jahren sozusagen voller Jugendkraft, war stark genug, daß sich die Menschheit fortpflanzte, war voll blühenden Lebens und durch allseitigen Überfluß wohlauf. Nun jedoch wird sie durch ihr Greisenalter[15] niedergedrückt und sozusagen durch zunehmende Beschwerden zum nahen Tod gedrängt. Meine Brüder, liebt daher nicht das, was, wie ihr seht, nicht mehr lange Bestand haben kann. Nehmt euch die Weisungen des Apostels zu Herzen, mit denen er uns mahnt: „Liebt nicht die Welt noch was in der Welt ist, denn wenn einer die Welt liebt, ist die Liebe des Vaters nicht in ihm" (1 Joh 2, 15). Vorgestern, meine Brüder, habt ihr erlebt, wie durch einen plötzlichen Wirbelsturm bejahrte Bäume entwurzelt, Häuser zerstört und Kirchen von ihren Fundamenten gestürzt wurden.[16] Wie viele, die am Abend gesund und unversehrt meinten, am kommenden Tag noch etwas unternehmen zu können, sind aber in derselben Nacht, von plötzlichem Tod dahingerafft, in der Schlinge des Unterganges gefangen worden!

6. Doch müssen wir bedenken[17], Geliebteste, daß der unsichtbare Richter, um dies zu vollbringen, nur den leisesten Windhauch bewegt hat, eine Böe aus einer einzigen Wolke aufkommen ließ und die Erde ins Wanken brachte, die Fundamente zahlreicher Gebäude so erschütterte, daß sie einstürzten.[18] Was wird dieser Richter also erst dann tun, wenn er persönlich kommt und sein Zorn zur Bestrafung der Sünder auflodert, da er nicht einmal dann zu ertragen ist, wenn er uns nur mittels einer hauchdünnen Wolke trifft? Welches Fleisch wird im Angesicht seines Zornes bestehen können, wenn er nur einen Sturm entfachte und schon die Erde ins Wanken brachte, nur die Luft bewegte und zahlreiche Gebäude zertrümmerte! Solche Strenge des kommenden Richters erwog Paulus, als er sagte: „Furcht-

incidere in manus Dei viventis." Hanc psalmista exprimit,
dicens: „Deus manifeste veniet, Deus noster, et non silebit.
Ignis in conspectu eius ardebit, et in circuitu eius tempestas
valida." Districtionem quippe tantae iustitiae tempestas
ignisque comitantur quia tempestas examinat, quos ignis 5
exurat. Illum ergo diem, fratres carissimi, ante oculos ponite, et quidquid modo grave creditur, in eius comparatione
levigatur. De illo etenim die per prophetam dicitur: „Iuxta
est dies Domini magnus, iuxta et velox nimis. Vox diei
Domini amara, tribulabitur ibi fortis. Dies irae, dies illa, 10
dies tribulationis et angustiae, dies calamitatis et miseriae,
dies tenebrarum et caliginis, dies nebulae et turbinis, dies
tubae et clangoris." De hac die Dominus iterum per prophetam dicit: „Adhuc semel et ego movebo non solum
terram sed | etiam coelum." Ecce, ut praediximus, aërem 15
movit, et terra non subsistit: quis ergo ferat, cum coelum
moverit? Quid autem terrores quos cernimus, nisi sequen-
tis irae praecones dixerimus? Unde et considerare necesse
est, quia ab illa tribulatione ultima tantum sunt istae tribu-
lationes dissimiles, quantum a potentia iudicis persona 20
praeconis distat. Illum ergo diem, fratres carissimi, tota
intentione cogitate, vitam corrigite, mores mutate, mala
tentantia resistendo vincite, perpetrata autem fletibus puni-
te. Adventum namque aeterni iudicis tanto securiores
quandoque videbitis, quanto nunc districtionem illius ti- 25
mendo praevenitis.

| 66

bar ist es, in die Hände des lebendigen Gottes zu fallen"
(Hebr 10,31). Davon spricht der Psalmist, wenn er sagt:
„Gott wird sichtbar kommen, unser Gott, und er wird
nicht schweigen. Feuer wird vor seinem Angesicht brennen
und um ihn herum ein heftiger Sturm brausen" (Ps 50,3:
Vg. Ps 49,3). Die Strenge solch großer Gerechtigkeit wird
von Sturmesbrausen und Feuer begleitet, weil der Sturm
jene prüft, die das Feuer verbrennt. Stellt euch also diesen
Tag vor Augen, geliebte Brüder, und was immer man jetzt
als schwer empfindet, wird dann im Vergleich dazu leicht.
Über diesen Tag heißt es beim Propheten: „Nah ist der
große Tag des Herrn, nah ist er, und eilends kommt er
heran. Bitter ist die Stimme des Tages des Herrn, auch der
Starke wird dort verzagen. Ein Tag des Zornes ist jener Tag,
ein Tag der Drangsal und Angst, ein Tag des Verderbens
und Elends, ein Tag der Finsternis und Dunkelheit, ein Tag
des Gewölkes und des Sturmes, ein Tag des Posaunenschalls und Kriegsgeschreis" (Zef 1,14–16). Über diesen
Tag spricht der Herr wiederum durch den Propheten: „Nur
noch kurze Zeit, und ich erschüttere nicht nur die Erde,
sondern auch den Himmel" (Hag 2,6: Vg. Hag 2,7). Seht,
wie schon gesagt, er bewegte die Luft, und die Erde hält
nicht stand; wer kann es also aushalten, wenn er den Himmel erschüttert? Können wir aber den Schrecken, den wir
sehen, anders bezeichnen als Vorboten des kommenden
Zornes? Daher gilt es zu bedenken, daß die gegenwärtigen
Drangsale von jener letzten Drangsal so verschieden sind
wie die Gestalt eines Heroldes von der Macht eines Richters. Geliebte Brüder, richtet also eure Aufmerksamkeit auf
jenen Tag, bessert euer Leben, ändert euren Lebenswandel,
überwindet mit Widerstand die versucherischen Übel, die
begangenen aber ahndet mit Tränen. Der Ankunft des ewigen Richters werdet ihr einmal um so sicherer entgegense-
hen, je mehr ihr jetzt seiner Strenge durch Furcht zuvor-
kommt.

Habita ad populum in Basilica S. Petri apostoli,
Dominica in Quinquagesima

Lectio sancti Evangelii secundum Lucam 18, 31–43
In illo tempore: Assumpsit Iesus duodecim discipulos suos, 5
et ait illis: Ecce ascendimus Ierosolymam, et consumma-
buntur omnia, quae scripta sunt per prophetas de Filio
hominis. Tradetur enim gentibus, et illudetur, et flagel-
labitur, et conspuetur. Et postquam flagellaverint, occident
eum: et die tertia resurget. Et ipsi nihil horum intellexerunt. 10
Erat autem verbum istud absconditum ab eis, et non in-
telligebant quae dicebantur. Factum est autem, cum appro-
pinquaret Iericho, coecus quidam sedebat secus viam,
mendicans. Et cum audiret turbam praetereuntem interro-
gabat, quid hoc esset. Dixerunt autem ei, quod Iesus Na- 15
zarenus transiret. Et exclamavit, dicens: Iesu fili David,
miserere mei. Et qui praeibant, increpabant eum, ut taceret.
Ipse vero multo magis clamabat: Fili David, miserere mei.
Stans autem Iesus iussit illum adduci ad se. Et cum appro-
pinquasset, interrogavit illum, dicens: Quid tibi vis faciam? 20
At ille dixit: Domine ut videam. Et dixit illi Iesus: Respice,
fides tua te salvum fecit. Et confestim vidit, et sequebatur
illum, magnificans Deum. Et omnis plebs ut vidit, dedit
laudem Deo.

1. Redemptor noster praevidens ex passione sua disci- 25
pulorum animos perturbandos, eis longe ante et eiusdem
passionis poenam, et resurrectionis suae gloriam praedicit:
ut cum eum morientem, sicut praedictum est, cernerent,

HOMILIE 2

Gehalten vor dem Volk in der Basilika des heiligen
Apostels Petrus, am Sonntag Quinquagesima[1]

Lesung des heiligen Evangeliums nach Lukas 18, 31–43
In jener Zeit nahm Jesus seine zwölf Jünger zu sich und
sprach zu ihnen: Seht, wir ziehen nach Jerusalem hinauf,
und alles wird in Erfüllung gehen, was bei den Propheten
über den Menschensohn geschrieben ist. Er wird nämlich
den Heiden ausgeliefert, verspottet, mißhandelt und ange-
spien werden. Sie werden ihn geißeln und töten, doch am
dritten Tag wird er auferstehen. Sie aber verstanden nichts
davon. Diese Rede war für sie dunkel, und sie begriffen
nicht, was gesagt wurde. Es begab sich aber, als er sich
Jericho näherte, saß ein Blinder am Wege und bettelte. Und
als er hörte, wie das Volk vorbeizog, fragte er, was das
bedeutet. Man sagte ihm, Jesus von Nazaret ziehe vorüber.
Da rief er: Jesus, Sohn Davids, erbarme dich meiner! Die
Vorausziehenden fuhren ihn an, er solle schweigen. Doch
jener rief nur noch lauter: Sohn Davids, erbarme dich
meiner! Da blieb Jesus stehen und ließ ihn zu sich führen.
Als er herangekommen war, fragte er ihn: Was soll ich für
dich tun? Jener aber sprach: Herr, daß ich wieder sehen
kann! Jesus sprach zu ihm: Sei wieder sehend, dein Glaube
hat dich gesund gemacht. Auf der Stelle konnte er sehen;
er folgte ihm nach und pries Gott. Und das ganze Volk, das
zugesehen hatte, lobte Gott.

1. Da unser Erlöser vorhersah, daß die Herzen seiner Jünger angesichts seiner Passion in Verwirrung geraten würden, sagt er ihnen lange vor der Qual seiner Passion auch
die Herrlichkeit seiner Auferstehung voraus. So sollten sie,
wenn sie ihn wie vorhergesagt sterben sähen, auch an seiner

---

[1] CHAVASSE, *Aménagements* 91, datiert die Homilie auf den 19. 11. 590.

etiam resurrecturum non dubitarent. Sed quia carnales adhuc discipuli nullo modo valebant capere verba mysterii,
venitur ad miraculum. Ante eorum oculos coecus lumen
recipit: ut qui coelestis mysterii verba non caperent, eos ad
fidem coelestia facta solidarent. Sed miracula Domini et 5
Salvatoris nostri sic accipienda sunt, fratres carissimi, ut et
in veritate credantur facta, et tamen per significationem
nobis aliquid innuant. Opera quippe eius et per potentiam
aliud ostendunt, et per mysterium aliud loquuntur. Ecce
enim quis iuxta historiam coecus iste fuerit, ignoramus: sed 10
tamen quem per mysterium significet, novimus. Coecus
quippe est genus humanum: quod in parente primo a paradisi gaudiis expulsum, claritatem supernae lucis ignorans,
| damnationis suae tenebras patitur: sed tamen per Red- |70
emptoris sui praesentiam illuminatur; ut internae lucis gau- 15
dia iam per desiderium videat, atque in via vitae boni operis
gressus ponat.

2. Notandum vero est, quod cum Iesus Iericho appro-
pinquare dicitur, coecus illuminatur. Iericho quippe luna
interpretatur: luna autem in sacro eloquio pro defectu car- 20
nis ponitur: quia dum menstruis momentis decrescit, defectum nostrae mortalitatis designat. Dum igitur Conditor
noster appropinquat Iericho, coecus ad lumen redit: quia
dum divinitas defectum nostrae carnis suscepit, humanum
genus lumen, quod amiserat, recepit. Unde enim Deus 25
humana patitur, inde homo ad divina sublevatur. Qui videlicet coecus recte et iuxta viam sedere, et mendicans esse

---

[2] Der Begriff *carnalis* dient GREGOR zur Umschreibung von Weltverfallenheit und Diesseitsorientierung im Denken und Handeln. Vgl.
GREGOR, *in Ezech.* 1, 5, 2 (CCL 142, 57); *moral.* 3, 35 (CCL 143, 138).
[3] *Mysterium* bedeutet bei GREGOR die in einer sichtbaren Gestalt verborgene Realität sowie die innere Bedeutung eines äußeren Ereignisses,
vgl. RUFFINI/LODI, *Mysterion* 178–181.
[4] Vgl. HIERONYMUS, *nom. hebr.* (CCL 72, 137).
[5] Vgl. Sir 27, 12 Vg.: *stultus sicut luna mutatur.*

Auferstehung keinen Zweifel haben. Doch da die noch fleischlich gesinnten[2] Jünger in keiner Weise die Worte des Mysteriums[3] zu erfassen vermochten, kommt es zu einem Wunder. Vor ihren Augen erhält ein Blinder das Augenlicht zurück, damit himmlische Taten jene im Glauben festigten, die die Worte des himmlischen Mysteriums nicht zu verstehen vermochten. Die Wunder unseres Herrn und Erlösers sind nun aber in folgender Weise aufzufassen, geliebte Brüder: Zunächst muß man glauben, daß sie in Wirklichkeit geschehen sind, zugleich aber weisen sie uns durch ihre innere Bedeutung auf etwas anderes hin. Seine Werke offenbaren uns etwas durch den Machterweis, durch das Mysterium aber sagen sie noch etwas anderes. Seht, wer dieser Blinde, rein historisch genommen, war, wissen wir nicht; als Mysterium genommen, wissen wir hingegen, wessen Sinnbild er ist. Jener Blinde ist ja die ganze Menschheit, die in ihrem Stammvater aus den Freuden des Paradieses vertrieben wurde und, ohne die Herrlichkeit des himmlischen Lichtes mehr zu kennen, die Finsternis ihrer Verdammnis erleidet. Doch sie wird durch die Gegenwart ihres Erlösers erleuchtet, um die Freuden des inneren Lichtes schon mittels der Sehnsucht zu schauen und auf dem Weg des Lebens mit den Schritten guter Werke voranzuschreiten.

2. Es gilt allerdings zu beachten, daß der Blinde zu der Zeit erleuchtet wird, als es heißt, Jesus nähere sich Jericho. Jericho bedeutet ja Mond[4], der Mond aber steht in der Heiligen Schrift für die Vergänglichkeit des Fleisches[5], denn indem er im Zeitraum eines Monates abnimmt, bezeichnet er die Schwäche unserer Sterblichkeit. Während unser Erlöser sich also Jericho nähert, kehrt der Blinde zum Licht zurück, denn als die Gottheit unser vergängliches Fleisch annahm, empfing die Menschheit das Licht zurück, das sie verloren hatte. Denn dadurch, daß Gott Menschengeschick erleidet, wird der Mensch zu Göttlichem erhöht. Treffend saß dieser Blinde der Beschreibung nach am Weg

describitur: ipsa enim Veritas dicit: „Ego sum via." Qui
ergo aeternae lucis claritatem nescit, coecus est: sed si iam
in Redemptorem credit, iuxta viam sedet, sed ut aeternam
lucem recipiat, rogare dissimulat atque a precibus cessat,
coecus quidem iuxta viam sedet, sed minime mendicat. Si 5
vero et crediderit, et coecitatem cordis sui cognoverit, et ut
lumen veritatis recipiat, postulat: iuxta viam coecus sedet,
et mendicat. Quisquis ergo coecitatis suae tenebras
agnoscit, quisquis hoc, quod sibi deest, lumen aeternitatis
intelligit, clamet medullis cordis, clamet et vocibus mentis, 10
dicens: „Iesu fili David, miserere mei." Sed quid clamante
coeco subiungitur, audiamus: „Et qui praeibant, increpabant eum, ut taceret."

    3. Quid autem designant isti qui Iesum venientem prae-
cedunt, nisi desideriorum carnalium turbas tumultusque 15
vitiorum? qui priusquam Iesus ad cor nostrum veniat, tentationibus suis cogitationem nostram dissipant et voces
cordis in oratione perturbant. Saepe namque dum converti
ad Dominum post perpetrata vitia volumus, dum contra
haec eadem exorare vitia quae perpetravimus, conamur, 20
occurrunt cordi phantasmata peccatorum quae fecimus,
mentis nostrae aciem reverberant, confundunt animum et
vocem nostrae deprecationis premunt. Qui praeibant ergo,
increpabant eum, ut taceret: quia priusquam Iesus ad cor
veniat, mala quae fecimus, cogitationi nostrae suis imagini- 25
bus illisa, in ipsa nos nostra oratione conturbant.

    4. Sed quid ad haec illuminandus iste coecus fecit, audia-
mus. Sequitur: „Ipse vero multo magis clamabat: Fili Da-

---

6 Christus ist für GREGOR der „Weg der Rückkehr" zur himmlischen
Welt; vgl. *moral.* 22,42 (CCL 143A, 1122).
7 Zu den Lastern als Wurzeln der einzelnen Sünden vgl. WEBER, *Moraltheologie* 241–243.
8 GREGOR betrachtet die *conversio*, die umfassende Ausrichtung auf
Gott, als beständigen Prozeß christlicher Existenz; vgl. DAGENS, *Culture* 245–273.

und bettelte, spricht doch die Wahrheit selbst: „Ich bin der Weg" (Joh 14,6).[6] Wer also den Glanz des unvergänglichen Lichtes nicht kennt, ist blind; wenn er aber schon an den Erlöser glaubt, sitzt er am Wege; wenn er aber schon glaubt, doch es vernachlässigt, nach dem Empfang des unvergänglichen Lichtes zu verlangen, und das Bitten abbricht, sitzt er zwar als Blinder am Wege, bettelt aber nicht. Wenn er jedoch zum Glauben gekommen ist, die Blindheit seines Herzens erkannt hat und darum bittet, das Licht der Wahrheit zu empfangen, dann sitzt er als Blinder bettelnd am Wege. Wer also die Finsternis seiner Blindheit anerkennt, wer begreift, daß dasjenige, was ihm fehlt, das Licht der Ewigkeit ist, der ruft aus tiefstem Herzen, der ruft auch mit der Stimme seines Geistes: „Jesus, Sohn Davids, erbarme dich meiner!" (Lk 18,38). Hören wir aber, was auf das Rufen des Blinden folgt: „Die Vorausziehenden fuhren ihn an, er solle schweigen" (Lk 18,39).

3. Was bedeuten nun jene, die dem kommenden Jesus vorausziehen, anderes als die Schwärme fleischlicher Begierden und den Aufruhr der Laster[7], die, bevor Jesus in unser Herz kommt, mit ihren Versuchungen unser Denken zerstreuen und die Stimme des Herzens beim Gebet verwirren? Wenn wir uns nach begangenen Sünden zum Herrn bekehren wollen[8], wenn wir versuchen, gegen diese begangenen Sünden mit eindringlichen Bitten anzugehen, treten nämlich oft im Herzen Bilder der Sünden auf, die wir begangen haben, schwächen die Aufmerksamkeit unseres Geistes, verwirren den Sinn und unterdrücken die Stimme unseres Flehens. Die Vorausziehenden fuhren ihn also an, er solle schweigen, denn bevor Jesus zum Herzen kommt, verwirrt uns gerade während unseres Gebetes das begangene Böse, indem es unserem Denken seine Bilder vorspiegelt.

4. Doch laßt uns hören, was jener Blinde, der erleuchtet werden sollte, dagegen unternahm. Es folgt: „Doch jener rief nur noch lauter: Sohn Davids, erbarme dich meiner!"

vid, miserere mei." Ecce, quem turba increpat ut taceat,
magis ac magis clamat: quia quanto graviori tumultu cogi-
tationum carnalium premimur, tanto ora|tioni insistere ar- |72
dentius debemus. Contradicit turba ne clamemus: quia peccatorum nostrorum phantasmata plerumque et in oratione 5
patimur. Sed nimirum necesse est, ut vox cordis nostri quo
durius repellitur, eo valentius insistat: quatenus cogitatio-
nis illicitae tumultum superet, atque ad pias aures Domini
nimietate suae importunitatis erumpat. In se, ut suspicor,
recognoscit unusquisque quod dicimus: quia dum ab hoc 10
mundo animum ad Deum mutamus, dum ad orationis opus
convertimur, ipsa quae prius delectabiliter gessimus, im-
portuna postea atque gravia in oratione nostra toleramus.
Vix eorum cogitatio manu sancti desiderii ab oculis cordis
abigitur: vix eorum phantasmata per poenitentiae lamenta 15
superantur.

5. Sed cum in oratione nostra vehementer insistimus,
transeuntem Iesum menti figimus. Unde illic subditur:
„Stans autem Iesus, iussit illum adduci ad se." Ecce stat, qui
ante transibat: quia dum adhuc turbas phantasmatum in 20
oratione patimur, Iesum aliquatenus transeuntem sentimus.
Cum vero orationi vehementer insistimus, stat Iesus ut
lucem restituat: quia Deus in corde figitur, et lux amissa
reparatur.

6. Qua tamen in re aliud aliquid nobis Dominus innuit, 25
quod intelligi de humanitate ac divinitate illius utiliter possit. Clamantem etenim coecum Iesus transiens audivit, sed
stans miraculum illuminationis exhibuit. Transire namque
humanitatis est, stare divinitatis. Per humanitatem quippe

---

[9] Das wiedererlangte Licht bedeutet die gnadenhaft ermöglichte Kontemplation, die, wenn auch zeitlich begrenzt, mit der paradiesischen
Gotteserkenntnis Adams identisch ist; vgl. GREGOR, *moral.* 8,49 (CCL
143, 420f). Hierzu vgl. LIEBLANG, *Grundfragen* 36–43.
[10] Die Unterscheidung gehört zu den Zentralgedanken GREGORS; vgl.
moral. 5,63 (CCL 143, 262f). Im Hintergrund steht AUGUSTINUS, *serm.*
88 (PL 38, 539–553).

(Lk 18,39). Seht, die Menge fährt ihn an, zu schweigen, er aber ruft lauter und lauter, denn je heftiger uns der Ansturm fleischlicher Gedanken bedrängt, desto glühender müssen wir uns dem Gebet widmen. Die Menge verbietet uns das Rufen, da wir die Bilder unserer Sünden meist sogar im Gebet ertragen müssen. Doch je heftiger die Stimme unseres Herzens unterdrückt wird, desto unnachgiebiger muß sie sein, um den Ansturm unerlaubter Gedanken zu überwinden und zum gütigen Ohr des Herrn mit dem Übermaß ihrer Aufdringlichkeit vorzudringen. Ich glaube, ein jeder erkennt in sich selbst wieder, wovon wir reden; denn wenn wir den Sinn von dieser Welt zu Gott hinkehren, wenn wir uns dem Werk des Gebetes zuwenden, dann müssen wir in unserem Gebet nun als Störung und Belastung ertragen, was wir zuvor mit Wohlgefallen verrichtet haben. Nur mit Mühe wird das Denken daran mit der Hand heiliger Sehnsucht von den Augen des Herzens verjagt, nur mit Mühe werden die entsprechenden Bilder durch Wehklagen der Buße überwunden.

5. Doch wenn wir entschieden in unserem Gebet verharren, dann prägen wir den vorbeiziehenden Jesus fest in unser Herz ein. Daher wird gleich hinzugefügt: „Jesus blieb stehen und ließ ihn zu sich führen" (Lk 18,40). Seht, stehen bleibt, der zuvor vorüberging, denn indem wir die Schwärme der Bilder im Gebet erdulden, nehmen wir Jesus nur vorübergehend wahr. Wenn wir jedoch entschieden im Gebet verharren, bleibt Jesus stehen, um das Licht zurückzugeben, denn Gott wird fest ins Herz eingeprägt und das verlorene Licht wiedererlangt.[9]

6. Doch deutet uns der Herr hiermit noch etwas anderes an, das sich sinnvoll hinsichtlich seiner Menschheit und Gottheit verstehen läßt. Im Vorübergehen nämlich hörte Jesus den Blinden rufen, doch im Stehen wirkte er das Wunder der Erleuchtung. Vorüberzugehen ist der Menschheit eigen, beständig zu sein der Gottheit.[10] Aufgrund seiner menschlichen Natur mußte er ja geboren werden,

habuit nasci, crescere, mori, resurgere, de loco ad locum
venire. Quia ergo in divinitate mutabilitas non est, atque
hoc ipsum mutari, transire est: profecto ille transitus ex
carne est, non ex divinitate. Per divinitatem vero ei semper
stare est: quia ubique praesens, nec per motum venit, nec 5
per motum recedit. Coecum igitur clamantem Dominus
transiens audit, stans illuminat, quia per humanitatem suam
vocibus nostrae coecitatis compatiendo misertus est, sed
lumen nobis gratiae per divinitatis potentiam infudit.

7. Et notandum quid coeco venienti dicat: „Quid tibi vis 10
faciam?" Numquid qui lumen reddere poterat, quid vellet
coecus ignorabat? Sed peti vult id, quod et nos petere, et se
concedere praenoscit. Importune namque ad orationem
nos admonet, et tamen dicit: „Scit namque Pater vester
coelestis, quid opus sit vobis antequam petatis eum." Ad 15
hoc ergo requirit, ut petatur: ad hoc requirit, ut cor ad
orationem excitet. Unde et coecus protinus adiunxit: „Do-
mine, ut videam." Ecce coecus a Domino non | aurum, sed | 74
lucem quaerit. Parvipendit extra lucem aliquid quaerere:
quia etsi habere coecus quodlibet potest, sine luce videre 20
non potest quod habet. Imitemur ergo, fratres carissimi,
eum, quem et corpore audivimus et mente salvatum. Non
falsas divitias, non terrena dona, non fugitivos honores a
Domino, sed lucem quaeramus: nec lucem quae loco clau-
ditur, quae tempore finitur, quae noctium interruptione 25
variatur, quae a nobis communiter cum pecoribus cernitur:
sed lucem quaeramus, quam videre cum solis angelis possi-

---

[11] Zu handschriftlichen Varianten vgl. ÉTAIX, *Tradition manuscrite* 552.

wachsen, sterben, auferstehen, von Ort zu Ort gehen. Da
nun in der Gottheit keinerlei Veränderlichkeit ist und dieses Sichverändern ein Vorübergehen bedeutet, war jenes
Vorüberschreiten im Fleisch begründet, nicht in der Gottheit. Aufgrund seiner Gottheit kommt ihm nämlich ewige
Beständigkeit zu, da er, überall gegenwärtig, weder durch
eine Bewegung herbeikommt noch durch eine Bewegung
fortgeht. Im Vorübergehen hört daher der Herr den Blinden rufen, doch im Stehen erleuchtet er ihn, denn aufgrund
seiner Menschheit hat er sich mitleidsvoll den Rufen unserer Blindheit erbarmt, das Licht der Gnade aber hat er uns
durch die Macht seiner Gottheit eingegossen.

7. Zu beachten ist, was er dem Blinden bei seinem Kommen sagt: „Was soll ich für dich tun?" (Lk 18,41). Wußte
derjenige, der das Augenlicht zurückgeben konnte, etwa
nicht, was der Blinde wollte? Doch will er, daß das erbeten
wird, von dem er bereits weiß, daß wir es erbitten werden
und er es gewähren wird. Unnachgiebig mahnt er uns zum
Gebet und sagt dennoch: „Euer himmlischer Vater weiß,
was ihr braucht, bevor ihr ihn darum bittet" (Mt 6,8).
Deswegen fragt er, damit etwas erbeten werde, deswegen
fragt er, damit er das Herz zum Gebet aufrufe. Daher fügte
auch der Blinde sogleich hinzu: „Herr, daß ich wieder sehen
kann" (Lk 18,41)[11]. Seht, der Blinde erbittet vom Herrn
nicht Gold, sondern Licht. Er achtet es gering, außer dem
Licht etwas anderes zu erbitten, denn wenn der Blinde auch
alles mögliche haben kann, so kann er doch ohne Licht
nicht sehen, was er besitzt. Ahmen wir also, geliebte Brüder, den nach, von dem wir hören, daß er an Leib und Seele
geheilt wurde. Nicht trügerische Reichtümer, nicht irdische Gaben, nicht vergängliche Ehren, sondern das Licht
wollen wir vom Herrn erbitten. Aber nicht dasjenige Licht,
das auf einen bestimmten Ort beschränkt, das in der Zeit
begrenzt, das durch die Unterbrechung der Nacht unbeständig ist und das wir zusammen mit den Tieren erblicken;
vielmehr wollen wir dasjenige Licht erbitten, das wir allein

mus, quam nec initium inchoat, nec finis angustat. Ad quam
profecto lucem via fides est. Unde recte et illuminando
coeco protinus respondetur: „Respice, fides tua te salvum
fecit." Sed ad haec cogitatio carnalis dicit: Quomodo
possum lucem spiritalem quaerere, quam videre non 5
possum? Unde mihi certum est si sit, quae corporeis oculis
non infulget? Cui scilicet cogitationi est quod breviter
quisque respondeat: quia et haec ipsa quae sentit, non per
corpus, sed per animam cogitat. Et nemo suam animam
videt, nec tamen dubitat se animam habere, quam non videt. 10
Ex invisibili namque anima visibile regitur corpus. Si autem
auferatur quod est invisibile, protinus corruit hoc quod
visibile stare videbatur. Ex invisibili ergo substantia in hac
vita visibili vivitur, et esse vita invisibilis dubitatur?

8. Sed iam petenti coeco quid factum est, vel quid ipse 15
fecerit, audiamus. Sequitur: „Confestim vidit, et sequebatur illum." Videt et sequitur, qui bonum quod intelligit,
operatur. Videt autem, sed non sequitur, qui bonum quidem intelligit, sed bona operari contemnit. Si ergo, fratres
carissimi, coecitatem iam nostrae peregrinationis agnosci- 20
mus: si credendo in Redemptoris nostri mysterium, iuxta
viam sedemus: si exorando quotidie ab auctore nostro lucem petimus: si eandem lucem iam per intellectum videndo,
illuminati post coecitatem sumus: Iesum quem mente cernimus, opere sequamur. Aspiciamus qua graditur, et eius 25
vestigia imitando teneamus. Iesum etenim sequitur, qui

---

[12] Vgl. GILLET, *Grégoire* 895: „Mystique de la vision, la mystique de
Grégoire est aussi une mystique de la lumière." Zur Bedeutung des
Glaubens vgl. WEBER, *Moraltheologie* 198 f.

mit den Engeln schauen können, das weder in einem Anfang beginnt noch durch ein Ende auf eine Grenze stößt.
Der Weg zu diesem Licht ist der Glaube.[12] Daher wird zu
Recht dem Blinden im Augenblick seiner Erleuchtung die
Antwort gegeben: „Sei wieder sehend, dein Glaube hat dich
gesund gemacht" (Lk 18, 42). Doch hierzu sagt rein fleischliches Denken: Wie kann ich ein geistiges Licht erbitten,
das ich nicht sehen kann? Woher habe ich die Gewißheit,
ob das existiert, was dem leiblichen Auge nicht aufstrahlt?
Auf solches Denken kann ein jeder die kurze Antwort
geben, daß er auch das, was er wahrnimmt, nicht mittels des
Leibes, sondern mittels der Seele denkt. Zwar sieht niemand seine eigene Seele, doch zweifelt er nicht, eine Seele
zu besitzen, die er nicht sieht. Durch die unsichtbare Seele
wird nämlich der sichtbare Leib regiert. Wenn aber hinweggenommen wird, was unsichtbar ist, geht unverzüglich das
zugrunde, was sichtbar Bestand zu haben schien. Aufgrund
einer unsichtbaren Substanz lebt man also in diesem sichtbaren Leben. Will man da noch zweifeln, daß es auch ein
unsichtbares Leben gibt?

8. Nun wollen wir aber hören, was dem bittenden Blinden geschehen ist und was er selbst getan hat. Es folgt: „Auf
der Stelle konnte er sehen; und er folgte ihm nach" (Lk
18, 43). Es sieht und folgt nach, wer das Gute, das er einsieht, auch vollbringt. Es sieht, folgt jedoch nicht nach, wer
das Gute zwar einsieht, es aber von sich weist, das Gute
auch zu vollbringen. Wenn wir also, geliebte Brüder, die
Blindheit unserer Pilgerschaft schon erkennen, wenn wir
schon durch den Glauben an das Mysterium unseres Erlösers am Wege sitzen, wenn wir durch tägliches Gebet von
unserem Schöpfer das Licht erbitten, wenn wir dieses Licht
schon geistig schauen und dadurch nach der Blindheit erleuchtet worden sind, dann wollen wir Jesus im Handeln
nachfolgen, den wir schon geistig erkennen. Geben wir
acht, wohin er geht, und bleiben wir durch Nachahmung
auf seinen Spuren. Derjenige nämlich folgt Jesus nach, der

imitatur. Hinc namque dicit: „Sequere me, et dimitte mortuos sepelire mortuos suos." Sequere enim dicitur, imitare. Hinc rursus admonet, dicens: „Si quis mihi ministrat, me sequatur." Consideremus ergo qua graditur, ut sequi mereamur. Ecce, cum sit dominus et creator angelorum, suscep- 5 turus naturam nostram quam condidit, in uterum Virginis venit. Nasci tamen in hoc mundo per divites noluit, parentes pauperes elegit. Unde et agnus, qui pro illo offeretur, defuit: columbarum pullos et par turturum ad sacrificium mater invenit. Prosperari in mundo noluit: opprobria irri- 10 sionesque tolleravit: sputa, flagella, alapas, spineam coro- | 76 nam, crucemque sustinuit: et quia rerum corporalium delectatione a gaudio interno cecidimus, cum qua amaritudine illuc redeatur ostendit. Quid itaque homo pro se pati debet, si tanta Deus pro hominibus pertulit? Qui ergo in Chri- 15 stum iam credidit, sed adhuc avaritiae lucra sectatur, in superbia honoris extollitur, invidiae facibus inardescit, libidinis se immunditia polluit, prospera quae in mundo sunt concupiscit: Iesum in quem credidit, sequi contemnit. Diverso quippe itinere ambulat, si gaudia delectationesque 20 appetit, cui dux suus viam amaritudinis ostendit. Revocemus ergo ante oculos peccata quae fecimus: consideremus, quam terribilis iudex haec puniturus adveniat: mentem formemus ad lamenta: vita nostra ad tempus amarescat in poenitentia, ne aeternam amaritudinem sentiat in vindicta. 25 Per fletus quippe ad aeterna gaudia ducimur, Veritate pollicente, quae ait: „Beati qui lugent, quoniam ipsi consola-

---

[13] Zu handschriftlichen Varianten vgl. ÉTAIX, *Tradition manuscrite* 552 f.

[14] Zur Buße vgl. WEBER, *Moraltheologie* 246–252.

ihn nachahmt. Deshalb sagt er: „Folge mir nach, und laß
die Toten ihre Toten begraben" (Mt 8,22)[13]. Nachfolgen
heißt nämlich nachahmen. Daher mahnt er wiederum:
„Wenn einer mir dient, dann folge er mir nach" (Joh 12,26).
Betrachten wir also, wohin er geht, damit wir es verdienen,
ihm nachzufolgen. Seht, obwohl er der Herr und Schöpfer
der Engel ist, kam er in den Schoß der Jungfrau, um unsere
Natur anzunehmen, die er erschaffen hatte. Er wollte nicht
in dieser Welt von reichen Menschen geboren werden,
Arme erwählte er als Eltern. Daher fehlte auch ein Lamm,
das für ihn geopfert werden konnte; junge Tauben und ein
Paar Turteltauben fand die Mutter für das Opfer (vgl. Lk
2,24). Er wollte in der Welt nicht Erfolge haben; er ertrug
Schmach und Spott; Speichel, Schläge, Backenstreiche, die
Dornenkrone und das Kreuz nahm er auf sich; und da wir
durch das Wohlgefallen an materiellen Dingen von der
inneren Freude abgefallen sind, zeigte er, unter welcher
Bitterkeit man dorthin zurückkehren müsse. Was muß der
Mensch daher um seiner selbst willen erleiden, wenn Gott
so Schweres um der Menschen willen ertragen hat! Wer also
schon zum Glauben an Christus gekommen ist, doch noch
nach dem Gewinn von Reichtum trachtet, sich stolz mit
ehrenvollem Stand brüstet, von der Fackel des Neides entflammt wird, durch die Unreinheit der Lust befleckt wird,
den Wohlstand dieser Welt begehrt, der verschmäht es,
Jesus, an den er glaubt, auch nachzufolgen. Er wandelt ja
auf einem anderen Weg, wenn er Freuden und Vergnügungen erstrebt, obwohl ihm sein Führer den Weg der Bitterkeit zeigte. Halten wir uns daher die begangenen Sünden
vor Augen; erwägen wir, welch furchtgebietender Richter
kommen wird, um diese zu bestrafen. Stimmen wir uns auf
Wehklagen ein; unser Leben werde uns in dieser Zeit durch
Buße[14] bitter, damit es nicht ewige Bitterkeit als Strafe
erfahre. Durch Tränen werden wir ja zu den ewigen Freuden geführt, verheißt doch die Wahrheit: „Selig die Trauernden, denn sie werden getröstet werden" (Mt 5,4). Doch

buntur." Ad fletum vero per gaudia pervenitur, hac eadem Veritate attestante, quae ait: „Vae vobis, qui nunc ridetis: quia lugebitis et flebitis." Si ergo retributionis gaudium in perventione quaerimus, poenitentiae amaritudinem in via teneamus. Sicque fit, ut non solum vita nostra in Deum 5 proficiat, sed haec ipsa nostra conversatio ad laudem Dei et alios accendat. Unde illic subditur: „Et omnis plebs, ut vidit dedit laudem Deo."

gelangt man durch Freuden zu Tränen, wie ebendiese Wahrheit bezeugt: „Weh euch, die ihr jetzt lacht, denn ihr werdet trauern und weinen" (Lk 6, 25)[15]. Wenn wir also am Ziel die Freude der Belohnung suchen, dann müssen wir auf dem Wege die Bitterkeit der Buße auf uns nehmen. So geschieht es, daß unser Leben nicht nur zu Gott hin voranschreitet, sondern daß unser Lebenswandel zum Lob Gottes auch andere entflammt. Daher wird dort hinzugefügt: „Und das ganze Volk, das zugesehen hatte, lobte Gott" (Lk 18, 43).

---

[15] Zu handschriftlichen Varianten vgl. ÉTAIX, *Tradition manuscrite* 553.

Habita ad populum in Basilica sanctae
Felicitatis martyris, in die natalis eius

Lectio sancti Evangelii secundum Matthaeum 12, 46–50
In illo tempore: Loquente Iesu ad turbas, ecce mater eius 5
et fratres stabant foris, quaerentes loqui ei. Dixit autem ei
quidam: Ecce mater tua et fratres tui foris stant, quaerentes
te. At ille respondens dicenti sibi, ait: Quae est mater mea,
et qui sunt fratres mei? Et extendens manus in discipulos
suos, dixit: Ecce mater mea et fratres mei. Quicumque enim 10
fecerit voluntatem Patris mei qui in coelis est, ipse meus
frater, et soror, et mater est.

1. Sancti Evangelii, fratres carissimi, brevis est lectio recitata, sed magis mysteriorum ponderibus gravida. Iesus
etenim Conditor et Redemptor noster matrem se nosse 15
dissimulat: et quae ei mater sit et qui propinqui, non per
cognationem carnis, sed per coniunctionem spiritus designat, dicens: „Quae est mater mea, et qui sunt fratres mei?
Quicumque enim fecerit voluntatem Patris mei qui in coelis
est, ipse meus frater, et soror, et mater est." Quibus nobis 20
verbis quid aliud innuit, nisi quod obsequentes iussionibus
suis multos ex gentilitate colligit, et Iudaeam, ex cuius carne
est genitus, non agnoscit. Unde et mater eius cum quasi non
agnoscitur, foris stare perhibetur: quia videlicet synagoga
idcirco ab auctore suo non recognoscitur, quia legis obser- 25

---

[1] Der Begriff *dies natalis* bezeichnet traditionell den Todestag der Martyrer, an dem ihr Gedächtnis begangen wurde. CHAVASSE, *Aménage-*
ments 91, datiert die Homilie auf den 23.11.590, den Gedächtnistag
dieser römischen Martyrerin des 2. Jahrhunderts. Zu ihrer Gestalt vgl.
STRITZKY, *Felicitas.*
[2] GREGOR verwendet häufig die auf die anti-arianischen Kontroversen
zurückgehende christologische Terminologie *conditor et redemptor*, die
auch zu seiner Zeit der Bedeutung nicht entbehrte; vgl. BAUS/BECK/

Gehalten vor dem Volk in der Basilika der heiligen
Martyrerin Felizitas, an deren Geburtsfest[1]

Lesung des heiligen Evangeliums nach Matthäus 12,46–50

*In jener Zeit, als Jesus zu den Volksscharen sprach, standen
seine Mutter und seine Brüder draußen und wollten ihn
sprechen. Jemand sagte zu ihm: Siehe, deine Mutter und
deine Brüder stehen draußen und suchen dich. Er aber
erwiderte dem, der es ihm mitteilte: Wer ist meine Mutter,
und wer sind meine Brüder? Und er streckte die Hände
über die Jünger aus und sagte: Seht da meine Mutter und
meine Brüder. Denn wer den Willen meines himmlischen
Vaters erfüllt, der ist für mich Bruder und Schwester und
Mutter.*

1. Die vorgetragene Lesung des Evangeliums ist kurz, meine Brüder, doch inhaltsschwer durch bedeutsame Mysteri-
en. Jesus, unser Schöpfer und Erlöser[2], gibt nämlich vor,
seine Mutter nicht zu kennen, und zeigt, wer für ihn Mutter
ist und wer Verwandte sind, nicht aufgrund einer Verwandtschaft des Leibes, sondern aufgrund einer Verbindung des Geistes, indem er sagt: „Wer ist meine Mutter, und
wer sind meine Brüder? Wer den Willen meines Vaters im
Himmel tut, der ist für mich Bruder und Schwester und
Mutter" (Mt 12,48.50). Was gibt er uns durch diese Worte
anderes zu verstehen, als daß er viele aus dem Heidentum
sammelt, die seinen Weisungen folgen, und das Judentum,
von dem er leiblich abstammt, nicht anerkennt? Deshalb
heißt es auch von seiner Mutter, die gleichsam nicht anerkannt wird, daß sie draußen stand, da ja die Synagoge
deswegen von ihrem Schöpfer nicht anerkannt wird, weil
sie an der Beachtung des Gesetzes festhielt, so das geistige

---

vationem tenens, spiritalem intellectum perdidit, et sese ad
custodiam literae foris fixit.

2. Sed cum is, qui voluntatem Patris fecerit, soror et
frater Domini dicitur, propter utrumque sexum quid ad
fidem colligitur, mirum non est: mirandum vero valde est, 5
quomodo etiam mater dicatur. Fideles enim discipulos fratres vocare dignatus est, dicens: „Ite, nunciate fratribus
meis." Qui ergo frater Domini fieri ad fidem veniendo
potuerit, quaerendum est quomodo etiam et mater esse
possit? Sed sciendum nobis est, quia qui Christi frater et 10
soror est credendo, mater efficitur praedicando. Quasi
enim parit Dominum, quem cordi audientis infu|derit. Et | 80
mater eius efficitur, si per eius vocem amor Domini in
proximi mente generatur.

3. Ad quam rem nobis idonee confirmandam adest beata 15
Felicitas, cuius hodie natalitia celebramus; quae credendo
exstitit ancilla Christi, et praedicando facta est mater Christi. Septem quippe filios, sicut in gestis eius emendatioribus
legitur, sic post se timuit vivos in carne relinquere, sicut
carnales parentes solent metuere ne mortuos praemittant. 20
In persecutionis enim labore deprehensa, filiorum corda in
amore supernae patriae praedicando roboravit: et parturivit
spiritu, quos carne pepererat, ut praedicatione pareret Deo,
quos carne pepererat mundo. Considerate, fratres carissimi, in femineo corpore virile pectus. Ad mortem stetit 25
imperterrita. Amittere se in filiis lumen veritatis timuit, si
non fuisset orbata. Numquid ergo hanc feminam martyrem

---

[3] Die *Passio* wurde Ende des 4. / Anfang des 5. Jahrhunderts verfaßt
und legt als Vorbild der Erzählung die atl. Geschichte von den mak-
kabäischen Brüdern (vgl. 2 Makk 7, 1–41) zugrunde.

Verständnis verlor und sich auf die äußerliche Beachtung des Buchstabens fixierte.

2. Doch es ist nicht verwunderlich, daß, wer den Willen des Herrn tut, Schwester und Bruder des Herrn genannt wird, da doch beiderlei Geschlecht zum Glauben berufen wird. Höchst verwunderlich ist es hingegen, wie ein solcher sogar Mutter genannt werden kann. Die treuen Jünger wollte der Herr nämlich Brüder nennen, indem er sagte: „Geht hin, und verkündet es meinen Brüdern" (vgl. Mt 28, 10). Wenn also jemand zum Bruder des Herrn werden konnte, indem er zum Glauben kam, dann muß man fragen, wie er sogar seine Mutter sein kann. Doch müssen wir wissen, daß, wer Bruder und Schwester Christi durch den Glauben ist, durch das Verkündigen zur Mutter wird. Er gebiert nämlich sozusagen den Herrn, dem er zum Herzen eines Hörenden Eingang verschafft. Er wird zu seiner Mutter, wenn die Liebe zum Herrn im Herzen des Nächsten durch sein Wort erzeugt wird.

3. Dies kann uns in geeigneter Weise die selige Felizitas bestätigen, deren Geburtsfest wir heute feiern; durch den Glauben erwies sie sich als Magd Christi, durch das Verkündigen wurde sie Mutter Christi. Wie in den verläßlicheren Berichten über sie[3] zu lesen ist, fürchtete sie ebenso, ihre sieben Söhne im Fleische lebend zurückzulassen, wie fleischlich gesinnte Eltern gewöhnlich fürchten, diese in den Tod vorauszuschicken zu müssen. Als sie nämlich in schwerer Verfolgung ergriffen wurde, bestärkte sie durch ihr Verkündigen die Herzen ihrer Söhne in der Liebe zur himmlischen Heimat und lag geistigerweise in Wehen für die, welche sie leiblich geboren hatte, um durch die Verkündigung jene für Gott zu gebären, die sie leiblich der Welt geboren hatte. Betrachtet nun, geliebte Brüder, das mannhafte Herz im Leibe einer Frau. Unerschrocken blickte sie dem Tod ins Angesicht. Sie fürchtete, aufgrund ihrer Söhne das Licht der Wahrheit zu verlieren, wenn jene ihr nicht genommen würden. Soll ich diese Frau eine Martyrerin

dixerim? Sed plus quam martyrem. Certe Dominus, cum de
Ioanne loqueretur, dixit: „Quid existis in desertum videre?
Prophetam? Utique dico vobis, et plus quam prophetam."
Et Ioannes ipse requisitus respondit, dicens: „Non sum
propheta." Qui enim se plus quam prophetam noverat, esse   5
prophetam negabat. Qui idcirco plus quam propheta dicitur; quia prophetae officium est ventura praenunciare, non
etiam ostendere. Ioannes vero plus quam propheta est, quia
quem verbo dixit, digito ostendit. Non ergo hanc feminam
martyrem, sed plus quam martyrem dixerim, quae septem   10
pignoribus ad regnum praemissis, toties ante se mortua, ad
poenas prima venit, sed pervenit octava. Aspexit mater et
cruciata et imperterrita filiorum mortem, spei gaudium
adhibuit dolori naturae. Timuit viventibus, gavisa est morientibus. Optavit nullum post se relinquere, ne si quem   15
haberet superstitem, non posset habere consortem. Nemo
ergo ex vobis, fratres carissimi, existimet quod eius cor
morientibus filiis etiam carnalis affectus minime pulsarit.
Neque enim filios, quos carnem suam esse noverat, sine
dolore poterat morientes videre: sed erat vis amoris inte-   20
rior, quae dolorem vinceret carnis. Unde et passuro Petro
dicitur: „Cum senueris, extendes manus tuas, et alius te
cinget, et ducet quo tu non vis." Neque enim si plenissime
Petrus nollet, pro Christo pati potuisset: sed martyrium,
quod per infirmitatem carnis noluit, per virtutem spiritus   25
amavit. Qui dum per carnem ad poenas trepidat, per spiri-

---

[4] Zur Gestalt des Apostels bei GREGOR vgl. SUSMAN, *Culto* 165–181;
MODESTO, *Gregor* 15–264.

nennen? Ja sogar mehr als eine Martyrerin! Als der Herr
über Johannes sprach, sagte er: „Wozu seid ihr in die Wüste
hinausgezogen? Einen Propheten zu sehen? Ich sage euch:
Viel mehr als einen Propheten!" (Mt 11, 9). Und als Johannes selbst gefragt wurde, antwortete er: „Ich bin kein Prophet" (vgl. Joh 1, 21). Da er nämlich wußte, daß er mehr als
ein Prophet war, bestritt er, ein Prophet zu sein. Er wird
deshalb „mehr als ein Prophet" genannt, weil es Aufgabe
eines Propheten ist, das Kommende zu verkünden, nicht
jedoch zu zeigen. Johannes aber ist mehr als ein Prophet,
weil er mit dem Finger auf jenen weisen konnte, den er mit
dem Wort ankündigte. Daher möchte ich diese Frau nicht
Martyrerin, sondern mehr als eine Martyrerin nennen.
Denn indem sie sieben Unterpfänder ins himmlische Reich
voraussandte, ist sie ebensooft noch vor ihrem eigenen Tod
gestorben; zur Marter kam sie als erste, zur Vollendung
aber als achte. Die Mutter sah voller Qual, aber unerschrocken den Tod ihrer eigenen Söhne mit an und nahm
die Freude der Hoffnung gegen den Schmerz der Natur zu
Hilfe. Sie fürchtete für die Lebenden, freute sich für die
Sterbenden. Sie wünschte, niemanden zurückzulassen, um
nicht einen, der überlebt hätte, nicht zum Schicksalsgefähr-
ten zu haben. Niemand von euch, geliebte Brüder, soll
meinen, ihr Herz wäre beim Sterben ihrer Söhne in keinerlei Weise von fleischlicher Regung ergriffen worden. Zwar
konnte sie ihre Söhne, die sie ja als ihr Fleisch erkannte,
nicht ohne Schmerz sterben sehen, doch gab es eine innere
Kraft der Liebe, die den Schmerz des Fleisches überwand.
Daher wird auch zu Petrus[4], der einmal leiden sollte, gesagt:
„Wenn du alt geworden bist, wirst du deine Hände
ausstrecken, und ein anderer wird dich gürten und dich
führen, wohin du nicht willst" (Joh 21, 18). Wenn es nämlich Petrus ganz und gar abgelehnt hätte, so hätte er nicht
für Christus leiden können, doch wegen der Kraft des
Geistes liebe er das Martyrium, das er wegen der Schwäche
des Fleisches ablehnte. Während er infolge des Leibes vor

tum ad gloriam exsultat: actumque est, ut cruciatum mar-
tyrii nolendo voluisset. Sic nos quoque cum | gaudium |82
quaerimus salutis, amarum poculum sumimus purgationis.
Amaritudo quidem in poculo displicet, sed restituenda per
amaritudinem salus placet. Amavit ergo iuxta carnem Feli- 5
citas filios suos, sed pro amore coelestis patriae mori etiam
coram se voluit quos amavit. Ipsa eorum vulnera accepit,
sed ipsa in eisdem ad regnum praevenientibus excrevit.
Recte ergo hanc feminam ultra martyrem dixerim, quae
toties in filiis desiderabiliter exstincta, dum multiplex mar- 10
tyrium obtinuit, ipsam quoque martyrii palmam vicit. Fertur apud veteres mos fuisse, ut quisquis consul exsisteret,
iuxta ordinem temporum honoris sui locum teneret: at si
quis posterius ad consulatum veniens, consul non semel,
sed bis fortasse aut tertio fieret, etiam illos laude et honore 15
transcenderet, qui non plus quam semel consules exstitis-
sent. Vicit ergo beata Felicitas martyres, quae tot ante se
morientibus filiis, pro Christo frequenter occubuit: quia et
amori illius sola sua mors minime suffecit.

4. Consideremus, fratres, hanc feminam consideremus 20
nos, qui membris corporis viri sumus, in eius comparatione
quid existimabimur. Saepe namque agenda aliqua bona pro-
ponimus, sed si unus contra nos vel levissimus sermo ab ore
irridentis eruperit, ab intentione actionis nostrae fracti protinus et confusi resilimus. Ecce nos plerumque a bono 25
opere verba revocant: Felicitatem vero a sancta intentione

---

⁵ Zum Terminus *intentio* vgl. CASEY, *Spiritual Desire* 307: „An *intentio*
bridges the gap between spiritual aspiration and concrete behavior; it
gives external embodiment to the inner dynamics of personal choice.“

den Martern zittert, frohlockt er infolge des Geistes über die Verherrlichung. So geschah es, daß er die Qual des Martyriums gegen seinen Willen gewollt hat. Ebenso nehmen auch wir den bitteren Becher der Reinigung, wenn wir nach der Freude der Gesundheit verlangen. Die Bitterkeit des Bechers mißfällt zwar, doch ist die durch die Bitterkeit wiederherzustellende Gesundheit angenehm. Felizitas liebte also in leiblicher Hinsicht ihre Söhne, doch aus Liebe zur himmlischen Heimat wollte sie sogar, daß vor ihren Augen diejenigen sterben, welche sie liebte. Sie selbst empfing deren Wunden, doch ist sie in denen über sich hinausgewachsen, die ihr zum himmlischen Reich vorausgingen. Mit Recht nannte ich also diese Frau mehr als eine Martyrerin. Indem sie so oft in ihren Söhnen voller Sehnsucht getötet wurde und ein mehrfaches Martyrium erlitt, hat sie die Palme des Martyriums noch übertroffen. Es wird überliefert, daß bei den Alten folgender Brauch bestanden habe: Jeder, der einmal Konsul war, erhielt seinen Ehrenrang entsprechend der zeitlichen Ordnung. Doch wenn jemand, der später zum Konsulat kam, es nicht nur einmal, sondern vielleicht zweimal oder dreimal wurde, dann übertraf er sogar jene an Ansehen und Ehre, die nicht mehr als einmal Konsuln waren. Die selige Felizitas übertraf also die Martyrer, ist sie doch, als vor ihr so viele Söhne starben, vielfach für Christus gestorben, da ihr eigener Tod allein keineswegs der Liebe zu ihm genügte.

4. Betrachten wir also, Brüder, diese Frau, betrachten wir uns, die wir dem Leibe nach Männer sind; wofür wird man uns im Vergleich zu ihr halten? Häufig nehmen wir uns doch vor, etwas Gutes zu tun, aber wenn auch nur ein einziges noch so unbedeutendes Wort aus dem Munde eines Spötters gegen uns laut wird, fallen wir, gebrochen und aus der Fassung gebracht, sogleich von unserem beabsichtigten Verhalten ab. Seht, häufig halten uns schon Worte von gutem Handeln zurück. Felizitas hingegen konnten nicht einmal Foltern von ihrer heiligen Haltung[5] mit Gewalt

frangere nec tormenta potuerunt. Nos in auram maledic-
tionis impingimus: haec ad regnum etiam per ferrum exiit,
nihilque esse quod obsistebat, aestimavit. Nos ad praecepta
dominica largiri nostra, saltem superflua nolumus: haec
non solum Deo suam substantiam contulit, sed pro illo 5
etiam propriam carnem dedit. Nos cum ex divina iussione
filios amittimus, sine consolatione lugemus: haec eos velut
mortuos plangeret, si non obtulisset. Cum ergo ad illud
terribile examen districtus iudex venerit, quid nos viri di-
cemus, cum huius feminae gloriam viderimus? De debilita- 10
te mentis suae quae tunc erit viris excusatio, quando haec
ostendetur, quae cum seculo et sexum vicit? Sequamur
ergo, fratres carissimi, districtam et asperam Redemptoris
viam: usu quippe virtutum ita iam plana facta est, ut per eam
feminis libeat ambulare. Despiciamus cuncta praesentia: 15
nulla sunt etenim quae transire possunt. Turpe sit diligere,
quod constat citius perire. Non nos terrenarum rerum
amor superet, non superbia inflet, non ira dilaniet, non
luxuria polluat, non invidia consumat. Amore nostri, fratres carissimi, Redemptor noster occubuit: et nos amore 20
eius discamus vincere nosmetipsos. Quod si perfecte agimus, non solum imminentes poenas evademus, sed una cum
| martyribus gloria remunerabimur. Nam quamvis occasio | 84
persecutionis desit, habet tamen et pax nostra martyrium
suum: quia etsi carnis colla ferro non subdimus, spiritali 25
tamen gladio carnalia desideria in mente trucidamus, ipso
adiuvante etc.

---

[6] Ähnliche Lasterkataloge finden sich häufig bei GREGOR, vgl. *in euang.*
1, 8,2; 1, 14,3. Vgl. WEBER, *Moraltheologie* 241–243.
[7] Seit Anfang des 3. Jh. wurde die Vollkommenheit im täglichen Leben,
die Übung der Geduld und Selbstüberwindung, als spirituelles Martyrium verstanden. Vgl. *in euang.* 2, 27,3; 2, 35,7; hierzu RUSH, *Spiritual
Martyrdom;* SPANNEUT, *Patience.*
[8] Vgl. GREGOR, *dial.* 3, 26,9 (SCh 260, 372).

abbringen. Wir nehmen schon am Hauch einer Schmähung
Anstoß. Diese schritt sogar unter dem Schwert zum himmlischen Reich, und was sich ihr in den Weg stellte, erachtete
sie für nichts. Wir lehnen es ab, nach den Weisungen des
Herrn wenigstens von unserem Überfluß zu verschenken;
diese hingegen schenkte Gott nicht allein ihr Hab und Gut,
sondern gab sogar ihren eigenen Leib für ihn dahin. Wenn
wir durch göttlichen Ratschluß die Kinder verlieren, trauern wir ohne Trost. Diese hingegen hätte jene wie Tote
beklagt, wenn sie sie nicht geopfert hätte. Wenn also der
strenge Richter zu jener furchtbaren Prüfung kommt, was
werden wir als Männer dann sagen, wenn wir den Ruhm
dieser Frau sehen? Welche Entschuldigung werden die
Männer dann für die Schwäche ihrer geistigen Haltung
haben, wenn diejenige gezeigt wird, die mit der Welt auch
ihr Geschlecht überwand? Folgen wir also, geliebte Brüder,
dem strengen und rauhen Weg des Erlösers; durch Übung
in den Tugenden ist er ja schon so eben geworden, daß auf
ihm Frauen freudig wandeln. Verachten wir alles Gegenwärtige, denn wertlos ist, was vergehen kann. Eine Schande
sei es, zu lieben, was bekanntlich schnell zugrunde geht.
Die Liebe zu Dingen dieser Welt möge uns nicht überwinden, Hochmut nicht aufgeblasen machen, Zorn nicht zerreißen, Unzucht nicht besudeln, Neid nicht verzehren.[6]
Aus Liebe zu uns, geliebte Brüder, starb unser Erlöser; wir
wollen aus Liebe zu ihm uns selbst besiegen lernen. Wenn
wir dies vollkommen tun, werden wir nicht nur drohenden
Strafen entgehen, sondern vereint mit den Martyrern die
Herrlichkeit zum Lohn erhalten. Wenngleich nämlich die
Situation der Verfolgung fehlt, so besitzt doch auch unser
Friede sein Martyrium.[7] Mögen wir auch den Nacken des
Leibes nicht unter das Schwert beugen, so töten wir doch
mit dem Schwert des Geistes die fleischlichen Begierden in
unserem Herzen[8] mit seinem Beistand …

Habita ad populum in basilica sancti Stephani martyris,
de apostolis

Lectio sancti Evangelii secundum Matthaeum 10, 5–10
In illo tempore: Misit Iesus duodecim discipulos suos, prae- 5
cipiens eis dicens: In viam gentium ne abieritis, et in civi-
tates samaritanorum ne intraveritis: sed potius ite ad oves,
quae perierunt domus Israel. Euntes autem praedicate,
dicentes, quia appropinquavit regnum coelorum. Infirmos
curate, mortuos suscitate, leprosos mundate, daemones 10
eicite. Gratis accepistis, gratis date. Nolite possidere aurum,
neque argentum, neque pecuniam in zonis vestris: non
peram in via, neque duas tunicas, neque calceamenta, ne-
que virgam. Dignus est enim operarius cibo suo.

1. Cum constet omnibus, fratres carissimi, quia Redemptor 15
noster in mundum pro redemptione gentium venit, cum
samaritanos quotidie ad fidem vocari conspicimus, quid est
quod in praedicationem discipulos mittens, dicit: „In viam
gentium ne abieritis, et in civitates samaritanorum ne intraveritis: sed potius ite ad oves, quae perierunt domus 20
Israel"? Nisi hoc quod ex facti fine colligimus: quia prius
soli Iudaeae voluit, et postmodum cunctis gentibus prae-
dicari: ut dum illa converti vocata renueret, praedicatores
sancti ad vocationem gentium per ordinem venirent: quatenus Redemptoris nostri praedicatio a propriis repulsa, 25
gentiles populos quasi extraneos quaereret: et quod iudaeis
fiebat in testimonium, hoc gentibus gratiae esset incre-
mentum. Erant enim tunc qui de Iudaea vocandi essent, et

---

[1] CHAVASSE, *Aménagements* 91, datiert die Homilie auf den 26. 11. 590.
Zur Predigt insgesamt vgl. STOCKMEIER, *Homilie*.

Gehalten vor dem Volk in der Basilika des heiligen
Martyrers Stephanus, über die Apostel[1]

Lesung des heiligen Evangeliums nach Matthäus 10,5–10
In jener Zeit sandte Jesus seine zwölf Jünger aus und gebot
ihnen: Begebt euch nicht auf den Weg zu den Heiden, und
betretet nicht die Städte der Samariter, geht vielmehr zu
den verlorenen Schafen des Hauses Israel. Geht hin, und
verkündet: Das Himmelreich ist nahe. Heilt Kranke, weckt
Tote auf, macht Aussätzige rein, treibt Dämonen aus. Um-
sonst habt ihr empfangen, umsonst sollt ihr geben. Nehmt
weder Gold noch Silber noch anderes Geld in euren Gür-
teln mit, keine Reisetasche, keine zwei Gewänder, keine
Schuhe, keinen Stab. Denn der Arbeiter ist seines Unter-
haltes wert.

1. Da es allgemein bekannt ist, geliebte Brüder, daß unser
Erlöser zur Errettung der Heiden in die Welt kam, und da
wir sehen, daß die Samariter täglich zum Glauben berufen
werden, stellt sich die Frage, weshalb er bei der Aussendung der Jünger zur Verkündigung sagt: „Begebt euch
nicht auf den Weg zu den Heiden, und betretet nicht die
Städte der Samariter, geht vielmehr zu den verlorenen Schafen des Hauses Israel" (Mt 10,5 f). Die Antwort können wir
aus dem Ende des Geschehens erschließen: Er wollte, daß
man zuerst allein dem Judentum, später allen Heiden verkünde, damit dadurch, daß jenes sich trotz seiner Berufung nicht bekehren wollte, die heiligen Verkündiger zur
Berufung der Heiden in der rechten Reihenfolge kamen, so
daß die Verkündigung unseres Erlösers, von den eigenen
Landsleuten zurückgewiesen, die Heidenvölker wie Fremde aufsuchte; und was den Juden zum belastenden Zeugnis
wurde, das sollte den Heiden zur Mehrung der Gnade
dienen. Es gab nämlich zu der Zeit manche, die aus dem

de gentibus vocandi non essent. Nam et in apostolorum
actibus praedicante Petro legimus et prius hebraeorum tria
millia, et postea quinque millia credidisse. Et cum praedicare apostoli gentibus in Asia voluissent, per Spiritum
prohibiti esse memorantur; et tamen ipse Spiritus, qui prius 5
praedicationem prohibuit, hanc asianorum cordibus post-
modum infudit. Nam diu est quod Asia cuncta | iam credi- | 88
dit. Idcirco ergo prius prohibuit, quod postmodum fecit:
quia tunc in illa erant qui salvandi non erant. Tunc in illa
erant, qui necdum ad vitam reparari merebantur, nec tamen 10
gravius de contempta praedicatione iudicari. Subtili ergo
occultoque iudicio a quorundam auribus praedicatio sancta
subtrahitur, quia suscitari per gratiam non merentur. Unde
necesse est, fratres carissimi, ut in omne quod agimus,
omnipotentis Dei super nos consilia occulta timeamus: ne 15
dum mens nostra exterius fusa, a sua se voluptate non
revocat, intus contra eam iudex terribiliter adversa dispo-
nat. Quod bene psalmista intuens, ait: „Venite et videte
opera Domini, quam terribilis in consiliis super filios hominum." Vidit namque quod alius misericorditer vocatur, 20
alius iustitia exigente repellitur. Et quia alia parcendo Dominus, alia irascendo disponit, expavit quod penetrare non
potuit. Et quem non solum investigabilem, sed etiam in
quibusdam suis sententiis inflexibilem vidit, terribilem in
consiliis esse memoravit.   25

2. Missis autem praedicatoribus, quid praecipiatur, audiamus. „Euntes praedicate, dicentes, quia appropinquavit

---

² GREGOR betonte die Unerforschlichkeit des göttlichen Ratschlusses
in der Erwählung, ging aber dem Prädestinationsproblem aus dem Weg;
vgl. WEBER, Moraltheologie 178–181.
³ Zur zentralen Antithese von Exteriorität und Interiorität vgl. AUBIN,
Intériorité; DAGENS, Culture 133–244.

Judentum zu berufen waren, und manche, die aus dem Heidentum nicht zu berufen waren. Wir lesen ja in der Apostelgeschichte, daß auf die Verkündigung des Petrus hin zunächst dreitausend und später fünftausend Hebräer geglaubt haben (vgl. Apg 2, 41; 4, 4). Und als die Apostel in Asien den Heiden verkündigen wollten, wurden sie, wie es heißt, durch den Geist gehindert (vgl. Apg 16, 6). Doch hat derselbe Geist, der zunächst die Verkündigung verwehrte, diese später in die Herzen der Asiaten eindringen lassen. Denn schon lange ist es her, daß ganz Asien zum Glauben gelangt ist. Deshalb verwehrte er zunächst, was er später bewirkte, da es damals dort solche gab, die nicht erlöst werden sollten. Damals gab es dort solche, die es noch nicht verdienten, zum Leben erneuert zu werden, die aber auch nicht wegen der abgewiesenen Verkündigung strenger zu richten waren. Durch unergründliche und verborgene Anordnung wird also die heilige Verkündigung den Ohren einiger entzogen, weil sie es nicht verdienen, durch die Gnade erweckt zu werden.[2] Daher müssen wir, geliebte Brüder, bei allem, was wir tun, die verborgenen Entscheide des allmächtigen Gottes über uns fürchten, damit nicht der Richter furchtgebietend Unheil im Innern gegen unser Herz verhängt, wenn dieses, dem Äußeren verfallen[3], sich nicht selbst von seiner sinnlichen Lust zurückruft. Als der Psalmist dies recht erfaßte, sprach er: „Kommt und schaut die Werke des Herrn, wie furchtbar er ist in seinen Entscheiden über den Menschenkindern" (Ps 66, 5: Vg. Ps 65, 5). Er sah nämlich, wie der eine barmherzig berufen, der andere zurückgestoßen wird, weil die Gerechtigkeit es so fordert. Und da der Herr manches schonend, anderes zürnend anordnet, erschrak er, weil er es nicht verstehen konnte. Indem er nun auch sah, daß jener nicht nur unergründlich, sondern auch in einigen seiner Urteile unbeugsam ist, nannte er ihn furchtbar in seinen Entscheiden.

2. Laßt uns aber hören, was den Verkündigern bei ihrer Aussendung geboten wird: „Geht hin, und verkündet: Das

regnum coelorum." Hoc iam, fratres carissimi, etiam si
Evangelium taceat, mundus clamat. Ruinae namque illius,
voces eius sunt. Qui enim tot attritus percussionibus a
gloria sua cecidit, quasi iam nobis e proximo regnum aliud
quod sequitur, ostendit. Ipsis iam et a quibus amatur, ama- 5
rus est. Ipsae eius ruinae praedicant quod amandus non est.
Si enim ruinam sui domus quassata minaretur, quisquis in
illa habitaret, fugeret: et qui stantem dilexerat, recedere
quantocius a cadente festinaret. Si igitur mundus cadit, et
nos eum amando amplectimur, opprimi volumus potius, 10
quam habitare; quia nulla nos ratio a ruina illius separat,
quos eius passionibus amor ligat. Facile est ergo nunc iam
cum destructa omnia cernimus, animum nostrum ab eius
dilectione disiungere. Sed hoc illo in tempore difficillimum
fuit, quo tunc praedicare coelorum regnum invisibile mit- 15
tebantur, cum longe lateque omnia cernerent florere regna
terrarum.

3. Unde et adiuncta sunt praedicatoribus sanctis miracula; ut fidem verbis daret virtus ostensa, et nova facerent, qui
nova praedicarent, sicut in hac eadem lectione subiungitur: 20
„Infirmos curate, mortuos suscitate, leprosos mundate,
daemones eicite." Florente mundo, crescente humano genere, diu in hac vita subsistente carne, exuberante rerum
opulentia; quis cum audiret vitam esse aliam, crederet?
Quis invisibilia visibilibus praeferret? Sed | ad salutem 25 | 9
redeuntibus infirmis, ad vitam resurgentibus mortuis, carnis munditiam recipientibus leprosis, ereptis a iure immun-
dorum spirituum daemoniacis, tot visibilibus miraculis

---

[4] Die Wunder haben für GREGOR primär apologetische Funktion und
waren daher in der Anfangsphase der Kirche notwendig, um den Un-
glauben zu überwinden. Vgl. *in euang.* 2, 29, 4; *moral.* 27, 36 (CCL 143B,
1358); ähnlich schon AUGUSTINUS, *civ.* 22, 5 (CCL 48, 811); *in psalm.*
64, 12 (CCL 39, 834). Vgl. MCCREADY, *Signs* 34–36; BOGLIONI, *Miracle*
82–87.

Himmelreich ist nahe" (Mt 10,7). Dies, geliebte Brüder,
ruft schon laut die Welt aus, selbst wenn das Evangelium
schwiege. Ihr Untergang ist nämlich ihre Stimme. Die
durch so viele Erschütterungen zermürbt von ihrer Herrlichkeit herabgesunken ist, zeigt uns sozusagen schon aus
der Nähe ein anderes Reich, das folgen wird. Selbst denen
ist sie schon bitter, die sie lieben. Ihr Untergang selbst
verkündet, daß sie nicht geliebt werden darf. Wenn nämlich
ein erschüttertes Haus mit seinem Einsturz drohte, würde
jeder, der darin wohnt, fliehen; wer es geliebt hatte, als es
noch fest stand, würde sich unverzüglich beeilen, es beim
Einstürzen zu verlassen. Wenn nun aber die Welt untergeht
und wir sie liebevoll umschlingen, dann wollen wir eher
erschlagen werden als eine Bleibe haben, da uns nichts von
ihrem Untergang trennt, wenn uns die Liebe leidenschaft-
lich an sie bindet. Nun, da wir alles schon zerstört sehen,
ist es folglich leicht, unser Herz von der Liebe zu ihr frei
zu machen. Doch war dies zu jener Zeit äußerst schwer, als
die Jünger ausgesandt wurden, das unsichtbare Himmelreich zu verkünden, sah man doch weit und breit alle
irdischen Reiche in voller Blüte stehen.

3. Daher wurden den heiligen Verkündigern Wunder
hinzugegeben, damit die offenbare Vollmacht den Worten
Glaubwürdigkeit verlieh[4] und diejenigen Ungewöhnliches
vollbrachten, die Ungewöhnliches verkündeten, wie in
derselben Lesung hinzugefügt wird: „Heilt Kranke, weckt
Tote auf, macht Aussätzige rein, treibt Dämonen aus" (Mt
10,8). Als die Welt in Blüte stand, die Menschheit sich
vermehrte, das Fleisch lange in dieser Welt am Leben war,
es im Überfluß materiellen Wohlstand gab, wer hätte da
geglaubt, daß es ein anderes Leben gibt, wenn er davon nur
gehört hätte? Wer hätte das Unsichtbare dem Sichtbaren
vorgezogen? Doch wenn die Kranken die Gesundheit zurückerhalten, Tote zum Leben auferstehen, Aussätzige die
Reinheit des Leibes wiedererlangen, Besessene der Macht
unreiner Geister entrissen werden, wenn so viele sichtbare

exactis, quis non crederet quod de invisibilibus audiret? Ad
hoc quippe visibilia miracula corruscant, ut corda videnti-
um ad fidem invisibilium pertrahant: ut per hoc quod
mirum foris agitur, hoc quod intus est, longe mirabilius esse
sentiatur. Unde nunc quoque cum fidelium numerositas 5
excrevit, intra sanctam Ecclesiam multi sunt qui vitam virtutum tenent, sed signa virtutum non habent: quia frustra
miraculum foris ostenditur, si deest quod intus operetur.
Nam iuxta magistri gentium vocem: „Linguae in signum
sunt non fidelibus, sed infidelibus." Unde et idem praedi- 10
cator egregius inter praedicationis verba dormientem ca-
dentemque de fenestra Eutychum, atque a vita funditus
exstinctum, coram cunctis infidelibus orando suscitavit.
Meliten veniens, et plenam infidelibus insulam sciens,
patrem Publii dysenteria febribusque vexatum, orando sa- 15
navit. Peregrinationis vero suae comitem, et sanctae praedicationis adiutorem Timotheum ex infirmitate stomachi
lassescentem non verbo curat, sed medicinali arte reparat
dicens: „Modico vino utere, propter stomachum et fre-
quentes tuas infirmitates." Qui ergo infirmum infidelem 20
una prece salvat, cur et aegrotum socium prece non robo-
rat? Quia nimirum ille foris per miraculum sanandus erat,
qui interius vivus non erat, ut per hoc quod exterior po-
testas ostenderet, hunc ad vitam interior virtus animaret.
Aegrotanti autem fideli socio exhibenda foris signa non 25
fuerant, qui salubriter intus vivebat.

---

⁵ Die für GREGOR zentrale Antithese von Exteriorität und Interiorität
kommt auch in seinem Verständnis des Wunders zum Tragen, insofern
dieses durch das äußere Zeichen zum inneren Glauben führen soll; vgl.
DAGENS, *Culture* 225–228.
⁶ Die Ausbreitung des Glaubens hat in späteren Epochen der Kirche
dazu geführt, daß die apologetischen Erfordernisse geringer wurden und
an die Stelle körperlicher Wunder solche geistig-innerlicher Art treten
konnten. Vgl. GREGOR, *dial.* 1, 12, 4 (SCh 260, 116); *in euang.* 2, 29, 4;
hierzu DAGENS, *Culture* 227 f.
⁷ Zu handschriftlichen Varianten hinsichtlich beider Wunderberichte
vgl. ÉTAIX, *Tradition manuscrite* 556.

Wunder vollbracht werden, wer wollte da nicht glauben,
was er über das Unsichtbare hörte? Deswegen leuchten ja
die Wunder sichtbar auf, um die Herzen derer, die sie sehen,
zum Glauben an das Unsichtbare zu ziehen, um durch das
Wunderbare, das äußerlich geschieht, zur Überzeugung zu
führen, daß das, was innerlich ist, noch weitaus wunderbarer sei.[5] Daher gibt es auch heute noch, da die Zahl der
Gläubigen gewaltig gewachsen ist, innerhalb der Kirche
viele, die ein Leben der Tugenden führen, aber die Zeichen
solcher Tugenden nicht besitzen, da ein Wunder äußerlich
umsonst gezeigt wird, wenn keine Wirkung auf das Innere
möglich ist.[6] Denn nach dem Wort des Lehrers der Heiden
„ist die Sprachengabe kein Zeichen für die Gläubigen, sondern für die Ungläubigen" (1 Kor 14,22). Daher hat auch
derselbe herausragende Lehrer den Eutychus, der während
der Verkündigungsworte einschlief, aus dem Fenster stürz-
te und sein Leben gänzlich ausgehaucht hatte, vor allen
Ungläubigen durch ein Gebet erweckt (vgl. Apg 20,9f). Als
er nach Malta kam, hat er, weil er wußte, daß die Insel voller
Ungläubiger war, den von der Ruhr und dem Fieber ge-
plagten Vater des Publius durch Gebet geheilt (vgl. Apg
28,8)[7]. Seinen Reisegefährten und Helfer bei der heiligen
Verkündigung, Timotheus, der infolge einer Magenschwä-
che ermattet war, heilt er nicht durch ein Wort, sondern
stellt ihn durch ärztliche Kunst wieder her, indem er sagt:
„Nimm ein wenig Wein wegen deines Magens und deiner
häufigen Krankheiten" (1 Tim 5,23). Warum stärkt denn
der, der einen kranken Ungläubigen durch ein einziges
Gebet heilt, nicht auch seinen kranken Gefährten durch ein
Gebet? Offensichtlich mußte jener, der im Innern nicht
lebendig war, äußerlich durch ein Wunder geheilt werden,
damit ihn durch das, was ein äußerer Machterweis offen-
barte, eine innere Kraft zum Leben beseelte. Bei dem kranken Glaubensgefährten mußten jedoch keine äußerlichen
Zeichen angewandt werden, da er im Innern ein heiles
Leben besaß.

4. Sed concessa potestate praedicationis, concessis virtutum miraculis, quid Redemptor noster subiungat, audiamus: „Gratis accepistis, gratis date." Praesciebat namque
nonnullos hoc ipsum donum accepti Spiritus in usum ne-
gotiationis inflectere, et miraculorum signa ad avaritiae 5
obsequium declinare. Hinc est enim, quod Simon Magus
per impositionem manus edita miracula conspiciens, percipere donum Spiritus sancti pecunia voluit. Scilicet ut deterius venderet, quod male comparasset. Hinc de templo
Redemptor noster flagello de resticulis facto turbas eiecit, 10
cathedras vendentium columbas evertit. Columbas quippe
vendere, est impositionem manus, qua Spiritus sanctus accipitur, non ad vitae meritum, sed ad praemium dare. Sed
sunt nonnulli, qui quidem nummorum praemia ex ordina-
tione non accipiunt, et tamen sacros ordines pro | humana 15 | 9⁻
gratia largiuntur: atque de largitate eadem laudis solummo-
do retributionem quaerunt. Hi nimirum quod gratis acceptum est, gratis non tribuunt: quia de impenso officio sanctitatis nummum expetunt favoris. Unde bene cum iustum
virum describeret propheta, ait: „Qui excutit manus suas 20
ab omni munere." Neque enim dicit: „Qui excutit manus
suas a munere"; sed adiunxit, „ab omni"; quia aliud est
munus ab obsequio, aliud munus a manu, aliud munus a
lingua. Munus quippe ab obsequio, est subiectio indebite
impensa: munus a manu, pecunia est: munus a lingua, favor. 25
Qui ergo sacros ordines tribuit, tunc ab omni munere
manus excutit, quando in divinis rebus non solum nullam
pecuniam, sed etiam humanam gratiam non requirit.

---

⁸ Vielfach nimmt GREGOR in seiner Korrespondenz gegen die besonders
in Gallien und Germanien verbreitete Simonie Stellung; vgl. *epist.* 5,58
(CCL 140, 355): *agnovi quod in Galliarum vel Germaniae partibus
nullus ad sacrum ordinem sine commodi datione perveniat; in euang.* 1,
17,13. Vgl. PIETRI, *Grégoire et la Gaule* 122 f.
⁹ Ähnlich zur Tempelreinigung AUGUSTINUS, *in euang. Ioh.* 10,6 (CCL
36, 103 f).

4. Doch hören wir, was unser Erlöser hinzufügt, nachdem die Vollmacht der Verkündigung und die Kraft des Wunderwirkens gewährt waren: „Umsonst habt ihr empfangen, umsonst sollt ihr geben" (Mt 10, 8). Er wußte nämlich im voraus, daß einige eben diese Gabe des empfangenen Geistes zur Geschäftemacherei ausnutzen und Wunderzeichen in den Dienst ihrer Habgier stellen würden.[8] Daher wollte ja Simon Magus, als er die durch Handauflegung gewirkten Wunder sah, die Gabe des Heiligen Geistes für Geld empfangen (vgl. Apg 8, 18–24), natürlich um das noch schlimmer zu veräußern, was er in schlechter Weise erkauft hatte. Daher trieb unser Erlöser mit der Geißel aus Stricken die Scharen aus dem Tempel, stieß die Tische der Taubenverkäufer um (vgl. Joh 2, 15). Tauben zu verkaufen bedeutet ja, die Handauflegung, durch die man den Heiligen Geist empfängt, nicht entsprechend eines verdienstvollen Lebens, sondern entsprechend eines Entgeltes zu gewähren.[9] Doch gibt es einige, die zwar für die Weihespendung kein Geld als Lohn empfangen, aber dennoch die heiligen Weihen nach Menschengunst verleihen und für ebendieses großzügige Entgegenkommen nur das Lob als Gegengabe verlangen. Auch diese verleihen offensichtlich nicht umsonst, was sie umsonst empfingen, da sie für die Übertragung des heiligen Amtes die Münze der Ergebenheit einfordern. So sagt der Prophet bei der Beschreibung des Gerechten treffend: „Der seine Hände reinhält von jeglicher Gabe" (Jes 33, 15). Er sagt nämlich nicht: „Der seine Hände von einer Gabe reinhält", sondern fügte hinzu: „von jeglicher", denn etwas anderes ist die Gabe der Willfährigkeit, ein anderes die Gabe einer Hand, ein anderes die Gabe einer Zunge. Die Gabe der Willfährigkeit bedeutet eine ungebührliche Unterwerfung, die Gabe einer Hand bedeutet Geld, die Gabe einer Zunge Ergebenheit. Wer also heilige Weihen spendet, hält dann seine Hände von jeglicher Gabe rein, wenn er in den göttlichen Angelegenheiten nicht nur kein Geld, sondern sogar keinerlei menschliche Gunst verlangt.

5. Sed vos, fratres carissimi, quos secularis habitus tenet cum quae sint nostra cognoscitis, mentis oculos ad vestra revocate. Cuncta erga vos vicissim gratis agite. Nolite operis vestri in hoc mundo retributionem quaerere, quem cum tanta iam cernitis velocitate defecisse. Sicut male acta 5 abscondi vultis ne alii videant: ita bona ne ad humanam laudem appareant, cavete. Neque mala quoquomodo, nec bona pro temporali retributione faciatis. Ipsum vestri operis testem quaerite, quem iudicem sustinetis. Occulta nunc bona vestra esse videat, ut ea retributionis suae tempore in 10 publico ostendat. Sicut carni vestrae, ne deficiat, cibos quotidie praebetis: sic mentis vestrae quotidiana alimenta bona sint opera. Cibo corpus pascitur: pio opere spiritus nutriatur. Quod moriturae carni tribuitis victurae in perpetuum animae non negetis. Si quando enim repentinus ignis habi- 15 taculum absumit, quisquis eius possessor exstiterit, rapit quod valuerit, et fugit: lucrum deputat, si quid secum ex ignibus tollat. Ecce tribulationum flamma mundum concremat, et cuncta quae in eo speciosa videbantur, finis iam proximus velut ignis devastat. Lucrum ergo, fratres carissi- 20 mi, maximum credite, si vobiscum aliquid de illo rapiatis, si quid fugientes tollitis, si hoc quod perire manendo poterat, ad retributionem vobis perpetuam largiendo servatis. Terrena quippe omnia servando amittimus, sed bene largiendo servamus. Cum velocitate tempora fugiunt. Ad vi- 25 dendum ergo citius iudicem nostrum, quia cum magna importunitate impellimur, ei bonis actibus cum festinatione praeparemur: donante Domino nostro etc.

5. Da ihr aber, geliebte Brüder, die ihr ein weltliches Gewand tragt, jetzt unsere Pflichten kennt, richtet euer geistiges Auge nun auf die euren. Tut für euch gegenseitig alles umsonst. Sucht nicht für euer Handeln Lohn in dieser Welt, die, wie ihr seht, so überaus rasch vergeht. Ebenso wie ihr üble Taten verbergen wollt, daß andere sie nicht sehen, hütet euch davor, daß das Gute des Lobes eines Menschen wegen sichtbar werde. Tut überhaupt nichts Böses, tut auch das Gute nicht um eines zeitlichen Lohnes willen. Sucht den als Zeugen eures Tuns, den ihr zum Richter haben werdet. Jetzt schaue er euer Gutes im Verborgenen, um es am Tage seiner Vergeltung öffentlich zu zeigen. Wie ihr eurem Leib, damit er nicht vergeht, täglich Speise reicht, so seien die guten Werke die tägliche Nahrung eures Geistes. Der Körper wird von der Speise erhalten, der Geist möge sich von gewissenhaftem Tun nähren. Was ihr dem sterblichen Leib gewährt, das verweigert nicht der ewig unsterblichen Seele. Wenn nämlich ein plötzliches Feuer einmal eine Wohnung vernichtet, rafft jeder Besitzer zusammen, was er nur kann, flieht und hält für Gewinn, was er mit sich dem Feuer entreißen kann. Seht, die Flamme der Drangsale verbrennt die Welt, und alles, was in ihr kostbar erschien, verschlingt das schon nahe Ende wie Feuer. Haltet also, geliebte Brüder, für den größten Gewinn, wenn ihr irgend etwas aus der Welt mit euch reißen könnt, wenn ihr auf der Flucht etwas aufgreifen könnt, wenn ihr euch, was durch Zurückbleiben verlorengehen könnte, durch Verschenken für den ewigen Lohn bewahrt. Alles Irdische verlieren wir ja, wenn wir es bewahren wollen, doch retten wir es, wenn wir es in rechter Weise verschenken. Eilends fliehen die Zeiten dahin. Da wir also ganz unaufhaltsam gedrängt werden, bald schon unseren Richter zu schauen, wollen wir uns für ihn durch gute Werke unverzüglich vorbereiten mit dem Beistand unseres Herrn …

Habita ad populum in basilica beati Andreae apostoli,
in die natalis eius

Lectio sancti Evangelii secundum Matthaeum 4, 18–22
In illo tempore: Ambulans Iesus iuxta mare Galilaeae, vidit 5
duos fratres, Simonem qui vocatur Petrus, et Andream
fratrem eius, mittentes rete in mare, erant enim piscatores,
et ait illis: Venite post me, et faciam vos fieri piscatores
hominum. At illi continuo relictis retibus, secuti sunt eum.
Et procedens inde, vidit alios duos fratres, Iacobum Zebe- 10
daei et Ioannem fratrem eius in navi, cum Zebedaeo patre
eorum, reficientes retia sua, et vocavit eos. Illi autem statim
relictis retibus et patre, secuti sunt eum.

1. Audistis, fratres carissimi, quia ad unius iussionis vocem
Petrus et Andreas relictis retibus secuti sunt Redemptorem. 15
Nulla vero hunc facere adhuc miracula viderant, nihil ab eo
de praemio aeternae retributionis audierant: et tamen ad
unum Domini praeceptum, hoc quod possidere videbantur,
obliti sunt. Quanta nos eius miracula videmus, quot flagellis affligimur, quantis minarum asperitatibus deterremur: et 20
tamen vocantem sequi contemnimus? In coelo iam sedet,
qui de conversione nos admonet: iam iugo fidei colla gentium subdidit, iam mundi gloriam stravit, iam ruinis eius
crebrescentibus districti sui iudicii diem propinquantem
denunciat: et tamen superba mens nostra non vult hoc 25
sponte deserere, quod quotidie perdit invita. Quid ergo,

---

[1] CHAVASSE, *Aménagements* 91, datiert die Homilie auf den 30. 11. 590.

Gehalten vor dem Volk in der Basilika des seligen
Apostels Andreas, an seinem Geburtsfest[1]

Lesung des heiligen Evangeliums nach Matthäus 4, 18–22
*In jener Zeit zog Jesus den galiläischen See entlang. Da sah
er, wie zwei Brüder, Simon, der Petrus genannt wird, und
sein Bruder Andreas, ihr Netz in den See warfen; sie waren
nämlich Fischer. Er sprach zu ihnen: Folgt mir nach, ich will
euch zu Menschenfischern machen. Sogleich ließen sie ihre
Netze zurück und folgten ihm. Als er von dort weiterging,
sah er zwei andere Brüder, Jakobus, den Sohn des Zebedäus, und seinen Bruder Johannes, wie sie mit ihrem Vater
Zebedäus im Boot ihre Netze ausbesserten. Und er berief
auch sie. Sofort verließen sie ihre Netze und ihren Vater
und folgten ihm.*

1. Ihr habt gehört, geliebte Brüder, daß Petrus und Andreas
auf ein einziges gebietendes Wort hin ihre Netze verließen
und dem Erlöser folgten. Sie hatten ihn jedoch noch
keinerlei Wunder wirken sehen, nichts von ihm über den
Lohn ewiger Vergeltung gehört, und dennoch vergaßen
sie auf eine einzige Weisung des Herrn hin, was sie zu
besitzen schienen. Wie viele seiner Wunder schauen wir
hingegen, von wie vielen Heimsuchungen werden wir
bedrängt, von welch harten und gewaltigen Drohungen in
Schrecken versetzt, und dennoch weisen wir es von uns,
seinem Ruf zu folgen! Der uns zur Bekehrung mahnt,
thront schon im Himmel; die Nacken der Heidenvölker hat
er schon unter das Joch des Glaubens gebeugt; die Herrlichkeit der Welt hat er schon niedergeworfen; und während sie immer mehr zerfällt, kündet er schon den nahenden Tag seines strengen Gerichtes an; dennoch will unser
stolzer Sinn nicht freiwillig aufgeben, was er täglich gegen
seinen Willen verliert. Was, meine Geliebten, was werden

carissimi, quid in eius iudicio dicturi sumus, qui ab amore
praesentis seculi nec praeceptis flectimur, nec verberibus
emendamur?

2. Sed fortasse aliquis tacitis sibi cogitationibus dicat: Ad
vocem dominicam uterque iste piscator quid aut quantum 5
dimisit, qui pene nihil habuit? Sed hac in re, fratres carissimi, affectum debemus potius pensare, quam censum.
Multum reliquit qui sibi nihil retinuit; multum reliquit qui,
quantumlibet parum, totum deseruit. Certe nos et habita
cum amore possidemus, et ea quae minime habemus, ex 10
desiderio quaerimus. | Multum ergo Petrus et Andreas | 96
dimisit, quando uterque etiam desideria habendi dereliquit.
Multum dimisit, qui cum re possessa etiam concupiscentiis
renunciavit. A sequentibus ergo tanta dimissa sunt, quanta
a non sequentibus concupisci potuerunt. Nemo igitur 15
etiam cum quosdam conspicit multa reliquisse, apud semetipsum dicat: Imitari mundi huius contemptores volo,
sed quod relinquam, non habeo. Multa, fratres, relinquitis,
si desideriis terrenis renunciatis. Exteriora etenim nostra
Domino quamlibet parva sufficiunt. Cor namque, et non 20
substantiam pensat: nec perpendit quantum in eius sacri-
ficio, sed ex quanto proferatur. Nam si exteriorem substantiam perpendamus, ecce sancti negotiatores nostri
perpetuam angelorum vitam datis retibus et navi mercati
sunt. Aestimationem quippe pretii non habet: sed tamen 25
regnum Dei tantum valet, quantum habes. Valuit namque
Zacchaeo dimidium substantiae: quia dimidium aliud ad
hoc quod iniuste abstulit, restituendum in quadruplum
reservavit. Valuit Petro et Andreae dimissis retibus et navi;
valuit viduae duobus minutis; valuit alteri calice aquae 30

wir also bei seinem Gericht sagen, die wir uns weder von
der Liebe zur gegenwärtigen Welt abbringen noch durch
Schläge bessern lassen wollen?

2. Aber vielleicht sagt sich einer still in Gedanken: Was
oder wieviel haben denn auf den Ruf des Herrn hin jene
beiden Fischer aufgegeben, die doch so gut wie nichts
besaßen? Hierbei müssen wir jedoch, geliebte Brüder, eher
die Gesinnung als den äußeren Wert erwägen. Viel hat
verlassen, wer nichts für sich zurückbehielt, viel verließ,
wer alles aufgab, mag es auch noch so wenig sein. Ohne
Zweifel besitzen wir unsere Habe mit Liebe, und was wir
nicht haben, verlangen wir voller Leidenschaft. Viel haben
also Petrus und Andreas verlassen, als beide sogar das
Verlangen aufgaben, etwas ihr eigen zu nennen. Viel hat
verlassen, wer zusammen mit dem Besitz auch auf die
Begierden verzichtet hat. Von denen, die nachfolgten, wurde also so viel verlassen, wie von denen, die nicht nachfolgten, begehrt werden konnte. Niemand möge also zu
sich sagen, auch wenn er sieht, wie einige viel aufgegeben
haben: Ich will diese Weltverächter schon nachahmen, doch
habe ich nichts, was ich aufgeben könnte. Viel, meine
Brüder, gebt ihr auf, wenn ihr auf irdisches Verlangen
verzichtet. Denn unsere noch so geringen äußeren Gaben
genügen dem Herrn. Er schaut nämlich auf das Herz, nicht
auf die Sache; auch erwägt er nicht, wieviel ihm zum Opfer
gebracht wird, sondern aus welcher Gesinnung heraus.
Denn wenn wir die äußere Sache erwägen: Seht, wie unsere
heiligen Händler das ewige Leben der Engel um den Preis
ihrer Netze und ihres Bootes erworben haben. Es gibt zwar
keinen festen Preisanschlag, doch kostet das Reich Gottes
soviel, wie du besitzt. Es kostete nämlich für Zachäus die
Hälfte seines Vermögens, da er die andere Hälfte zur vierfa-
chen Erstattung des unrechtmäßig Entzogenen behielt (vgl.
Lk 19, 8). Es kostete Petrus und Andreas den Verzicht auf
Netz und Boot (vgl. Mt 4, 20), es kostete der Witwe zwei
kleine Münzen (vgl. Lk 21, 2), es kostete einem anderen

frigidae. Regnum itaque Dei, ut diximus, tantum valet, quantum habes.

3. Pensate igitur, fratres, quid vilius cum emitur, quid carius cum possidetur. Sed fortasse nec calix aquae frigidae suppetit qui indigenti praebeatur: etiam tunc securitatem 5 nobis promittit sermo divinus. Redemptore etenim nato coeli cives ostensi sunt, qui clamarent: „Gloria in Excelsis Deo; et in terra pax hominibus bonae voluntatis." Ante Dei namque oculos numquam est vacua manus a munere, si fuerit arca cordis repleta bona voluntate. Hinc etenim 10 psalmista dicit: „In me sunt, Deus, vota tua, quae reddam laudationes tibi." Ac si aperte dicat: Etsi exterius munera offerenda non habeo, intra memetipsum tamen invenio, quod in ara tuae laudis impono: quia qui nostra datione non pasceris, oblatione cordis melius placaris. Nihil quippe 15 offertur Deo ditius voluntate bona. Voluntas autem bona est, sic adversa alterius sicut nostra pertimescere; sic de prosperitate proximi, sicut de nostro profectu gratulari; aliena damna, nostra credere; aliena lucra, nostra deputare; amicum non propter mundum, sed propter Deum diligere; 20 inimicum etiam amando tolerare; nulli quod pati non vis, facere: nulli quod tibi iuste impendi desideras, denegare; necessitati proximi non | solum iuxta vires concurrere, sed | 98 prodesse etiam ultra vires velle. Quid ergo isto holocausto locupletius, quando per hoc quod Deo immolat in ara 25 cordis, anima semetipsam mactat?

---

[2] Dieselben Beispiele bietet bereits AUGUSTINUS, *in psalm.* 49,13 (CCL 38, 586).

[3] In diesem Opfer des Herzens vollzieht sich für GREGOR das allgemeine Priestertum aller Gläubigen, wie er es in Übereinklang mit neutestamentlichen Ansätzen und im Anschluß insbesondere an ORIGENES, *hom. in Num.* 11,8 f (GCS 30, Origenes 7, 91–93), und AUGUSTINUS, *civ.* 10,3.6 (CCL 47, 275.278 f), versteht. Vgl. auch RYAN, *Priesthood* 45 Anm. 4.

[4] Zum „Altar des Herzens" vgl. auch GREGOR, *moral.* 25,15 (CCL 143B, 1240). Ebenso ORIGENES, *frg. in Lam.* 2,7 (GCS 6, Origenes 3, 257). Vgl. RYAN, *Priesthood* 46 Anm. 4.

einen Becher kühlen Wassers (vgl. Mt 10,42).[2] Das Reich
Gottes kostet daher, wie gesagt, soviel, wie du besitzt.

3. Bedenkt also, meine Brüder, ob es etwas für geringeren
Preis zu kaufen, etwas Kostbareres zu besitzen gibt. Aber
vielleicht steht noch nicht einmal ein Becher kühlen Wassers zur Verfügung, um ihn einem Bedürftigen zu reichen;
auch in diesem Falle nimmt uns das Wort Gottes durch
seine Verheißung alle Sorge. Als nämlich der Erlöser geboren wurde, zeigten sich die Himmelsbürger und riefen:
„Ehre sei Gott in der Höhe und Friede auf Erden den
Menschen guten Willens" (Lk 2,14). In den Augen Gottes
ist nämlich niemals eine Hand von Gaben leer, wenn die
Schatztruhe des Herzens von gutem Willen erfüllt ist. Deshalb sagt auch der Psalmist: „In mir sind, o Gott, die
Gelübde, die ich dir schulde, Lobopfer will ich dir weihen"
(Ps 56,13: Vg. Ps 55,12). Als wollte er offen sagen: Auch
wenn ich äußerlich keine Gaben besitze, um sie darzubringen, so finde ich doch in mir selbst, was ich auf den Altar
zu deinem Lob legen kann; da du dich von unserer Gabe
nicht nährst, wirst du durch das Opfer des Herzens[3] angemessener versöhnt. Nichts Kostbareres wird ja Gott zum
Opfer dargebracht als der gute Wille. Ein guter Wille bedeutet aber, das Unglück eines anderen wie unser eigenes
zu fürchten, sich so über das Wohlergehen des Nächsten
wie über unseren eigenen Erfolg zu freuen, fremden Verlust
für den eigenen zu halten, fremden Gewinn als den unseren
zu erachten, einen Freund nicht der Welt wegen, sondern
Gottes wegen zu lieben, einen Feind sogar in Liebe zu
erdulden, niemandem etwas zu tun, was man selbst nicht
erleiden möchte, niemandem zu verweigern, was man zu
Recht auch für sich selbst zu empfangen wünscht, dem
Nächsten in Not nicht nur nach Kräften zu Hilfe zu kommen, sondern ihm auch über die Kräfte hinaus nutzen zu
wollen. Was ist wertvoller als dieses Ganzbrandopfer,
wenn die Seele durch das, was sie Gott auf dem Altar des
Herzens[4] opfert, sich selbst zum Opfer bringt?

4. Sed hoc bonae voluntatis sacrificium numquam plene persolvitur, nisi mundi huius cupiditas perfecte deseratur. Nam quidquid in eo concupiscimus, hoc procul dubio proximis invidemus. Videtur etenim quia nobis desit, quod alter assequitur. Et quia semper invidia a bona voluntate 5 discordat, mox ut haec mentem ceperit, illa discedit. Unde praedicatores sancti ut possent proximos perfecte diligere, studuerunt in hoc seculo nihil amare, nihil unquam appetere, nihil vel sine appetitu possidere. Quos bene Isaias intuens, ait: „Qui sunt isti, qui ut nubes volant, et quasi 10 columbae ad fenestras suas?" Vidit quippe terrena eos despicere, mente coelestibus propinquare, verbis pluere, miraculis coruscare. Et quos a terrenis contagiis sancta praedicatio et sublimis vita suspenderat, hos volantes pariter et nubes appellat. Fenestrae autem nostri sunt oculi: quia per 15 ipsos anima respicit quod exterius concupiscit. Columba vero simplex est animal, atque a malitia fellis alienum. Quasi columbae ergo ad fenestras suas sunt, qui nihil in hoc mundo concupiscunt, qui omnia simpliciter aspiciunt, et in his quae vident, rapacitatis studio non trahuntur. At contra, 20 milvus et non columba ad fenestras suas est, qui ad ea quae oculis considerat, rapinae desiderio anhelat. Quia ergo, fratres carissimi, beati Andreae apostoli natalitia celebramus, debemus imitari quod colimus. Ostendat nostrae obsequium devotionis immutatae solemnitas mentis: despi- 25 ciamus quae terrena sunt, relictis temporalibus mercemur aeterna. Si autem necdum possumus relinquere propria, saltem non concupiscamus aliena. Si necdum mens nostra accenditur igne caritatis, in ambitione sua habeat frenum

---

5 Vgl. DAGENS, *Culture* 206–208.

4. Doch wird dieses Opfer guten Willens niemals vollkommen dargebracht, wenn nicht das Begehren nach dieser Welt vollständig aufgegeben wird. Was immer wir nämlich in ihr begehren, das neiden wir ohne Zweifel den Nächsten. Uns scheint doch zu fehlen, was ein anderer erlangt. Und da Neid stets mit dem guten Willen in Zwiespalt ist, weicht dieser, sobald jener das Herz gefangennimmt. Um deshalb die Nächsten vollkommen lieben zu können, bemühten sich die heiligen Verkündiger, in dieser Welt nichts zu lieben, nichts jemals zu erstreben, nichts, auch ohne Verlangen, zu besitzen. Treffend sagt Jesaja im Blick auf sie: „Wer sind diese, die wie Wolken fliegen und wie Tauben an ihren Fenstern sitzen?" (Jes 60, 8). Er sah sie ja das Irdische verachten, sich im Geist dem Himmlischen nähern, mit Worten Regen spenden, in Wundern aufleuchten. Da heilige Verkündigung und himmlisches Leben sie irdischer Berührung entrückt hatten, bezeichnet er sie gleichermaßen als Fliegende und als Wolken. Die Fenster aber bedeuten unsere Augen, denn durch sie erblickt unsere Seele, was sie außerhalb begehrt.[5] Die Taube aber ist ein harmloses Tier und bitterer Bösartigkeit fern. Wie Tauben vor den Fenstern sind diejenigen, die nichts in dieser Welt begehren, die alles in harmloser Gesinnung betrachten und sich nicht durch raffgieriges Verlangen zu dem hinreißen lassen, was sie schauen. Hingegen sitzt als Falke und nicht als Taube an seinen Fenstern, wer mit räuberischem Verlangen nach dem giert, was er mit den Augen betrachtet. Da wir also, geliebte Brüder, das Geburtsfest des seligen Apostels Andreas feiern, müssen wir nachahmen, was wir verehren. Das Fest zeige unsere gehorsame Hingabe in gewandeltem Sinn. Verachten wir das Irdische, lassen wir das Zeitliche zurück, verdienen wir uns das Ewige. Wenn wir aber unser Eigentum noch nicht aufgeben können, wollen wir wenigstens nicht fremdes begehren. Wenn unser Herz noch nicht vom Feuer der Liebe entfacht ist, dann mögen es die Zügel der Furcht in seinem Streben zurückhalten; indem es sein Ver-

timoris: ut profectus sui passibus vegetata, dum ab alie-
norum appetitu compescitur, quandoque ad propria con-
temnenda perducatur, adiuvante Domino nostro Iesu Christo etc.

langen nach Fremdem bezähmt, wird es, von seinem all-
mählichen Fortschritt ermutigt[6], einmal dahin geführt,
auch das Eigene zu verachten, mit dem Beistand unseres
Herrn Jesus Christus …

---

[6] Vielfach betont GREGOR die Möglichkeit stufenweisen Voranschrei-
tens im Glaubensleben; vgl. *in euang.* 2,24,6; *moral.* 22,45 (CCL 143A,
1125 f); *in Ezech.* 2,3,3–5 (CCL 142, 238–240).

Habita ad populum in basilica sanctorum Marcellini et
Petri, Dominica III in Adventu Domini

Lectio sancti Evangelii secundum Matthaeum 11, 2–10
In illo tempore: Cum audisset Ioannes in vinculis opera 5
Christi, mittens duos ex discipulis suis, ait illi: Tu es qui
venturus es, an alium exspectamus? Et respondens Iesus, ait
illis: Euntes renunciate Ioanni, quae audistis et vidistis.
Coeci vident, claudi ambulant, leprosi mundantur, surdi
audiunt, mortui resurgunt, pauperes evangelizantur: et 10
beatus est, qui non fuerit scandalizatus in me. Illis autem
abeuntibus, coepit Iesus dicere ad turbas de Ioanne: Quid
existis in desertum videre? Arundinem vento agitatam? Sed
quid existis videre? Hominem mollibus vestitum? Ecce qui
mollibus vestiuntur, in domibus regum sunt. Sed quid ex- 15
istis videre? Prophetam? Etiam dico vobis; et plus quam
prophetam. Hic est enim, de quo scriptum est: Ecce ego
mitto angelum meum ante faciem tuam, qui praeparabit
viam tuam ante te.

1. Quaerendum nobis est, fratres carissimi, Ioannes pro- 20
pheta et plus quam propheta, qui venientem ad Iordanis
baptisma Dominum ostendit dicens: „Ecce agnus Dei, ecce
qui tollit peccatum mundi", qui et humilitatem suam et
divinitatis eius potentiam considerans, dicit: „Qui de terra
est, de terra loquitur, qui autem de coelo venit, super omnes 25
est": cur in carcere positus, mittens discipulos suos, requirit: „Tu es qui venturus es, an alium exspectamus?" Tam-

---

Gehalten vor dem Volk in der Basilika des heiligen
Marzellinus und des heiligen Petrus, am dritten Sonntag
im Advent[1]

Lesung des heiligen Evangeliums nach Matthäus 11, 2–10
*In jener Zeit hörte Johannes im Kerker vom Wirken Christi
und sandte zwei seiner Jünger zu ihm mit der Frage: Bist
du es, der da kommen soll, oder sollen wir einen anderen
erwarten? Jesus antwortete ihnen: Geht und verkündet
dem Johannes, was ihr gehört und gesehen habt. Blinde
sehen, Lahme gehen, Aussätzige werden rein, Taube hören,
Tote erstehen auf, Armen wird das Evangelium verkündet.
Selig ist, wer an mir keinen Anstoß nimmt! Als sie fortge-
gangen waren, begann Jesus, zu den Volksscharen über
Johannes zu sprechen: Wozu seid ihr in die Wüste hinausgezogen? Um ein im Wind schwankendes Schilfrohr zu
sehen? Wozu seid ihr hinausgegangen? Um einen Mann in
weichen Kleidern zu sehen? Seht, die weiche Kleider tragen, wohnen in Königspalästen. Wozu seid ihr also hinausgegangen? Um einen Propheten zu sehen? Ja, ich sage euch,
mehr als einen Propheten. Denn dieser ist es, von dem
geschrieben steht: Siehe, ich sende meinen Engel vor deinem Angesicht her, damit er deinen Weg vor dir bereite.*

1. Wir müssen eine Frage stellen, geliebte Brüder. Johannes
ist ein Prophet, ja mehr als ein Prophet; er weist auf den zur
Taufe im Jordan kommenden Herrn mit den Worten: „Seht
das Lamm Gottes, seht, es nimmt hinweg die Sünde der
Welt" (Joh 1, 29). Er betrachtet die eigene Niedrigkeit und
die Macht der Gottheit und spricht: „Wer von der Erde
stammt, redet irdisch, wer aber vom Himmel kommt, steht
über allem" (vgl. Joh 3, 31). Warum sendet er nun vom
Kerker aus seine Jünger mit der Frage: „Bist du es, der da
kommen soll, oder sollen wir einen anderen erwarten?"

quam si ignoret quem ostenderat; et an ipse sit, nesciat,
quem ipsum esse prophetando, baptizando et ostendendo
clamaverat. Sed haec citius quaestio solvitur, si gestae rei
tempus et ordo pensetur. Ad Iordanis enim fluenta positus,
quia ipse Redemptor mundi esset, asseruit: missus vero in 5
carcerem, an ipse veniat, requirit: non quia ipsum esse
mundi Redemptorem dubitet, sed quaerit, ut sciat si is qui
per se in mundum venerat, per se etiam ad inferni claustra
descendat. Quem enim praecurrens mundo nunciaverat,
hunc mo|riendo et ad inferos praecurrebat. Ait ergo: „Tu es 10 | 10
qui venturus es, an alium exspectamus?" Ac si aperte dicat:
Sicut pro hominibus nasci dignatus es, an etiam pro hominibus mori digneris, insinua; ut qui nativitatis tuae praecursor exstiti, mortis etiam praecursor fiam, et venturum in-
ferno te nunciem, quem iam venisse mundo nunciavi. Unde 15
et inquisitus Dominus, enumeratis potentiae suae miraculis, de mortis suae protinus humilitate respondit, dicens:
„Coeci vident, claudi ambulant, leprosi mundantur, surdi
audiunt, mortui resurgunt, pauperes evangelizantur; et beatus est qui non fuerit scandalizatus in me." Visis tot signis 20
tantisque virtutibus, non scandalizari quisquam potuit, sed
admirari. Sed infidelium mens grave in illo scandalum pertulit, cum eum et post tot miracula morientem vidit. Unde
et Paulus dicit: „Nos autem praedicamus Christum cruci-
fixum, iudaeis quidem scandalum, gentibus autem stulti- 25
tiam." Stultum quippe hominibus visum est, ut pro hominibus auctor vitae moreretur: et inde contra eum homo
scandalum sumpsit, unde etiam plus debitor fieri debuit.

---

[2] Vielfach betont GREGOR, daß insbesondere die Juden und die Häretiker an der Passion Christi aufgrund ihres Gottesbildes Anstoß nehmen; vgl. *moral.* 11,30 (CCL 143A, 603f); 12,30 (CCL 143A, 647); *in
Ezech.* 1, 2,11 (CCL 142, 23); 2, 1,15 (CCL 142, 219).

(Mt 11, 3), als würde er den nicht kennen, auf den er gewiesen hatte, und als wüßte er nicht, ob er es sei, den er selbst in Prophetie, Taufe und Hinweis laut bezeugt hatte. Doch diese Frage löst sich schnell, bedenkt man Zeit und Ordnung des Geschehens. Als er am Fluß Jordan stand, bezeugte er, daß dieser der Erlöser der Welt sei; im Kerker fragt er, ob er selbst komme, nicht weil er zweifelt, daß er der Erlöser der Welt sei; vielmehr fragt er, um zu erfahren, ob der, der persönlich in die Welt gekommen war, auch persönlich in den Kerker der Unterwelt hinabsteige. Den er nämlich als Vorläufer der Welt verkündet hatte, dem ging er auch durch sein Sterben in das Totenreich voraus. Daher fragt er: „Bist du es, der da kommen soll, oder sollen wir einen anderen erwarten?" (Mt 11, 3). Als wollte er eigentlich fragen: Sag, ob du ebenso für die Menschen sterben willst, wie du für die Menschen geboren werden wolltest, damit ich, der ich der Vorläufer deiner Geburt gewesen bin, auch der Vorläufer deines Todes werde und damit ich der Unterwelt ankünde, daß du kommst, da ich schon der Welt angekündigt habe, daß du gekommen bist. Daher antwortet der Herr nach der Aufzählung seiner machtvollen Wunder sogleich auf die Frage, indem er auf die Erniedrigung seines Todes verwies: „Blinde sehen, Lahme gehen, Aussätzige werden rein, Taube hören, Tote erstehen auf, Armen wird das Evangelium verkündet. Selig ist, wer an mir keinen Anstoß nimmt!" (Mt 11, 5 f). Nachdem man so viele Zeichen und so eindrucksvolle Machterweise gesehen hatte, konnte eigentlich niemand mehr Anstoß nehmen, sondern nur noch Bewunderung äußern. Doch nahm der Sinn der Ungläubigen schweren Anstoß an ihm, als man ihn nach so vielen Wundern sterben sah.[2] Daher sagt auch Paulus: „Wir aber verkünden Christus, den Gekreuzigten, den Juden ein Ärgernis, den Heiden eine Torheit" (1 Kor 1, 23). Töricht erschien es ja den Menschen, daß der Schöpfer des Lebens für die Menschen starb; und der Mensch nahm ihm gegenüber gerade an dem Anstoß, wodurch er noch mehr sein

Nam tanto Deus ab hominibus dignius honorandus est, quanto pro hominibus et indigna suscepit. Quid est ergo dicere: „Beatus qui non fuerit scandalizatus in me", nisi aperta voce abiectionem mortis suae humilitatemque signare? Ac si patenter dicat: Mira quidem facio, sed abiecta 5 perpeti non dedignor. Qui ergo moriendo te subsequor, cavendum valde est hominibus, ne in me mortem despiciant, qui signa venerantur.

2. Sed dimissis Ioannis discipulis, quid de eodem Ioanne turbis dicat, audiamus: „Quid existis in desertum videre? 10 Arundinem vento agitatam?" Quod videlicet non asserendo, sed negando intulit. Arundinem quippe mox ut aura contigerit, in partem alteram flectit. Et quid per arundinem nisi carnalis animus designatur? Qui mox ut favore vel detractione tangitur, statim in partem quamlibet inclinatur. 15 Si enim ab humano ore aura favoris flaverit, hilarescit, extollitur, totumque se quasi ad gratiam inflectit. Sed si inde ventus detractionis eruperit, unde laudis aura veniebat, mox eum quasi in partem alteram ad vim furoris inclinat. Sed arundo vento agitata Ioannes non erat: quia hunc nec 20 blandum gratia, nec cuiuslibet detractio ira asperum faciebat. Nec prospera hunc erigere, nec adversa noverant inclinare. Arundo ergo vento agitata Ioannes non erat, quem a status sui rectitudine nulla rerum varietas inflectebat. Discamus ergo, fratres carissimi, arundinem vento agitatam 25 non esse; solidemus animum inter auras linguarum positum, stet inflexibilis status mentis. Nulla nos detractio ad

---

[3] Zur Auslegungstradition des Bildwortes vgl. SPITZ, *Schilfrohr;* zur öfteren Auslegung bei GREGOR mit der Rezeptionsgeschichte ebd. 242 f.
[4] Zur Vielschichtigkeit des Begriffs vgl. MOREL, *Rectitudo.*

Schuldner hätte werden müssen. Denn um so würdiger muß Gott von den Menschen geehrt werden, je mehr er für die Menschen seiner Unwürdiges auf sich nahm. Was bedeutet also das Wort: „Selig, wer an mir keinen Anstoß nimmt" anderes, als offen auf die Schande des Todes und die Erniedrigung hinzuweisen? Als wollte er ausdrücklich sagen: Ich wirke zwar Wunderbares, weise es aber nicht zurück, auch Schändliches zu erdulden. Da ich dir also sterbend folge, müssen sich die Menschen, die die Wunderzeichen verehren, sehr in acht nehmen, an mir den Tod geringzuschätzen.

2. Doch laßt uns hören, was er nach der Entlassung der Johannesjünger über diesen Johannes zu den Scharen sagt: „Wozu seid ihr in die Wüste hinausgezogen? Um ein im Wind schwankendes Schilfrohr zu sehen?" (Mt 11, 7). Dies brachte er natürlich nicht in bejahendem, sondern verneinendem Sinne vor. Sobald ja ein Windhauch ein Schilfrohr berührt, biegt er es zur anderen Seite. Was wird nun durch das Schilfrohr anderes bezeichnet als eine fleischliche Gesinnung?[3] Sobald diese von Gunst oder Ablehnung berührt wird, neigt sie sich sogleich auf die entsprechende Seite. Wenn nämlich aus Menschenmund der Hauch der Gunst entströmt, wird sie froh, überheblich, biegt sich sozusagen ganz der Zuneigung entgegen. Wenn von dort jedoch der Windstoß der Ablehnung hervorbricht, von wo zuvor der Hauch des Lobes kam, dann biegt jener sie bald auf die entgegengesetzte Seite zu heftiger Wut. Doch war Johannes kein im Wind schwankendes Schilfrohr, da ihn weder Zuspruch zum Schmeichler noch Ablehnung von irgendwelcher Seite zum Zornentbrannten werden ließ. Weder konnte ihn Wohlergehen überheblich machen noch Widrigkeit beugen. Johannes war also kein im Wind schwankendes Schilfrohr, da ihn von der Geradlinigkeit seiner Haltung[4] keinerlei Wechsel der Umstände abbringen konnte. Lernen wir also, geliebte Brüder, kein im Wind schwankendes Schilfrohr zu sein; festigen wir unseren Sinn inmitten der Lüfte des Geredes, unbeugsam bleibe die geistige Haltung.

iram provocet, atque ad remissionem | inutilis gratiae nullus | 104
favor inclinet. Non nos prospera elevent, non adversa per-
turbent: ut qui in soliditate fidei figimur, nequaquam rerum
transeuntium mutabilitate moveamur.

3. Adhuc autem de eius expressione subiungitur: „Sed 5
quid existis in desertum videre? Hominem mollibus vestitum? Ecce qui mollibus vestiuntur, in domibus regum
sunt." Camelorum etenim pilis contextis vestitus Ioannes
fuisse describitur. Et quid est dicere: „Ecce qui mollibus
vestiuntur, in domibus regum sunt", nisi aperta sententia 10
demonstrare, quia non coelesti, sed terreno regi militant hi,
qui pro Deo perpeti aspera fugiunt, sed solis exterioribus
dediti, praesentis vitae mollitiem et delectationem quaerunt? Nemo ergo existimet in fluxu atque studio vestium
peccatum deesse: quia si hoc culpa non esset, nullo modo 15
Ioannem Dominus de vestimenti sui asperitate laudasset. Si
hoc culpa non esset, nequaquam Petrus apostolus per epistolam feminas a pretiosarum vestium appetitu compesce-
ret, dicens: „Non in veste pretiosa." Pensate ergo quae
culpa sit, hoc etiam viros appetere, a quo curavit pastor 20
Ecclesiae et feminas prohibere.

4. Quamvis hoc quod Ioannes non esse vestitus mollibus
dicitur, per significationem intelligi et aliter potest. Mollibus enim vestitus non fuit, quia vitam peccantium non
blandimentis fovit, sed vigore asperae invectionis increpa- 25
vit, dicens: „Genimina viperarum, quis vobis demonstravit
fugere a ventura ira?" Unde et per Salomonem dicitur:
„Verba sapientium quasi stimuli, et sicut clavi in altum

---

⁵ Einen Anklang an diese Worte auf einer Inschrift des 12. Jahrhunderts
(Nec prospera te a[d]levent, nec adversa te conturbent) behandelt
LECLERQ-KADANER, *Exorcisme.*

Keine Ablehnung darf uns zu Zorn verleiten, keine Gunst uns geneigt machen, unangebrachte Milde und Nachsicht zu üben. Wohlergehen soll uns nicht überheblich machen, Widriges nicht verwirren[5], damit wir uns nicht, in der Festigkeit des Glaubens verwurzelt, von der Wandelbarkeit vergänglicher Dinge ins Wanken bringen lassen.

3. Bei der Schilderung des Johannes wird aber noch hinzugefügt: „Wozu seid ihr in die Wüste hinausgezogen? Um einen Mann in weichen Kleidern zu sehen? Seht, die weiche Kleider tragen, wohnen in Königspalästen" (Mt 11,8). Nach der Beschreibung trug Johannes ein Gewand aus Kamelhaaren. Was bedeutet das Wort: „seht, die weiche Kleider tragen, wohnen in Königspalästen" anderes, als offenzulegen, daß diejenigen nicht für den himmlischen König, sondern für den Fürsten dieser Welt kämpfen, die es meiden, Hartes für Gott zu erdulden und statt dessen, ganz dem Äußeren ergeben, alle Weichlichkeit und Annehmlichkeit dieses Lebens suchen? Niemand meine also, daß bei übertriebenem Kleiderluxus keine Sünde vorliege, denn wenn hierin keine Schuld läge, hätte der Herr keinesfalls Johannes wegen seines rauhen Gewandes gelobt. Wenn hierin keine Schuld läge, hätte der Apostel Petrus keinesfalls in seinem Brief die Frauen in ihrem Hang zu kostbaren Gewändern mit den Worten gezügelt: „nicht in kostbaren Gewändern" (vgl. 1 Petr 3,3). Bedenkt also, welche Schuld es bedeutet, wenn sogar Männer das erstreben, wovon der Hirt der Kirche auch die Frauen zurückhalten wollte.

4. Daß von Johannes gesagt wird, er habe keine weichen Gewänder getragen, läßt sich indes auch in einem anderen Sinn verstehen. Er trug keine weichen Gewänder, weil er das Leben der Sünder nicht mit Schmeicheleien unterstützte, sondern mit der Entschiedenheit harten Tadels anfuhr, als er rief: „Ihr Schlangenbrut! Wer hat euch gelehrt, ihr würdet dem kommenden Zorn entkommen?" (Mt 3,7). Daher heißt es bei Salomo: „Die Worte der Weisen sind wie Stacheln und wie tief eingeschlagene Nägel" (vgl. Koh

defixi." Clavis quippe atque stimulis sapientium verba comparantur: quia culpas delinquentium nesciunt palpare, sed pungere.

5. „Sed quid existis videre in desertum? Prophetam? Etiam dico vobis, et plus quam prophetam." Prophetae 5 quippe ministerium est, ventura praedicere, non etiam demonstrare. Ioannes ergo plus quam propheta est, quia eum quem praecurrendo prophetaverat, etiam ostendendo monstrabat. Sed quia arundo vento agitata esse denegatur, quia non esse vestitus mollibus dicitur, quia prophetae nomen 10 huic impar esse perhibetur; iam quid digne dici possit, audiamus. Sequitur: „Hic est de quo scriptum est: ‚Ecce ego mitto angelum meum ante faciem tuam, qui praeparabit viam tuam ante te.'" Quod enim graece angelus, hoc latine nuncius dicitur. Recte ergo qui nunciare supernum iudicem 15 mittitur, angelus vocatur, ut dignitatem servet in nomine, quam explet in operatione. Altum quidem nomen est, sed vita nomine inferior non est.

6. Utinam, fratres carissimi, non ad iudicium nostrum 106 dicamus, quia omnes, qui sacerdotii nomine censentur, 20 angeli vocantur propheta attestante, qui ait: „Labia sacerdotis custodiunt scientiam, et legem requirunt ex ore eius: quia angelus Domini exercituum est." Sed huius altitudinem nominis, etiam vos, si vultis, potestis mereri. Nam unusquisque vestrum in quantum sufficit, in quantum 25 gratiam supernae aspirationis accepit, si a pravitate proximum revocat, si exhortari ad bene operandum curat, si aeternum regnum vel supplicium erranti denunciat, cum sanctae annunciationis verba impendit, profecto angelus exsistit. Et nemo dicat: Admonere non sufficio, exhortari 30

---

[6] Der Terminus *sacerdos* bezeichnet bei GREGOR primär den Bischof, schließt zuweilen aber auch den Priester mit ein. Dieser Gebrauch entspricht der seit der zweiten Hälfte des 4. Jahrhunderts bezeugten Praxis, vgl. GY, *Bezeichnungen des Priestertums* 108 f.
[7] Viele Belege hierzu bei MICHL, *Engel* 160.

12,11). Mit Nägeln und Stacheln werden die Worte der Weisen verglichen, weil sie die Schuld der Sünder nicht streicheln, sondern stechen.

5. „Wozu seid ihr in die Wüste hinausgezogen? Um einen Propheten zu sehen? Ja, ich sage euch, mehr als einen Propheten" (Mt 11,9). Aufgabe des Propheten ist es ja, Kommendes anzukündigen, nicht, es zu zeigen. Johannes ist also mehr als ein Prophet, weil er auf den, den er als sein Vorläufer prophezeite, auch weisend zeigte. Da er nun nicht als im Wind schwankendes Schilfrohr gilt, da es nicht von ihm heißt, er sei in weiche Gewänder gekleidet, da der Prophetentitel für ihn zu gering erklärt wird, wollen wir nun hören, was sich angemessen aussagen läßt. Es folgt: „Dieser ist es, von dem geschrieben steht: Siehe, ich sende meinen Engel vor deinem Angesicht her, damit er deinen Weg vor dir bereite" (Mt 11,10). Was nämlich im Griechischen „Engel" heißt, wird im Lateinischen „Bote" genannt. Mit Recht wird also derjenige „Engel" genannt, der gesandt ist, den himmlischen Richter anzukünden, damit er die Würde, die er im Wirken innehat, auch im Namen bewahre. Ein erhabener Name ist es, doch das Leben ist nicht minderen Ranges als der Name.

6. Mögen wir es, geliebte Brüder, nicht zu unserer eigenen Verurteilung sagen, daß alle, die den Bischofstitel[6] tragen, „Engel" genannt werden[7], wie der Prophet bezeugt: „Die Lippen des Priesters bewahren das Wissen, und von seinem Mund verlangt man das Gesetz, denn er ist der Engel des Herrn der Heerscharen" (Mal 2,7). Die Größe dieses Namens könnt auch ihr, wenn ihr wollt, verdienen. Denn ein jeder von euch wird, soweit er es vermag, soweit er die Gnade himmlischen Beistandes empfing, in der Tat zum Engel, wenn er den Nächsten von verkehrtem Tun zurückruft, wenn er sich müht, zu gutem Handeln zu ermahnen, wenn er dem Irrenden das ewige Reich oder die ewige Strafe vor Augen führt, wenn er Worte heiliger Verheißung schenkt. Und niemand soll sagen: Ich vermag

idoneus non sum: quantum potes exhibe, ne male servatum
quod acceperas, in tormentis exigaris. Neque enim plus
quam unum talentum acceperat, qui hoc abscondere magis
studuit, quam erogare. Et scimus quod in Dei tabernaculo
non solum phialae, sed praecipiente Domino etiam cyathi 5
facti sunt. Per phialas quippe doctrina exuberans: per cyathos vero parva atque angusta designatur scientia. Alius
doctrina veritatis plenus audientium mentes inebriat: per
hoc ergo quod dicit, profecto phialam porrigit. Alius exple-
re quod sentit non valet, sed quia hoc utcumque denunciat, 10
profecto per cyathum gustum praebet. In Dei ergo tabernaculo, id est in sancta Ecclesia positi, si per doctrinae
sapientiam ministrare phialas minime potestis, in quantum
pro divina largitate sufficitis, proximis vestris boni verbi
cyathos date. In quantum vos profecisse pensatis, etiam 15
vobiscum alios trahite: in via Dei socios habere desiderate.
Si quis vestrum, fratres, ad forum aut fortasse ad balneum
pergit, quem otiosum esse considerat, ut secum veniat,
invitat. Ipsa ergo terrena actio vestra vos conveniat, et si ad
Deum tenditis, curate ne ad eum soli veniatis. Hinc etenim 20
scriptum est: „Qui audit, dicat: veni", ut qui iam in corde
vocem superni amoris acceperit, foras etiam proximis
vocem exhortationis reddat. Et fortasse panem, ut indigenti
eleemosynam porrigat, non habet; sed maius est quod tri-
buere valeat, qui linguam habet. Plus enim est verbi pabulo 25
victuram in perpetuum mentem reficere, quam ventrem
moriturae carnis terreno pane satiare. Nolite ergo, fratres,

nicht zu ermahnen, ich bin nicht geeignet zum Anspornen. Was du vermagst, das tue, damit nicht, was du empfangen, aber schlecht bewahrt hast, unter Qualen von dir zurückgefordert werde. Nicht mehr als ein Talent hatte nämlich der empfangen, der es lieber verbergen als einsetzen wollte (vgl. Mt 25,18). Und wir wissen, daß im Zelt Gottes nicht nur Schalen, sondern nach der Weisung des Herrn auch kleine Becher vorhanden waren (vgl. Ex 37,16). Durch die Schalen wird ja die überströmende Lehre, durch die kleinen Becher jedoch das geringe und begrenzte Wissen bezeichnet. Der eine ist erfüllt von der Lehre der Wahrheit und macht den Sinn der Hörer trunken. Mit dem, was er sagt, reicht er in der Tat eine Schale. Ein anderer kann seine Gedanken nicht weiter ausführen, doch weil er dies soweit möglich kundtut, reicht er einen Schluck aus dem Becher. Wenn ihr also, die ihr euch im Zelt Gottes, das heißt in der heiligen Kirche, befindet, mittels der Lehrweisheit keine Schalen darreichen könnt, so gebt euren Nächsten den Becher eines guten Wortes, soweit ihr es entsprechend göttlicher Gnade vermögt. Soweit ihr meint, Fortschritte gemacht zu haben, zieht auch andere mit euch; verlangt danach, auf dem Weg zu Gott Gefährten zu haben. Wenn jemand von euch, meine Brüder, zum Forum oder vielleicht zum Bad eilt, lädt er zum Mitkommen den ein, den er untätig sieht. Schon euer irdisches Tun führt euch also zusammen; wenn ihr zu Gott strebt, sorgt dafür, nicht allein zu ihm zu gelangen. Daher steht nämlich geschrieben: „Wer hört, der sage: Komm!" (Offb 22,17). Denn wer schon im Herzen die Stimme himmlischer Liebe vernahm, soll nach außen hin auch den Nächsten die Stimme der Ermahnung zuteil werden lassen. Und vielleicht hat er kein Brot, um einem Bedürftigen ein Almosen darzureichen; doch größer ist, was der zu geben vermag, der eine Stimme hat. Bedeutsamer ist es nämlich, mit der Nahrung des Wortes eine unsterbliche Seele zu erhalten, als den Magen eines sterblichen Leibes mit irdischem Brot zu sättigen. Entzieht

proximis vestris eleemosynam verbi subtrahere. Mecum
vos admoneo, ut ab otioso sermone parcamus, inutiliter
loqui declinemus. In quantum reniti linguae praevalemus,
in ventum verba non defluant, cum iudex dicat: „Omne
verbum otiosum quod locuti fuerint homines, reddent de 5
eo rationem in die iudicii." Otiosum quippe verbum est,
quod aut utilitate rectitudinis, aut ratione iustae necessitatis
caret. Otiosa ergo col|loquia ad aedificationis studium ver- | 108
tite: quam celerrime huius vitae tempora fugiant, considerate: quam districtus veniat iudex attendite. Hunc ante 10
oculos vestri cordis ponite: hunc proximorum vestrorum
mentibus intimate; ut in quantum vires suppetunt, si an-
nunciare eum non negligitis, vocari ab eo angeli cum Ioanne
valeatis; quod ipse praestare dignetur qui vivit et regnat
Deus in secula seculorum. Amen. 15

---

8 Zu handschriftlichen Varianten vgl. ÉTAIX, *Tradition manuscrite* 557.
9 Zu handschriftlichen Varianten des Zitates vgl. ÉTAIX, *Tradition manuscrite* 553.

also euren Nächsten nicht das Almosen des Wortes. Zusammen mit mir ermahne ich euch, daß wir uns müßiger Rede enthalten[8], daß wir unnützes Sprechen vermeiden. Soweit wir der Zunge zu widerstehen vermögen, verlieren sich unsere Worte nicht im Wind, da der Richter spricht: „Über jedes müßige Wort, das die Menschen reden, werden sie am Tag des Gerichtes Rechenschaft ablegen" (Mt 12, 36)[9]. Müßig ist ja ein Wort, das entweder keinen rechten Nutzen oder keinen notwendigen und angemessenen Grund[10] hat. Macht also aus euren müßigen Unterhaltungen aufbauende Gespräche. Erwägt, wie überaus geschwind die Zeit dieses Lebens dahinrinnt; gebt acht, welch strenger Richter kommen wird. Stellt ihn euch vor die Augen eures Herzens, macht ihn euren Nächsten bekannt, damit ihr, soweit die Kräfte es zulassen, von ihm zusammen mit Johannes „Engel" genannt werden könnt, wenn ihr es nicht unterlaßt, ihn zu verkünden. Dies möge er selbst euch gewähren, der als Gott lebt und herrscht in alle Ewigkeit. Amen.

---

[10] LÖFSTEDT, *Adnotatiunculae* 170, plädiert für die Lesart: *aut ratione iustitiae et aequitatis.*

Habita ad populum in basilica S. Petri apostoli,
Dominica quarta in Adventu Domini

Lectio sancti Evangelii secundum Ioannem 1, 19–28
In illo tempore: Miserunt iudaei ab Ierosolomis sacerdotes 5
et levitas ad Ioannem, ut interrogarent eum: Tu quis es? Et
confessus est, et non negavit. Et confessus est, quia non sum
ego Christus. Et interrogaverunt eum: Quid ergo? Elias es
tu? Et dixit: Non sum. Propheta es tu? Et respondit: Non.
Dixerunt ergo ei: Quis es, ut responsum demus his, qui 10
miserunt nos? Quid dicis de teipso? Ait: Ego vox clamantis
in deserto: Dirigite viam Domini, sicut dixit Isaias prophe-
ta. Et qui missi fuerant erant ex pharisaeis. Et interroga-
verunt eum, et dixerunt ei: Quid ergo baptizas, si tu non
es Christus, neque Elias, neque propheta? Respondit eis 15
Ioannes, dicens: Ego baptizo in aqua: medius autem ve-
strum stetit, quem vos nescitis. Ipse est, qui post me ventu-
rus est, qui ante me factus est: cuius non sum dignus solvere
corrigiam calceamenti. Haec in Bethania facta sunt trans
Iordanem, ubi erat Ioannes baptizans. 20

1. Ex huius nobis lectionis verbis, fratres carissimi, Ioannis
humilitas commendatur: qui cum tantae virtutis esset, ut
Christus credi potuisset, elegit solide subsistere in se, ne
humana opinione raperetur inaniter super se. Nam „confessus est, et non negavit: et confessus est: Quia non sum 25
ego Christus." Sed qui dixit, „Non sum", negavit plane
quod non erat, sed non negavit quod erat: ut veritatem
loquens, eius membrum fieret, cuius sibi nomen fallaciter

CHAVASSE, *Aménagements* 91, datiert die Homilie auf den 17.12.590.
GREGOR greift in dieser Homilie vielfach auf AUGUSTINUS, *in euang.*
Ioh. 4 (CCL 36, 31–36), zurück; vgl. RECCHIA, *Memoria* 415 f.

Gehalten vor dem Volk in der Basilika des heiligen
Apostels Petrus, am vierten Sonntag im Advent[1]

Lesung des heiligen Evangeliums nach Johannes 1, 19–28
*In jener Zeit sandten die Juden von Jerusalem Priester und
Leviten zu Johannes mit der Frage: Wer bist du? Und er
bekannte, ohne zu leugnen. Er bekannte: Ich bin nicht der
Messias. Sie fragten ihn: Was dann? Bist du Elija? Er
antwortete: Ich bin es nicht. Bist du ein Prophet? Er antwortete: Nein. Da sprachen sie zu ihm: Wer bist du dann?
Wir müssen denen, die uns gesandt haben, Antwort bringen. Was sagst du von dir selbst? Er erwiderte: Ich bin die
Stimme eines Rufenden in der Wüste: Bereitet den Weg des
Herrn, wie der Prophet Jesaja gesagt hat. Die Abgesandten
gehörten den Pharisäern an. Sie fragten ihn weiter: Warum
taufst du also, wenn du nicht der Messias, nicht Elija noch
ein Prophet bist? Johannes erwiderte ihnen: Ich taufe mit
Wasser; aber mitten unter euch steht der, den ihr nicht
kennt, der, der nach mir kommt, der vor mir gewesen ist,
dessen Schuhriemen zu lösen ich nicht würdig bin. Dies ist
zu Betanien geschehen, jenseits des Jordan, wo Johannes
taufte.*

1. Mit den Worten dieser Lesung wird uns, geliebte Brüder,
die Demut des Johannes empfohlen[2]; obwohl er von so
bedeutender Vollkommenheit war, daß er für den Messias
hätte gehalten werden können, wollte er lieber fest bei dem
bleiben, was er wirklich war, um nicht durch die Erwartung
der Menschen mehr darstellen zu wollen, als er tatsächlich
war. Denn „er bekannte, ohne zu leugnen. Er bekannte: Ich
bin nicht der Messias" (Joh 1, 20). Da er sagte: „Ich bin es
nicht", verneinte er entschieden, was er nicht war, verneinte
jedoch nicht, was er war; so wurde er, indem er die Wahrheit
sagte, ein Glied desjenigen, dessen Namen er sich nicht

non usurparet. Cum ergo non vult appetere nomen Christi,
factus est membrum Christi: quia dum infirmitatem suam
studuit humiliter agnoscere, illius celsitudinem meruit veraciter obtinere. Sed cum ex lectione alia Redemptoris nostri sententia ad mentem reducitur, ex huius lectionis verbis 5
nobis quaestio valde implexa generatur. Alio quippe in loco
inquisitus a discipulis Dominus de Eliae adventu, respondit: „Elias iam venit, et non cognoverunt eum, sed fecerunt
in eum quaecumque voluerunt. Et si vultis scire, Ioannes
ipse est | Elias." Requisitus autem Ioannes, dicit: „Non sum 10 | 11
Elias." Quid est hoc, fratres carissimi, quia quod Veritas
affirmat, hoc propheta Veritatis negat? Valde namque inter
se diversa sunt, „Ipse est", et, „Non sum". Quomodo ergo
propheta Veritatis est, si eiusdem Veritatis sermonibus con-
cors non est? Sed si subtiliter veritas ipsa requiratur, hoc 15
quod inter se contrarium sonuit, quomodo contrarium non
sit, invenitur. Ad Zachariam namque de Ioanne angelus
dicit: „Ipse praecedet ante illum in spiritu et virtute Eliae."
Qui idcirco venturus in spiritu et virtute Eliae dicitur: quia
sicut Elias secundum Domini adventum praeveniet, ita 20
Ioannes praevenit primum. Sicut ille praecursor venturus
est iudicis, ita iste praecursor est factus Redemptoris. Ioannes igitur in spiritu Elias erat, in persona Elias non erat.
Quod ergo Dominus fatetur de spiritu, hoc Ioannes de-
negat de persona: quia et iustum sic erat, ut et discipulis 25
Dominus spiritualem de Ioanne sententiam diceret: et Ioannes idem turbis carnalibus non de suo spiritu, sed de
corpore responderet. Contrarium ergo veritati videtur esse

---

³ Fragestellung und Antwort übernimmt GREGOR von AUGUSTINUS, *in
euang. Ioh.* 4,5 (CCL 36, 33).
⁴ Zu handschriftlichen Varianten des Zitates vgl. ÉTAIX, *Tradition manuscrite* 553.

trügerisch anmaßen wollte. Da er also nicht nach dem Namen Christi streben wollte, ist er ein Glied Christi geworden, denn indem er die eigene Schwäche demütig anerkennen wollte, verdiente er es, an Christi Hoheit wahrhaft teilzuhaben. Wenn man sich aber aus einer anderen Lesung ein Wort unseres Erlösers ins Gedächtnis ruft, dann ergibt sich für uns aus den Worten der heutigen Lesung eine recht verwickelte Frage.[3] An anderer Stelle gibt der Herr, von den Jüngern über die Ankunft des Elija befragt, die Antwort: „Elija ist schon gekommen; sie haben ihn aber nicht erkannt, sondern mit ihm gemacht, was sie wollten. Und wenn ihr es wissen wollt: Johannes ist Elija" (vgl. Mt 17, 12 f). Als Johannes hingegen gefragt wird, antwortet er: „Ich bin nicht Elija" (vgl. Joh 1, 21). Was bedeutet dies, geliebte Brüder, daß der Prophet der Wahrheit das, was die Wahrheit bejaht, verneint? Denn ganz verschieden klingt doch: „Er ist es" und „Ich bin es nicht". Wie kann er also Prophet der Wahrheit sein, wenn er nicht mit den Aussagen dieser Wahrheit übereinstimmt? Doch wenn die Wahrheit selbst eingehender untersucht wird, findet man, wie das, was untereinander widersprüchlich klang, nicht widersprüchlich ist. Zu Zacharias spricht nämlich der Engel über Johannes: „Er wird im Geist und in der Kraft des Elija vor ihm hergehen" (Lk 1, 17)[4]. Deswegen heißt es von ihm, er werde in Geist und Kraft des Elija vorausgehen, weil Johannes ebenso der ersten Ankunft des Herrn vorausging, wie Elija der zweiten Ankunft vorausgehen wird. Wie jener als Vorläufer des Richters kommen wird, so ist dieser Vorläufer des Erlösers geworden. Johannes war also Elija im Geist, nicht aber in Person. Was also der Herr vom Geist bekennt, das verneint Johannes von der Person; und so war es ja angemessen, daß der Herr vor den Jüngern über Johannes eine geistige Aussage machte und Johannes der fleischlich denkenden Menge nicht über sein geistiges, sondern über sein leibliches Wesen Antwort gab. Es scheint also der Wahrheit zu widersprechen, was Johannes ver-

quod Ioannes sonuit, sed tamen a veritatis tramite non
recessit.

2. Qui cum se etiam prophetam negat, quia videlicet non
solum poterat Redemptorem praedicare (al. praedicere),
sed etiam demonstrare; quisnam sit, continuo exprimit, 5
dum subiungit: „Ego vox clamantis in deserto." Scitis, fratres carissimi, quia unigenitus Filius Verbum Patris vocatur,
Ioanne attestante, qui ait: „In principio erat Verbum, et
Verbum erat apud Deum, et Deus erat Verbum." Et ex ipsa
vestra locutione cognoscitis, quia prius vox sonat, ut ver- 10
bum postmodum possit audiri. Ioannes ergo vocem se esse
asserit, quia Verbum praecedit. Adventum itaque domini-
cum praecurrens, vox dicitur; quia per eius ministerium
Patris Verbum ab hominibus auditur. Qui etiam in deserto
clamat: quia derelictae destitutaeque Iudaeae solatium Red- 15
emptoris annunciat. Quid autem clamet insinuat, cum subiungit: „Dirigite viam Domini, sicut dixit Isaias propheta."
Via Domini ad cor dirigitur, cum veritatis sermo humiliter
auditur. Via Domini ad cor dirigitur, cum ad praeceptum
vita praeparatur. Unde scriptum est: „Si quis diligit me, 20
sermonem meum servabit, et Pater meus diliget eum, et ad
eum veniemus, et mansionem apud eum faciemus." Quisquis ergo in superbiam mentem elevat, quisquis avaritiae
aestibus anhelat, quisquis se luxuriae inquinationibus pol-
luit, cordis ostium contra veritatem claudit: et ne ad se 25
Dominus veniat, claustra animi seris vitiorum damnat.

3. Sed adhuc qui missi sunt, percontantur: „Quid ergo
baptizas, si tu non es Christus, neque Elias, neque prophe-
ta?" Quod quia non studio | cognoscendae veritatis, sed | 114

---

5 Zu handschriftlichen Varianten des Zitates vgl. ÉTAIX, *Tradition manuscrite* 553.

lauten ließ, und doch wich es nicht vom Weg der Wahrheit ab.

2. Er verneint auch, ein Prophet zu sein, da er offensichtlich nicht nur den Erlöser im voraus verkünden, sondern sogar auf ihn verweisen konnte. Deshalb bringt er sogleich zum Ausdruck, wer er ist: „Ich bin die Stimme eines Rufenden in der Wüste" (Joh 1, 23). Ihr wißt, geliebte Brüder, daß der eingeborene Sohn das „Wort des Vaters" genannt wird, wie Johannes bezeugt: „Am Anfang war das Wort, und das Wort war bei Gott, und Gott war das Wort" (Joh 1, 1). Und aus eurem eigenen Sprechen wißt ihr, daß zuerst die Stimme ertönt, damit anschließend das Wort gehört werden kann. Johannes behauptet also, die Stimme zu sein, da er dem Wort vorangeht. Insofern er daher der Ankunft des Herrn vorangeht, heißt er Stimme, da durch seinen Dienst das Wort des Vaters von den Menschen gehört wird. Er ruft in der Wüste, da er dem verlassenen und verworfenen Judentum den Trost des Erlösers ankündigt. Was er aber ruft, das zeigt er, wenn er hinzufügt: „Bereitet den Weg des Herrn, wie der Prophet Jesaja gesagt hat" (Joh 1, 23). Der Weg des Herrn wird zum Herzen bereitet, wenn das Wort der Wahrheit demütig vernommen wird. Der Weg des Herrn wird zum Herzen bereitet, wenn man das Leben nach dem Gebot ausrichtet. Daher steht geschrieben: „Wer mich liebt, wird mein Wort halten; mein Vater wird ihn lieben, und wir werden zu ihm kommen und Wohnung bei ihm nehmen" (Joh 14, 23)[5]. Wer also seinen Sinn hochmütig erhebt, wer in brennender Habgier fiebert, wer sich mit dem Schmutz der Unzucht besudelt, der verschließt den Zugang des Herzens vor der Wahrheit; und damit der Herr nicht zu ihm komme, verschließt er die Tore seiner Seele mit den Riegeln der Lastern.

3. Doch die Abgesandten forschen noch weiter: „Weshalb taufst du, wenn du nicht der Messias, nicht Elija noch ein Prophet bist?" (Joh 1, 25). Daß dies nicht aus Interesse an der Wahrheitserkenntnis, sondern aus boshafter Miß-

malitia exercendae aemulationis dicitur, evangelista tacite
innotuit, cum subiungit, dicens: „Et qui missi fuerant, erant
ex pharisaeis." Ac si aperte dicat: Illi Ioannem de suis
actibus requirunt, qui doctrinam nesciunt quaerere, sed
invidere. Sed sanctus quisque etiam cum perversa mente 5
requiritur, a bonitatis suae studio non mutatur. Unde Ioannes quoque ad verba invidiae, praedicamenta respondit
vitae. Nam protinus adiungit: „Ego baptizo in aqua: medius
autem vestrum stetit, quem vos nescitis." Ioannes non spiritu, sed aqua baptizat: quia peccata solvere non valens, 10
baptizatorum corpora per aquam lavat, sed tamen mentem
per veniam non lavat. Cur ergo baptizat qui peccata per
baptisma non relaxat, nisi ut praecursionis suae ordinem
servans, qui nasciturum nascendo praevenerat, baptizatu-
rum quoque Dominum baptizando praeveniret; et qui 15
praedicando factus est praecursor Christi, baptizando
etiam praecursor eius fieret imitatione sacramenti? Qui
inter haec mysterium annuncians, hunc in medio hominum
et stetisse asserit, et nesciri: quia per carnem Dominus
apparens, et visibilis exstitit corpore, et invisibilis maiesta- 20
te. De quo etiam subdit: „Qui post me venit, ante me factus
est." Sic namque dicitur: „Ante me factus", ac si dicatur,
„Ante me positus". Post me ergo venit, quia postmodum
natus, ante me autem factus est, etiam mihi praelatus. Sed
haec paulo superius dicens, etiam praelationis eius causas 25
aperuit, cum subiunxit: „Quia prior me erat." Ac si aperte
dicat: Inde me etiam post natus superat, quo eum nativitatis
suae tempora non angustant. Nam qui per matrem in tem-

---

[6] Der Begriff *sacramentum* bezeichnet bei GREGOR meist den äußeren
rituellen Vollzug im Unterschied zur inneren Realität und Wirkung, der
virtus; vgl. RUFFINI/LODI, *Mysterion* 178–181.195.
[7] Zu handschriftlichen Varianten des Nebensatzes vgl. ÉTAIX, *Tradition
manuscrite* 557.
[8] Die Interpretation übernahm GREGOR von AUGUSTINUS, *in euang.
Ioh.* 4,9 (CCL 36, 35).

gunst gesagt wird, deutet der Evangelist stillschweigend an,
wenn er vorausschickt: „Die Abgesandten gehörten den
Pharisäern an" (Joh 1,24). Als wollte er offen sagen: Jene
befragen Johannes über sein Tun, die nicht nach der Lehre
zu suchen verstehen, sondern nur mißgünstig sind. Doch
ein Heiliger läßt sich nicht von seinem Mühen um Güte
abbringen, auch wenn er in böser Absicht gefragt wird.
Daher gibt Johannes auf die Worte der Mißgunst Lehren
des Lebens zur Antwort. Er fügt nämlich sogleich hinzu:
„Ich taufe mit Wasser; aber mitten unter euch steht der, den
ihr nicht kennt" (Joh 1,26). Johannes tauft nicht mit dem
Geist, sondern mit Wasser, denn da er nicht Sünden zu
lösen vermag, reinigt er die Leiber der Getauften durch
Wasser, nicht aber die Seele durch Vergebung. Weshalb
tauft also der, der nicht die Sünden durch die Taufe nachläßt? Nur aus folgendem Grund: Er wahrte seine Stellung
als Vorläufer, indem er nicht nur durch seine Geburt der
Geburt des Herrn vorausgegangen war, sondern auch
durch sein Taufen dem taufenden Herrn vorausging; und
er, der durch sein Verkündigen zum Vorläufer Christi wurde, wurde durch das Taufen auch sein Vorläufer im Abbild
des Sakramentes[6]. Während er unterdessen dieses Mysterium ankündigt, erklärt er, daß jener schon mitten unter den
Menschen stehe und nicht erkannt werde, da der Herr bei
seiner Erscheinung im Fleisch sichtbar dem Leibe nach
aufgetreten ist[7], doch unsichtbar in seiner Herrlichkeit.
Über ihn fügt er noch hinzu: „Der nach mir kommt, war
vor mir" (vgl. Joh 1,27). „Der vor mir war" bedeutet nämlich soviel wie „der mir vorangestellt ist"[8]. Nach mir
kommt er folglich, weil er später geboren wurde; vor mir
aber war er, weil er höhergestellt ist als ich. Als er aber dies
ein wenig zuvor sagte, legte er noch die Gründe für diese
Höherstellung dar, indem er hinzufügte: „weil er eher war
als ich" (Joh 1,15). Als wollte er offen sagen: Dadurch
überragt er mich trotz der späteren Geburt, daß ihn die Zeit
seiner Geburt nicht einengt. Denn der durch die Mutter in

pore nascitur, sine tempore est a Patre generatus. Cui quantae reverentiae humilitatem debeat, subdendo manifestat:
„Cuius non sum dignus solvere corrigiam calceamenti.“
Mos apud veteres fuit, ut si quis eam, quae sibi competeret,
accipere uxorem nollet, ille ei calceamentum solveret, qui 5
ad hanc sponsus iure propinquitatis veniret. Quid igitur
inter homines Christus, nisi sanctae Ecclesiae sponsus apparuit? De quo et idem Ioannes dicit: „Qui habet sponsam,
sponsus est.“ Sed quia Ioannem homines Christum esse
putaverunt, quod idem Ioannes negat, recte se indignum 10
esse ad solvendam corrigiam eius calceamenti denunciat.
Ac si aperte dicat: Ego Redemptoris nostri vestigia denu-
dare non valeo, quia sponsi nomen mihi immerito non
usurpo. Quod tamen intelligi et aliter potest. Quis enim
nesciat, quod calceamenta ex mortuis animalibus fiunt? 15
Incarnatus vero Dominus veniens, quasi calceatus apparuit:
quia in divinitate sua morticina nostrae corruptionis assumpsit. Unde etiam per prophetam dicit: „In Idumaeam
extendam calceamentum meum.“ Per | Idumaeam quippe | 116
gentilitas, per calceamentum vero assumpta mortalitas de- 20
signatur. In Idumaeam ergo Dominus calceamentum suum
se extendere asserit; quia dum per carnem gentibus innotuit, quasi calceata ad nos divinitas venit. Sed huius incarnationis mysterium humanus oculus penetrare non sufficit.
Investigari etenim nullatenus potest, quomodo corporatur 25
Verbum: quomodo summus et vivificator spiritus intra
uterum matris animatur: quomodo is qui initium non habet, et exsistit et concipitur. Corrigia ergo calceamenti est
ligatura mysterii. Ioannes itaque solvere corrigiam calceamenti eius non valet; quia incarnationis eius mysterium nec 30
ipse investigare sufficit, qui hanc per prophetiae spiritum
agnovit. Quid est ergo dicere: „Non sum dignus solvere

---

9 Zum Leviratsgesetz vgl. Dtn 25,5–10.
10 Ebenso *in euang.* 1,20,4.

der Zeit geboren wird, ist außer der Zeit vom Vater gezeugt. Welch demütige Verehrung er ihm schuldet, zeigt er im folgenden: „Ich bin nicht würdig, seine Schuhriemen zu lösen" (Joh 1, 27). Bei den Alten war es Brauch, daß, wenn einer die ihm zustehende Frau nicht nehmen wollte, jener ihm die Schuhe löste, der aufgrund der Verwandtschaft ihr Bräutigam wurde.[9] Ist nun Christus unter den Menschen nicht als Bräutigam der Kirche erschienen? Über ihn spricht Johannes: „Wer die Braut hat, der ist der Bräutigam" (Joh 3, 29). Weil aber die Leute meinten, Johannes sei der Messias, was dieser Johannes verneinte, bezeichnet er sich mit Recht als unwürdig, dessen Schuhriemen zu lösen. Als wollte er offen sagen: Ich vermag nicht, die Füße unseres Erlösers zu entblößen, da ich mir nicht zu Unrecht den Namen des Bräutigams anmaße. Doch läßt sich dies auch anders verstehen. Wer wüßte nicht, daß Schuhe aus toten Tieren gefertigt werden. Als nun der Herr im Fleisch kam, erschien er sozusagen beschuht, da er in seiner Göttlichkeit den Leichnam unserer Vergänglichkeit annahm. Daher heißt es auch durch den Propheten: „Auf Edom setze ich meinen Schuh" (Ps 60, 10: Vg. Ps 59, 10). Durch Edom wird das Heidentum, durch den Schuh die angenommene Sterblichkeit bezeichnet. Der Herr sagt also, daß er auf Edom seinen Schuh setze, denn da er den Heiden im Fleisch erschien, kam die Gottheit sozusagen beschuht zu uns. Doch vermag ein menschliches Auge das Mysterium der Menschwerdung nicht zu durchdringen. Es läßt sich nämlich in keiner Weise erforschen, wie das Wort einen Leib annahm, wie der höchste und lebendigmachende Geist im Schoß der Mutter beseelt wurde, wie der, der keinen Anfang hat, ins Dasein trat und empfangen wurde. Der Schuhriemen ist also die Bindung des Mysteriums. Johannes kann daher dessen Schuhriemen nicht lösen, weil er das Mysterium der Menschwerdung nicht zu erforschen vermag, obwohl er es durch den Geist der Prophetie erkannte.[10] Was bedeutet also das Wort: „Ich bin nicht würdig, seine Schuh-

corrigiam calceamenti eius", nisi aperte et humiliter suam
ignorantiam profiteri? Ac si patenter dicat: Quid mirum si
ille mihi praelatus est, quem post me quidem natum consi-
dero, sed nativitatis eius mysterium non apprehendo? Ecce
Ioannes prophetiae spiritu impletus, mira scientia emicat, 5
et tamen illud de se insinuat, quod ignorat.

4. Qua in re pensandum nobis est, fratres carissimi, et
tota intentione cogitandum, quomodo sancti viri, ut humilitatis in se virtutem custodiant, cum quaedam mirabiliter
sciunt, illud ante mentis oculos student revocare quod ne- 10
sciunt: ut dum ex parte alia infirmitatem suam considerant,
ex ea parte qua perfectus est, eorum se animus non extollat.
Scientia etenim virtus est, humilitas etiam custos virtutis.
Restat ergo, ut in omne quod scit sese mens deprimat, ne
quod virtus scientiae congregat ventus elationis tollat. Cum 15
bona, fratres, agitis, semper ad memoriam male acta revocate: ut dum caute culpa conspicitur, nunquam de bono
opere incaute animus laetetur. Superiores invicem eos maxime qui vobis commissi non sunt, proximos vestros attendite: quia et quos agere aliqua prava conspicitis, quae in eis 20
lateant bona nescitis. Magnus ergo unusquisque esse studeat, sed tamen aliquo modo esse se nesciat: ne dum sibi
magnitudinem arroganter tribuit, amittat. Hinc etenim per
prophetam dicitur: „Vae qui sapientes estis in oculis vestris,
et coram vobismetipsis prudentes." Hinc Paulus ait: „No- 25
lite prudentes esse apud vosmetipsos." Hinc contra super-
bientem Saul dicitur: „Cum esses parvulus in oculis tuis,
caput in tribubus Israel factus es." Ac si aperte diceretur:
Cum tu te parvulum conspiceres, ego te prae ceteris

---

[11] Zum Begriff des *mysterium* im heilsgeschichtlich-christologischen
Sinn vgl. RUFFINI/LODI, *Mysterion* 181–193.

[12] Solche Ehrfurcht vor dem unergründlichen Mysterium der Inkarna-
tion fordert GREGOR in ähnlicher Weise *in euang.* 2,22,8 (Ende).

[13] Zu handschriftlichen Varianten des Zitates vgl. ÉTAIX, *Tradition manuscrite* 554.

riemen zu lösen" anderes, als offen und demütig seine
Unwissenheit zu bekennen? Als wollte er eigentlich sagen:
Kein Wunder, wenn jener mir vorangestellt ist, der zwar,
wie ich sehe, nach mir geboren wurde, dessen Geburtsmy-
sterium[11] ich jedoch nicht erfasse. Seht, Johannes ist vom
Geist der Prophetie erfüllt und erstrahlt in wunderbarem
Wissen, und dennoch gesteht er von sich ein, was er nicht
weiß.[12]

4. Hierbei müssen wir, geliebte Brüder, erwägen und mit
ganzer Aufmerksamkeit bedenken, wie heilige Männer, um
in sich die Tugend der Demut zu bewahren, bei ihrem
wunderbaren Wissen das vor ihr geistiges Auge rufen, was
sie nicht wissen; indem sie ihre schwache Seite betrachten,
sollen sie nicht hinsichtlich ihrer schon vollkommenen
Seite überheblich werden. Das Wissen ist nämlich eine
Tugend, die Demut aber Hüterin der Tugend. Daher muß
sich der Geist bei allem, was er weiß, niederhalten, damit
nicht der Sturm der Selbsterhöhung forttrage, was die Tugend des Wissens ansammelt. Wenn ihr Gutes tut, meine
Brüder, ruft euch stets die bösen Taten in Erinnerung,
damit, wenn die Schuld vorsichtig betrachtet wird, der
Geist sich niemals unvorsichtig über das gute Werk freue.
Haltet gegenseitig eure Nächsten, besonders die euch nicht
anvertraut sind, für überlegen, denn wenn ihr auch seht,
wie sie etwas Verkehrtes tun, so wißt ihr doch nicht um das
Gute, das in ihnen verborgen ist. Jeder strebe danach, groß
zu sein, doch soll er irgendwie vergessen, daß er es ist, um
nicht die Größe zu verlieren, die er sich voller Anmaßung
zuschreibt. Deshalb wird durch den Propheten gesagt:
„Wehe euch, die ihr in euren Augen weise seid und vor euch
selbst klug" (Jes 5,21). Daher sagt Paulus: „Haltet euch
nicht selbst für klug" (Röm 12,16). Aus diesem Grund
heißt es gegen den hochmütigen Saul: „Bist du nicht zum
Haupt der Stämme Israels geworden, als du in deinen Augen gering warst?" (1 Sam 15,17)[13]. Als sollte es offen heißen: Als du gering warst in deinen Augen, habe ich dich vor

magnum feci. Quia vero tu te magnum conspicis, a me
parvus aestimaris. Quo contra cum David regni sui poten-
tiam coram arca foederis Domini sal|tando despiceret, dixit: |118
„Ludam et vilior fiam plus quam factus sum, et ero humilis
in oculis meis." Quem enim non extolleret, ora leonum 5
frangere, ursorum brachia dissipare, despectis prioribus
fratribus eligi, reprobato rege ad regni gubernacula ungi,
timendum cunctis uno lapide Goliam sternere, a rege pro-
posita exstinctis allophylis numerosa praeputia reportare,
regnum ex promissione percipere, cunctumque israeliticum 10
populum sine ulla postmodum contradictione possidere?
Et tamen in cunctis se despicit, qui in suis oculis se esse
humilem confitetur. Si ergo sancti viri etiam cum agunt
fortia, de semetipsis vilia sentiunt, quid in sua excusatione
dicturi sunt qui sine opere virtutis intumescunt? Sed etsi 15
quaelibet bona adsint opera, nulla sunt, nisi ex humilitate
condiantur. Miranda quippe actio cum elatione non elevat,
sed gravat. Qui enim sine humilitate virtutes congregat, in
ventum pulverem portat; et unde aliquis ferre cernitur, inde
deterius coecatur. In cunctis ergo quae agitis, fratres mei, 20
radicem boni operis humilitatem tenete; nec quibus iam
superiores, sed quibus adhuc inferiores estis, aspicite: ut
dum meliorum vobis exempla proponitis, ad maiora semper
ascendere ex humilitate valeatis.

---

[14] Zu handschriftlichen Varianten des Zitates vgl. ÉTAIX, *Tradition manuscrite* 554.

den anderen groß gemacht. Weil du dich jedoch für groß hieltest, wirst du von mir geringgeachtet. Im Gegensatz dazu sprach David, als er seine Herrschaftsmacht vor der Bundeslade des Herrn tanzend nicht achtete: „Ich werde spielen und noch geringer werden, als ich es gewesen bin, und werde in meinen Augen niedrig sein" (2 Sam 6, 22)[14]. Wer hätte sich denn nicht aufgrund der Tatsache groß gefühlt, daß er Löwenrachen zerbrach, Bären die Beine ausriß (vgl. 1 Sam 17, 34 f), unter Mißachtung seiner älteren Brüder erwählt wurde, nach Verwerfung des Königs zur Leitung des Reiches gesalbt wurde (vgl. 1 Sam 16, 10–13), den von allen gefürchteten Goliat mit einem einzigen Stein niederstreckte (vgl. 1 Sam 17, 40–51), nach Tötung der Philister die vom König verlangten zahlreichen Vorhäute heimbrachte (vgl. 1 Sam 18, 25–27), aufgrund der Verheißung das Reich erlangte und das ganze Volk Israel ohne späteren Widerspruch in Besitz nahm? Und trotzdem achtet er sich bei allem gering, wenn er bekennt, in seinen Augen niedrig zu sein. Wenn also die heiligen Männer, auch wenn sie Tapferes vollbringen, von sich selbst gering denken, was werden da zu ihrer Entschuldigung die sagen, die sich ohne vollbrachte Tugend großtun? Doch selbst wenn es irgendwelche guten Werke geben sollte, so sind sie wertlos, wenn sie nicht mit Demut gewürzt werden. Eine beeindruckende Tat, mit Selbsterhöhung verbunden, hebt nicht empor, sondern drückt nieder. Wer nämlich ohne Demut Tugenden sammelt, der wirft Staub in den Wind. Das, was man ihn tragen sieht, läßt ihn um so schlimmer erblinden. Bei allem also, was ihr tut, meine Brüder, bewahrt als Wurzel eines guten Werkes die Demut[15]. Blickt auch nicht auf die, denen ihr schon überlegen seid, sondern auf die, denen ihr noch nachsteht, damit, wenn ihr euch die Vorbilder der Besseren vor Augen haltet, ihr aufgrund der Demut stets zu Größerem emporzusteigen vermögt.

---

[15] Zur Bedeutung der Demut vgl. WEBER, *Moraltheologie* 219–222.

Habita ad populum in basilica B. Mariae Virginis, in die Natalis Domini

Lectio sancti Evangelii secundum Lucam 2, 1–14

In illo tempore: Exiit edictum a Caesare Augusto, ut descri- 5
beretur universus orbis. Haec descriptio prima facta est a
praeside Syriae Cyrino. Et ibant omnes ut profiterentur,
singuli in suam civitatem. Ascendit autem et Ioseph a
Galilaea de civitate Nazareth, in Iudaeam in civitatem
David, quae vocatur Bethlehem, eo quod esset de domo et 10
familia David, ut profiteretur cum Maria desponsata sibi
uxore praegnante. Factum est autem, cum essent ibi, impleti
sunt dies ut pareret. Et peperit filium suum primogenitum;
et pannis eum involvit, et reclinavit eum in praesepio: quia
non erat ei locus in diversorio. Et pastores erant in regione 15
eadem vigilantes et custodientes vigilias noctis super gre-
gem suum. Et ecce angelus Domini stetit iuxta illos, et
claritas Dei circumfulsit illos: et timuerunt timore magno.
Et dixit illis angelus: Nolite timere. Ecce enim evangelizo
vobis gaudium magnum, quod erit omni populo: quia natus 20
est vobis hodie Salvator, qui est Christus Dominus, in
civitate David. Et hoc vobis signum: Invenietis infantem
pannis involutum, et positum in praesepio. Et subito facta
est cum angelo multitudo militiae coelestis exercitus, lau-
dantium Deum, et dicentium: Gloria in altissimis Deo, et 25
in terra pax hominibus bonae voluntatis.

1. Quia, largiente Domino, missarum solemnia ter hodie
celebraturi sumus, loqui diu de evangelica lectione non

---

[1] CHAVASSE, *Aménagements* 91, datiert die Homilie auf den 25.12.590.
[2] Die erste Messe wurde während der Nacht in S. Maria Maggiore
gefeiert, die zweite Messe bei Sonnenaufgang in S. Anastasia, die dritte
in St. Peter am Tage. Vgl. *Lib. pontif.* 1, 129.

Gehalten vor dem Volk in der Basilika der seligen Jungfrau Maria, am Tage der Geburt des Herrn[1]

Lesung des heiligen Evangeliums nach Lukas 2,1–14
*In jener Zeit erging von Kaiser Augustus ein Befehl, das
ganze Reich in Listen einzutragen. Dies war die erste
Eintragung; sie fand unter Quirinius, dem Statthalter von
Syrien, statt. Alle gingen hin, um sich einschreiben zu
lassen, ein jeder in seine Heimatstadt. So zog auch Josef aus
der Stadt Nazaret in Galiläa nach Judäa hinauf, in die
Stadt Davids, die Betlehem heißt, weil er aus dem Haus
und Geschlecht Davids stammte, um sich eintragen zu
lassen zusammen mit Maria, seiner Verlobten, die schwan-
ger war. Es geschah aber, während sie dort waren, daß für
sie die Zeit kam, da sie gebären sollte. Sie gebar ihren Sohn,
den Erstgeborenen, wickelte ihn in Windeln und legte ihn
in eine Krippe, weil in der Herberge kein Platz für sie war.
In jener Gegend hielten Hirten auf freiem Felde Nachtwache bei ihrer Herde. Da stand plötzlich ein Engel des Herrn
vor ihnen, und die Herrlichkeit des Herrn umstrahlte sie;
und sie fürchteten sich sehr. Der Engel aber sprach zu ihnen:
Fürchtet euch nicht. Seht, ich verkünde euch eine große
Freude, die dem ganzen Volk zuteil werden soll: Heute ist
euch in der Stadt Davids der Retter geboren, Christus der
Herr. Und dies soll euch als Zeichen dienen: Ihr werdet ein
Kind finden, in Windeln gewickelt und in einer Krippe
liegend. Und sogleich gesellte sich zu dem Engel eine große
himmlische Heerschar, die Gott lobte und sprach: Ehre sei
Gott in der Höhe und Friede auf Erden den Menschen
guten Willens.*

1. Da wir heute mit der Gnade Gottes dreimal die Fest-
messe feiern werden[2], können wir nicht allzu lange über die
Lesung des Evangeliums sprechen. Doch drängt uns gerade

possumus. Sed nos aliquid vel breviter dicere Redemptoris
nostri nativitas ipsa compellit. Quid est quod nascituro
Domino mundus describitur, nisi hoc quod aperte mon-
stratur, quia ille veniebat in carne, qui electos suos adscri-
beret in aeternitate? Quo contra de reprobis per prophetam 5
dicitur: „Deleantur de libro viventium et cum iustis non
scribantur." Qui bene etiam in Bethlehem nascitur; Bethlehem quippe domus panis interpretatur. Ipse namque est,
qui ait: „Ego sum panis vivus, qui de coelo descendi."
Locus ergo in quo Dominus nascitur, domus panis antea 10
vocatus est: quia futurum profecto erat, ut | ille ibi per | 122
materiam carnis appareret, qui electorum mentes interna
satietate reficeret. Qui non in parentum domo, sed in via
nascitur: ut profecto ostenderet, quia per humanitatem
suam, quam assumpserat, quasi in alieno nascebatur. Alie- 15
num videlicet non secundum potestatem dico, sed secundum naturam. Nam de potestate eius scriptum est: „In
propria venit." In natura etenim sua ante tempora natus est,
in nostra venit ex tempore. Qui ergo aeternus permanens,
temporalis apparuit, alienum est ubi descendit. Et quia per 20
prophetam dicitur: „Omnis caro fenum" factus homo,
fenum nostrum vertit in frumentum, qui de semetipso ait:
„Nisi granum frumenti cadens in terram mortuum fuerit,
ipsum solum manet." Unde et natus in praesepio reclinatur,
ut fideles omnes, videlicet sancta animalia, carnis suae fru- 25
mento reficeret, ne ab aeternae intelligentiae pabulo ieiuna
remanerent. Quid autem est, quod vigilantibus pastoribus
angelus apparet, eosque Dei claritas circumfulget, nisi quod
illi prae ceteris videre sublimia merentur, qui fidelibus

die Geburt unseres Erlösers, wenigstens kurz etwas zu
sagen. Was bedeutet es, daß bei der Geburt des Herrn die
ganze Welt aufgezeichnet wird? Hierin zeigt sich ganz
deutlich, daß jener im Fleisch erschien, um seine Erwählten
in der Ewigkeit einzuschreiben. Im Gegensatz dazu wird
über die Verworfenen beim Propheten gesagt: „Sie seien aus
dem Buch der Lebenden getilgt und nicht bei den Gerechten verzeichnet" (Ps 69,29: Vg. Ps 68,29). Sinnvollerweise
wird er auch in Betlehem geboren. Betlehem ist ja als „Haus
des Brotes" zu übersetzen. Er selbst ist es nämlich, der
spricht: „Ich bin das lebendige Brot, das vom Himmel
herabgekommen ist" (Joh 6,51). Der Ort also, wo der Herr
geboren wird, wurde schon zuvor Haus des Brotes genannt, denn es sollte tatsächlich jener dort im Fleische
erscheinen, der den Geist der Erwählten mit innerer Sättigung wieder kräftigte. Er wird nicht im Elternhaus geboren, sondern auf der Reise, um deutlich zu zeigen, daß er
durch die Menschheit, die er angenommen hatte, sozusagen
in der Fremde geboren wurde. „In der Fremde" beziehe ich
nicht auf seine Macht, sondern auf seine Natur. Denn über
seine Macht steht geschrieben: „Er kam in sein Eigentum"
(Joh 1,11). In seiner eigenen Natur ist er ja vor aller Zeit
gezeugt, in unserer Natur erschien er in der Zeit. Da also
der ewig Bleibende als Zeitlicher erschien, bedeutet für ihn
Fremde, wohin er hinabstieg. Und da durch den Propheten
gesagt wird: „Alles Fleisch ist Gras" (Jes 40,6), hat der
Menschgewordene unser Gras in Weizen verwandelt, wenn
er von sich selbst sagt: „Wenn nicht das Weizenkorn in die
Erde fällt und stirbt, bleibt es allein" (Joh 12,24). Daher
wird er auch als Neugeborener in eine Krippe gelegt, um
alle Gläubigen als heilige Geschöpfe mit dem Weizen seines
Leibes wieder zu kräftigen, damit sie nicht die Speise ewiger Einsicht entbehren müssen. Was bedeutet es aber anderes, daß den wachenden Hirten ein Engel erscheint und die
Herrlichkeit Gottes sie umstrahlt, als daß vor allen anderen
diejenigen Himmlisches zu schauen verdienen, die es ver-

gregibus praeesse solicite sciunt? Dumque ipsi pie super
gregem vigilant, divina super eos gratia largius coruscat.

2. Regem vero natum angelus nunciat, eiusque voci angelorum chori concinunt, et congaudentes clamant: „Gloria in excelsis Deo, et in terra pax hominibus bonae volun- 5
tatis." Prius quippe quam Redemptor noster nasceretur per
carnem, discordiam cum angelis habuimus, a quorum claritate atque munditia per primae culpae meritum, per quotidiana delicta longe distabamus. Quia enim peccando ex-
tranei eramus a Deo, extraneos nos a suo consortio 10
deputabant angeli cives Dei. Sed quia nos cognovimus Regem nostrum, recognoverunt nos angeli cives suos. Quia
enim coeli Rex terram nostrae carnis assumpsit, infirmitatem nostram illa iam angelica celsitudo non despicit. Ad
pacem nostram angeli redeunt, intentionem prioris dis- 15
cordiae postponunt: et quos prius infirmos abiectosque
despexerant, iam socios venerantur. Hinc est enim quod
Loth et Iosue angelos adorant, nec tamen adorare pro-
hibentur: Ioannes vero in Apocalypsi sua adorare angelum
voluit, sed tamen idem hunc angelus ne se debeat adorare 20
compescuit, dicens: „Vide ne feceris, conservus enim tuus
sum et fratrum tuorum." Quid est quod ante Redemptoris
adventum angeli ab hominibus adorantur, et tacent, postmodum vero adorari refugiunt: nisi quod naturam nostram,
quam prius despexerant, postquam hanc super se as- 25
sumptam conspiciunt, substratam sibi videre pertimes-

---

³ Eine ähnliche Interpretation von Lk 2,14 bietet JOHANNES CHRY-
SOSTOMUS, hom. in Col. 1,3 (PG 62, 321f).
⁴ Aufgrund ihrer gemeinsamen Berufung und Befähigung zur Gottesschau bildeten Engel und Menschen eine Gemeinschaft; vgl. in euang.
2,34,3.11; in cant. 40 (CCL 144, 39).
⁵ Vgl. auch GREGOR, moral. 27,29 (CCL 143B, 1352). Ähnlich schon
AUGUSTINUS, enchir. 16,61 (CCL 46, 82).
⁶ Zu handschriftlichen Varianten hinsichtlich der biblischen Beispiele
vgl. ÉTAIX, Tradition manuscrite 557.

stehen, die Herden der Gläubigen achtsam zu führen. Indem sie selbst pflichtgetreu über die Herde wachen, erstrahlt die himmlische Gnade über ihnen um so reicher.

2. Der Engel verkündet aber die Geburt eines Königs,
die Chöre der Engel stimmen in sein Verkünden ein, und
voller Mitfreude rufen sie: „Ehre sei Gott in der Höhe und
Friede auf Erden den Menschen guten Willens" (Lk 2,14).[3]
Bevor nämlich unser Erlöser im Fleisch geboren wurde,
lebten wir mit den Engeln in Zwietracht, von deren Klar-
heit und Reinheit wir infolge der ersten Schuld, infolge der
täglichen Vergehen weit entfernt waren. Da wir durch das
Sündigen Gott entfremdet waren, betrachteten uns die Engel, die Bürger Gottes, als außerhalb ihrer Gemeinschaft
stehende Fremdlinge.[4] Doch da wir unseren König erkannten, haben uns die Engel als ihre Mitbürger anerkannt. Da
nämlich der König des Himmels unser irdisches Fleisch
angenommen hat, verachtet jene erhabene Engelswelt unsere Schwäche nicht mehr. Die Engel schließen wieder
Frieden mit uns und denken nicht mehr an die frühere
Zwietracht; und die sie zunächst als schwach und verworfen verachtet hatten, achten sie nun als ihre Gefährten.[5]
Daher kommt es, daß Lot (vgl. Gen 19,1) und Josua (vgl.
Jos 5,15) sich vor den Engeln zu Boden warfen und nicht
daran gehindert wurden, dies zu tun.[6] Johannes aber wollte
sich bei seiner Offenbarung vor dem Engel zu Boden werfen, doch hielt ihn der Engel davon ab, indem er sprach:
„Laß ab, ich bin nämlich dein Mitknecht und einer deiner
Brüder" (Offb 22,9)[7]. Weshalb werden vor der Ankunft des
Erlösers die Engel von den Menschen in jener Weise verehrt
und schweigen dazu, meiden aber anschließend diese Art
von Verehrung? Es gibt nur einen Grund: Sie fürchten den
Anblick, wie unsere Natur vor ihnen auf dem Boden liegt,
die sie zunächst verachtet hatten, später jedoch noch über

---

[7] Zu handschriftlichen Varianten hinsichtlich des Zitates vgl. ÉTAIX,
Tradition manuscrite 554.

cunt? Nec iam sub se velut infirmam contemnere ausi sunt,
quam super se videlicet in coeli Rege venerantur. Nec habere dedignantur hominem socium, qui super se adorant
hominem Deum. Curemus ergo, fratres carissimi, ne qua
nos im|munditia polluat, qui in aeterna praescientia et Dei 5 | 124
cives, et angelis eius aequales sumus. Vindicemus moribus
dignitatem nostram, nulla nos luxuria inquinet, nulla nos
turpis cogitatio accuset, non malitia mentem mordeat, non
invidiae rubigo consumat, non elatio inflet, non ambitio
per terrena oblectamenta dilaniet, non ira inflammet. Dii 10
etenim vocati sunt homines. Defende ergo tibi o homo
contra vitia honorem Dei, quia propter te factus est Deus
homo: qui vivit et regnat in secula seculorum. Amen.

sich selbst erhöht sehen. Und sie wagten es nicht mehr, diese Natur wegen ihrer Schwäche als ihnen unterlegen zu verachten, die sie weit über sich am König des Himmels verehren. Sie halten es nicht mehr für unangemessen, den Menschen zum Gefährten zu haben, da sie über sich den Gottmenschen anbeten. Sorgen wir also dafür, geliebte Brüder, daß uns nichts Unreines beflecke, die wir im ewigen Vorauswissen sowohl Bürger Gottes als auch seinen Engeln gleichgestaltet sind. Bewahren wir im Lebenswandel unsere Würde. Keine Unzucht möge uns besudeln, kein schändlicher Gedanke anklagen, keine Bosheit am Herzen nagen, kein Rost von Neid an uns fressen, kein Hochmut uns aufblähen, keine Gier nach irdischen Vergnügungen uns zerreißen und kein Zorn entflammen. Denn „Götter" wurden die Menschen genannt. Verteidige dir also, Mensch, gegen die Laster deine göttliche Würde, denn um deinetwillen ist Gott Mensch geworden, der lebt und herrscht in alle Ewigkeit. Amen.

Habita ad populum in basilica sancti Silvestri,
in die natalis eius

Lectio sancti Evangelii secundum Matthaeum 25, 14–30
In illo tempore dixit Iesus discipulis suis parabolam hanc: 5
Homo quidam peregre proficiscens, vocavit servos suos, et
tradidit illis bona sua. Et uni dedit quinque talenta, alii
autem duo, alii vero unum: unicuique secundum propriam
virtutem, et profectus est statim. Abiit autem qui quinque
talenta acceperat, et operatus est in eis, et lucratus est alia 10
quinque. Similiter et qui duo acceperat, lucratus est alia
duo. Qui autem unum acceperat, abiens fodit in terram, et
abscondit pecuniam domini sui. Post multum vero temporis
venit dominus servorum illorum, et posuit rationem cum
eis. Et accedens qui quinque talenta acceperat, obtulit alia 15
quinque talenta, dicens: Domine, quinque talenta tradidi-
sti mihi, ecce alia quinque superlucratus sum. Ait illi domi-
nus eius: Euge serve bone et fidelis, quia super pauca fuisti
fidelis, super multa te constituam: intra in gaudium domini
tui. Accessit autem et qui duo talenta acceperat, et ait: 20
Domine, duo talenta tradidisti mihi: ecce alia duo superlu-
cratus sum. Ait illi dominus eius: Euge serve bone et fidelis,
quia super pauca fuisti fidelis, super multa te constituam:
intra in gaudium domini tui. Accedens autem et qui unum
talentum acceperat, ait: Domine, scio quia homo durus es, 25
metis ubi non seminasti, et congregas ubi non sparsisti: et
timens abii et abscondi talentum tuum in terra: ecce habes
quod tuum est. Respondens autem dominus eius, dixit ei:
Serve male et piger, sciebas quia meto ubi non semino, et

---

[1] CHAVASSE, *Aménagements* 91, datiert die Homilie auf den 31. 12. 590.

Gehalten vor dem Volk in der Basilika des heiligen
Silvester, an dessen Geburtsfest[1]

Lesung des heiligen Evangeliums nach Matthäus 25, 14–30
*In jener Zeit trug Jesus seinen Jüngern folgendes Gleichnis
vor: Ein Mann, der in die Fremde ziehen wollte, rief seine
Knechte zusammen und übergab ihnen sein Vermögen.
Dem einen gab er fünf Talente, dem anderen zwei, dem
dritten eines, jedem nach seiner Tüchtigkeit. Dann reiste
er alsbald ab. Der fünf Talente empfangen hatte, ging hin,
arbeitete mit ihnen und gewann noch fünf andere hinzu.
Ebenso gewann der mit zwei Talenten noch zwei weitere
hinzu. Der aber das eine erhalten hatte, ging hin, grub ein
Loch in die Erde und verbarg das Geld seines Herrn. Nach
langer Zeit kam der Herr jener Knechte zurück und rech-
nete mit ihnen ab. Der die fünf Talente empfangen hatte,
trat heran, brachte noch fünf weitere Talente und sagte:
Herr, fünf Talente hast du mir übergeben, siehe, fünf weitere habe ich dazugewonnen. Da sprach sein Herr zu ihm:
Wohlan du guter und treuer Knecht, weil du über weniges
treu gewesen bist, will ich dich über vieles setzen; geh ein
in die Freude deines Herrn. Dann trat der mit den zwei
Talenten heran und sprach: Herr, zwei Talente hast du mir
übergeben, siehe, zwei weitere habe ich dazugewonnen.
Da sprach sein Herr zu ihm: Wohlan du guter und treuer
Knecht, weil du über weniges treu gewesen bist, will ich
dich über vieles setzen; geh ein in die Freude deines Herrn.
Es trat nun der mit dem einen Talent heran und sprach:
Herr, ich weiß, daß du ein strenger Mensch bist, du erntest,
wo du nicht gesät hast, und sammelst ein, wo du nicht
ausgestreut hast. Darum fürchtete ich mich, ging hin und
verbarg dein Talent in der Erde; hier hast du, was dein ist.
Da erwiderte ihm sein Herr: Du böser und fauler Knecht,
du wußtest, daß ich ernte, wo ich nicht säe, und sammle,*

congrego ubi non sparsi: oportuit ergo te dare pecuniam
meam nummulariis, et ego veniens recepissem utique quod
meum est, cum usura. Tollite itaque ab eo talentum, et date
ei, qui habet decem talenta. Omni enim habenti dabitur,
et abundabit: ei autem qui non habet, et quod videtur 5
habere auferetur ab eo. Et inutilem servum eicite in tene-
bras exteriores: illic erit fletus, et stridor dentium.

1. Lectio sancti Evangelii, fratres carissimi, solicite considerare nos admonet, ne nos qui plus ceteris in hoc mundo
accepisse aliquid cernimur ab auctore mundi, gravius inde 10
iudicemur. Cum enim augentur dona, rationes etiam cres-
cunt donorum. Tanto ergo esse humilior atque ad serviendum promptior quisque debet ex munere, quanto se obli-
gatiorem esse conspicit in reddenda ratione. Ecce homo qui
pe|regre proficiscitur, servos suos vocat, eisque ad negoti- 15 |1:
um talenta partitur. Post multum vero temporis positurus
rationem revertitur: bene operantes pro apportato lucro
remunerat, servum vero a bono opere torpentem damnat.
Quis itaque iste homo est qui peregre proficiscitur, nisi
Redemptor noster qui in ea carne quam assumpserat, abiit 20
in coelum? Carnis enim locus proprius terra est, quae quasi
ad peregrina ducitur, dum per Redemptorem nostrum in
coelo collocatur. Sed homo iste peregre proficiscens servis
suis bona sua tradidit, quia fidelibus suis spiritalia dona
concessit. Et uni quidem quinque talenta, alii duo, alii vero 25
commisit unum. Quinque etenim sunt corporis sensus:
videlicet visus, auditus, gustus, odoratus et tactus. Quinque
ergo talentis donum quinque sensuum, id est exteriorum

wo ich nicht ausgestreut habe. Du hättest mein Geld bei
den Wechslern anlegen sollen, dann hätte ich bei meiner
Rückkehr das Meinige mit Zinsen abheben können. Nehmt
ihm also das Talent, und gebt es dem, der die zehn hat.
Denn wer hat, dem wird gegeben werden, und er wird im
Überfluß haben; wer aber nicht hat, dem wird noch ge-
nommen werden, was er zu haben scheint. Den nichtsnut-
zigen Knecht aber werft in die äußere Finsternis hinaus;
dort wird Heulen und Zähneknirschen sein.

1. Die Lesung des heiligen Evangeliums, geliebte Brüder,
mahnt uns, sorgsam darauf zu achten, daß wir, die wir aus
der Sicht des Weltschöpfers etwas mehr als andere empfangen haben, dafür nicht um so strenger gerichtet werden.
Wenn nämlich die Gaben gemehrt werden, wächst auch die
Verantwortung für die Gaben. Um so demütiger und
dienstbereiter muß ein jeder aufgrund der empfangenen
Gabe sein, je mehr er sich zur Ablegung von Rechenschaft
verpflichtet sieht. Seht, der Mann, der in die Fremde auf-
brechen will, ruft seine Knechte zusammen und teilt unter
ihnen die Talente auf, damit sie Handel treiben. Nach
langer Zeit kehrt er nun aber zurück, um abzurechnen. Die
guten Arbeiter belohnt er entsprechend des erbrachten
Gewinnes, den nichtsnutzigen Knecht jedoch verurteilt er.
Wer ist also dieser Mann, der in die Fremde aufbricht, wenn
nicht unser Erlöser, der im Fleisch, das er angenommen
hatte, in den Himmel aufstieg? Der eigentliche Ort für das
Fleisch ist ja die Erde; wird es durch unseren Erlöser in den
Himmel versetzt, dann wird es sozusagen in die Fremde
geführt. Dieser in die Fremde aufbrechende Mann aber
übergab seinen Knechten sein Vermögen, weil er seinen
Gläubigen geistliche Gaben gewährte. Dem einen vertraute
er fünf Talente an, dem anderen zwei, dem dritten aber
eines. Fünf leibliche Sinne gibt es nämlich, Gesicht, Gehör,
Geschmack, Geruch und Gefühl. Mit den fünf Talenten
wird also die Gabe der fünf Sinne, das heißt die Erkenntnis

scientia exprimitur. Duobus vero intellectus et operatio designatur. Unius autem talenti nomine intellectus tantummodo designatur. Sed is qui quinque talenta acceperat, alia quinque lucratus est: quia sunt nonnulli, qui etsi interna ac mystica penetrare nesciunt, pro intentione tamen supernae 5 patriae docent recta quos possunt, de ipsis exterioribus quae acceperunt; dumque se a carnis petulantia, et a terrenarum rerum ambitu atque a visibilium voluptate custodiunt, ab his etiam alios admonendo compescunt. Et sunt nonnulli, qui quasi duobus talentis ditati intellectum atque 10 operationem percipiunt, subtilia de internis intelligunt, mira in exterioribus operantur: cumque et intelligendo et operando aliis praedicant, quasi duplicatum de negotio lucrum reportant. Bene autem alia quinque, vel alia duo in lucrum venisse referuntur: quia dum utrique sexui praedi- 15 catio impenditur, quasi accepta talenta geminantur. Sed is qui unum talentum acceperat, abiens fodit in terram, et abscondit pecuniam domini sui. Talentum in terra abscondere, est acceptum ingenium in terrenis actibus implicare, lucrum spiritale non quaerere, cor a terrenis cogitationibus 20 nunquam levare. Sunt namque nonnulli qui donum intelligentiae perceperunt: sed tamen sola quae carnis sunt sapiunt. De quibus per prophetam dicitur: „Sapientes sunt ut faciant mala, bene autem facere nescierunt." Sed Dominus, qui talenta contulit, rationem positurus redit: quia is qui 25 nunc pie spiritalia dona tribuit, districte in iudicio merita exquirit: quid quisque accepit, considerat, et quod lucrum de acceptis reportet, pensat.

---

[2] GREGOR gebraucht vielfach die Formulierung *sunt nonnulli, qui*, um allgemeine Wahrheiten durch Beispiele aus der Erfahrung zu konkretisieren. Vgl. DAGENS, *Culture* 106–109.

[3] Zur *interna intelligentia* vgl. DAGENS, *Culture* 205–244.

[4] Der Vergleich der fünf Talente mit den fünf Sinnen findet sich ähnlich bei AUGUSTINUS, *vera relig.* 106 (CCL 32, 255).

der äußeren Dinge, ausgedrückt. Die zwei Talente bezeichnen jedoch Einsicht und Wirken. Mit dem einen Talent wird aber die Einsicht allein bezeichnet. Nun hat aber der, der die fünf Talente empfangen hatte, fünf andere hinzugewonnen; es gibt nämlich einige[2], die, wenn sie auch innere und mystische Dinge nicht zu durchdringen verstehen[3], dennoch entsprechend ihrer Ausrichtung auf die himmlische Heimat so viele wie möglich über die empfangenen äußeren Gaben in rechter Weise belehren.[4] Indem sie sich vor der Hemmungslosigkeit des Fleisches, vor dem Streben nach irdischen Dingen und vor dem Lustempfinden am Sichtbaren hüten, zügeln sie in dieser Hinsicht durch ihr Mahnen auch andere. Dann gibt es einige, die, sozusagen mit zwei Talenten ausgestattet, Einsicht und Wirken empfangen, feinfühlig die inneren Dinge einsehen und Beeindruckendes in den äußeren Dingen wirken; wenn sie durch Einsicht und Wirken anderen verkündigen, erbringen sie sozusagen doppelten Gewinn aus ihrem Handel. Treffend heißt es aber, daß einmal fünf, das andere Mal zwei Talente hinzugewonnen wurden, da die empfangenen Talente sozusagen verdoppelt werden, wenn die Verkündigung an beiderlei Geschlecht gerichtet wird. Der jedoch nur ein Talent empfangen hatte, ging hin, grub ein Loch in die Erde und verbarg das Talent seines Herrn. Das Talent in der Erde zu verbergen bedeutet, die empfangene Begabung in irdisches Tun zu verwickeln, keinen geistigen Gewinn zu suchen, das Herz niemals von irdischen Gedanken zu erheben. Es gibt nämlich einige, die die Gabe der Einsicht empfingen, doch nur auf Fleischliches sinnen. Über diese heißt es beim Propheten: „Sie sind weise, um Böses zu tun, Gutes zu tun, verstehen sie nicht" (Jer 4, 22). Doch der Herr, der die Talente verteilte, kommt zurück, um abzurechnen, da der, der jetzt voller Güte Geistesgaben verleiht, im Gericht streng nach Verdiensten forscht, betrachtet, was jeder empfing, und abwägt, welchen Gewinn er aus dem Empfangenen eingebracht hat.

2. Servus qui geminata talenta retulit, a domino laudatur,
atque ad aeternam remunerationem perducitur, cum ei voce
dominica dicitur: „Euge serve bone et fidelis, quia super
pauca fuisti fidelis, super multa te constituam: intra in
| gaudium Domini tui." Pauca quippe bona sunt omnia 5 | 130
praesentis vitae, quamlibet multa esse videantur, comparatione retributionis aeternae. Sed tunc fidelis servus super
multa constituitur, quando devicta omni corruptionis mo-
lestia, de aeternis gaudiis in illa coelesti sede gloriatur. Tunc
ad Domini sui gaudium perfecte intromittitur, quando in 10
aeterna illa patria assumptus, atque angelorum coetibus
admixtus, sic interius gaudet de munere, ut non sit iam
quod exterius doleat de corruptione.

3. Servus autem, qui operari de talento noluit, ad Dominum cum verbis excusationis redit, dicens: „Domine, scio 15
quia homo durus es, metis ubi non seminasti, et congregas
ubi non sparsisti: et timens abii et abscondi talentum tuum
in terra: ecce habes quod tuum est." Notandum, quod
inutilis servus durum dominum vocat, cui tamen ad lucrum
deservire dissimulat, et timuisse se dicit in lucrum talentum 20
expendere, qui hoc solum timere debuerat, ne hoc sine
lucro ad dominum reportaret. Sunt enim plerique intra
sanctam Ecclesiam, quorum iste servus imaginem tenet, qui
melioris vitae vias aggredi metuunt, et tamen iacere in sui
torporis ignavia non pertimescunt: cumque se peccatores 25
considerant, sanctitatis vias arripere trepidant, et remanere
in suis iniquitatibus non formidant. Quorum bene Petrus
adhuc in infirmitate positus speciem tenet, cum viso mi-

2. Der Knecht, der seine Talente verdoppelt zurückbrachte, wird vom Herrn gelobt und zum ewigen Lohn geführt, wenn ihm das Wort des Herrn sagt: „Wohlan du guter und treuer Knecht, da du über weniges treu gewesen bist, will ich dich über vieles setzen; geh ein in die Freude deines Herrn" (Mt 25, 21. 23). Im Vergleich zum ewigen Lohn ist ja alles wenig, was zum gegenwärtigen Leben gehört, mag es auch viel erscheinen. Doch dann wird der treue Knecht über vieles gesetzt, wenn er, nachdem alle Beschwernis der Vergänglichkeit überwunden ist, sich der ewigen Freuden in der Himmelshöhe rühmen kann. Dann geht er vollkommen in die Freude seines Herrn ein, wenn er, in jene ewige Heimat aufgenommen und den Chören der Engel beigesellt, sich im Innern so über das Geschenk freut, daß es nichts mehr gibt, was äußerlich infolge der Vergänglichkeit Schmerz bereiten könnte.

3. Der Knecht aber, der mit dem Talent nicht arbeiten wollte, kehrt zum Herrn mit entschuldigenden Worten zurück, indem er spricht: „Herr, ich weiß, daß du ein strenger Mann bist, du erntest, wo du nicht gesät hast, und sammelst ein, wo du nicht ausgestreut hast. Darum fürchtete ich mich, ging hin und verbarg dein Talent in der Erde; hier hast du, was dein ist" (Mt 25, 24 f.). Es ist zu beachten, daß der nichtsnutzige Knecht den Herrn streng nennt; dennoch versäumt er es, sich für ihn um Gewinn zu mühen, und sagt, er habe sich gefürchtet, mit dem Talent gewinnbringenden Handel zu treiben, wo er doch allein das hätte fürchten müssen, das Talent ohne Gewinn zum Herrn zurückzubringen. Es gibt nämlich viele in der heiligen Kirche, deren Sinnbild dieser Knecht ist; sie fürchten, die Wege eines besseren Lebenswandels zu beschreiten, und doch scheuen sie sich nicht, in regungsloser Trägheit zu verbleiben; da sie sich als Sünder betrachten, schrecken sie davor zurück, die Wege der Heiligkeit zu beschreiten, und haben keine Scheu, in ihren Unrechtstaten zu verharren. Deren Bild bietet treffend Petrus, als er noch schwach war und

raculo piscium dixit: „Exi a me, Domine, quia homo peccator sum." Imo si te peccatorem consideras, oportet ut a
te Dominum non repellas. Sed qui idcirco melioris habitus
vias et rectioris vitae apprehendere arcem nolunt, quia infirmos se esse conspiciunt, quasi et peccatores se fatentur, 5
et Dominum repellunt, eumque quem in se sanctificare
debuerant, fugiunt; et velut in perturbatione consilium non
habent, dum moriuntur, et vitam timent. Unde et huic
servo protinus respondetur: „Serve male et piger, sciebas
quia meto ubi non semino, et congrego ubi non sparsi: 10
oportuit ergo te dare pecuniam meam nummulariis, et ego
veniens recepissem utique quod meum est, cum usura." Ex
verbis suis servus constringitur, cum Dominus dicit: „Meto
ubi non semino, et congrego ubi non sparsi." Ac si aperte
dicat: Si iuxta tuam sententiam et illud exquiro quod non 15
dedi, quanto magis a te exquiro quod ad erogandum dedi:
oportuerat ergo te dare pecuniam meam nummulariis; et
ego veniens recepissem utique quod meum est cum usura.
Pecuniam vero dare nummulariis, est eis scientiam praedicationis impendere qui hanc valeant exercere. 20

4. Sed sicut nostrum periculum aspicitis, si dominicam 132
pecuniam teneamus; ita vestrum, fratres carissimi, solicite
pensate, quia a vobis cum usura exigitur quod auditis. In
usura quippe pecunia etiam non data recipitur. Cum enim
hoc redditur quod acceptum fuerat, illud etiam superim- 25
penditur quod acceptum non est. Pensate ergo, fratres ca-

angesichts des Fischwunders rief: „Geh fort von mir, Herr, denn ich bin ein sündiger Mensch" (Lk 5, 8). Im Gegenteil, gerade wenn man sich als Sünder erkennt, darf man den Herrn nicht von sich fortweisen. Diejenigen jedoch, die deswegen die Wege eines besseren Wandels nicht betreten und die Höhe eines geradlinigeren Lebens nicht erklimmen wollen, weil sie ihre Schwäche sehen, bekennen sich sozusagen einerseits als Sünder, stoßen aber andererseits den Herrn zurück und meiden ihn, den sie in sich heiligen müßten. In ihrer Verwirrung finden sie keinen Rat, während sie sterben und dabei das Leben fürchten. Daher wird auch diesem Knecht sogleich erwidert: „Du böser und fauler Knecht, du wußtest, daß ich ernte, wo ich nicht säe, und sammle, wo ich nicht ausgestreut habe. Du hättest mein Geld bei den Wechslern anlegen sollen, dann hätte ich bei meiner Rückkehr das Meinige mit Zinsen abheben können" (Mt 25, 26 f). Mit seinen eigenen Worten wird der Knecht gebunden, wenn der Herr sagt: „Ich ernte, wo ich nicht säe, und ich sammle, wo ich nicht ausgestreut habe." Als wollte er eigentlich sagen: Wenn ich nach deiner Aussage auch das fordere, was ich nicht gegeben habe, um wieviel mehr fordere ich dann das von dir, was ich zum Handeln gab; du hättest also mein Geld den Wechslern geben müssen, dann hätte ich bei meiner Rückkehr das Meinige zumindest mit Zinsen zurückerhalten. Das Geld den Wechslern zu geben bedeutet jedoch, das Wissen der Verkündigung denen zu vermitteln, die es in die Tat umzusetzen vermögen.

4. Aber wie ihr unsere Gefahr seht, wenn wir das Geld des Herrn zurückhalten, so bedenkt aufmerksam, geliebte Brüder, auch eure eigene Gefahr, denn von euch wird mit Zinsen eingefordert, was ihr hört. Bei Zinsen empfängt man ja sogar Geld, das man nicht gegeben hat. Wenn nämlich zurückerstattet wird, was empfangen wurde, dann wird jenes Geld, das nicht empfangen wurde, noch dazugelegt. Bedenkt also, geliebte Brüder, daß ihr von diesem

rissimi, quia de accepta hac verbi pecunia usuras solvetis, et
curate ut ex eo quod auditis, etiam alia studeatis intelligere
quae non auditis; quatenus alia ex aliis colligentes, etiam illa
discatis ex vobismetipsis agere, quae necdum ex praedicatoris ore didicistis. Pigrum vero servum qua sententia feri-   5
at, audiamus: „Tollite ab eo talentum, et date ei qui habet
decem talenta.“

5. Opportunum valde videbatur, ut cum malo servo
unum talentum tollitur, ei potius qui duo, quam qui quinque talenta acceperat, daretur. Illi enim dari debuit, qui   10
minus, quam qui plus habuit. Sed, sicut superius diximus,
per quinque talenta, quinque videlicet sensus, id est exteriorum scientia designatur: per duo autem intellectus et
operatio exprimitur. Plus ergo habuit qui duo, quam qui
quinque talenta perceperat: quia qui per quinque talenta   15
exteriorum administrationem meruit, ab intellectu inte-
riorum adhuc vacuus fuit. Unum ergo talentum, quod intellectum significare diximus, illi dari debuit, qui bene exteriora quae acceperat, ministravit. Quod quotidie in sancta
Ecclesia cernimus: quia plerique dum bene ministrant ex-   20
teriora quae accipiunt, per adiunctam gratiam ad intellectum quoque mysticum perducuntur: ut etiam de interna
intelligentia polleant, qui exteriora fideliter administrant.

6. Generalis etiam mox sententia subditur, qua dicitur:
„Omni enim habenti, dabitur, et abundabit: ei autem qui   25
non habet, et quod videtur habere, auferetur ab eo.“ Habenti namque dabitur, et abundabit; quia quisquis caritatem
habet, etiam dona alia percipit. Quisquis caritatem non
habet, etiam dona quae percepisse videbatur, amittit. Unde

empfangenen Geld des Wortes Zinsen zahlen müßt, und sorgt dafür, aus dem, was ihr hört, auch anderes verstehen zu lernen, was ihr nicht hört, damit ihr, das eine aus dem andern folgernd, aus euch selbst auch jenes zu tun lernt, was ihr noch nicht vom Munde eines Verkündigers gelernt habt. Laßt uns aber hören, welches Urteil den faulen Knecht trifft: „Nehmt ihm das Talent, und gebt es dem, der die zehn Talente hat" (Mt 25, 28).

5. Als dem schlechten Knecht das eine Talent genommen wurde, schien es sehr angemessen, dieses eher dem zu geben, der zwei Talente empfangen hatte, als dem mit den fünf Talenten. Es hätte eher jenem gegeben werden sollen, der weniger besaß, als dem, der mehr besaß. Wie wir aber weiter oben sagten, werden durch die fünf Talente die fünf Sinne, das heißt die Kenntnis der äußeren Dinge, bezeichnet, durch die zwei Talente jedoch Einsicht und Wirken ausgedrückt. Mehr besaß also derjenige, der die zwei Talente empfangen hatte, als jener mit den fünf Talenten, denn wer durch die fünf Talente die Verwaltung der äußeren Dinge verdiente, der besaß noch keinerlei Einsicht in die inneren Dinge. Das eine Talent, das, wie gesagt, die Einsicht bezeichnet, mußte also dem gegeben werden, der gut das Äußere verwaltete, das er empfangen hatte. Dies sehen wir täglich in der heiligen Kirche, da viele, wenn sie das empfangene Äußere gut verwalten, durch hinzukommende Gnade auch zu mystischer Einsicht geführt werden, damit diejenigen auch an innerer Einsicht reich sind, die das Äußere zuverlässig verwalten.

6. Sogleich wird noch eine allgemeine Aussage hinzugefügt, wenn es heißt: „Denn wer hat, dem wird gegeben werden, und er wird im Überfluß haben; wer aber nicht hat, dem wird noch genommen werden, was er zu haben scheint" (Mt 25, 29). Wer nämlich hat, dem wird gegeben werden, und er wird im Überfluß haben, da jeder, der die Liebe hat, auch alle anderen Gnadengaben empfängt. Wer aber die Liebe nicht hat, verliert auch die Gaben, die er

necesse est, fratres mei, ut per omne quod agitis, erga
caritatis custodiam vigiletis. Caritas autem vera est, amicum diligere in Deo, et inimicum diligere propter Deum.
Quam quisquis non habet, omne bonum amittit quod habet, talento quod acceperat privatur, et iuxta dominicam 5
sententiam in exteriores tenebras mittitur. Per poenam
quippe in exteriores tenebras cadit, qui per culpam suam
| sponte in interiores tenebras cecidit: et illic coactus patitur | 134
tenebras ultionis, qui hic libenter sustinuit tenebras vo-
luptatis.   10

7. Sciendum vero est, quod nullus piger ab hac talenti
acceptione securus est. Nullus namque est, qui veraciter
dicat: Talentum minime accepi; non est unde rationes ponere cogar. Talenti enim nomine cuilibet pauperi etiam hoc
ipsum reputabitur, quod vel minimum accepit. Alius nam- 15
que accepit intelligentiam, praedicationis ministerium debet ex talento. Alius terrenam substantiam accepit, eroga-
tionem talenti debet ex rebus. Alius nec internorum
intelligentiam, nec rerum affluentiam accepit, sed tamen
didicit artem qua pascitur, ipsa ars ei in talenti acceptione 20
reputatur. Alius nihil horum assecutus est, sed tamen fortasse familiaritatis locum apud divitem meruit, talentum
profecto familiaritatis accepit. Si ergo nihil ei pro indigentibus loquitur, pro talenti retentione damnatur. Habens
ergo intellectum, curet omnino ne taceat: habens rerum 25
affluentiam, vigilet ne a misericordiae largitate torpescat:
habens artem qua regitur, magnopere studeat ut usum atque
utilitatem illius cum proximo partiatur: habens loquendi

---

[5] GREGOR übernahm die Differenzierung von AUGUSTINUS, *conf.* 4,14
(CCL 27, 47).

scheinbar besaß. Daher ist es notwendig, meine Brüder, daß ihr bei dem, was ihr tut, auf die Bewahrung der Liebe bedacht seid. Wahre Liebe ist es aber, den Freund in Gott zu lieben, den Feind wegen Gott zu lieben.[5] Wer diese Liebe nicht besitzt, verliert alles Gute, das er besitzt; das empfangene Talent wird ihm genommen, und entsprechend dem Urteil des Herrn wird er in die äußere Finsternis hinausgeworfen. Durch die Strafe fällt in die äußere Finsternis, wer durch eigene Schuld freiwillig in die innere Finsternis gefallen ist; und dort erleidet er unter Zwang die Finsternis der Vergeltung, weil er sich hier mit Vergnügen in die Finsternis der Sinnenlust begab.

7. Man muß jedoch wissen, daß kein Müßiggänger vor solchem Empfang eines Talentes sicher ist. Denn es gibt ja niemanden, der wahrhaft sagen könnte: Ich habe überhaupt kein Talent empfangen; es gibt nichts, wofür man mich zwingen könnte, Rechenschaft abzulegen. Als Talent wird nämlich jedem Armen sogar das Geringste angerechnet, das er empfangen hat. Einer hat Einsicht empfangen; er schuldet aufgrund seines Talentes den Dienst der Verkündigung. Ein anderer hat irdisches Besitztum empfangen; er schuldet aufgrund seines Vermögens das Ausgeben des Talentes. Ein dritter empfing weder Einsicht in die inneren Dinge noch Überfluß an äußeren Dingen, doch erlernte er ein Handwerk, wovon er lebt; jenes Handwerk wird ihm als empfangenes Talent berechnet. Wieder ein anderer hat nichts von all dem erhalten, doch hat er vielleicht eine Vertrauensstellung bei einem Reichen verdient. So hat er tatsächlich das Talent dieser Vertrauensstellung empfangen. Wenn er also bei jenem Reichen kein Wort für die Bedürftigen einlegt, wird er für das Zurückhalten des Talentes verurteilt. Wer also Einsicht besitzt, sorge dafür, nicht völlig zu schweigen; wer äußeren Überfluß besitzt, achte darauf, nicht in großzügiger Barmherzigkeit müde zu werden; wer sein Handwerk versteht, bemühe sich entschieden, dessen Ausübung und Nutzen dem Nächsten zuteil werden zu

locum apud divitem, damnationem pro retento talento timeat, si cum valet, non apud eum pro pauperibus intercedit.
Tantum quippe ab unoquoque nostrum venturus iudex
exiget, quantum dedit. Ut ergo de talenti sui rationibus,
redeunte Domino, quisque securus sit, cum tremore penset 5
quotidie quid accepit. Ecce namque iam iuxta est ut ille, qui
peregre profectus est, redeat. Quasi quippe peregre abiit,
qui de hac terra in qua natus est longe discessit; sed profecto
revertitur, ut de talentis rationes ponat: quia si a bona
actione torpescimus, de ipsis donis quae contulit, nos di- 10
strictius iudicat. Consideremus ergo quae accepimus, atque
in eorum erogatione vigilemus. Nulla nos a spiritali opere
terrena cura impediat, ne si in terra talentum absconditur,
talenti Dominus ad iracundiam provocetur. Piger etenim
servus, cum iam culpas iudex examinat, talentum de terra 15
levat: quia sunt plerique qui tunc se a terrenis desideriis vel
operibus subtrahunt, quando iam per animadversionem
iudicis ad aeternum supplicium trahuntur. Ante ergo de
talenti nostri ponenda ratione vigilemus ut cum iam iudex
ad feriendum imminet, lucrum nos quod fecimus, excuset. 20
Quod praestet nobis Deus, qui vivit etc.

lassen; wer eine Stellung innehat, um bei einem Reichen ein Wort einzulegen, fürchte, das Talent zurückgehalten zu haben, wenn er bei jenem nicht Fürsprache für die Armen einlegt, obwohl er es könnte. Soviel wird der kommende Richter von einem jeden von uns fordern, wieviel er gegeben hat. Damit also bei der Wiederkehr des Herrn ein jeder hinsichtlich der Abrechnung seiner Talente ohne Sorge sei, möge er täglich unter Zittern bedenken, was er empfangen hat. Seht doch, schon ist die Wiederkehr dessen nahe, der in die Fremde aufgebrochen ist. In die Fremde zog sozusagen der fort, der von der Erde, auf der er geboren wurde, weit fortging; doch kehrt er in der Tat zurück, um über die Talente abzurechnen, denn wenn wir im guten Handeln müde werden, richtet er uns äußerst streng entsprechend der verliehenen Gaben. Betrachten wir also, was wir empfangen haben, bleiben wir unermüdlich in dessen Einsatz! Keine irdische Sorge hindere uns am geistlichen Tun, damit der Herr des Talentes nicht zum Zorn herausgefordert wird, wenn man das Talent in der Erde verbirgt. Der faule Knecht holt sein Talent erst aus der Erde, wenn der Richter schon die Schulden prüft, denn es gibt recht viele, die sich erst dann von irdischem Verlangen und Tun lösen, wenn sie bereits bei der Ahndung des Richters zur ewigen Strafe geschleppt werden. Vorher also müssen wir für die Abrechnung des Talentes Sorge tragen, damit, wenn der Richter schon mit dem Strafen droht, uns der Gewinn, den wir erbrachten, entschuldige. Dies gewähre uns Gott, der lebt …

Habita ad populum in basilica sancti Petri apostoli,
in die Epiphaniae

Lectio sancti Evangelii secundum Matthaeum 2, 1–12
Cum natus esset Iesus in Bethlehem Iudae, in diebus He- 5
rodis regis: ecce magi ab Oriente venerunt Ierosolymam,
dicentes: Ubi est qui natus est rex iudaeorum? Vidimus
enim stellam eius in Oriente, et venimus adorare eum.
Audiens autem Herodes rex turbatus est, et omnis Ieroso-
lyma cum illo. Et congregans omnes principes sacerdotum 10
et scribas populi, sciscitabatur ab eis, ubi Christus nascere-
tur. At illi dixerunt ei: In Bethlehem Iudae. Sic enim scrip-
tum est per prophetam: Et tu Bethlehem terra Iuda, ne-
quaquam minima es in principibus Iuda: ex te enim exiet
dux, qui regat populum meum Israel. Tunc Herodes clam 15
vocatis magis, diligenter didicit ab eis tempus stellae, quae
apparuit eis. Et mittens illos in Bethlehem, dixit: Ite et
interrogate diligenter de puero et cum inveneritis, renun-
ciate mihi, ut et ego veniens, adorem eum. Qui cum audis-
sent regem, abierunt. Et ecce stella, quam viderant in 20
Oriente, antecedebat eos, usque dum veniens staret supra
ubi erat puer. Videntes autem stellam, gavisi sunt gaudio
magno valde. Et intrantes domum, invenerunt puerum
cum Maria matre eius: et procidentes, adoraverunt eum. Et
apertis thesauris suis, obtulerunt ei munera, aurum, thus et 25
myrrham. Et responso accepto in somnis, ne redirent ad
Herodem, per aliam viam reversi sunt in regionem suam.

---

[1] CHAVASSE, *Aménagements* 91, datiert die Homilie auf den 6.1.591.
GREGOR selbst spricht *in euang.* 2, 38, 15 von dem *sanctus Theophaniae*

HOMILIE 10

Gehalten vor dem Volk in der Basilika des heiligen
Apostels Petrus, am Tage von Epiphanie[1].

Lesung des heiligen Evangeliums nach Matthäus 2,1–12
Als Jesus in den Tagen des Königs Herodes zu Betlehem in
Judäa geboren war, da kamen Weise aus dem Morgenland
nach Jerusalem und fragten: Wo ist der neugeborene König
der Juden? Wir haben seinen Stern im Morgenland gesehen
und sind gekommen, ihn anzubeten. Als König Herodes
das hörte, erschrak er und ganz Jerusalem mit ihm. Er
versammelte alle Hohenpriester und Schriftgelehrten des
Volkes und fragte sie, wo der Messias geboren werden sollte.
Sie antworteten ihm: Zu Betlehem in Judäa. Denn so steht
es beim Propheten geschrieben: Du, Betlehem, im Land
Juda, bist keineswegs die geringste unter Judas Fürsten-
städten, denn aus dir wird der Fürst hervorgehen, der mein
Volk Israel regieren soll. Da ließ Herodes die Weisen heim-
lich zu sich kommen und erkundigte sich bei ihnen genau
nach der Zeit, wann der Stern ihnen erschienen war. Dann
schickte er sie nach Betlehem mit den Worten: Zieht hin
und forscht sorgfältig nach dem Kind, und sobald ihr es
gefunden habt, meldet es mir; dann will auch ich kommen
und es anbeten. Sie hörten den König an und gingen fort.
Und siehe, der Stern, den sie im Morgenland gesehen hat-
ten, zog ihnen voraus, bis er über dem Ort, wo das Kind
war, ankam und stehenblieb. Sie traten in das Haus und
sahen das Kind mit Maria, seiner Mutter, fielen nieder und
beteten es an. Dann holten sie ihre Schätze hervor und
brachten ihm ihre Gaben dar: Gold, Weihrauch und
Myrrhe. In einem Traum erhielten sie die Weisung, nicht
mehr zu Herodes zurückzukehren. Darum zogen sie auf
einem anderen Weg in ihr Land zurück.

---

dies bzw. *dominicae apparitionis dies.*

1. Sicut in lectione evangelica, fratres carissimi, audistis,
coeli rege nato, rex terrae turbatus est: quia nimirum terrena altitudo confunditur, cum celsitudo coelestis aperitur.
Sed quaerendum nobis est, quidnam sit quod Redemptore
nato, pastoribus in Iudaea angelus apparuit, atque ad ad- 5
orandum hunc ab Oriente magos non angelus, sed stella
perduxit? Quia videlicet iudaeis tamquam ratione utenti-
bus, rationale animal, id est angelus, praedicare debuit:
gentiles vero quia uti ratione nesciebant, ad cognoscendum
Dominum non per vocem, sed per signa perducuntur. Unde 10
etiam per Paulum dicitur: „Prophetiae fidelibus datae sunt,
non infidelibus: signa autem infidelibus, non fidelibus":
quia et illis prophetiae tamquam fide|libus, non infidelibus: | 138
et istis signa tamquam infidelibus, non fidelibus data sunt.
Et notandum, quod Redemptorem nostrum, cum iam per- 15
fectae esset aetatis, eisdem gentilibus apostoli praedicant;
eumque parvulum et necdum per humani corporis officium
loquentem, stella gentibus denunciat: quia nimirum rationis ordo poscebat, ut et loquentem iam Dominum loquen-
tes nobis praedicatores innotescerent, et necdum loquen- 20
tem elementa muta praedicarent.

2. Sed in omnibus signis, quae vel nascente Domino, vel
moriente monstrata sunt, considerandum nobis est, quanta
fuerit in quorumdam iudaeorum corde duritia, quae hunc
nec per prophetiae donum, nec per miracula agnovit. Om- 25
nia quippe elementa auctorem suum venisse testata sunt. Ut
enim de eis quiddam usu humano loquar: Deum hunc coeli
esse cognoverunt, quia protinus stellam miserunt. Mare
cognovit, quia sub plantis eius se calcabile praebuit. Terra

---

² Zu handschriftlichen Varianten des Zitates vgl. ÉTAIX, *Tradition manuscrite* 554.

1. Wie ihr in der Lesung des Evangeliums gehört habt, geliebte Brüder, wurde durch die Geburt des Himmelskönigs der Erdenkönig in Unruhe versetzt, da irdische Hoheit offensichtlich zuschanden wird, wenn himmlische Erhabenheit sich offenbart. Doch müssen wir fragen, warum bei der Geburt des Erlösers in Judäa den Hirten ein Engel erschien und warum nicht ein Engel, sondern ein Stern die Weisen aus dem Morgenland zur Anbetung führte. Offenkundig weil den Juden, da sie sich der Vernunft bedienten, ein vernunftbegabtes Wesen, das heißt ein Engel, die Kunde bringen mußte; die Heiden jedoch werden, da sie die Vernunft nicht zu gebrauchen verstanden, zur Erkenntnis des Herrn nicht durch ein Wort, sondern durch Zeichen geführt. Daher heißt es auch bei Paulus: „Die Prophetien sind für die Gläubigen gegeben, nicht für die Ungläubigen; die Zeichen aber für die Ungläubigen, nicht für die Gläubigen" (vgl. 1 Kor 14,22)[2]. Denn Prophetien sind den Juden als Gläubigen, nicht als Ungläubigen, gegeben; und Zeichen den Heiden als Ungläubigen, nicht als Gläubigen. Auch ist zu beachten, daß unseren Erlöser, als er schon im Vollalter stand, die Apostel diesen Heiden verkünden, daß ihn jedoch, als er ein kleines Kind war und ihm die menschliche Sprache noch nicht zur Verfügung stand, ein Stern den Heiden ankündigt. Denn so verlangte es vernunftgemäße Ordnung, daß uns den bereits sprechenden Herrn sprechende Verkündiger bekannt machten, den noch nicht Sprechenden hingegen stumme Elemente verkündeten.

2. Bei all den Zeichen aber, die bei Geburt oder Sterben des Herrn sichtbar wurden, müssen wir betrachten, welche Herzenshärte bei einigen Juden bestand, die ihn trotz der Gabe der Prophetie und trotz der Wunder nicht anerkannten. Alle Elemente bezeugten ja, daß der Schöpfer gekommen war. Um nur einiges davon nach Menschenart zu nennen: Die Himmel haben ihn als Gott erkannt, denn sie sandten sogleich einen Stern. Das Meer erkannte ihn, denn es erwies sich unter seinen Füßen als begehbar (vgl. Mt

cognovit, quia eo moriente contremuit. Sol cognovit, quia
luci suae radios abscondit. Saxa et parietes cognoverunt,
quia tempore mortis eius scissa sunt. Infernus agnovit, quia
hos quos tenebat mortuos, reddidit. Et tamen hunc, quem
Dominum omnia insensibilia elementa senserunt, adhuc 5
infidelium iudaeorum corda Deum esse minime cognoscunt, et duriora saxis, scindi ad poenitendum nolunt:
eumque confiteri abnegant, quem elementa, ut diximus, aut
signis, aut scissionibus Deum clamabant. Qui etiam ad
damnationis suae cumulum, eum quem natum despiciunt, 10
nasciturum longe ante praesciverunt. Et non solum quia
nasceretur, noverant, sed etiam ubi nasceretur. Nam ab
Herode requisiti, locum nativitatis eius exprimunt, quem
Scripturae auctoritate didicerunt. Et testimonium pro-
ferunt, quod Bethlehem honorari nativitate novi ducis 15
ostenditur: ut ipsa eorum scientia et illis fieret ad testimonium damnationis, et nobis ad adiutorium credulitatis.
Quos profecto bene Isaac, cum Iacob filium suum benedi-
ceret, designavit: qui et caligans oculis et prophetans, in
praesenti filium non vidit, cui tam multa in posterum prae- 20
vidit: quia nimirum iudaicus populus prophetiae spiritu
plenus et coecus, eum de quo multa in futurum praedixit,
in praesenti positum non agnovit.

3. Sed nativitate regis nostri cognita, Herodes ad callida
argumenta convertitur, ne terreno regno privaretur. Renun- 25
ciari sibi ubi puer inveniretur, postulat: adorare eum velle
se simulat, ut — quasi hunc invenire possit — exstinguat.

14,22–33). Die Erde erkannte ihn, denn sie erbebte bei seinem Sterben. Die Sonne erkannte ihn, denn sie verbarg die Strahlen ihres Lichtes. Felsen und Wände erkannten ihn, denn sie barsten im Augenblick seines Todes. Das Totenreich erkannte ihn, denn es gab die Toten zurück, die es gefangenhielt (vgl. Mt 27,51–53). Und dennoch erkennen die Herzen der ungläubigen Juden den, den alle empfindungslosen Elemente als ihren Herrn empfanden, bis heute nicht als Gott an; härter als Felsgestein, wollen sie sich nicht zerbrechen lassen, um Buße zu tun. Sie weigern sich, den zu bekennen, den, wie gesagt, die Elemente entweder durch Zeichen oder Zerbersten laut als ihren Gott ausriefen. Ihre Verdammnis steigert noch, daß sie sogar lange zuvor gewußt haben, daß der, den sie seit seiner Geburt verachten, geboren würde. Und sie wußten nicht nur, daß er geboren würde, sondern auch, wo er geboren würde. Denn auf die Frage des Herodes nennen sie den Ort seiner Geburt, den sie mittels der Autorität der Schrift in Erfahrung gebracht haben. Ja, sie führen noch ein Zeugnis an, das zeigt, wie Betlehem durch die Geburt eines neuen Fürsten geehrt werden soll, so daß gerade ihre Kenntnis ihnen zum Belastungszeugnis für die Verdammnis und uns zur Stütze für den Glauben wird. Diese Juden hat treffend Isaak verkörpert, als er seinen Sohn Jakob segnete (vgl. Gen 27,27–29). Er war blind und ein Prophet, sah aber den Sohn in seiner Gegenwart nicht, für den er so viel Künftiges vorhersah, da offenkundig das jüdische Volk, vom Geist der Prophetie erfüllt, aber zugleich blind, denjenigen, über den es viel Künftiges vorausgesagt hatte, bei seiner Gegenwart nicht erkannte.

3. Doch nachdem Herodes die Geburt unseres Königs erkannt hatte, greift er zu hinterlistiger Täuschung, um nicht seines irdischen Reiches beraubt zu werden. Er fordert, daß ihm der Ort gemeldet werde, wo das Kind zu finden sei, er tut, als wolle er es anbeten, um es — als ob er es finden könnte! — zu töten. Doch was vermag menschli-

Sed quanta est humana malitia contra consilium divinitatis?
Scriptum | quippe est: „Non est sapientia, non est pruden- | 140
tia, non est consilium contra Dominum." Nam ea quae
apparuit stella, magos perducit: natum Regem reperiunt,
munera deferunt, et ne redire ad Herodem debeant, in 5
somnis admonentur: sicque fit, ut Iesum, quem quaerit
Herodes, invenire non possit. Cuius persona qui alii quam
hypocritae designantur, qui dum ficte quaerunt, invenire
Dominum numquam merentur?

   4. Sed inter haec sciendum, quod Priscillianistae haereti- 10
ci nasci unumquemque hominem sub constitutionibus stel-
larum putant: et hoc in adiutorium sui erroris assumunt,
quod nova stella exiit, cum Dominus in carne apparuit:
cuius fuisse fatum eandem quae apparuit stellam, putant.
Sed si Evangelii verba pensamus, quibus de eadem stella 15
dicitur: „Usque dum veniens staret supra ubi erat puer";
dum non puer ad stellam, sed stella ad puerum cucurrit, si
dici liceat, non stella fatum pueri, sed fatum stellae is qui
apparuit, puer fuit. Sed a fidelium cordibus absit, ut aliquid
esse fatum dicant. Vitam quippe hominum solus hanc Con- 20
ditor qui creavit, administrat. Neque enim propter stellas
homo, sed stellae propter hominem factae sunt. Et si stella
fatum hominis dicitur, ipsis suis ministeriis subesse homo
perhibetur. Certe cum Iacob de utero egrediens, prioris
fratris plantam teneret manu, prior perfecte nequaquam 25
egredi potuit, nisi et subsequens inchoasset: et tamen cum

---

[3] Vielfach kritisiert GREGOR das Scheinchristentum der Heuchler, die
nur um irdischer Vorteile willen der Kirche zugehören und nicht wahrhaft Gott suchen. Vgl. AMORY, *Whited sepulchres* 25–30.

[4] Die Priszillianisten gehen auf den spanischen Bischof PRISCILLIAN
zurück, der 385 in Trier als Häretiker wegen schwarzer Magie hinge-
richtet wurde. Seine Schüler vertraten im Rahmen gnostisch-manichäi-
scher Irrlehren u. a. die Überzeugung, daß Sternkonstellationen Gewalt
über den Menschen hätten. Vgl. PRISCILLIAN, *Lib. apol.* tr. 1,31 (CSEL
18, 26); hierzu VOLKMANN, *Priscillianismus* 537 f.

che Bosheit gegen den göttlichen Plan? Es steht ja geschrieben: „Es gibt keine Weisheit, keine Klugheit, keinen Ratschluß gegen den Herrn" (Spr 21, 30). Denn derselbe Stern,
der erschienen war, führt die Weisen ans Ziel; sie finden den
neugeborenen König, bringen ihre Gaben dar und werden
im Schlaf gemahnt, nicht zu Herodes zurückzukehren; so
geschieht es, daß Herodes Jesus nicht finden kann, obwohl
er ihn suchte. Wer anders wird durch seine Person bezeichnet als die Heuchler[3], die, da sie nur zum Schein suchen, es
niemals verdienen, den Herrn zu finden?

4. Hierbei muß man aber auch wissen, daß die häreti-
schen Priszillianisten[4] meinen, jeder Mensch werde unter
einer Sternkonstellation geboren. Dies ziehen sie zur Stüt-
zung ihres Irrtums heran, daß ein neuer Stern aufging, als
der Herr im Fleisch erschien; sein Schicksal, so glauben sie,
sei eben dieser Stern gewesen, der erschienen ist. Doch
wenn sie die Worte des Evangeliums erwägen, wo es über
diesen Stern heißt; „bis er über dem Ort, wo das Kind war,
stehenblieb" (Mt 2, 9), dann war, da nicht das Kind zum
Stern, sondern der Stern zum Kind zog, nicht der Stern,
wenn man so sagen darf, das Schicksal des Kindes, sondern
das Kind durch sein Erscheinen das Schicksal des Sternes[5].
Doch sei es dem Herzen der Gläubigen fern, irgend etwas
Schicksal zu nennen. Das Leben der Menschen lenkt ja
allein der Schöpfer, der es erschuf. Denn der Mensch ist
nicht wegen der Gestirne, sondern die Gestirne sind wegen
des Menschen erschaffen worden. Wenn nun ein Stern als
Schicksal des Menschen bezeichnet wird, dann ist damit
ausgesagt, daß der Mensch den Dingen untergeordnet ist,
die ihm eigentlich dienen sollten. Als Jakob aus dem Mutterschoß hervorgehend die Ferse des älteren Bruders mit
der Hand festhielt (vgl. Gen 25, 26), konnte dieser nicht
gänzlich zur Welt kommen, wenn nicht auch der Nachfol-

---

[5] GREGOR kannte vermutlich die ähnliche Formulierung bei AUGUSTI-
NUS, c. Faust. 2, 5 (CSEL 25/1, 260).

uno tempore eodemque momento utrumque mater fuderit,
non una utriusque vitae qualitas fuit.

5. Sed ad hoc solent mathematici respondere, quia virtus
constellationis in ictu puncti est. Quibus e diverso nos
dicimus, quia magna est mora nativitatis. Si igitur in ictu 5
puncti constellatio permutatur, necesse iam erit ut tot dicant fata, quot sunt membra nascientium. Fateri etiam mathematici solent, quod quisquis in signo Aquarii nascitur,
in hac vita piscatoris ministerium sortiatur. Piscatores vero,
ut fertur, Getulia non habet. Quis ergo dicat quia nemo illic 10
in stella Aquarii nascitur, ubi piscator omnimodo non ha-
betur? Rursum quos nasci sub signo Librae asserunt, trapezitas futuros dicunt; et trapezitas multarum gentium pro-
vinciae ignorant. Fateantur ergo necesse est, aut hoc in eis
signum deesse, aut effectum fatalem nullo modo habere. In 15
Persarum quoque, Francorumque terra reges ex genere
prodeunt; quibus profecto nascentibus quis aestimet quanti
eisdem momentis horarum ac temporum ex servili conditione nascuntur? Et tamen regum filii uno eodemque sidere
| cum servis nati, ad regnum proficiunt, cum servi qui secum 20 | 142
fuerant geniti, in servitute moriantur. Haec de stella breviter diximus, ne mathematicorum stultitiam indiscussam
praeterisse videamur.

6. Magi vero aurum, thus et myrrham deferunt. Aurum
quippe Regi congruit: thus vero in Dei sacrificium poneba- 25

---

[6] Das gleiche biblische Beispiel zur Widerlegung des Einflusses der
Gestirne verwendet AUGUSTINUS, *civ.* 5,4 (CCL 47, 131), der das Argument der Zwillingsgeburt evtl. von CICERO, *div.* 2,90 (120,1–14 GIOMI-
NI), übernahm. Vgl. auch GREGOR, *moral.* 33,19 (CCL 143B, 1689).
[7] Die Bezeichnung als *mathematici* verwendet ebenso AUGUSTINUS,
haer. 70,1 (CCL 46, 334).
[8] Bezeichnung für ein Gebiet im Nordwesten Afrikas, das Mauretanien,
Numidien und die Provinz Afrika einschloß.

gende bereits ans Licht trat. Obwohl nun die Mutter beide
zur selben Zeit und im selben Augenblick geboren hatte,
war das Lebensgeschick beider nicht ein und dasselbe.[6]

5. Darauf erwidern die Astrologen[7] gewöhnlich, daß die
Auswirkung einer Konstellation in einem Augenblick erfolgt. Ihnen entgegnen wir, daß die Geburtsphase lange
dauert. Wenn sich also die Konstellation in einem Augenblick ändert, müßte man zwangsläufig so viele Schicksale
annehmen, wie es Gliedmaßen an den Geborenen gibt.
Auch sagen die Astrologen gewöhnlich, wer im Zeichen
des Wassermanns geboren wurde, dem falle im Leben der
Beruf eines Fischers zu. Nun besitzt aber Getulien[8] Berichten zufolge keine Fischer. Wer will folglich behaupten, daß
dort, wo es überhaupt keine Fischer gibt, niemand unter
dem Sternbild des Wassermanns geboren wird? Wiederum
sagen sie, wer unter dem Zeichen der Waage geboren wird,
würde einmal Geldwechsler sein; nun kennen aber Provin-
zen vieler Völker keine Geldwechsler.[9] Folglich müssen sie
eingestehen, daß bei jenen dieses Zeichen entweder fehlt
oder keinerlei Auswirkung auf das Schicksal hat. Auch
gehen im Land der Perser und der Franken die Könige aus
dem Geschlecht hervor; wer vermag zu schätzen, wie viele
im Sklavenstand im selben Augenblick von Zeit und Stunde
geboren werden wie die Königssöhne? Dennoch gelangen
diese Königssöhne, unter ein und demselben Gestirn mit
den Sklaven geboren, zur Königsherrschaft, während die
Sklaven, die mit ihnen geboren wurden, in der Sklaverei
sterben. Dies mußten wir kurz hinsichtlich des Sternes
sagen, um nicht den Anschein zu erwecken, wir hätten die
Torheit der Astrologen unerörtert gelassen.

6. Die Weisen bringen nun Gold, Weihrauch und Myrrhe
dar. Gold gebührt nämlich dem König, Weihrauch wird
jedoch beim Opfer für Gott verwendet, mit Myrrhe aber

---

[9] Zu handschriftlichen Varianten des Satzes vgl. ÉTAIX, *Tradition manuscrite* 557.

tur: myrrha autem mortuorum corpora condiuntur. Eum
ergo magi quem adorant, etiam mysticis muneribus praedicant: auro Regem, thure Deum, myrrha mortalem. Sunt
vero nonnulli haeretici, qui hunc Deum credunt; sed ubique regnare nequaquam credunt. Hi profecto ei thus of- 5
ferunt, sed offerre etiam aurum nolunt. Et sunt nonnulli,
qui hunc Regem existimant, sed Deum negant. Hi videlicet
ei aurum offerunt, sed offerre thus nolunt. Et sunt nonnulli
qui hunc et Deum et Regem fatentur, sed assumpsisse carnem mortalem negant. Hi nimirum ei aurum et thus of- 10
ferunt, sed offerre myrrham assumptae mortalitatis nolunt.
Nos itaque nato Domino offeramus aurum, ut hunc ubique
regnare fateamur: offeramus thus, ut credamus, quod is, qui
in tempore apparuit, Deus ante tempora exstitit: offeramus
myrrham, ut eum, quem credimus in sua divinitate impas- 15
sibilem, credamus etiam in nostra fuisse carne mortalem.
Quamvis in auro, thure et myrrha intelligi et aliud potest.
Auro namque sapientia designatur, Salomone attestante,
qui ait: „Thesaurus desiderabilis requiescit in ore sapien-
tis." Thure autem quod Deo incenditur, virtus orationis 20
exprimitur, psalmista testante, qui dicit: „Dirigatur oratio
mea sicut incensum in conspectu tuo." Per myrrham vero
carnis nostrae mortificatio figuratur: unde sancta Ecclesia
de suis operariis usque ad mortem pro Deo certantibus
dicit: „Manus meae distillaverunt myrrham." Nato ergo 25
Regi aurum offerimus, si in conspectu illius claritate supernae sapientiae resplendemus. Thus offerimus, si cogitatio-

---

[10] Gemeint sind alle dualistischen Häretiker, wie z. B. die Manichäer,
die zwei ewige, einander widerstreitende Prinzipien des Guten und des
Bösen annehmen.
[11] Anspielung auf den Arianismus, dem teilweise die Langobarden
anhingen. Zu weiteren Hinweisen auf diese Häresie vgl. *in euang.* 2,
25, 6; *moral.* 32, 51 (CCL 143B, 1668 f).
[12] So die Doketen, die Christus nur einen Scheinleib zuschrieben. Evtl.
spielt GREGOR auf den nestorianischen Doketismus an; vgl. *moral.* 12, 30
(CCL 143A, 647); 18, 85 (CCL 143A, 948).

werden die Körper der Toten balsamiert. Den die Weisen
anbeten, verkünden sie also auch mit geheimnisvollen Gaben: mit dem Gold als König, mit dem Weihrauch als Gott,
mit der Myrrhe als Sterblichen. Es gibt nun aber einige
Häretiker, die zwar an ihn als Gott glauben, doch keineswegs an seine alles umfassende Herrschaft glauben.[10] Diese
bringen ihm zwar Weihrauch dar, wollen aber nicht auch
Gold darbringen. Wiederum gibt es einige, die ihn für einen
König halten, aber als Gott leugnen.[11] Diese bringen ihm
offensichtlich Gold dar, doch wollen sie ihm keinen Weihrauch darbringen. Schließlich gibt es einige, die ihn als Gott
und als König bekennen, aber leugnen, daß er sterbliches
Fleisch angenommen hat.[12] Diese bringen ihm Gold und
Weihrauch dar, doch wollen sie nicht die Myrrhe der ange-
nommenen Sterblichkeit darbringen. Wir wollen deshalb
dem geborenen Herrn Gold darbringen, um zu bekennen,
daß er überall herrscht; wir wollen Weihrauch darbringen,
um zu glauben, daß der, welcher in der Zeit erschienen ist,
Gott vor aller Zeit war; wir wollen Myrrhe darbringen, um
zu glauben, daß der, den wir in seiner Gottheit als leidens-
unfähig glauben, zugleich in unserem Fleisch sterblich gewesen ist. Indes kann unter Gold, Weihrauch und Myrrhe
auch anderes verstanden werden. Durch das Gold wird
nämlich die Weisheit bezeichnet, wie Salomo mit den Worten bezeugt: „Ein begehrenswerter Schatz ruht im Mund
des Weisen" (Spr 21, 20 LXX). Mit dem Weihrauch aber, den
man für Gott entzündet, wird die Tugend des Gebetes
ausgedrückt, wie der Psalmist mit den Worten bezeugt:
„Wie Weihrauch steige mein Gebet vor deinem Angesicht
auf" (Ps 141, 2: Vg. Ps 140, 2). Die Myrrhe jedoch bezeichnet die Abtötung des Fleisches. Daher sagt die heilige Kirche von ihren Arbeitern, die bis zum Tode für Gott kämpf-
ten: „Meine Hände triefen von Myrrhe" (Hld 5, 5). Dem
neugeborenen König bringen wir also Gold dar, wenn wir
vor seinem Angesicht im Glanz himmlischer Weisheit erstrahlen. Wir bringen Weihrauch dar, wenn wir die fleisch-

nes carnis per sancta orationum studia in ara cordis incen-
dimus, ut suave aliquid Deo per coeleste desiderium red-
olere valeamus. Myrrham offerimus, si carnis vitia per abstinentiam mortificamus. Per myrrham namque, ut
diximus, agitur ne mortua caro putrefiat. Mortuam vero 5
carnem putrescere, est hoc mortale corpus fluxui luxuriae
deservire, sicut de quibusdam per prophetam dicitur:
„Computruerunt iumenta in stercore suo." Iumenta quippe in stercore suo putrescere, est carnales homines in foe-
tore luxuriae vitam finire. Myrrham ergo Deo offerimus, 10
quando hoc mortale corpus a luxuriae putredine per condimentum continentiae custodimus.

7. Magnum vero nobis aliquid magi innuunt, quod in
regionem suam per aliam viam rever|tuntur. In eo namque | 144
quod admoniti faciunt, nobis profecto insinuant quid facia- 15
mus. Regio quippe nostra paradisus est, ad quam, Iesu
cognito, redire per viam qua venimus, prohibemur. A regione etenim nostra superbiendo, inobediendo, visibilia
sequendo, cibum vetitum gustando discessimus: sed ad eam
necesse est, ut flendo, obediendo, visibilia contemnendo 20
atque appetitum carnis refrenando, redeamus. Per aliam
ergo viam ad regionem nostram regredimur: quoniam qui
a paradisi gaudiis per delectamenta discessimus, ad haec per
lamenta revocamur. Unde necesse est, fratres carissimi, ut
semper pavidi semperque suspecti ponamus ante oculos 25
cordis hinc culpas operis, illinc iudicium extremae districtionis. Pensemus quam districtus iudex veniat, qui iudicium
minatur et latet: terrores peccatoribus intentat, et tamen

lichen Gedanken durch heiligen Gebetseifer auf dem Altar des Herzens verbrennen, um durch himmlische Sehnsucht vor Gott angenehmen Wohlgeruch verbreiten zu können. Wir bringen Myrrhe dar, wenn wir die Laster des Fleisches durch Enthaltsamkeit abtöten. Durch die Myrrhe wird ja, wie gesagt, bewirkt, daß das tote Fleisch nicht verwest. Das Verwesen des toten Fleisches bedeutet, daß dieser sterbliche Leib sich zügelloser Unzucht hingibt, wie es über einige beim Propheten heißt: „Das Vieh verweste in seinem Unrat" (Joël 1, 17 LXX). Das Verwesen des Viehes in seinem Unrat bedeutet, daß fleischlich gesinnte Menschen im Gestank der Unzucht ihr Leben beenden. Wir bringen also Gott Weihrauch dar, wenn wir diesen sterblichen Leib vor der Verwesung der Unzucht durch den Balsam der Enthaltsamkeit bewahren.

7. Auf etwas Bedeutendes machen uns die Weisen jedoch dadurch aufmerksam, daß sie auf einem anderen Weg in ihr Land zurückkehren. In dem, was sie auf die Weisung hin tun, zeigen sie uns in der Tat, was wir tun sollen. Unser Land ist ja das Paradies; es ist uns verwehrt, dorthin nach der Erkenntnis Jesu auf demselben Weg zurückzukehren, auf dem wir hierher gelangten. Von unserem Land gingen wir nämlich fort durch Hochmut, Ungehorsam, Trachten nach dem Sichtbaren, Verzehren verbotener Speise. Doch müssen wir dorthin zurückkehren durch Tränen, Gehorsam, Verachtung des Sichtbaren, Zügelung des fleischlichen Begehrens. Wir kehren also auf einem anderen Weg zu unserem Land zurück, da wir, die wir uns von den Freuden des Paradieses durch Vergnügungen entfernten, durch Wehklagen dorthin zurückgerufen werden. Daher ist es notwendig, geliebte Brüder, daß wir stets voller Furcht, stets voller Vorsicht vor die Augen des Herzens einerseits unser schuldhaftes Tun, andererseits das äußerst strenge Gericht stellen. Bedenken wir, welch strenger Richter kommen wird, der das Gericht androht, aber noch verborgen bleibt; er jagt den Sündern Schrecken ein, hält aber bislang

adhuc sustinet: et idcirco venire citius differt, ut minus inveniat quos condemnet. Puniamus fletibus culpas, et cum psalmistae voce praeveniamus faciem eius in confessione. Voluptatum nos ergo fallacia nulla decipiat, nulla vana laetitia seducat. In proximo namque est iudex qui dixit: 5 „Vae vobis qui ridetis nunc, quia lugebitis et flebitis." Hinc etenim Salomon ait: „Risus dolori miscebitur, et extrema gaudii luctus occupat." Hinc iterum dicit: „Risum deputavi errorem et gaudio dixi: Quid frustra deciperis?" Hinc rursus ait: „Cor sapientium ubi tristitia est, et cor stultorum 10 ubi laetitia." Pertimescamus ergo praecepta Dei, si celebramus veraciter solemnitatem Dei. Gratum namque Deo sacrificium est afflictio contra peccatum, psalmista testante, qui ait: „Sacrificium Deo spiritus contribulatus." Peccata nostra praeterita in baptismatis perceptione lavata (al. laxa- 15 ta) sunt, et tamen post baptisma multa commisimus: sed lavari iterum baptismatis aqua non possumus. Quia ergo et post baptisma inquinavimus vitam, baptizemus lacrymis conscientiam, quatenus regionem nostram per viam aliam repetentes, qui ex ea bonis delectati discessimus, ad eam 20 malis amaricati redeamus, praestante Domino nostro etc.

---

[13] Zu handschriftlichen Varianten des Zitates vgl. ÉTAIX, *Tradition manuscrite* 554.

noch inne. Deswegen schiebt er es auf, alsbald schon zu
kommen, um weniger zu finden, die er verdammen muß.
Strafen wir unsere Schuld mit Tränen, und kommen wir
nach dem Wort des Psalmisten durch ein Bekenntnis seinem Angesicht zuvor (vgl. Ps 95,2: Vg. Ps 94,2). Keine
trügerische Lust soll uns also täuschen, keine nichtige Freude verführen. Denn ganz nahe ist der Richter, der da sprach:
„Wehe euch, die ihr jetzt lacht, ihr werdet trauern und
weinen" (Lk 6,25)[13]. Darum sagt auch Salomo: „Lachen
wird sich mit Schmerz mischen, und auf Freude folgt zuletzt Trauer" (vgl. Spr 14,13). Wiederum sagt er: „Das
Lachen hielt ich für Irrtum, und zur Freude sprach ich: Was
täuschst du mich vergebens?" (vgl. Koh 2,2). Noch einmal
sagt er: „Das Herz des Weisen ist, wo Trauer herrscht, das
Herz der Toren, wo Freude ist" (Koh 7,4). Fürchten wir
also die Weisungen Gottes, wenn wir wahrhaft das Hoch-
fest Gottes feiern wollen. Denn für Gott ist ein angenehmes
Opfer die Betrübnis über die Sünde, wie der Psalmist mit
dem Wort bezeugt: „Ein Opfer für Gott ist ein zerknirsch-
ter Geist" (Ps 51,19: Vg. Ps 50,19). Unsere früheren Sünden wurden beim Empfang der Taufe abgewaschen[14]; und
dennoch haben wir nach der Taufe viele begangen, können
aber kein zweitesmal mit dem Wasser der Taufe abgewaschen werden. Da wir also auch nach der Taufe unser Leben
beschmutzt haben, wollen wir mit Tränen das Gewissen
taufen, um in unser Land, nachdem wir es durch Wohlgefallen an Gütern dieser Welt verlassen haben, auf einem
anderen, von bitteren Übeln gesäumten Weg zurückzukehren mit der Hilfe unseres Herrn …

---

[14] Die Mauriner bieten die Lesart *laxata* gegenüber den weiteren Varianten *donata, deleta*.

Habita ad populum in basilica sanctae Agnetis,
in die natalis eius

Lectio sancti Evangelii secundum Matthaeum 13, 44–52
In illo tempore: Dixit Iesus discipulis suis parabolam hanc: 5
Simile est regnum coelorum thesauro abscondito in agro:
quem qui invenit homo, abscondit, et prae gaudio illius
vadit, et vendit universa quae habet, et emit agrum illum.
Iterum simile est regnum coelorum homini negotiatori
quaerenti bonas margaritas; inventa autem una pretiosa 10
margarita, abiit et vendidit omnia quae habuit, et emit
eam. Iterum, simile est regnum coelorum sagenae missae in
mare, et ex omni genere piscium congreganti. Quam, cum
impleta esset, educentes, et secus littus sedentes, elegerunt
bonos in vasa, malos autem foras miserunt. Sic erit in 15
consummatione seculi. Exibunt angeli, et separabunt malos
de medio iustorum, et mittent eos in caminum ignis. Ibi erit
fletus et stridor dentium. Intellexistis haec omnia? Dicunt
ei: Utique Domine. Ait illis: Ideo omnis scriba doctus in
regno coelorum, similis est homini patrifamilias proferenti 20
de thesauro suo nova et vetera.

1. Coelorum regnum, fratres carissimi, idcirco terrenis
rebus simile dicitur, ut ex his quae animus novit, surgat ad
incognita: quatenus exemplo visibilium se ad invisibilia
rapiat, et per ea quae usu didicit, quasi confricatus in- 25
calescat: ut per hoc quod scit notum diligere, discat et

---

[1] CHAVASSE, *Aménagements* 91, datiert die Homilie auf den 21.1.591.
Schon im 4. Jahrhundert wurde die römische Martyrerin in der Stadt

Gehalten vor dem Volk in der Basilika der heiligen Agnes,
an ihrem Geburtsfest[1]

Lesung des heiligen Evangeliums nach Matthäus 13, 44–52

*In jener Zeit trug Jesus seinen Jüngern folgendes Gleichnis
vor: Mit dem Himmelreich ist es wie mit einem Schatz, der
in einem Acker verborgen lag. Ein Mann findet ihn, verbirgt ihn und geht voll Freude darüber hin und verkauft
all seine Habe und kauft jenen Acker. Ferner ist es mit dem
Himmelreich wie mit einem Kaufmann, der edle Perlen
suchte; als er eine kostbare Perle fand, ging er hin, verkauf-
te all seine Habe und kaufte sie. Weiter ist es mit dem
Himmelreich wie mit einem Fischernetz, das ins Meer
geworfen wurde und Fische aller Art einfing. Als es voll
war, zog man es heraus, setzte sich am Ufer nieder und
sammelte die guten in Gefäße, die schlechten warf man
fort. So wird es auch am Ende der Welt sein. Die Engel
werden ausgehen und die Bösen aus der Mitte der Gerechten aussondern und in den Feuerofen werfen. Dort wird
Heulen und Zähneknirschen sein. Habt ihr das alles verstanden? Sie antworteten ihm: Ja, Herr. Da sprach er zu
ihnen: Darum gleicht jeder Schriftgelehrte, der hinsichtlich
des Himmelreiches unterrichtet ist, einem Hausherrn, der
aus seinem Schatz Altes und Neues hervorholt.*

1. Das Himmelreich, geliebte Brüder, wird deswegen mit
irdischen Dingen verglichen, damit sich der Geist vom
Bekannten zum Unbekannten erhebe, sich durch ein Beispiel der sichtbaren Welt zum Unsichtbaren aufschwinge
und durch das ihm aus lebendiger Erfahrung vertraute
gleichsam erglühe, um mittels dessen, was er als Bekanntes

---

verehrt. Die frühe Tradition setzt ihr Martyrium unterschiedlich, teils
unter Diokletian (304), teils bereits unter Valerian (258–259) an.

incognita amare. Ecce enim coelorum regnum thesauro
absconditio in agro comparatur, „quem qui invenit homo,
abscondit, et prae gaudio illius vadit et vendit universa quae
habet, et emit agrum illum.“ Qua in re hoc quoque notandum, quod inventus thesaurus absconditur, ut servetur quia 5
studium coelestis desiderii a malignis spiritibus custodire
non sufficit, qui hoc ab humanis laudibus non abscondit.
In praesenti etenim vita quasi in via sumus, qua ad patriam
pergimus. Maligni autem spiritus iter nostrum quasi quidam latrunculi obsident. Depraedari ergo desiderat, qui 10
thesaurum publice portat in via. Hoc autem dico, non ut
proximi opera nostra bona non videant, cum scriptum sit:
„Videant | opera bona, et glorificent Patrem vestrum qui in | 148
coelis est“, sed ut per hoc quod agimus, laudes exterius non
quaeramus. Sic autem sit opus in publico, quatenus intentio 15
maneat in occulto: ut et de bono opere proximis praebea-
mus exemplum, et tamen per intentionem, qua Deo soli
placere quaerimus, semper optemus secretum. Thesaurus
autem, coeleste est desiderium: ager vero in quo thesaurus
absconditur, disciplina studii coelestis. Quem profecto 20
agrum venditis omnibus comparat, qui voluptatibus carnis
renuncians, cuncta sua terrena desideria per disciplinae
coelestis custodiam calcat: ut nihil iam quod caro blanditur,
libeat, nihil quod carnalem vitam trucidat, spiritus perhor-
rescat.   25
    2. Rursum coeleste regnum negotiatori homini simile
dicitur, qui bonas margaritas quaerit, sed unam pretiosam
invenit, quam videlicet inventam, omnia vendens emit: quia

---

² Vielfach betont GREGOR, daß der durch den Sündenfall geistig erblindete Mensch über den Weg des Sichtbaren zur unsichtbaren Welt Gottes
zurückgeführt werden muß. Vgl. *moral.* 5, 52 (CCL 143, 254); 11, 8 (CCL
143A, 590); 26, 17 f (CCL 143B, 1278); 30, 20 (CCL 143B, 1504); *in I Reg.*
3, 118 (CCL 144, 264). Vgl. DAGENS, *Culture* 220–224.

zu lieben versteht, auch das Unbekannte lieben zu lernen.[2]
Denn seht, das Himmelreich wird mit einem im Acker
verborgenen Schatz verglichen; „ein Mann findet ihn, verbirgt ihn, geht voll Freude darüber hin und verkauft all
seine Habe und kauft jenen Acker" (Mt 13,44). Hierbei ist
auch zu beachten, daß der gefundene Schatz, um bewahrt
zu werden, verborgen wird, da derjenige den Eifer himmlischer Sehnsucht vor den Dämonen nicht zu schützen
vermag, der ihn nicht vor Menschenlob verbirgt. Im gegenwärtigen Leben befinden wir uns nämlich sozusagen auf
einem Weg, auf dem wir in die Heimat ziehen. Die Dämonen belagern nun aber unseren Weg wie Räuber.[3] Ausge-
plündert zu werden wünscht folglich derjenige, der seinen
Schatz offen auf der Straße einherträgt. Dies sage ich aber,
nicht als ob die Nächsten unsere guten Werke nicht sehen
sollten, da doch geschrieben steht: „Sie sollen eure guten
Werke sehen und euren Vater preisen, der im Himmel ist"
(Mt 5,16); vielmehr sollen wir durch unser Tun nicht Lob
im Äußeren suchen. Unser Wirken in der Öffentlichkeit sei
vielmehr derart, daß die Absicht verborgen bleibt, so daß
wir den Nächsten durch das gute Werk ein Beispiel geben
und dennoch in der Absicht, daß wir allein Gott gefallen
wollen, stets die Verborgenheit wünschen. Der Schatz ist
nun aber die himmlische Sehnsucht, der Acker jedoch, in
dem der Schatz verborgen ist, das Mühen im himmlischen
Eifer. Diesen Acker erwirbt, nachdem er alles verkauft hat,
wer auf fleischliches Lustempfinden verzichtet, all seine
irdischen Begierden durch die Beachtung himmlischer
Zucht niedertritt, damit er an nichts mehr Gefallen finde,
womit das Fleisch schmeichelt, und der Geist vor nichts
zurückschrecke, was das fleischliche Leben tötet.

2. Ferner wird das Himmelreich mit einem Kaufmann
verglichen, der edle Perlen sucht; doch findet er eine kostbare, dann verkauft er all seine Habe und erwirbt sie. Wer

---

[3] Zur Auslegungstradition des Bildes vgl. BARTELINK, *Démons*.

qui coelestis vitae dulcedinem, in quantum possibilitas ad-
mittit, perfecte cognoverit, ea quae in terris amaverat, libenter cuncta derelinquit: in comparatione eius vilescunt
omnia, deserit habita, congregata dispergit, inardescit in
coelestibus animus, nil in terrenis libet, deforme conspici- 5
tur quidquid de terrenae rei placebat specie; quia sola pre-
tiosae margaritae claritas fulget in mente. De cuius dilectione recte per Salomonem dicitur: „Fortis est ut mors
dilectio", quia videlicet sicut mors corpus interimit, sic ab
amore rerum corporalium aeternae vitae caritas occidit. 10
Nam quem perfecte absorbuerit, ad terrena foris desideria
velut insensibilem reddit.

3. Nec enim sancta haec, cuius hodie natalitia celebramus, mori pro Deo potuisset in corpore, si prius a terrenis
desideriis mortua non fuisset in mente. Erectus namque in 15
virtutis culmine animus tormenta despexit, praemia calcavit. Ante armatos reges et praesides ducta stetit, feriente
robustior, iudicante sublimior. Quid inter haec nos barbati
et debiles dicimus, qui ire ad regna coelestia puellas per
ferrum videmus? Quos ira superat, superbia inflat, ambitio 20
perturbat, luxuria inquinat. Qui adipisci regna coelorum
per bella persecutionum non possumus, hoc ipsum nobis
turpe sit, quod Deum nolumus per pacem sequi. Ecce nulli
nostrum hoc tempore dicit Deus, pro me morere; sed illicita
tantummodo in te desideria occide. Qui ergo in pace sub- 25
igere carnis desideria nolumus, quando in bello pro Domino ipsam carnem daremus?

4. Rursus simile esse regnum coelorum sagenae in mare
missae dicitur, ex omni genere piscium con|greganti, quae |150

---

[4] Zu handschriftlichen Varianten des Zitates vgl. ÉTAIX, *Tradition manuscrite* 554 f.

nämlich die Lieblichkeit des himmlischen Lebens, soweit es irgend möglich ist, vollkommen erkannt hat, der gibt alles, was er auf Erden geliebt hat, mit Freude auf; im Vergleich zu ihr wird alles wertlos; er verzichtet auf seinen Besitz, verteilt, was er anhäufte; sein Geist entbrennt für das Himmlische; nichts Irdisches macht mehr Freude, unschön erscheint alles, was an irdischer Schönheit gefiel, da allein der Glanz der kostbaren Perle im Geist erstrahlt. Von der Liebe zu ihr heißt es zu Recht bei Salomo: „Stark wie der Tod ist die Liebe" (Hld 8,6)[4], denn wie der Tod den Leib vernichtet, so tötet die Liebe zum ewigen Leben den Hang zur materiellen Welt. Den sie restlos verschlungen hat, macht sie nämlich sozusagen unempfindsam für äußeres irdisches Verlangen.

3. Die Heilige, deren Geburtsfest wir heute begehen, hätte nämlich nicht im Leibe für Gott sterben können, wenn sie nicht zuvor im Geiste für irdisches Verlangen tot gewesen wäre. Ihr Geist, hoch auf dem Gipfel der Vollkommenheit stehend, verachtete die Martern, trat Verlockungen mit Füßen. Vor bewaffnete Könige und Statthalter geführt, stand sie da, kraftvoller als der Folternde, hoheitsvoller als der Richtende. Was sagen da wir bärtigen Schwächlinge, wenn wir zum himmlischen Reich Mädchen unter dem Schwert hindurchziehen sehen, wo uns schon Zorn besiegt, Stolz aufbläht, Ehrgeiz in Unruhe stürzt, Unzucht besudelt? Wenn wir das Himmelreich nicht durch kriegerische Verfolgungen erlangen können, dann sei es für uns eine Schande, daß wir Gott nicht einmal zur Friedenszeit nachfolgen wollen. Seht, zu niemandem von uns spricht Gott in dieser Zeit: Stirb für mich! Sondern: Töte nur unerlaubte Begierden in dir! Wenn wir also in der Friedenszeit nicht die Begierden des Fleisches zügeln wollen, wann würden wir dann in der Kriegszeit für Gott das Fleisch selbst hingeben?

4. Wiederum wird das Himmelreich mit einem ins Meer geworfenen Fischernetz verglichen, das Fische aller Art

impleta ad littus educitur, et in vasis boni pisces eliguntur, mali autem proiciuntur foras. Sancta Ecclesia sagenae comparatur, quia et piscatoribus est commissa, et per eam quisque ad aeternum regnum a praesentis seculi fluctibus trahitur, ne in aeternae mortis profunda mergatur. Quae ex omni 5 genere piscium congregat; quia ad peccatorum veniam sapientes et fatuos, liberos et servos, divites et pauperes, fortes et infirmos vocat. Unde per psalmistam Deo dicitur: „Ad te omnis caro veniet." Quae sagena scilicet tunc universaliter repletur, cum in fine suo humani generis summa 10 concluditur. Quam educunt, et secus littus sedent: quia sicut mare seculum, ita seculi finem significat littus maris. In quo scilicet fine boni pisces in vasis eliguntur, mali autem proiciuntur foras, quia et electus quisque in tabernacula aeterna recipitur, et interni regni luce perdita, ad exteriores 15 tenebras reprobi pertrahuntur. Nunc enim bonos malosque communiter quasi permixtos pisces fidei sagena nos continet, sed littus indicat, sagena, id est sancta Ecclesia, quid trahebat. Et quidem pisces qui capti fuerint, mutari non possunt, nos autem mali capimur, sed in bonitate permuta- 20 mur. Cogitemus igitur in captione, ne dividamur in littore. Ecce quam grata est vobis hodierna solemnitas, ita ut se non modicum addicat, si cui ex hoc conventu vestro deesse contingat. Quid ergo in die illa acturus est, qui a conspectu iudicis rapitur, ab electorum societate separatur, qui tene- 25 brescit a lumine, cruciatur aeterna combustione? Unde et hanc eandem comparationem Dominus sub brevitate aperit, cum subiungit: „Sic erit in consummatione seculi. Exibunt angeli, et separabunt malos de medio iustorum, et

---

[5] Ähnlich *in euang.* 2,24,4. Die gleiche Interpretation bieten bereits ORIGENES, *hom. in Jer.* 16,1 (GCS 6, Origenes 3, 131–133); HIERONYMUS, *in Matth.* 2,47 (CCL 77, 1041–1054); *in Zach.* 2,11f (CCL 76A, 846).

einfing; als es voll war, zog man es ans Ufer, und die guten Fische wurden in Gefäße gesammelt, die schlechten aber fortgeworfen. Die heilige Kirche wird mit einem Netz verglichen, da sie Fischern anvertraut ist und durch sie ein jeder aus dem Gewoge der gegenwärtigen Welt ins ewige Reich gezogen wird, um nicht in der Tiefe des ewigen Todes zu versinken.[5] Fische aller Art fängt sie ein, da sie Weise und Toren, Freie und Sklaven, Reiche und Arme, Starke und Schwache zur Vergebung der Sünden beruft. Daher wird durch den Psalmisten zu Gott gesagt: „Zu dir kommt alles Fleisch" (Ps 65,3: Vg. Ps 64,3). Dieses Netz wird ja dann völlig gefüllt, wenn am Ende die Gesamtheit der Menschheit eingefangen wird. Man zieht es heraus und setzt sich ans Ufer, denn wie das Meer die Welt bezeichnet, so das Meeresufer das Weltende. Beim Weltende werden nun die guten Fische in Gefäße gesammelt, die schlechten aber fortgeworfen, weil jeder Erwählte in die ewigen Gezelte aufgenommen wird und die Verworfenen, da sie das Licht des inneren Reiches verloren haben, in die äußere Finsternis gestoßen werden. Zur Zeit umfaßt ja das Netz des Glaubens uns alle gemeinsam, Gute und Schlechte, wie miteinander vermischte Fische; doch am Ufer zeigt sich, was das Netz, das heißt die heilige Kirche, herausgezogen hat. Die Fische können sich zwar nicht mehr ändern, wenn sie gefangen sind. Wir aber werden als Schlechte gefangen, doch in Gute verwandelt. Seien wir also, wenn wir gefangen werden, darauf bedacht, am Ufer nicht ausgesondert zu werden. Seht, wie beliebt ist bei euch das heutige Fest, so daß nicht wenig betrübt ist, wer bei eurem Zusammensein fehlen muß. Was wird also an jenem Tag der tun, der vom Angesicht des Richters fortgerissen, von der Gemeinschaft der Erwählten getrennt wird, vor dem Licht sich verfinstert, im ewigen Feuer gequält wird? Daher deutet der Herr auch kurz dieses Gleichnis, wenn er hinzufügt: „So wird es auch am Ende der Welt sein. Die Engel werden ausgehen und die Bösen aus der Mitte der Gerechten aussondern und

mittent eos in caminum ignis. Ibi erit fletus et stridor
dentium." Hoc iam, fratres carissimi, timendum est potius,
quam exponendum. Aperta etenim voce tormenta peccantium dicta sunt, ne quis ad ignorantiae suae excusationem
recurreret, si quid de aeterno supplicio obscure diceretur. 5
Unde et subditur: „Intellexistis haec omnia? Dicunt ei:
Utique Domine."

5. Atque in conclusione subiungitur: „Ideo omnis scriba
doctus in regno coelorum, similis est homini patrifamilias
proferenti de thesauro suo nova et vetera." Si per novum et 10
vetus quod dicitur, utrumque Testamentum accipimus,
Abraham doctum fuisse denegamus, qui novi et veteris
Testamenti etsi facta novit, minime verba nunciavit. Moysen quoque docto patrifamilias comparare non possumus,
qui etsi Testamentum vetus edocuit, novi tamen dicta non 15
protulit. Dum ergo ab hoc intellectu excludimur, ad alium
vocamur. Sed in eo quod Veritas dicit: „Omnis | scriba | 152
doctus in regno coelorum, similis est patrifamilias"; intelligi valet, quia non de his qui fuerant, sed de his qui esse in
Ecclesia poterant, loquebatur. Qui tunc nova et vetera pro- 20
ferunt, cum utriusque Testamenti praedicamenta vocibus et
moribus loquuntur. Quod tamen intelligi et aliter potest.
Vetustum quippe humani generis fuit, ad inferni claustra
descendere, pro peccatis suis supplicia aeterna tolerare. Cui
per Mediatoris adventum, novum aliquid accessit, ut si hic 25
recte studeat vivere, coelorum regna valeat penetrare: et
homo in terra editus, a corruptibili vita moriatur, in coelo
collocandus. Et vetus itaque est, ut pro culpa humanum
genus in aeterna poena intereat: et novum, ut conversus in

---

[6] GREGOR folgt der augustinischen Auffassung von der *una fides*, derzufolge der Glaube der Erwählten des Alten Bundes bereits die Heils-
geheimnisse des Neuen Testamentes umfaßte.

in den Feuerofen werfen. Dort wird Heulen und Zähneknirschen sein" (Mt 13, 49 f). Dies, geliebte Brüder, ist eher
zu fürchten als zu erklären. Ganz offen war von der Qual
der Sünder die Rede, damit niemand seine Unwissenheit als
Entschuldigung anführen könne, falls über die ewige Strafe
etwas dunkel gesagt sein sollte. Daher wird hinzugefügt:
„Habt ihr das alles verstanden? Sie antworteten ihm: Ja,
Herr" (Mt 13, 51).

5. Am Schluß wird hinzugefügt: „Darum gleicht jeder
Schriftgelehrte, der hinsichtlich des Himmelreiches unterrichtet ist, einem Hausherrn, der aus seinem Schatz Altes
und Neues hervorholt" (Mt 13, 52). Wenn wir das Alte und
Neue, von dem die Rede ist, als beide Testamente verstehen,
so bestreiten wir, Abraham sei unterrichtet gewesen, da er
zwar die Geschehnisse des Neuen und des Alten Testamentes kannte⁶, sie jedoch keineswegs mit Worten verkündete.
Auch Mose können wir nicht mit dem unterrichteten
Hausherrn vergleichen; wenn er auch das Alte Testament
gelehrt hat, so trug er doch nicht die Worte des Neuen vor.
Wenn uns also dies Verständnis versagt wird, werden wir
zu einem anderen gerufen. Daß die Wahrheit sagt: „Jeder
Schriftgelehrte, der hinsichtlich des Himmelreiches unterrichtet ist, gleicht einem Hausherrn", läßt sich so verstehen,
daß es nicht von denen gesagt wurde, die einst lebten,
sondern von denen, die in der Kirche sein konnten. Diese
tragen dann Neues und Altes vor, wenn sie die Lehren
beider mit Wort und Tat verkünden. Doch läßt sich dies
auch anders verstehen. Das alte Geschick der Menschheit
war es, in den Kerker der Unterwelt hinabzusteigen und
für ihre Sünden ewige Strafen zu erleiden. Durch die Ankunft des Mittlers wurde ihr etwas Neues zuteil: Wenn sie
sich hier recht zu leben bemüht, vermag sie ins Himmelreich zu gelangen. Der erdgeborene Mensch kann, wenn er
dem vergänglichen Leben stirbt, in den Himmel versetzt
werden. Das Alte besteht deshalb darin, daß die Menschheit für ihre Schuld in ewiger Strafe zugrunde geht; das

regno vivat. Quod ergo in conclusione locutionis suae Dominus subdidit, hoc est utique quod praemisit. Prius enim
de regni similitudine thesaurum inventum ac bonam mar-
garitam protulit, postmodum vero inferni poenas de malorum combustione narravit, atque in conclusione subiun- 5
git: „Ideo omnis scriba doctus in regno coelorum, similis
est patrifamilias proferenti de thesauro suo nova et vetera."
Ac si aperte diceretur: Ille in sancta Ecclesia doctus praedicator est, qui et nova scit proferre de suavitate regni, et
vetusta dicere de terrore supplicii: ut vel poenae terreant, 10
quos praemia non invitant. Audiat de regno quod amet,
audiat de supplicio unusquisque quod timeat: ut torpentem
animum et terrae vehementer inhaerentem, si amor ad
regnum non trahit, vel timor minet. Ecce enim de gehennae
expressione dicitur: „Ibi erit fletus et stridor dentium." Sed 15
quia praesentia gaudia sequuntur perpetua lamenta, hic,
fratres carissimi, vanam laetitiam fugite, si illic flere formi-
datis. Nemo etenim potest et hic, gaudere cum seculo, et
illic regnare cum Domino. Temporalis itaque laetitiae fluxa
restringite, carnis voluptates edomate. Quidquid animo ex 20
praesenti seculo arridet, ex consideratione aeterni ignis
amarescat. Quidquid in mente pueriliter hilarescit, hoc
disciplinae iuvenilis censura coerceat: ut dum sponte temporalia fugitis, aeterna gaudia sine labore capiatis, praestante Domino nostro Iesu Christo etc.   25

Neue darin, daß, wer sich bekehrt, im Reich lebt. Was der Herr also am Schluß seiner Rede hinzufügte, ist das, was er schon vorausgeschickt hat. Zunächst brachte er nämlich als Gleichnis für dieses Reich den verborgenen Schatz und die edle Perle vor, anschließend jedoch erzählte er von den Strafen des Totenreiches im Hinblick auf die Bösen, die verbrannt werden, und fügt am Schluß hinzu: „Darum gleicht jeder Schriftgelehrte, der hinsichtlich des Himmelreiches unterrichtet ist, einem Hausherrn, der aus seinem Schatz Altes und Neues hervorholt." Als wollte er offen sagen: Derjenige ist in der heiligen Kirche ein unterrichteter Verkündiger, der es versteht, Neues über die Schönheit des Reiches vorzubringen und Altes über den Schrecken der Strafe, damit zumindest die Strafen jene schrecken, welche die Belohnungen nicht verlocken. Jeder höre vom Himmelreich, das er lieben soll, jeder höre von der Strafe, die er fürchten soll, daß den trägen, übermäßig an der Erde haftenden Geist zumindest der Schrecken antreibe, wenn ihn schon nicht die Liebe zum Himmelreich zieht. Seht, von der Hölle wird ausdrücklich gesagt: „Dort wird Heulen und Zähneknirschen sein" (Mt 13,50). Da nun aber auf die gegenwärtigen Freuden ewige Klagen folgen, flieht hier, geliebte Brüder, nichtige Ausgelassenheit, wenn ihr Angst habt, dort zu weinen. Denn niemand kann sich hier mit der Welt freuen und dort mit dem Herrn herrschen. Zügelt daher die ungebundene Ausgelassenheit dieser Zeit, bezwingt die fleischlichen Gelüste. Was immer aus der gegenwärtigen Welt die Seele anlächelt, werde durch die Betrachtung des ewigen Feuers bitter. Was immer im Sinn kindisches Vergnügen weckt, soll strenge, mannhafte Zucht unterbinden, so daß ihr, wenn ihr freiwillig das Zeitliche flieht, die ewigen Freuden ohne Mühe erlangt. Dies möge unser Herr Jesus Christus gewähren …

HOMILIA XII

Habita ad populum in basilica sanctae Agnetis,
in die natalis eius

Lectio sancti Evangelii secundum Matthaeum 25, 1–13
In illo tempore dixit Iesus discipulis suis parabolam hanc: 5
Simile est regnum coelorum decem virginibus, quae acci-
pientes lampades suas, exierunt obviam sponso et sponsae.
Quinque autem ex eis erant fatuae, et quinque prudentes.
Sed quinque fatuae, acceptis lampadibus non sumpserunt
oleum secum: prudentes autem acceperunt oleum in vasis 10
suis cum lampadibus: Moram autem faciente sponso, dor-
mitaverunt omnes, et dormierunt. Media autem nocte cla-
mor factus est: Ecce sponsus venit, exite obviam ei. Tunc
surrexerunt omnes virgines illae, et ornaverunt lampades
suas. Fatuae autem sapientibus dixerunt: Date nobis de oleo 15
vestro, quia lampades nostrae exstinguuntur. Respon-
derunt prudentes, dicentes: Ne forte non sufficiat nobis et
vobis, ite potius ad vendentes, et emite vobis. Dum autem
irent emere, venit sponsus: et quae paratae erant, intrave-
runt cum eo ad nuptias, et clausa est ianua. Novissime vero 20
veniunt et reliquae virgines, dicentes: Domine, Domine,
aperi nobis. At ille respondens, ait: Amen dico vobis, nescio
vos. Vigilate itaque, quia nescitis diem neque horam.

1. Saepe vos, fratres carissimi, admoneo prava opera fugere,
mundi huius inquinamenta devitare: sed hodierna sancti 25
Evangelii lectione compellor dicere, ut et bona quae agitis,
cum magna cautela timeatis: ne per hoc quod a vobis rectum
geritur, favor aut gratia humana requiratur: ne appetitus

---

[1] Insofern für das 7./8. Jahrhundert in Rom ein zweifaches Fest der hl.
AGNES bezeugt ist, datiert CHAVASSE, *Aménagements* 87.91, die 11. und
12. Homilie auf den 21.1. und 28.1.591.
[2] Nach MARIN, *Esclusione* 152, bezeugt GREGOR erstmals die Tradition,

HOMILIE 12

Gehalten vor dem Volk in der Basilika der heiligen Agnes,
an ihrem Geburtsfest[1]

Lesung des heiligen Evangeliums nach Matthäus 25, 1–13[2]
*In jener Zeit trug Jesus seinen Jüngern folgendes Gleichnis
vor: Mit dem Himmelreich ist es wie mit zehn Jungfrauen,
die ihre Lampen nahmen und dem Bräutigam und der
Braut entgegengingen. Fünf von ihnen aber waren töricht,
fünf klug. Die törichten fünf nahmen zwar ihre Lampen,
aber kein Öl mit; die klugen dagegen nahmen mit den
Lampen auch Öl in ihren Krügen mit. Da der Bräutigam
länger ausblieb, wurden alle müde und schliefen ein. Um
Mitternacht aber erscholl der Ruf: Seht, der Bräutigam
kommt! Geht ihm entgegen! Da erhoben sich alle Jungfrauen und richteten ihre Lampen her. Die törichten aber
sprachen zu den klugen: Gebt uns von eurem Öl, denn
unsere Lampen erlöschen. Doch die klugen erwiderten:
Nein, es könnte für uns und für euch nicht reichen. Geht
lieber zu den Händlern, und kauft es euch. Während sie
hingingen, um zu kaufen, kam der Bräutigam. Die bereit
waren, gingen mit ihm in den Hochzeitssaal, und die Tür
wurde verschlossen. Endlich kamen auch die anderen Jungfrauen und riefen: Herr, Herr, mach uns auf! Er aber
erwiderte: Amen, ich sage euch: Ich kenne euch nicht. Seid
daher wachsam, denn ihr kennt weder Tag noch Stunde.*

1. Häufig ermahne ich euch, liebe Brüder, böses Tun zu
meiden, Beschmutzung seitens dieser Welt zu fliehen; doch
werde ich durch die heutige Lesung des heiligen Evangeliums gedrängt, euch zu sagen, daß ihr auch hinsichtlich des
Guten, das ihr tut, mit großer Vorsicht besorgt seid, damit
nicht durch das, was ihr recht vollbringt, Gunst oder Ge-

---

diese Perikope mit der Verkündigung *in natali virginum* zu verknüpfen.

laudis subrepat, et quod foris ostenditur, intus a mercede
vacuetur. Ecce enim Redemptoris voce decem virgines, et
omnes dicuntur virgines, et tamen intra beatitudinis ianuam non omnes sunt receptae; quia earum quaedam, dum
de virginitate sua gloriam foris expetunt, in vasis suis oleum 5
habere noluerunt. Sed prius quaerendum nobis est quid sit
regnum coelorum, aut cur decem virginibus comparetur,
quae etiam virgines prudentes et fatuae dicantur. Dum enim
coelorum regnum constat, quia reproborum nullus ingre-
ditur, etiam fatuis virginibus cur simile esse perhibetur? Sed 10
sciendum nobis est, quod saepe in sacro eloquio regnum
coelorum praesentis temporis Ecclesia dicitur. De quo alio
in loco Dominus dicit: „Mittet Filius hominis | angelos | 156
suos, et colligent de regno eius omnia scandala." Neque
enim in illo regno beatitudinis, in quo pax summa est, 15
inveniri scandala poterunt quae colligantur. Et unde rursum dicitur: „Qui ergo solverit unum de mandatis istis
minimis, et docuerit sic homines, hic minimus vocabitur in
regno coelorum. Qui autem fecerit et docuerit, hic magnus
vocabitur in regno coelorum." Mandatum quippe solvit et 20
docet, quando hoc quisque voce praedicat, quod vivendo
non implet. Sed ad regnum aeternae beatitudinis pervenire
non valet, qui non vult opere implere quod docet. Quomodo ergo in eo minimus vocabitur, qui ad hoc nullo modo
intrare permittitur? Quid itaque per hanc sententiam, nisi 25
praesens Ecclesia regnum coelorum dicitur? In qua doctor
qui mandatum solverit, minimus vocatur: quia cuius vita

---

[3] Zu handschriftlichen Varianten des Zitates vgl. ÉTAIX, *Tradition manuscrite* 555.
[4] Zu handschriftlichen Varianten des Zitates vgl. ÉTAIX, *Tradition manuscrite* 555.

fallen bei den Menschen gesucht werde, nicht Streben nach Anerkennung sich einschleiche und das, was äußerlich zur Schau gestellt wird, innerlich des Lohnes beraubt werde. Denn seht, unser Erlöser spricht von zehn Jungfrauen; alle werden „Jungfrauen" genannt, und dennoch werden nicht alle innerhalb der Pforte der Seligkeit aufgenommen, da einige von ihnen kein Öl in den Gefäßen haben wollten, insofern sie für ihre Jungfräulichkeit äußeren Ruhm erstrebten. Zunächst aber müssen wir fragen, was das Himmelreich bedeutet oder warum es mit zehn Jungfrauen verglichen wird, die noch als kluge und törichte Jungfrauen bezeichnet werden. Wenn nun feststeht, daß kein Verworfener ins Himmelreich eingeht, warum heißt es dann, es gleiche auch den törichten Jungfrauen? Doch muß man wissen, daß häufig in der Heiligen Schrift die Kirche der gegenwärtigen Zeit als Himmelreich bezeichnet wird. Hierüber sagt der Herr an anderer Stelle: „Der Menschensohn wird seine Engel aussenden, und sie werden aus seinem Reich alle Verführer zusammenbringen" (Mt 13, 41)[3]. In jenem Reich der Seligkeit, in dem tiefster Friede herrscht, wird man nämlich keine Verführer finden können, die zusammenzubringen sind. Darum heißt es nochmals: „Wer auch nur eines von diesen Geboten, und sei es das geringste, aufhebt und die Menschen so lehrt, der wird der Geringste heißen im Himmelreich. Wer sie aber hält und so lehrt, der wird im Himmelreich groß genannt werden" (Mt 5, 19)[4]. Eines von diesen Geboten hebt man nämlich auf und lehrt so, wenn man mit der Stimme das verkündet, was man im Leben nicht erfüllt. Doch vermag zum Reich der ewigen Seligkeit nicht zu gelangen, wer nicht mit seinem Handeln erfüllen will, was er lehrt. Wie wird also dort derjenige „der Geringste" genannt werden, dem es gar nicht gestattet wird, dort einzutreten? Was besagt dieser Ausspruch daher anderes, als daß die gegenwärtige Kirche das Himmelreich ist? In ihr wird ein Lehrer, der ein Gebot aufhebt, der Geringste genannt, denn wessen Lehren man

despicitur, restat ut eius praedicatio contemnatur. In quinque autem corporis sensibus unusquisque subsistit: gemi-
natus autem quinarius denarium perficit. Et quia ex utroque sexu fidelium multitudo colligitur; sancta Ecclesia
decem virginibus similis denunciatur. In qua quia mali cum 5
bonis, et reprobi cum electis admixti sunt, recte similis
virginibus prudentibus et fatuis esse perhibetur. Sunt namque plerique continentes, qui ab appetitu se exteriori custodiunt, et spe ad interiora rapiuntur: carnem macerant, et
toto desiderio ad supernam patriam anhelant, aeterna prae- 10
mia expetunt, pro laboribus suis recipere laudes humanas
nolunt. Hi nimirum gloriam suam non in ore hominum
ponunt, sed intra conscientiam contegunt. Et sunt plerique,
qui corpus per abstinentiam affligunt, sed de ipsa sua abstinentia humanos favores expetunt, doctrinae inserviunt, in- 15
digentibus multa largiuntur. Sed fatuae profecto sunt virgines, quia solam laudis transitoriae retributionem quaerunt.
Unde et apte subditur: „Quinque fatuae acceptis lampadibus non sumpserunt oleum secum: prudentes autem acceperunt oleum in vasis suis cum lampadibus." Per oleum 20
quippe nitor gloriae designatur: vascula autem, nostra sunt
corda, in quibus ferimus cuncta quae cogitamus. Prudentes
ergo oleum in vasis habent, quia nitorem gloriae intra
conscientiam retinent, Paulo attestante, qui ait: „Gloria
nostra haec est, testimonium conscientiae nostrae." Fatuae 25
autem virgines oleum secum non sumunt, quia gloriam
intra conscientiam non habent, dum hanc ab ore proximorum quaerunt. Notandum vero, quod omnes lampades

---

[5] Zur Verwendung der Zahlensymbolik vgl. CREMASCOLI, *Symbolisme
des nombres.*

[6] GREGOR bezeichnet mit dem Begriff *continentes* meist diejenigen, die
sich aus der Welt zurückgezogen haben, um besitzlos und enthaltsam
ein kontemplatives Leben zu führen. Vgl. FIEDROWICZ, *Kirchenverständnis* 188.

[7] GREGOR greift die von AUGUSTINUS erschlossene Interpretationsrich-
tung der Parabel auf, welche die Intention zum Unterscheidungskrite-

verachtet, dessen Verkündigung kann man nur geringschät-
zen. Nun existiert aber ein jeder mit den fünf Sinnen des
Leibes. Die Fünf ergibt verdoppelt Zehn. Und da die Viel-
zahl der Gläubigen sich aus beiderlei Geschlecht ergibt,
heißt es von der heiligen Kirche, sie sei zehn Jungfrauen
ähnlich.[5] Da in ihr die Bösen mit den Guten und die Verworfenen mit den Erwählten vermischt sind, heißt es zu
Recht, sie gleiche törichten und klugen Jungfrauen. Es gibt
nämlich viele Enthaltsame[6], die sich vor dem Streben nach
Äußerem hüten und sich durch die Hoffnung stark zum
Inneren hinziehen lassen, das Fleisch kasteien, mit ganzer
Sehnsucht nach der himmlischen Heimat verlangen, ewigen Lohn erstreben, für ihre Mühen kein Menschenlob
empfangen wollen. Diese legen offensichtlich ihren Ruhm
nicht in Menschenmund, sondern verbergen ihn innerhalb
des Gewissens. Es gibt aber auch viele, die zwar ihren Leib
durch Enthaltsamkeit abtöten, doch gerade durch ihre Enthaltsamkeit Menschengunst erstreben. Sie dienen der Lehre
und schenken vieles den Bedürftigen. Doch sind sie in der
Tat törichte Jungfrauen, weil sie allein den Lohn vergänglichen Lobes suchen.[7] Darum wird treffend hinzugefügt:
„Die törichten fünf nahmen ihre Lampen, aber kein Öl mit;
die klugen dagegen nahmen mit den Lampen auch Öl in
ihren Krügen mit" (Mt 25, 3 f). Mit dem Öl wird ja der
glanzvolle Ruhm bezeichnet; die Gefäße aber sind unsere
Herzen, in denen wir alles tragen, was wir denken. Die
Klugen haben also Öl in Gefäßen, da sie den glanzvollen
Ruhm innerhalb ihres Gewissens zurückbehalten, wie Pau-
lus mit den Worten bezeugt: „Unser Ruhm besteht im
Zeugnis unseres Gewissens" (2 Kor 1, 12). Die törichten
Jungfrauen nehmen nun aber kein Öl mit sich, da sie den
Ruhm nicht innerhalb ihres Gewissens haben, wenn sie
diesen vom Munde des Nächsten erstreben. Es ist aber zu

rium machte, und vertieft diese Deutung vielfach auch in seinen anderen
Werken; vgl. MARIN, *Esclusione*.

habent, sed omnes oleum non habent: quia plerumque bona
in se opera cum electis et reprobi ostendunt, sed soli ad
sponsum cum oleo veniunt, qui de his quae foris egerint,
intus gloriam requirunt. Unde per psalmistam quoque de
sancta electorum Ecclesia dicitur: „Omnis gloria eius filiae 5
regis ab intus."

2. „Moram autem faciente sponso, dormitaverunt om-
nes, et dormierunt": quia dum venire | iudex ad extremum | 158
iudicium differt, electi et reprobi in mortis somno sopiun-
tur. Dormire etenim mori est. Ante somnum vero dormita- 10
re, est ante mortem a salute languescere: quia per pondus
aegritudinis pervenitur ad somnum mortis. „Media autem
nocte clamor factus est: Ecce sponsus venit, exite obviam
ei."

3. De adventu sponsi clamor in media nocte fit: quia sic 15
dies iudicii subrepit, ut praevideri non valeat quando venit.
Unde scriptum est: „Dies Domini sicut fur in nocte ita
veniet." Tunc omnes virgines surgunt: quia et electi et
reprobi a somno suae mortis excitantur. Lampades ornant:
quia sua secum opera numerant, pro quibus aeternam re- 20
cipere beatitudinem exspectant. Sed lampades fatuarum
virginum exstinguuntur: quia earum opera, quae clara hominibus foris apparuerant, in adventu iudicis intus ob-
scurantur. Et a Deo retributionem non inveniunt; quia pro
eis receperunt ab hominibus laudes, quas amaverunt. Quid 25
est autem quod tunc a prudentibus oleum petunt, nisi quod
in adventu iudicis, cum se intus vacuas invenerint, testimonium foris quaerunt? Ac si a sua fiducia deceptae proximis
dicant: Quia nos quasi sine opere repelli conspicitis, dicite

---

[8] Die gleiche Interpretation des Psalmverses bietet GREGOR, *moral.* 8, 82
(CCL 143, 448); 35, 45 (CCL 143B, 1806).

beachten, daß zwar alle Lampen haben, jedoch nicht alle Öl haben, da oft auch die Verworfenen zusammen mit den Erwählten gute Werke an sich sehen lassen; doch kommen allein diejenigen mit Öl zum Bräutigam, die für das, was sie im Äußeren vollbrachten, den Ruhm im Innern suchen. Daher heißt es auch beim Psalmisten über die Kirche der Erwählten: „Aller Ruhm der Königstochter ist im Innern" (Ps 44, 14 Vg.).[8]

2. „Da der Bräutigam länger ausblieb, wurden alle müde und schliefen ein" (Mt 25, 5), denn wenn der Richter es aufschiebt, zum Endgericht zu erscheinen, dann sinken Erwählte und Verworfene in Todesschlaf. Schlafen bedeutet nämlich Sterben. Vor dem Schlaf müde zu werden bedeutet jedoch, vor dem Tod dem Siechtum zu verfallen, weil die Schwere der Krankheit zum Todesschlaf führt. „Um Mitternacht aber erscholl der Ruf: Seht, der Bräutigam kommt! Geht ihm entgegen!" (Mt 25, 6).

3. Die Ankunft des Bräutigams verkündet ein Ruf um Mitternacht, da der Tag des Gerichtes so plötzlich herankommt, daß sich nicht vorhersehen läßt, wann er kommt. Daher steht geschrieben: „Der Tag des Herrn kommt wie ein Dieb in der Nacht" (1 Thess 5, 2). Da erheben sich alle Jungfrauen, weil sowohl die Erwählten als auch die Verworfenen von ihrem Todesschlaf erweckt werden. Sie machen ihre Lampen zurecht, weil sie für sich ihre Werke zählen, für die sie die ewige Seligkeit zu empfangen hoffen. Die Lampen der törichten Jungfrauen hingegen erlöschen, weil ihre Werke, die vor den Menschen äußerlich hell erschienen, sich bei der Ankunft des Richters im Innern verdunkeln. Und sie finden keinen Lohn bei Gott, da sie ja für ihre Werke von den Menschen Lohn erhielten, wie sie es liebten. Weshalb erbitten sie nun von den klugen Öl? Nur aus folgendem Grund: Da sie bei der Ankunft des Richters ihre innere Leere entdeckten, suchen sie ein Zeugnis von außen. Es ist, als ob sie, von ihrem Selbstvertrauen betrogen, zu ihren Nächsten sprächen: Da ihr seht, daß wir

de nostris operibus quid vidistis. Sed prudentes virgines
respondent, dicentes: „Ne forte non sufficiat nobis et vobis." In illo enim die — quod tamen de quibusdam in pace
Ecclesiae quiescentibus loquor — sibimetipsi testimonium
uniuscuiusque vix sufficit; quanto minus et sibi et proxi- 5
mo? Unde et protinus per increpationem subdunt: „Ite
potius ad vendentes, et emite vobis." Venditores quippe
olei, adulatores sunt. Qui enim accepta qualibet gratia,
vanis suis laudibus nitorem gloriae offerunt, quasi oleum
vendunt. De quo perfecto oleo psalmista dicit: „Oleum 10
autem peccatoris non impinguet caput meum." Principale
etenim nostrum, caput est. Appellatione autem capitis ea,
quae principatur corpori mens vocatur. Impinguat ergo
caput oleum peccatoris, cum demulcet mentem favor ad-
ulantis. „Sed dum irent emere, venit sponsus": quia cum 15
vitae suae testimonium a proximis quaerunt, iudex venit,
qui non solum operum, sed et cordium testis est. „Quae
autem paratae erant, intraverunt cum eo ad nuptias, et
clausa est ianua."

4. O si sapere in cordis palato possit, quid admirationis 20
habet quod dicitur: „Venit sponsus"? Quid dulcedinis: „Intraverunt cum eo ad nuptias"; quid amaritudinis: „Et clausa
est ianua"? Venit quippe ille qui adventu suo elementa
concutit, in cuius conspectu coelum et terra contremiscit.
Unde etiam per prophetam dicit: „Adhuc | semel, et ego 25 |1
movebo non solum terram, sed etiam coelum." Ad cuius
examen omne humanum genus deducitur. Cui ad vindictam
malorum remunerationemque bonorum, angeli, archan-

zurückgewiesen werden, als ob wir nichts getan hätten, sagt
doch ihr, was ihr von unseren Werken gesehen habt. Doch
die klugen Jungfrauen erwidern: „Nein, es könnte für uns
und für euch nicht reichen" (Mt 25, 9). An jenem Tag nämlich — doch sage ich dies nur von einigen, die im Frieden
der Kirche ruhen — genügt das Zeugnis eines jeden kaum
für ihn selbst; um wieviel weniger dann für ihn und auch
für den Nächsten? Daher fügen sie sogleich vorwurfsvoll
hinzu: „Geht lieber zu den Händlern, und kauft es euch"
(Mt 25, 9). Ölverkäufer sind ja die Schmeichler. Die nämlich, die für irgendeine Gefälligkeit mit ihrer nichtigen
Lobrederei glanzvollen Ruhm anbieten, verkaufen sozusagen Öl. Von diesem Öl sagt der Psalmist: „Das Öl des
Sünders jedoch salbe nicht mein Haupt" (Ps 140, 5 Vg.).
Das Vornehmste an uns ist ja das Haupt. Mit dem Wort
„Haupt" wird nun auch der Geist bezeichnet, der dem Körper vorsteht. Das Öl des Sünders salbt also das Haupt, wenn
die Gunst eines Schmeichlers den Geist sanft streichelt.
„Während sie hingingen, um zu kaufen, kam der Bräutigam" (Mt 25, 10). Während sie nämlich von den Nächsten
ein Zeugnis für ihr Leben erbitten, kommt der Richter, der
nicht allein Zeuge der Werke, sondern auch der Herzen ist.
„Die aber bereit waren, gingen mit ihm in den Hochzeitssaal, und die Tür wurde verschlossen" (Mt 25, 10).

4. O wenn man es doch mit dem Gaumen des Herzens
schmecken könnte, was es Wunderbares auf sich hat, wenn
es heißt: „Der Bräutigam kommt!" (Mt 25, 6). Was Schönes,
wenn es heißt: „Sie gingen mit ihm in den Hochzeitssaal."
Was Bitteres hingegen, wenn es heißt: „Und die Tür wurde
verschlossen" (Mt 25, 10). Es kommt ja der, der durch seine
Ankunft die Elemente erschüttert, vor dessen Anblick
Himmel und Erde erbeben. Daher spricht er auch durch
den Propheten: „Nur eine kurze Weile noch, und ich erschüttere nicht nur die Erde, sondern auch den Himmel"
(vgl. Hag 2, 6). Vor sein Gericht wird die ganze Menschheit
geführt. Zur Bestrafung der Bösen und zur Belohnung der

geli, throni, principatus et dominationes obsequuntur. Pensate, fratres carissimi, ante conspectum tanti iudicis qui in
illo die terror erit, quando iam in poena remedium non erit:
quae illa confusio, cui reatu suo exigente continget in conventu omnium angelorum hominumque erubescere: qui 5
pavor, eum, quem et tranquillum mens humana capere non
valet, etiam iratum videre. Quem diem bene propheta intuens, ait: „Dies irae, dies illa, dies tribulationis et angustiae,
dies calamitatis et miseriae, dies tenebrarum et caliginis,
dies nebulae et turbinis, dies tubae et clangoris." Pensate 10
ergo, fratres carissimi, extremi diem iudicii super corda
reproborum qua asperitate propheta vidit amarescere,
quem tot appellationibus non valet explicare. Quanta vero
tunc erit electorum laetitia, qui de eius merentur visione
gaudere, de cuius conspectu vident et elementa omnia con- 15
tremiscere, cum eo simul ad nuptias intrare? Qui et in
sponsi nuptiis gaudent, et tamen ipsi sunt sponsa; quia in
illo aeterni regni thalamo visioni nostrae Deus coniungitur.
Quae scilicet visio numquam iam in perpetuum ab amoris
sui amplexibus evelletur. Tunc regni ianua lugentibus clau- 20
detur, quae modo quotidie poenitentibus aperitur. Erit
namque et tunc poenitentia, sed fructuosa iam non erit:
quia nequaquam tunc veniam invenit, qui modo aptum
veniae tempus perdit. Hinc etenim Paulus dicit: „Ecce nunc
tempus acceptabile, ecce nunc dies salutis." Hinc propheta 25
ait: „Quaerite Dominum, dum inveniri potest: invocate
eum, dum prope est."

5. Unde et easdem virgines fatuas invocantes Dominus
non audit: quia interclusa regni ianua, is qui prope esse

---

[9] Die Erwählten konstituieren die Kirche, hier unter dem Bild der Braut
dargestellt, in ihrer eschatologischen Vollendung, die in der Gottesschau
besteht. Vgl. FIEDROWICZ, *Kirchenverständnis* 310–313.

Guten stehen ihm die Engel, Erzengel, Throne, Fürsten und Herrschaften zu Gebote. Bedenkt, geliebte Brüder, welcher Schrecken vor dem Angesicht eines so gewaltigen Richters an jenem Tage herrschen wird, da es in der Qual keine Linderung mehr gibt; welche Bestürzung bei dem herrschen wird, der aufgrund seiner Schuld vor der Versammlung aller Menschen und Engel erröten muß, welches Entsetzen es bedeutet, denjenigen, den schon in seiner Ruhe Menschengeist nicht zu erfassen vermag, gar in seinem Zorn zu sehen. Als der Prophet diesen Tag erblickte, rief er: „Ein Tag des Zornes ist jener Tag, ein Tag der Drangsal und Angst, ein Tag des Verderbens und Elends, ein Tag der Finsternis und Dunkelheit, ein Tag des Posaunenschalls und Kriegsgeschreis" (vgl. Zef 1, 15 f). Bedenkt daher, geliebte Brüder, wie herb und bitter der Prophet den Tag des Endgerichtes für die Herzen der Verworfenen aufgehen sieht, da er ihn trotz so vieler Bezeichnungen nicht zu schildern vermag. Wie gewaltig hingegen wird dann die Freude der Erwählten sein, die es verdienen, sich an der Schau dessen zu erfreuen, bei dessen Anblick sie sogar alle Elemente erbeben sehen, und zusammen mit ihm den Hochzeitssaal zu betreten! Sie freuen sich an der Hochzeit des Bräutigams und sind doch selbst die Braut, da sich im Brautgemach des ewigen Reiches Gott mit unserer Schau vereint.[9] Dieses Schauen wird sie in Ewigkeit nicht mehr aus den Umarmungen seiner Liebe lösen. Dann schließt sich die Himmelspforte für die Trauernden, die jetzt noch Tag für Tag für die Büßer offensteht. Es wird zwar auch dann noch eine Buße geben, aber sie wird nicht mehr fruchtbringend sein, da keineswegs dann Vergebung findet, wer jetzt die rechte Zeit für die Vergebung versäumt. Daher sagt nämlich Paulus: „Seht, jetzt ist die Zeit der Gnade, jetzt ist der Tag des Heils" (2 Kor 6, 2). Daher sagt der Prophet: „Sucht den Herrn, solange er sich finden läßt, ruft ihn an, solange er nahe ist" (Jes 55, 6).

5. Daher hört der Herr auch nicht auf das Rufen der törichten Jungfrauen, denn bei verschlossener Him-

poterat, prope iam non erit. Nam subditur: „Novissime
veniunt et reliquae virgines, dicentes: Domine, Domine,
aperi nobis. At ille respondens, ait: Amen dico vobis, nescio
vos." Ibi iam a Deo non potest mereri quod petit, qui hic
noluit audire quod iussit: qui tempus congruae poeni- 5
tentiae perdidit, frustra ante regni ianuam cum precibus
venit. Hinc est enim quod per Salomonem Dominus dicit:
„Vocavi, et renuistis, extendi manum meam, et non fuit qui
aspiceret: despexistis omne consilium meum, et increpa-
tiones meas neglexistis. Ego quoque in interitu vestro ride- 10
bo, et subsannabo, cum vobis quod timebatis advenerit.
Cum irruerit repentina calamitas, et interitus quasi tempestas ingruerit, quando venerit super vos tribulatio et
angustia: tunc invocabunt me, et non exaudiam; mane con-
surgent, et non invenient me." Ecce aperiri clamant, et 15
repulsionis suae dolore compulsae, appellationem | domi- | 162
nantis ingeminant dicentes: „Domine, Domine, aperi nobis." Preces offerunt, sed nesciuntur: quia tunc velut inco-
gnitos Dominus deserit, quos modo suos per vitae meritum
non agnoscit.   20

6. Ubi apte quoque generalis ad discipulos exhortatio
subinfertur, cum dicitur: „Vigilate itaque, quia nescitis
diem neque horam." Quia post peccata Deus poenitentiam
suscipit, si sciret quisque de praesenti seculo quo tempore
exiret, aliud tempus voluptatibus, atque aliud poenitentiae 25
aptare potuisset. Sed qui poenitenti veniam spopondit, peccanti diem crastinum non promisit. Semper ergo extremum
diem debemus metuere, quem numquam possumus praevidere. Ecce hunc ipsum diem, in quo loquimur, ad inducias

melspforte wird der, welcher nahe sein konnte, nicht mehr nahe sein. Es wird ja hinzugefügt: „Endlich kamen auch die übrigen Jungfrauen und riefen: Herr, Herr, mach uns auf. Er aber erwiderte: Amen, ich sage euch: Ich kenne euch nicht" (Mt 25, 11 f). Dort kann von Gott nicht mehr erlangen, was er erbittet, wer hier nicht hören wollte, was er gebot. Wer die Zeit angemessener Buße versäumte, kommt mit seinen Bitten vergebens an die Himmelspforte. Damit hängt nämlich zusammen, was der Herr durch Salomo sagt: „Ich habe gerufen, und ihr habt euch geweigert; ich habe meine Hand ausgestreckt, und es gab niemanden, der darauf achtete; ihr habt all meinen Rat verachtet und meine Scheltworte in den Wind geschlagen. So werde auch ich bei eurem Untergang lachen und spotten, wenn euch geschieht, was ihr fürchtetet. Wenn plötzliches Unglück hereinstürzt und der Untergang wie Unwetter hereinbricht, wenn Trübsal und Angst über euch kommt, dann werden sie mich anrufen, ich aber werde sie nicht erhören. Früh werden sie sich erheben, aber sie werden mich nicht finden" (vgl. Spr 1, 24–28). Seht, sie rufen, es möge geöffnet werden, und, vom Schmerz über ihre Verstoßung gedrängt, verdoppeln sie die Anrede ihres Gebieters, wenn sie sagen: „Herr, Herr, mach uns auf." Sie bringen ihr Flehen vor, aber man kennt sie nicht, da der Herr dann diejenigen als Unbekannte verläßt, die er jetzt nicht aufgrund verdienstvollen Lebens als die Seinen anerkennt.

6. Hier wird passend eine allgemeine Mahnung an die Jünger hinzugefügt, wenn es heißt: „Seid daher wachsam, denn ihr kennt weder Tag noch Stunde" (Mt 25, 13). Weil Gott nach den Sünden Buße annimmt, könnte jeder, wenn er wüßte, zu welcher Zeit er die gegenwärtige Welt verlassen müßte, die eine Zeit für Vergnügungen, die andere für die Buße reservieren. Doch der dem Büßer Vergebung verhieß, hat dem Sünder nicht den morgigen Tag versprochen. Stets müssen wir daher den Jüngsten Tag fürchten, den wir niemals vorhersehen können. Seht, gerade den heutigen

conversionis accepimus, et tamen mala quae fecimus, flere
recusamus. Non solum commissa non plangimus, sed etiam
quae defleantur augemus. At si aliqua nos aegritudo corri-
piat, si signa aegritudinis vicinam mortem denuncient, inducias vivendi quaerimus, ut peccata nostra defleamus, et 5
eas cum magno aestu desiderii petimus, quas acceptas modo
pro nihilo habemus.

7. Rem, fratres carissimi, refero, quam si intente audire
vult caritas vestra, ex consideratione illius vehementer in-
struetur. Quidam vir nobilis in Valeria provincia nomine 10
Chrysaorius fuit, quem lingua rustica populus Chryserium
vocabat: vir valde idoneus, sed tantum plenus vitiis, quantum rebus: superbia tumidus, carnis suae voluptatibus sub-
ditus, in acquirendis rebus avaritiae facibus accensus. Sed
cum tot malis Dominus finem ponere decrevisset, sicut a 15
religioso viro quodam, qui nunc superest, propinquo illius
didici, corporis languore percussus est. Qui ad extremum
veniens eadem hora, qua iam de corpore erat exiturus,
apertis oculis vidit tetros et nigerrimos spiritus coram se
assistere, et vehementer imminere, ut ad inferni claustra se 20
raperent. Coepit tremere, pallescere, sudare, et magnis vocibus inducias petere, filiumque suum nomine Maximum,
quem ipse iam monachus monachum vidi, nimiis et turbatis
clamoribus vocare, dicens: „Maxime, curre, nunquam tibi
aliquid mali feci, in fidem tuam me suscipe." Turbatus mox 25
Maximus adfuit, lugens et perstrepens familia convenit. Eos
autem, quos ille insistentes sibi graviter tolerabat, ipsi ma-
lignos spiritus videre non poterant; sed eorum praesentiam
in confusione, in pallore ac tremore illius qui trahebatur,

---

[10] GREGOR schildert es ebenfalls *in euang.* 2,38,16 und *dial.* 4,40,29
(SCh 265, 140–144).
[11] Entspricht den heutigen Abruzzen.
[12] GREGOR, *dial.* 4,40,6 (SCh 265, 142), nennt den Namen Probus.

Tag, an dem wir sprechen, haben wir als Frist zur Bekehrung empfangen, und dennoch weigern wir uns, das begangene Böse zu beweinen. Wir trauern nicht nur nicht über das Verübte, sondern mehren sogar noch, was zu beweinen ist. Wenn uns hingegen eine Krankheit befällt, wenn die Krankheitssymptome den nahen Tod ankünden, dann bitten wir um eine weitere Lebensfrist, um unsere Sünden zu beweinen, und mit gewaltig glühender Sehnsucht bitten wir dann um diese Frist, die wir jetzt, da sie uns gewährt ist, für nichts erachten.

7. Ich will euch ein Ereignis[10] berichten, geliebte Brüder; wenn eure Liebe achtsam darauf hören will, wird sie aus seiner Betrachtung reiche Belehrung empfangen. In der Provinz Valeria[11] lebte ein vornehmer Mann namens Chrysaorius, im Volksmund Chryserius genannt. Ein äußerst fähiger Mann, doch ebenso lasterhaft wie reich; von Hochmut aufgeblasen, seinen fleischlichen Gelüsten verfallen, im Besitzerwerb von der Fackel der Habgier entflammt. Als nun aber der Herr beschlossen hatte, so vielem Bösen ein Ende zu bereiten, wurde jener von körperlichem Siechtum getroffen, wie ich von einem Mann im geistlichen Stand, der jetzt noch lebt, einem seiner Verwandten, erfuhr.[12] Als es mit ihm zu Ende ging, sah er genau zu der Stunde, da er schon seinen Leib verlassen sollte, mit offenen Augen häßliche und pechschwarze Dämonen vor sich stehen und ihm heftig drohen, ihn in die Unterwelt zu reißen. Er begann zu zittern, blaß zu werden, zu schwitzen und mit lauter Stimme um eine Frist zu bitten. Er rief seinen Sohn Maximus, den ich selbst, als ich noch Mönch war, als Mönch sah, mit maßlos aufgeregtem Geschrei: „Maximus, komm schnell, niemals habe ich dir etwas Böses getan. Nimm mich in deinen Schutz." Bestürzt war Maximus bald zur Stelle. Die trauernde und lärmende Familie kam zusammen. Zwar konnten sie jene bösen Dämonen, deren heftige Bedrängnis er erdulden mußte, nicht sehen, doch erkannten sie deren Anwesenheit an der Verwirrung, an der Blässe

videbant. Pavore autem tetrae eorum imaginis, huc illucque
vertebatur in lectulo, iacebat in sinistro latere, aspectum
eorum ferre non poterat: vertebatur ad parietem, ibi ad-
erant. Cumque constrictus nimis relaxari se iam | posse ׀164
desperaret, coepit magnis vocibus clamare, dicens: Inducias 5
vel usque mane, inducias vel usque mane. Sed cum haec
clamaret, in ipsis suis vocibus de habitaculo suae carnis
evulsus est. De quo nimirum constat, quia pro nobis ista,
non pro se viderit, ut eius visio nobis proficiat, quos adhuc
divina patientia longanimiter exspectat. Nam illi tetros spi- 10
ritus ante mortem vidisse, et inducias petiisse, quid profuit,
qui easdem inducias quas petiit, non accepit? Nos ergo,
fratres carissimi, nunc solicite ista cogitemus, ne nobis in
vacuum tempora pereant, et tunc quaeramus ad bene agen-
dum vivere, cum iam compellimur de corpore exire. Me- 15
mentote quid Veritas dicat: „Orate, ne fiat fuga vestra hieme vel sabbato." Per legis quippe mandatum ambulare
longius sabbato non licet: hiems quoque ad ambulandum
impedimento est, quia gressus ambulantium torpor frigoris
adstringit. Ait ergo: „Orate, ne fiat fuga vestra hieme vel 20
sabbato." Ac si aperte dicat: Videte ne tunc quaeratis peccata vestra fugere, quando iam non licet ambulare. Illud
ergo tempus quo fugere non licet, modo debet cogitari dum
licet. Illa hora nostri exitus est semper intuenda: ista Redemptoris nostri admonitio ante mentis oculos semper po- 25
nenda, qua ait: „Vigilate itaque, quia nescitis diem neque
horam."

und am Zittern dessen, der hin und her gezerrt wurde. Aus Entsetzen über ihr abscheuliches Aussehen, wälzte er sich im Bett hin und her. Lag er auf der linken Seite, konnte er den Anblick nicht ertragen; drehte er sich zur Wand, so waren sie auch dort zugegen. Da er so umzingelt schon verzweifelte, noch befreit werden zu können, begann er mit lauter Stimme zu rufen: Aufschub nur bis morgen, Aufschub nur bis morgen! Als er aber dies rief, wurde er mitten in seinem Rufen der Wohnstatt seines Fleisches entrissen. Von ihm steht offensichtlich fest, daß er dies um unseretwillen, nicht um seinetwillen gesehen hat, daß seine Erscheinung uns von Nutzen sein soll, auf welche die göttliche Geduld noch langmütig wartet. Denn was hat es ihm genutzt, daß er vor seinem Tod die abscheulichen Dämonen sah und eine Frist erbat, da er doch die erbetene Frist nicht empfing? Laßt uns also, geliebte Brüder, laßt uns dies jetzt ernstlich erwägen, damit uns die Zeit nicht ins Leere verrinnt, und wir dann noch zu leben verlangen, um gut zu handeln, wenn wir schon gezwungen sind, unseren Leib zu verlassen. Erinnert euch, was die Wahrheit sagt: „Betet, daß eure Flucht nicht in den Winter oder auf einen Sabbat falle" (Mt 24,20). Durch die Weisung des Gebotes ist es nicht erlaubt, am Sabbat einen weiteren Weg zu unternehmen (vgl. Ex 16,29). Auch der Winter bedeutet für das Laufen ein Hindernis, da starre Kälte die Schritte der Laufenden hemmt. Die Wahrheit sagt also: „Betet, daß eure Flucht nicht in den Winter oder auf einen Sabbat falle." Als wollte sie offen sagen: Achtet darauf, daß ihr nicht erst dann euren Sünden zu entfliehen sucht, wenn es schon nicht mehr möglich ist davonzulaufen. Jene Zeit, da man nicht mehr fliehen kann, muß also jetzt schon bedacht werden, solange es noch möglich ist zu fliehen. Jene Stunde unseres Hinscheidens muß man immer im Blick haben, jene Mahnung unseres Erlösers ist immer vor das geistige Auge zu stellen, wenn er sagt: „Seid daher wachsam, denn ihr kennt weder den Tag noch die Stunde" (Mt 25,13).

Habita ad populum in basilica beati Felicis confessoris,
in die natalis eius

Lectio sancti Evangelii secundum Lucam 12, 35–40
In illo tempore: Dixit Iesus discipulis suis: Sint lumbi vestri 5
praecincti, et lucernae ardentes in manibus vestris: et vos
similes hominibus exspectantibus dominum suum, quando
revertatur a nuptiis: ut cum venerit et pulsaverit, confestim
aperiant ei. Beati servi illi, quos cum venerit dominus,
invenerit vigilantes. Amen dico vobis, quod praecinget se, 10
et faciet illos discumbere, et transiens ministrabit illis. Et si
venerit in secunda vigilia, et si in tertia vigilia venerit, et
ita invenerit, beati sunt servi illi. Hoc autem scitote, quon-
iam si sciret paterfamilias qua hora fur veniret, vigilaret
utique, et non sineret perfodi domum suam. Ideo et vos 15
estote parati: quia qua hora non putatis, filius hominis
veniet.

1. Sancti Evangelii, fratres carissimi, aperta vobis est lectio
recitata. Sed ne aliquibus ipsa eius planities alta fortasse
videatur, eam sub brevitate transcurrimus, quatenus eius 20
expositio ita nescientibus fiat cognita, ut tamen scientibus
non sit onerosa. Quia viris luxuria in lumbis sit, feminis in
umbilico, testatur Dominus, qui de diabolo ad beatum Iob
loquitur, dicens: „Virtus eius in lumbis eius, et fortitudo
illius in umbilico ventris eius." A principali igitur sexu 25

---

[1] Insofern der Festtag des Felix von Nola am 14. Januar begangen
wurde, erscheint die vorliegende Homilie nach den Homilien 11 und 12
(21. und 28. Januar) schlecht plaziert. Aufgrund des zeitlichen Hinweises im 6. Abschnitt *(nobiscum transacto anno)* datiert sie Chavasse,
Aménagements 87, auf das Jahr 592. Hurst, *Gospel Homilies* 156,
plädiert hingegen für den 29. Juli, den Festtag des Martyrerpapstes
Felix II.

HOMILIE 13

Gehalten vor dem Volk in der Basilika des seligen Beken-
ners Felix, an seinem Geburtsfest[1]

Lesung des heiligen Evangeliums nach Lukas 12,35–40
*In jener Zeit sprach Jesus zu seinen Jüngern: Eure Lenden
seien umgürtet, und in euren Händen seien brennende
Lampen. Ihr sollt Menschen gleichen, die auf ihren Herrn
warten, bis er von der Hochzeit heimkehrt, um ihm sogleich zu öffnen, wenn er kommt und anklopft. Selig die
Knechte, die der Herr bei seiner Ankunft wachend findet.
Amen, ich sage euch, er wird sich umgürten und sie Platz
nehmen lassen und dahingehen, um sie zu bedienen.
Kommt er in der zweiten oder dritten Nachtwache und
trifft sie so an: selig jene Knechte. Das aber beachtet: Wenn
der Hausherr wüßte, zu welcher Stunde der Dieb kommt,
so würde er wachen, um ihn nicht in sein Haus einbrechen
zu lassen. So haltet auch ihr euch bereit, denn der Menschensohn kommt zu einer Stunde, da ihr es nicht vermutet.*

1. Die vorgetragene Lesung des heiligen Evangeliums, geliebte Brüder, ist für euch leicht verständlich. Doch damit
sogar diese Zugänglichkeit einigen nicht etwa als zu hoch
erscheine, wollen wir sie noch einmal in Kürze durchgehen,
so daß die Auslegung den Unkundigen in der Weise bekannt wird, daß sie dennoch den Kundigen nicht lästig
falle. Daß bei den Männern die Neigung zur Unzucht in
den Lenden, bei den Frauen am Nabel liegt, bezeugt der
Herr, als er zum seligen Ijob über den Teufel sprach: „Seine
Kraft ist in seinen Lenden und seine Stärke am Nabel seines
Bauches" (Ijob 40,11 Vg.).[2] Vom vorrangigen Geschlecht

---

[2] Die Beschreibung des Behemot, des Flußpferdes, wird von GREGOR
allegorisch auf die Gestalt des Teufels hin interpretiert. Die gleiche
Deutung des Verses bietet *moral.* 32,20 (CCL 143B, 1644f).

lumborum nomine luxuria designatur, cum Dominus dicit:
„Sint lumbi vestri praecincti." Lumbos enim praecingimus,
cum carnis luxuriam per continentiam coarctamus. Sed
quia minus est mala non agere, nisi etiam quisque studeat
et bonis operibus insudare, protinus additur: „Et lucernae 5
ardentes in manibus vestris." Lucernas quippe ardentes in
manibus tenemus, cum per bona opera proximis nostris
lucis exempla monstramus. De quibus profecto operibus
Dominus dicit: „Luceat lux vestra coram hominibus, ut
videant opera vestra bona, et glorificent Patrem vestrum, 10
qui in coelis est." Duo autem sunt quae iubentur, et lumbos
restringere, et lucernas tenere: ut et munditia sit castitatis
in corpore, et lumen veritatis in operatione. Redemptori
etenim nostro unum sine altero placere nequaquam potest:
si aut is qui bona agit, adhuc luxuriae inquinamenta non 15
deserit: aut is qui castitate | praeeminet, necdum se per bona | 168
opera exercet. Nec castitas ergo magna est sine bono opere,
nec opus bonum est aliquod sine castitate.

2. Sed et si utrumque agitur, restat ut quisquis ille est, spe
ad supernam patriam tendat, et nequaquam se a vitiis pro 20
mundi huius honestate contineat. Qui etsi quaedam bona
aliquando pro honestate inchoat, in eius tamen intentione non debet permanere, nec per bona opera praesentis
mundi gloriam quaerere, sed totam spem in Redemptoris
sui adventum constituat. Unde et protinus subditur: „Et 25
vos similes hominibus exspectantibus dominum suum,
quando revertatur a nuptiis." Ad nuptias quippe Dominus
abiit, quia resurgens a mortuis, ascendens in coelum, supernam sibi angelorum multitudinem novus homo co-

her wird also mit dem Begriff der Lenden die Neigung zur Unzucht bezeichnet, wenn der Herr spricht: „Eure Lenden seien umgürtet" (Lk 12,35). Wir umgürten nämlich unsere Lenden, wenn wir die fleischliche Neigung zur Unzucht durch Enthaltsamkeit bändigen. Da es aber zuwenig ist, Böses nicht zu tun, wenn sich nicht auch ein jeder bemüht, ebenso bei guten Werken Schweiß zu vergießen, wird sogleich hinzugefügt: „Und in euren Händen seien brennende Lampen" (Lk 12,35). Wir halten ja brennende Lampen in den Händen, wenn wir unseren Nächsten durch gute Werke leuchtende Beispiele zeigen. Von diesen Werken sagt der Herr: „Euer Licht leuchte vor den Menschen, damit sie eure guten Werke sehen und euren Vater im Himmel preisen" (Mt 5,16). Zweierlei wird nun aber geboten, sowohl die Lenden zu gürten als auch Lampen zu halten, damit sowohl keusche Reinheit im Leibe als auch das Licht der Wahrheit im Handeln sei. Keinesfalls kann nämlich das eine ohne das andere unserem Erlöser gefallen, wenn entweder der, der Gutes vollbringt, schmutzige Unzucht noch nicht aufgibt oder der, der sich durch Keuschheit hervortut, sich noch nicht in guten Werken abmüht. Folglich ist weder Keuschheit ohne gute Werke bedeutsam, noch bedeutet ein gutes Werk etwas ohne Keuschheit.

2. Aber auch wenn man beides tut, bleibt noch, daß man sich voller Hoffnung auf die himmlische Heimat ausrichtet und sich keinesfalls wegen des Ansehens in dieser Welt der Laster enthalte. Auch wenn man manches Gute um des Ansehens willen beginnt, darf man dennoch nicht bei dieser Absicht bleiben und nicht durch gute Werke Ruhm in der gegenwärtigen Welt suchen; vielmehr muß man die ganze Hoffnung auf die Ankunft des Erlösers setzen. Daher wird sogleich hinzugefügt: „Ihr sollt Menschen gleichen, die auf ihren Herrn warten, bis er von der Hochzeit zurückkehrt" (Lk 12,36). Zu einer Hochzeit ging ja der Herr fort, da er durch seine Auferstehung von den Toten und seine Auffahrt in den Himmel die himmlische Schar der Engel mit sich als

pulavit. Qui tunc revertitur, cum nobis iam per iudicium manifestatur.

3. Bene autem de servis exspectantibus subditur: „Ut cum venerit et pulsaverit, confestim aperiant ei." Venit quippe Dominus, cum ad iudicium properat: pulsat vero, 5 cum iam per aegritudinis molestias esse vicinam mortem designat. Cui confestim aperimus, si hunc cum amore suscipimus. Aperire enim iudici pulsanti non vult, qui exire de corpore trepidat, et videre eum, quem contempsisse se meminit, iudicem formidat. Qui autem de sua spe et ope- 10 ratione securus est, pulsanti confestim aperit, quia laetus iudicem sustinet: et cum tempus propinquae mortis agnoverit, de gloria retributionis hilarescit. Unde et protinus subditur: „Beati sunt servi illi, quos cum venerit dominus, invenerit vigilantes." Vigilat, qui ad aspectum veri luminis 15 mentis oculos apertos tenet; vigilat, qui servat operando quod credit; vigilat, qui a se torporis et negligentiae tenebras repellit. Hinc etenim Paulus dicit: „Evigilate iusti, et nolite peccare." Hinc rursus ait: „Hora est iam nos de somno surgere." 20

4. Sed veniens dominus, quid servis vigilantibus exhibeat, audiamus: „Amen dico vobis, quod praecinget se, et faciet eos discumbere, et transiens ministrabit illis." Praecinget se, id est ad retributionem praeparabit: et faciet illos discumbere, id est in aeterna quiete refovere. Discum- 25 bere quippe nostrum, in regno quiescere est. Unde rursum Dominus dicit: „Venient et recumbent cum Abraham, Isaac et Iacob." Transiens autem Dominus ministrat, quia lucis

---

[3] SUTCLIFFE, *Homilia* 71, plädiert für die Lesart *hanc* im Hinblick auf *mortem vicinam*. Die Übersetzung hält die Möglichkeit offen, das Demonstrativpronomen auf Christus oder den Tod gleicherweise zu beziehen.

dem neuen Menschen vereinigte. Er kehrt dann zurück, wenn er sich uns im Gericht offenbart.

3. Passend wird nun über die wachsamen Knechte hinzugefügt: „um ihm sogleich zu öffnen, wenn er kommt und anklopft" (Lk 12, 36). Der Herr kommt ja, wenn er zum Gericht eilt, er klopft jedoch an, wenn er schon durch Krankheitsbeschwerden den nahen Tod ankündet. Wir öffnen ihm sogleich, wenn wir ihn[3] mit Liebe aufnehmen. Dem anklopfenden Richter will nicht öffnen, wer davor zurückschreckt, aus dem Leibe zu scheiden, und sich fürchtet, denjenigen als Richter zu sehen, den er, wie er sich erinnert, verachtet hat. Wer aber hinsichtlich seiner Hoffnung und seines Handelns sicher ist, öffnet sogleich dem Anklopfenden, weil er freudig den Richter erwartet; und wenn er den Zeitpunkt des nahen Todes erkannt hat, wird er froh angesichts der Herrlichkeit des Lohnes. Daher wird sogleich noch hinzugefügt: „Selig die Knechte, die der Herr bei seiner Ankunft wachend findet" (Lk 12, 37). Es wacht, wer die Augen seines Geistes offenhält, um das wahre Licht zu erblicken. Es wacht, wer im Handeln bewahrt, was er glaubt. Es wacht, wer die Finsternis von Tatenlosigkeit und Gleichgültigkeit von sich abwehrt. Daher sagt nämlich Paulus: „Werdet sehr wachsam, und sündigt nicht" (vgl. 1 Kor 15, 34). Daher sagt er nochmals: „Die Stunde ist für uns da, vom Schlafe aufzustehen" (Röm 13, 11).

4. Doch laßt uns hören, was der Herr bei seinem Kommen den wachsamen Knechten bereitet: „Amen, ich sage euch, er wird sich umgürten und sie Platz nehmen lassen und dahingehen, um sie zu bedienen" (Lk 12, 37). Er wird sich umgürten, das heißt, er wird sich zur Belohnung bereiten; er wird sie Platz nehmen, das heißt in der ewigen Ruhe aufleben lassen. Denn unser Platznehmen bedeutet, im Himmelreich zur Ruhe zu gelangen. Daher sagt der Herr noch einmal: „Sie werden kommen und mit Abraham, Isaak und Jakob zu Tische sitzen" (Mt 8, 11). Der Herr geht nun dahin und bedient sie, da er uns mit den

suae illustratione nos satiat. Transire vero dictum est, cum
de iudicio ad regnum redit. Vel certe Dominus nobis post
iudicium transit, quia ab humanitatis forma in divinitatis
suae contemplationem nos elevat. Et transire eius, est in
claritatis suae speculationem nos ducere, cum eum quem in 5
humanitate in iudicio cernimus, etiam in | divinitate post | 170
iudicium videmus. Ad iudicium quippe veniens, in forma
servi omnibus apparet, quia scriptum est: „Videbunt in
quem transfixerunt." Sed cum reprobi in supplicium cor-
ruunt, iusti ad claritatis eius gloriam pertrahuntur, sicut 10
scriptum est: „Tollatur impius, ne videat gloriam Dei."

5. Sed quid si servi in prima vigilia negligentes exsistunt?
Prima quippe vigilia, primae aetatis custodia est. Sed neque
sic desperandum est, et a bono opere cessandum. Nam
longanimitatis suae patientiam insinuans Dominus, subdit: 15
„Et si venerit in secunda vigilia, et si in tertia vigilia venerit,
et ita invenerit, beati sunt servi illi." Prima quippe vigilia,
primaevum tempus est, id est pueritia. Secunda, adolescentia vel iuventus, quae auctoritate sacri eloquii unum sunt,
dicente Salomone: „Laetare iuvenis in adolescentia tua." 20
Tertia autem, senectus accipitur. Qui ergo vigilare in prima
vigilia noluit, custodiat vel secundam: ut qui converti a
pravitatibus suis in pueritia neglexit, ad vias vitae saltem in
tempore iuventutis evigilet. Et qui evigilare in secunda
vigilia noluit, tertiae vigiliae remedia non amittat: ut qui in 25

---

[4] GREGOR denkt an den eigentlichen Sinn des Wortes *transire,* nämlich
„vorüberschreiten, hinübergehen".

Strahlen seines Lichtes sättigt. Mit dem Dahingehen[4] ist
jedoch gemeint, daß er vom Gericht zum Himmelreich
zurückkehrt. Oder besser, der Herr geht für uns nach dem
Gericht dahin, weil er uns von der Gestalt seiner Menschheit zur Kontemplation seiner Gottheit erhebt. Sein Dahingehen bedeutet, daß er uns zur Schau seiner Herrlichkeit
führt, wenn wir den, den wir beim Gericht in seiner
Menschheit sehen, nach dem Gericht auch in seiner Gottheit sehen. Wenn er nämlich zum Gericht kommt, erscheint
er allen in Knechtsgestalt, steht doch geschrieben: „Sie
werden den sehen, den sie durchbohrt haben" (Sach 12,10;
Joh 19,37). Wenn aber die Verworfenen der Strafe verfallen,
werden die Gerechten zum Glanz seiner Herrlichkeit geführt, wie geschrieben steht: „Der Gottlose werde entfernt,
damit er nicht die Herrlichkeit Gottes schaue" (vgl. Jes
26,10).

5. Doch was, wenn die Knechte schon in der ersten
Nachtwache nachlässig sind? Die erste Nachtwache bedeutet die Obacht über den ersten Lebensabschnitt. Doch darf
man selbst in diesem Fall nicht verzweifeln und vom guten
Werk ablassen. Denn indem der Herr auf seine Langmut
und Geduld hinweist, fügt er hinzu: „Kommt er in der
zweiten oder dritten Nachtwache und trifft sie so an: selig
jene Knechte" (Lk 12,38). Die erste Nachtwache ist ja der
erste Lebensabschnitt, das heißt die Kindheit. Die zweite
ist die Jugend oder das Alter des jungen Mannes, welche
nach der Autorität der Heiligen Schrift eine Einheit bilden,
sagt doch Salomo: „Freu dich, du junger Mann in deiner
Jugend" (Koh 11,9). Die dritte aber ist als Greisenalter zu
verstehen. Wer also in der ersten Nachtwache nicht wachsam sein wollte, wache wenigstens in der zweiten, so daß
der, der es in der Kindheit versäumte, sich von seinen
Fehlern zu bekehren, zumindest im jungen Mannesalter auf
die Wege des Lebens achtgibt. Und wer in der zweiten
Nachtwache nicht wachsam sein wollte, der versäume nicht
die Hilfsmittel der dritten Nachtwache, so daß der, der im

iuventute ad vias vitae non evigilat, saltem in senectute resipiscat.

Pensate, fratres carissimi, quia conclusit Dei pietas duritiam nostram. Non est iam quid homo excusationis inveniat. Deus despicitur, et exspectat: contemni se videt, et 5 revocat: iniuriam de contemptu suo suscipit, et tamen quandoque revertentibus etiam praemia promittit. Sed nemo hanc eius longanimitatem negligat: quia tanto districtiorem iustitiam in iudicio exiget, quanto longiorem patientiam ante iudicium praerogavit. Hinc etenim Paulus 10 dicit: „Ignoras, quoniam benignitas Dei ad poenitentiam te adducit? Tu autem secundum duritiam tuam et cor impoenitens, thesaurizas tibi iram in die irae et revelationis iusti iudicii Dei." Hinc psalmista ait: „Deus iudex iustus, fortis et longanimis." Dicturus quippe longanimem, praemisit 15 iustum: ut quem vides peccata delinquentium diu patienter ferre, scias hunc etiam quandoque districte iudicare. Hinc per quendam sapientem dicitur: „Altissimus enim est patiens redditor." Patiens enim redditor dicitur, quia peccata hominum et patitur et reddit. Nam quos diu, ut conver- 20 tantur, tolerat, non conversos durius damnat. Ad excutiendam vero mentis nostrae desidiam, etiam exteriora damna per similitudinem ad medium deducuntur: ut per haec animus ad sui custodiam suscitetur. Nam dicitur: „Hoc autem scitote, quia si sciret paterfamilias qua hora fur 25 veniret, vigilaret utique, et non sineret perfodi domum suam." Ex qua praemissa | similitudine etiam exhortatio | 172 subinfertur, cum dicitur: „Et vos estote parati, quia qua hora non putatis, Filius hominis veniet." Nesciente enim

---

5 So bezeichnet GREGOR den Verfasser der Bücher Kohelet, Weisheit und Jesus Sirach.
6 Zu handschriftlichen Varianten des Zitates vgl. ÉTAIX, *Tradition manuscrite* 555.

jungen Mannesalter nicht auf die Wege des Lebens achtgibt, wenigstens im Greisenalter zur Besinnung komme.

Bedenkt, meine Brüder, daß Gottes Güte unsere Hartherzigkeit umfängt. Es gibt nichts mehr, was der Mensch zu seiner Entschuldigung finden könnte. Gott wird verachtet, und er wartet; er sieht, daß er geringgeschätzt wird, und ruft noch einmal; er leidet Unrecht infolge seiner Verachtung, und dennoch verheißt er denen, die irgendwann einmal umkehren, sogar Belohnungen. Doch niemand mißachte diese seine Langmut, da er im Gericht um so strengere Gerechtigkeit fordern wird, je länger er seine Geduld vor dem Gericht währen ließ. Daher sagt nämlich Paulus: „Weißt du nicht, daß Gottes Güte dich zur Buße führen will? Aber mit deinem Starrsinn und unbußfertigen Herzen häufst du dir Zorn auf für den Tag des Zornes und der Offenbarung des gerechten Gerichtes Gottes" (Röm 2, 4 f). Daher sagt der Psalmist: „Gott ist ein gerechter Richter, mächtig und langmütig" (vgl. Ps 7, 12). Da er ihn langmütig nennen will, schickt er voraus, daß er gerecht ist, damit du weißt, daß der, den du geduldig die Sünden der Missetäter ertragen siehst, auch einmal streng richtet. Daher sagt ein Weiser[5]: „Der Höchste ist ein langmütiger Vergelter" (Sir 5, 4)[6]. Ein langmütiger Vergelter wird er nämlich genannt, weil er die Sünden der Menschen erduldet und vergilt. Die er lange erträgt, damit sie sich bekehren, verurteilt er nämlich um so strenger, wenn sie sich nicht bekehren. Um aber unsere geistige Trägheit aufzurütteln, werden sogar äußerliche Verluste gleichnishaft vor Augen gestellt, um hierdurch die Seele aufzurütteln, daß sie auf sich selbst achtgebe. Es heißt nämlich: „Das aber beachtet: Wenn der Hausherr wüßte, zu welcher Stunde der Dieb kommt, so würde er wachen, um ihn nicht in sein Haus einbrechen zu lassen" (Lk 12,39). Aufgrund des vorausgeschickten Gleichnisses wird noch eine Mahnung hinzugefügt, wenn es heißt: „So haltet auch ihr euch bereit, denn der Menschensohn kommt zu einer Stunde, da ihr es nicht vermu-

patrefamilias, fur domum perfodit: quia dum a sui custodia
spiritus dormit, improvisa mors veniens, carnis nostrae
habitaculum irrumpit, et eum quem dominum domus invenerit dormientem, necat: quia cum ventura damna spiritus
minime praevidet, hunc mors ad supplicium nescientem 5
rapit. Furi autem resisteret, si vigilaret: quia adventum
iudicis, qui occulte animam rapit, praecavens, ei poeniten-
do occurreret, ne impoenitens periret.

6. Horam vero ultimam Dominus noster idcirco voluit
nobis esse incognitam, ut semper possit esse suspecta: ut 10
dum illam praevidere non possumus, ad illam sine intermissione praeparemur. Proinde, fratres mei, in conditione
mortalitatis vestrae mentis oculos figite, venienti vos iudici
per fletus quotidie et lamenta praeparate. Et cum certa mors
maneat omnibus, nolite de temporalis vitae providentia 15
incerta cogitare. Terrenarum rerum vos cura non aggravet.
Quantislibet enim auri et argenti molibus circumdetur;
quibuslibet pretiosis vestibus induatur caro, quid est aliud
quam caro? Nolite ergo attendere quid habetis, sed quid
estis. Vultis audire quid estis? Propheta indicat, dicens: 20
„Vere fenum est populus." Si enim fenum populus non est,
ubi sunt illi, qui ea, quae hodie colimus, nobiscum transacto
anno beati Felicis natalitia celebraverunt? O quanta et qua-
lia de praesentis vitae provisione cogitabant, sed subripien-
te mortis articulo, repente in his quae praevidere nolebant, 25
inventi sunt; et cuncta simul temporalia, quae congregata
quasi stabiliter tenere videbantur, amiserunt. Si ergo trans-
acta multitudo generis humani per nativitatem viruit in

---

[7] Der Hinweis legt es nahe, die Homilie auf das Jahr 592 zu datieren.

tet" (Lk 12,40). Der Dieb bricht nämlich ins Haus ein,
wenn der Hausherr nichts davon weiß, denn wenn der
Geist in der Wachsamkeit über sich selbst einschläft, dann
kommt unversehens der Tod und bricht in die Wohnstatt
unseres Fleisches ein und tötet den Hausherrn, den er
findet, im Schlaf. Wenn nämlich der Geist kommendes
Unheil nicht voraussieht, dann rafft ihn nichtsahnend der
Tod zur Strafe hinweg. Er würde jedoch dem Dieb widerstehen, wenn er wachte, da er der Ankunft des Richters, der
die Seele heimlich entreißt, durch Buße zuvorkäme, um
nicht unbußfertig verlorenzugehen.

6. Unser Herr wollte jedoch, daß uns deswegen unsere
letzte Stunde unbekannt bleibt, damit man stets mit ihr
rechnen muß, damit wir, wenn wir sie nicht vorhersehen
können, uns unablässig auf sie vorbereiten. Deshalb, meine
Brüder, richtet die Augen des Geistes auf die Tatsache eurer
Sterblichkeit, bereitet euch täglich durch Tränen und Wehklagen auf den kommenden Richter vor. Und da der Tod
für alle gewiß ist, seid nicht auf die ungewisse Vorsorge für
das zeitliche Leben bedacht. Die Sorge um irdische Dinge
belaste euch nicht. Mit welchem Gewicht von Gold und
Silber das Fleisch auch umgeben wird, mit welch kostbaren
Gewändern bekleidet, was ist es denn anderes als Fleisch?
Achtet also nicht darauf, was ihr besitzt, sondern was ihr
seid. Wollt ihr hören, was ihr seid? Der Prophet zeigt es mit
den Worten: „Wirklich, Gras ist das Volk" (Jes 40,7). Wenn
nämlich das Volk kein Gras ist, wo sind dann jene, die im
vergangenen Jahr[7] mit uns zusammen das Geburtsfest des
seligen Felix, das wir heute begehen, gefeiert haben? Wie
viel und wie umfassend trafen sie Vorsorge hinsichtlich des
gegenwärtigen Lebens, doch als sich der Augenblick des
Todes plötzlich einstellte, fanden sie sich unmittelbar in
dem vor, was sie nicht voraussehen wollten, und verloren
zugleich alles Zeitliche, das sie gesammelt hatten und bei-
nahe für immer zu besitzen schienen. Wenn also die dahin-
geschiedene Menge der Menschheit durch die Geburt im

carne, per mortem aruit in pulvere, videlicet fenum fuit.
Quia igitur momentis suis horae fugiunt, agite, fratres carissimi, ut in boni operis mercede teneantur. Audite quid
sapiens Salomon dicat: „Quodcumque potest manus tua
facere, instanter operare: quia nec opus, nec scientia, nec 5
ratio, nec sapientia erunt apud inferos, quo tu properas."
Quia ergo et venturae mortis tempus ignoramus, et post
mortem operari non possumus: superest, ut ante mortem
tempora indulta rapiamus. Sic enim sic mors ipsa cum
venerit, vincetur, si priusquam veniat, semper timeatur.   10

Fleisch erblühte, durch den Tod zu Staub verdorrte, war sie offenkundig Gras. Da nun aber die Stunden in ihren einzelnen Augenblicken entfliehen, sorgt dafür, geliebte Brüder, daß sie im Lohn für ein gutes Werk bewahrt bleiben. Hört, was der weise Salomo sagt: „Was immer deine Hand tun kann, tue eifrig, denn in der Unterwelt, wohin du eilst, gibt es weder Wirken noch Wissen, weder Vernunft noch Weisheit" (vgl. Koh 9, 10). Da wir also den Zeitpunkt des kommenden Todes nicht kennen und nach dem Tod nicht mehr wirken können, bleibt uns, daß wir vor dem Tod die bewilligte Zeit entschieden ergreifen. So, genau so wird nämlich der Tod bei seinem Eintreffen überwunden, wenn er, bevor er kommt, stets gefürchtet wird.

Habita ad populum in basilica beati Petri apostoli,
Dominica secunda post Pascha

Lectio sancti Evangelii secundum Ioannem 10, 11–16
In illo tempore dixit Iesus pharisaeis: Ego sum pastor bonus. 5
Bonus pastor animam suam ponit pro ovibus suis. Merce-
narius autem, et qui non est pastor, cuius non sunt oves
propriae, videt lupum venientem, et dimittit oves, et fugit:
et lupus rapit, et dispergit oves. Mercenarius autem fugit,
quia mercenarius est, et non pertinet ad eum de ovibus. Ego 10
sum pastor bonus, et cognosco oves meas, et cognoscunt me
meae. Sicut novit me Pater, et ego agnosco Patrem: et
animam meam pono pro ovibus meis. Et alias oves habeo,
quae non sunt ex hoc ovili: et illas oportet me adducere, et
vocem meam audient: et fiet unum ovile, et unus pastor. 15

1. Audistis, fratres carissimi, ex lectione evangelica erudi-
tionem vestram, audistis et periculum nostrum. Ecce enim
is, qui non ex accidenti dono, sed essentialiter bonus est,
dicit: „Ego sum pastor bonus." Atque eiusdem bonitatis
formam, quam nos imitemur, adiungit dicens: „Bonus pa- 20
stor animam suam ponit pro ovibus suis." Fecit quod mo-
nuit, ostendit quod iussit. Bonus pastor pro ovibus suis
animam suam posuit, ut in sacramento nostro corpus suum
et sanguinem verteret, et oves quas redemerat, carnis suae

---

[1] Nach CHAVASSE, *Aménagements* 97, wurde die Homilie mit großer
Wahrscheinlichkeit am Jahrestag (7. Febr.) des Todes von Papst PELA-
GIUS II., dem Vorgänger GREGORS, in St. Peter gehalten. Diese Datierung
vermag jedoch die Aussage *hoc reconciliatis gentibus factum hodie vide-*
tis am Ende des 4. Abschnittes nicht zu erklären.

Gehalten vor dem Volk in der Basilika des seligen
Apostels Petrus, am zweiten Sonntag nach Ostern[1]

Lesung des heiligen Evangeliums nach Johannes 10, 11–16
*In jener Zeit sprach Jesus zu den Pharisäern: Ich bin der
gute Hirt. Der gute Hirt gibt sein Leben für seine Schafe.
Der Mietling aber, der nicht Hirt ist, dem die Schafe nicht
gehören, läßt die Schafe im Stich und flieht, wenn er den
Wolf kommen sieht; der Wolf fällt die Schafe an und treibt
sie auseinander. Der Mietling flieht, weil er eben ein Mietling ist und ihm an den Schafen nichts liegt. Ich bin der
gute Hirt; ich kenne meine Schafe, und die Meinen kennen
mich, wie mich der Vater kennt und ich den Vater kenne.
Ich gebe mein Leben für meine Schafe. Ich habe noch
andere Schafe, die nicht aus dieser Hürde sind. Auch sie
muß ich führen; sie werden auf meine Stimme hören, und
es wird eine Herde und ein Hirt sein.*

1. Ihr habt, geliebte Brüder, aus der Lesung des Evangeliums eure Unterweisung vernommen, aber ihr habt auch
unsere Gefährdung vernommen. Denn seht, der nicht
durch eine hinzukommende Gabe, sondern wesensmäßig
gut ist, spricht: „Ich bin der gute Hirt" (Joh 10, 11). Und er
fügt noch die konkrete Gestalt dieses Gutseins, der wir
nachfolgen sollen, hinzu, wenn er sagt: „Der gute Hirt gibt
sein Leben für seine Schafe" (Joh 10, 11). Er vollzog, wozu
er mahnte, er zeigte, was er gebot. Der gute Hirt gab für
seine Schafe sein Leben, damit er zu unserem Sakrament
seinen Leib und sein Blut wandelte[2] und die Schafe, die er
erlöst hatte, mit der Speise seines Fleisches sättigte. In der

---

[2] Zu dieser in der frühchristlichen Tradition gebräuchlichen Formulierung vgl. WILMART, *Transfigurare.*

alimento satiaret. Ostensa nobis est de contemptu mortis
via quam sequamur, apposita est forma cui imprimamur.
Primum nobis est exteriora nostra misericorditer ovibus
eius impendere: postremum vero, si necesse sit, etiam mortem nostram pro eisdem ovibus ministrare. A primo autem 5
hoc minimo pervenitur ad postremum maius. Sed cum
incomparabiliter longe sit melior anima qua vivimus, terrena substantia quam exterius possidemus: qui non dat pro
ovibus substantiam suam, quando pro his daturus est animam suam? Et sunt nonnulli, qui dum plus terrenam sub- 10
stantiam quam oves diligunt, merito nomen pastoris per-
dunt. De quibus protinus sub|ditur: „Mercenarius autem, | 176
et qui non est pastor, cuius non sunt oves propriae, videt
lupum venientem, et dimittit oves, et fugit.“

2. Non pastor, sed mercenarius vocatur, qui non pro 15
amore intimo oves dominicas, sed ad temporales mercedes
pascit. Mercenarius quippe est, qui locum quidem pastoris
tenet, sed lucra animarum non quaerit: terrenis commodis
inhiat, honore praelationis gaudet, temporalibus lucris pascitur, impensa sibi ab hominibus reverentia laetatur. Istae 20
sunt etenim mercedes mercenarii, ut pro eo ipso, quod in
regimine laborat, hic quod quaerit, inveniat, et ab heredita-
te gregis in posterum alienus exsistat. Utrum vero pastor
sit, an mercenarius cognosci veraciter non potest, si occasio
necessitatis deest. Tranquillitatis enim tempore, plerumque 25
ad gregis custodiam sicut verus pastor, sic etiam mercenarius stat: sed lupus veniens indicat, quo quisque animo
super gregis custodiam stabat. Lupus etenim super oves
venit, cum quilibet iniustus et raptor fideles quosque atque
humiles opprimit. Sed is qui pastor esse videbatur et non 30
erat, relinquit oves et fugit: quia dum sibi ab eo periculum

---

[3] GREGOR greift deutlich zurück auf AUGUSTINUS, *in euang. Ioh.* 46,5
(CCL 36, 400).

Verachtung des Todes ist uns ein Weg gezeigt, dem wir folgen sollen, ist uns eine Existenzform vorgelegt, der wir uns einfügen sollen. Das Erste für uns ist, unseren äußeren Besitz barmherzig seinen Schafen zu schenken; das Letzte jedoch, notfalls sogar mit unserem Tod diesen Schafen zu dienen. Vom Ersten, dem Geringsten, gelangt man zum Letzten, Bedeutsameren. Da aber die Seele, durch die wir leben, unvergleichlich wertvoller ist als irdisches Gut, das wir äußerlich besitzen, wann wird dann der einmal sein Leben für die Schafe zu geben bereit sein, der nicht einmal seinen Besitz für sie gibt? Es gibt einige, die irdischen Besitz mehr als die Schafe lieben und dadurch mit Recht den Namen eines Hirten verlieren. Über sie wird sogleich hinzugefügt: „Der Mietling aber, der nicht Hirt ist, dem die Schafe nicht gehören, läßt die Schafe im Stich und flieht, wenn er den Wolf kommen sieht" (Joh 10, 12).

2. Nicht Hirt, sondern Mietling wird genannt, wer nicht aus innerster Liebe, sondern nur für zeitlichen Lohn die Schafe des Herrn weidet. Mietling ist, wer zwar die Stellung eines Hirten einnimmt, doch keinen Gewinn der Seelen sucht; er giert nach irdischen Vorteilen, hat Gefallen am Ansehen, das die Vorrangstellung besitzt, genießt zeitlichen Gewinn, freut sich an der ihm von den Menschen erwiesenen Achtung.[3] Dies ist nämlich der Lohn des Mietlings, daß er für sein Mühen in der Führungsstellung hier schon findet, was er sucht, aber vom Erbe der Herde in der Zukunft ausgeschlossen bleibt. Ob einer jedoch Hirt oder Mietling ist, läßt sich nicht wahrhaft erkennen, solange eine Notsituation fehlt. Zu friedlicher Zeit nämlich hält gewöhnlich auch der Mietling so wie der wahre Hirt Wache. Doch zeigt das Kommen des Wolfes, mit welcher Gesinnung ein jeder über seine Herde wachte. Der Wolf kommt nun über die Herde, wenn ein Ungerechter und Räuber die Gläubigen und Demütigen unterdrückt. Doch wer ein Hirt zu sein schien, ohne es wahrhaft zu sein, läßt die Schafe im Stich und flieht, denn da er Gefahr vom Wolf für sich selbst

metuit, resistere eius iniustitiae non praesumit. Fugit autem
non mutando locum, sed subtrahendo solatium. Fugit, quia
iniustitiam vidit, et tacuit. Fugit, quia se sub silentio
abscondit. Quibus bene per prophetam dicitur: „Non
ascendistis ex adverso, neque opposuistis murum pro domo 5
Israel, ut staretis in praelio in die Domini." Ex adverso
quippe ascendere, est quibuslibet potestatibus prave agen-
tibus rationis libera voce contraire. Et in die Domini pro
domo Israel in praelio stamus ac murum opponimus, si
fideles innocentes contra perversorum iniustitiam ex iusti- 10
tiae auctoritate vindicamus. Quod quia mercenarius non
facit, cum venientem lupum viderit, fugit.

3. Sed est alius lupus, qui sine cessatione quotidie non
corpora, sed mentes dilaniat, malignus videlicet spiritus:
qui caulas fidelium insidians circuit, et mortes animarum 15
quaerit. De quo lupo mox subditur: „Et lupus rapit, et
dispergit oves." Lupus venit, et mercenarius fugit: quia
malignus spiritus mentes fidelium in tentatione dilaniat, et
is qui locum pastoris tenet, curam solicitudinis non habet.
Animae pereunt, et ipse de terrenis commodis laetatur. 20
Lupus rapit et dispergit oves, cum alium ad luxuriam per-
trahit, alium ad avaritiam accendit, alium in superbiam
erigit, alium per iracundiam dividit; hunc invidia stimulat,
illum in fallacia supplantat. Quasi ergo lupus gregem dissi-
pat, cum fidelium populum diabolus per tentationes necat. 25
Sed contra haec mercenarius nullo zelo accenditur, nullo
fervore dilectionis excitatur: quia dum sola exteriora com-

---

[4] Die Deutung der Flucht als Schweigen übernimmt GREGOR von AU-
GUSTINUS, *in euang. Ioh.* 46,8 (CCL 36, 402f). Vgl. RECCHIA, *Memoria*
418f.

[5] Vgl. ebenso GREGOR, *past.* 2,4 (SCh 381, 188) und *epist.* 1,35 (CCL
140, 42f), an Johannes, Bischof von Ravenna: *Si professionem ordinis
nostri et locum cuius ministerium gerimus attendamus, oportet nos afflictis, in quantum possumus, comitante iustitia subvenire.*

[6] Eine Anspielung auf 1 Petr 5,8.

fürchtet, wagt er es nicht, sich dessen Unrecht zu widersetzen. Er flieht jedoch nicht, indem er den Ort wechselt, sondern indem er den Trost entzieht. Er flieht, weil er die Ungerechtigkeit zwar sieht, aber schweigt. Er flieht, weil er sich im Schweigen verbirgt.[4] Zu solchen wird treffend durch den Propheten gesagt: „Ihr habt euch nicht zum Widerstand erhoben und keine Mauer errichtet um das Haus Israel, um standzuhalten im Kampf am Tage des Herrn" (Ez 13, 5). Sich zum Widerstand zu erheben bedeutet ja, allen Unrecht verübenden Mächten freimütig mit der Stimme der Vernunft entgegenzutreten. Wir halten am Tage des Herrn für das Haus Israel im Kampfe stand und errichten eine Mauer, wenn wir unschuldige Gläubige gegen die Ungerechtigkeit der Bösen aufgrund der Autorität der Gerechtigkeit verteidigen.[5] Da der Mietling dies nicht tut, flieht er, wenn er den Wolf kommen sieht.

3. Doch gibt es noch einen anderen Wolf, der ohne Unterlaß täglich nicht die Leiber, sondern die Seelen zerfleischt, das heißt der böse Geist, der die Hürden der Gläubigen umschleicht[6] und den Tod der Seelen sucht. Über diesen Wolf wird sogleich hinzugefügt: „Und der Wolf fällt die Schafe an und treibt sie auseinander" (Joh 10, 12). Der Wolf kommt, und der Mietling flieht, da der böse Geist die Seelen in der Versuchung zerreißt und der, der die Stellung des Hirten innehat, nicht gewissenhaft Sorge für sie trägt. Die Seelen gehen verloren, und er freut sich an irdischen Vorteilen. Der Wolf fällt über die Schafe her und treibt sie auseinander, wenn er den einen zur Unzucht verführt, einen anderen zur Habgier entflammt, einen dritten sich hochmütig erheben läßt, einen weiteren durch Zorn außer sich geraten läßt, diesen durch Neid aufstachelt, jenen durch Betrügerei zu Fall bringt. Der Wolf treibt also gleichsam die Herde auseinander, wenn der Widersacher das Volk der Gläubigen durch Versuchungen tötet. Doch gegen all dies gerät der Mietling nicht in flammenden Eifer, keine glühende Liebe treibt ihn auf den Plan; da er allein äußere

moda requirit, inte|riora gregis damna negligenter patitur. |178
Unde et mox adiungitur: „Mercenarius autem fugit, quia
mercenarius est, et non pertinet ad eum de ovibus." Sola
enim causa est ut mercenarius fugiat, quia mercenarius est.
Ac si aperte diceretur: Stare in periculo ovium non potest, 5
qui in eo quod ovibus praeest, non oves diligit, sed lucrum
terrenum quaerit. Dum enim honorem amplectitur, dum
temporalibus commodis laetatur, opponere se contra periculum trepidat, ne hoc quod diligit, amittat. Sed quia Redemptor noster culpas ficti pastoris innotuit, iterum for- 10
mam, cui debeamus imprimi, ostendit dicens: „Ego sum
pastor bonus." Atque subiungit: „Et cognosco oves meas",
hoc est diligo, „et cognoscunt me meae." Ac si patenter
dicat: Diligentes obsequuntur. Qui enim veritatem non
diligit, adhuc minime cognovit.   15

4. Quia ergo audistis, fratres carissimi, periculum nostrum, pensate in verbis dominicis etiam periculum vestrum. Videte si oves eius estis, videte si eum cognoscitis,
videte si lumen veritatis scitis. Scitis autem dico, non per
fidem, sed per amorem. Scitis dico, non ex credulitate, sed 20
ex operatione. Nam idem ipse qui hoc loquitur Ioannes
evangelista testatur, dicens: „Qui dicit se nosse Deum, et
mandata eius non custodit, mendax est." Unde et in hoc
loco Dominus protinus subdit: „Sicut novit me Pater, et ego
agnosco Patrem, et animam meam pono pro ovibus meis." 25
Ac si aperte dicat: In hoc constat, quia et ego agnosco
Patrem, et cognoscor a Patre, quia animam meam pono pro
ovibus meis: id est, ea caritate, qua pro ovibus morior,
quantum Patrem diligam ostendo. Quia vero non solum

Vorteile sucht, duldet er gleichgültig den inneren Schaden
der Herde. Daher wird sogleich hinzugefügt: „Der Mietling aber flieht, weil er eben ein Mietling ist und ihm an den
Schafen nichts liegt" (Joh 10, 13). Der einzige Grund nämlich, weshalb der Mietling flieht, ist der, daß er Mietling ist.
Als sollte es offen heißen: Bei der Gefahr der Schafe kann
der nicht standhalten, der in seinem Hirtenamt nicht die
Schafe liebt, sondern irdischen Gewinn sucht. Indem er
nämlich viel auf seine Ehre gibt, indem er seine Freude an
zeitlichen Vorteilen hat, scheut er davor zurück, sich der
Gefahr entgegenzustellen, um nicht das zu verlieren, was
er liebt. Doch da unser Erlöser die Schuld des falschen
Hirten deutlich machte, zeigt er umgekehrt die konkrete
Gestalt, der wir uns einfügen sollen, mit den Worten: „Ich
bin der gute Hirt." Und er fügt hinzu: „Ich kenne meine
Schafe", das heißt, ich liebe sie, „und die Meinen kennen
mich" (Joh 10, 14). Als wollte er offen sagen: In Liebe sind
sie folgsam. Wer nämlich die Wahrheit nicht liebt, hat sie
noch nicht im geringsten erkannt.

4. Da ihr also, geliebte Brüder, unsere Gefahr vernommen habt, so erwägt in den Worten des Herrn auch eure
eigene Gefahr. Schaut, ob ihr seine Schafe seid, schaut, ob
ihr ihn erkennt, schaut, ob ihr um das Licht der Wahrheit
wißt. Ihr wißt darum, so behaupte ich nun, nicht durch den
Glauben, sondern durch die Liebe. Ihr wißt darum, so
behaupte ich, nicht aufgrund der Glaubensbereitschaft,
sondern aufgrund des Handelns. Denn derselbe Evangelist
Johannes, der dies sagt, bezeugt: „Wer sagt, er kenne Gott,
aber seine Gebote nicht bewahrt, ist ein Lügner" (1 Joh
2, 4). Daher fügt der Herr an dieser Stelle sogleich hinzu:
„wie mich der Vater kennt und ich den Vater kenne. Ich
gebe mein Leben für meine Schafe" (Joh 10, 15). Als wollte
er eigentlich sagen: Daß ich den Vater kenne und vom Vater
erkannt werde, steht dadurch fest, daß ich mein Leben für
meine Schafe gebe; das heißt, mit der Liebe, in der ich für
die Schafe sterbe, zeige ich, wie sehr ich den Vater liebe. Da

Iudaeam, sed etiam gentilitatem redimere venerat, adiungit:
„Et alias oves habeo, quae non sunt ex hoc ovili: et illas
oportet me adducere, et vocem meam audient: et fiet unum
ovile, et unus pastor." Redemptionem nostram, qui ex gentili populo venimus, Dominus aspexerat, cum se adducere 5
et alias oves dicebat. Hoc quotidie fieri, fratres, aspicitis:
hoc reconciliatis gentibus factum hodie videtis. Quasi enim
ex duobus gregibus unum ovile efficit; quia iudaicum et
gentilem populum in sua fide coniungit, Paulo attestante,
qui ait: „Ipse est pax nostra, qui fecit utraque unum." Dum 10
enim ad aeternam vitam ex utraque natione simplices eligit,
ad ovile proprium oves deducit.

5. De quibus profecto ovibus rursum dicit: „Oves meae
vocem meam audiunt, et ego cognosco eas, et sequuntur
me, et ego vitam aeternam do eis." De quibus et paulo 15
superius dicit: „Per me si quis introierit, salvabitur, et ingredietur, et egredietur, et pascua inveniet." Ingredietur
quippe ad fidem, egredietur vero a fide ad speciem, a credulitate ad contemplationem: pascua autem inveniet in
aeterna refectione. Oves ergo eius pascua inveniunt; | quia 20 |1
quisquis illum corde simplici sequitur, aeternae viriditatis
pabulo nutritur. Quae autem sunt istarum ovium pascua,
nisi interna gaudia semper virentis paradisi? Pascua namque electorum sunt, vultus praesens Dei: qui dum sine
defectu conspicitur, sine fine mens vitae cibo satiatur. In 25
istis pascuis de aeternitatis satietate laetati sunt, qui iam
laqueos voluptuosae temporalitatis evaserunt. Ibi hymnidi-
ci angelorum chori: ibi societas supernorum civium. Ibi
dulcis solemnitas a peregrinationis huius tristi labore red-

---

[7] GREGOR scheint auf die Taufe in der Osternacht anzuspielen. Insofern
die ganze Osterzeit als ein Fest verstanden wurde, könnte sich das
„Heute" erklären, so daß die Datierung auf den 2. Ostersonntag glaub-
würdig ist.

er nun jedoch gekommen war, nicht allein das Judentum, sondern auch das Heidentum zu erlösen, fügt er hinzu: „Ich habe noch andere Schafe, die nicht aus dieser Hürde sind. Auch sie muß ich führen; sie werden auf meine Stimme hören, und es wird eine Herde und ein Hirt sein" (Joh 10, 16). Unsere Erlösung, die wir aus dem Heidenvolk stammen, hatte der Herr im Blick, als er sagte, daß er noch andere Schafe führen müsse. Ihr seht, Brüder, wie dies täglich geschieht, ihr seht, wie dies heute durch die den Heiden geschenkte Sündenvergebung geschehen ist.[7] Aus zwei Herden macht er sozusagen eine einzige Hürde, weil er das jüdische und das heidnische Volk im Glauben an sich vereinigt, wie Paulus bezeugt, wenn er sagt: „Er ist unser Friede. Er hat beide Teile vereint" (Eph 2, 14). Indem er nämlich aus beiden Völkern die Aufrichtigen zum ewigen Leben erwählt, führt er die Schafe zur eigenen Hürde.

5. Über diese Schafe sagt er nochmals: „Meine Schafe hören meine Stimme; ich kenne sie, und sie folgen mir; ich schenke ihnen das ewige Leben" (Joh 10, 27 f.). Über sie sagt er auch weiter oben: „Wer durch mich hineingeht, wird gerettet, er wird ein und aus gehen und Weide finden" (Joh 10, 9). Er wird zum Glauben eingehen, vom Glauben aber wird er hinausgelangen zur Schau, von der Gläubigkeit zur Kontemplation, Weide wird er finden in ewiger Erneuerung. Seine Schafe finden also Weide, weil jeder, der ihm ungeteilten Herzens folgt, mit der Speise unvergänglicher Ewigkeit genährt wird. Was aber ist die Weide dieser Schafe? Nichts anderes als die inneren Freuden des immer blühenden Paradieses. Denn die Weide der Erwählten ist Gottes Antlitz selbst. Wird er ohne Unterlaß geschaut, dann sättigt er die Seele ohne Ende mit der Speise des Lebens. Auf dieser Weide erfreuen sich an ewiger Sättigung die, die schon den Schlingen lustvoller Zeitlichkeit entronnen sind. Dort sind die Hymnen singenden Engelschöre, dort ist die Gemeinschaft der Himmelsbewohner. Dort ist die schöne Feier derer, die von der tristen Mühsal dieser Pilgerschaft

euntium. Ibi providi prophetarum chori: ibi iudex apostolorum numerus: ibi innumerabilium martyrum victor exercitus, tanto illic laetior, quanto hic durius afflictus; ibi
confessorum constantia, praemii sui perceptione consolata;
ibi fideles viri, quos a virilitatis suae robore voluptas seculi 5
emollire non potuit; ibi sanctae mulieres, quae cum seculo
et sexum vicerunt: ibi pueri, qui hic annos suos moribus
transcenderunt: ibi senes, quos hic et aetas debiles reddidit,
et virtus operis non reliquit.

6. Quaeramus ergo, fratres carissimi, haec pascua, in 10
quibus cum tantorum civium solemnitate gaudeamus. Ipsa
nos laetantium festivitas invitet. Certe sicubi populus nun-
dinas celebraret, si ad alicuius ecclesiae dedicationem de-
nunciata solemnitate concurreret, festinaremus omnes simul inveniri, ei interesse unusquisque satageret: gravi se 15
damno afflictum crederet, si solemnitatem communis laetitiae non videret. Ecce, in coelestibus electorum civium
laetitia agitur, vicissim de se omnes in suo conventu gratu-
lantur: et tamen nos ab amore aeternitatis tepidi, nullo
desiderio ardemus, interesse tantae solemnitati non quaeri- 20
mus: privamur gaudiis, et laeti sumus. Accendamus ergo
animum, fratres, recalescat fides in id quod credidit; inar-
descant ad superna nostra desideria: et sic amare, iam ire
est. Ab internae solemnitatis gaudio nulla nos adversitas
revocet: quia et si quis ad locum propositum ire desiderat, 25
eius desiderium quaelibet viae asperitas non immutat. Nulla nos prosperitas blandiens seducat: quia stultus viator est,
qui in itinere amoena prata conspiciens, obliviscitur ire quo

---

[8] Ähnliche Schilderungen bieten CYPRIAN, *mortal.* 26 (CCL 3A, 31),
und CÄSARIUS VON ARLES, *serm.* 151,3 (CCL 104, 618).

heimkehren. Dort sind die vorausschauenden Propheten-
chöre, dort ist die Richterschar der Apostel, dort das sieg-
reiche Heer zahlloser Martyrer, dort um so glücklicher, je
härter es hier verfolgt wurde. Dort ist die Standhaftigkeit
der Bekenner, getröstet durch den Empfang ihres Lohnes;
dort sind die gläubigen Männer, deren kraftvolle Mannhaf-
tigkeit die Weltlust nicht schwächen konnte, dort sind die
heiligen Frauen, die mit der Welt ihr Geschlecht überwan-
den; dort sind die Kinder, die hier ihre Jahre durch ihren
Lebenswandel übertrafen; dort sind die Greise, die ihr
Alter hier schwächte, aber die Kraft guten Handelns nicht
verließ.[8]

6. Laßt uns also, geliebte Brüder, diese Weide suchen, auf
der wir uns mit der Festversammlung so vieler Bürger
freuen können. Das Fest der von Freude Erfüllten selbst
lade uns ein. Wenn das Volk irgendwo Markt abhielte, wenn
es nach der Ankündigung des Festes zur Weihe einer Kirche
zusammenströmte, würden wir uns sicherlich alle beeilen,
uns dort einzufinden. Jeder wäre eifrig bemüht, daran teilzunehmen, er würde es für einen empfindlichen Verlust
halten, wenn er das Fest gemeinsamer Freude nicht sähe.
Seht, im Himmel wird das Freudenfest der Erwählten begangen, alle bekunden einander ihre Freude bei ihrer Zu-
sammenkunft; wir jedoch sind lau in der Liebe zur Ewigkeit, wir glühen nicht im geringsten vor Sehnsucht, wir
verlangen nicht, an diesem glanzvollen Fest teilzunehmen,
wir berauben uns dieser Freude und sind zufrieden dabei.
Entzünden wir also unser Verlangen, Brüder, der Glaube
erwärme sich wieder für das, was er glaubt, unsere Sehnsucht möge nach dem Himmlischen entbrennen. So zu lieben bedeutet schon voranzuschreiten. Von der Freude des
inneren Festes halte uns keine Widrigkeit ab; denn wenn
jemand zu einem bestimmten Ort zu gehen verlangt, ändert
keine Härte des Weges sein Verlangen. Kein schmeicheln-
des Glück führe ihn abseits, denn töricht ist ein Wanderer,
der auf dem Wege anmutige Wiesen erblickt und darüber

tendebat. Toto ergo desiderio ad supernam patriam animus anhelet, nil in hoc mundo appetat, quod constat quia citius relinquat: ut si coelestis pastoris veraciter oves sumus, quia in viae delectatione non figimur, aeternis pascuis in perventione satiemur.   5

vergißt, sein Ziel zu erreichen. Mit ganzer Sehnsucht strebe also die Seele nach der himmlischen Heimat, nichts begehre sie in dieser Welt, von der feststeht, daß man sie ohnehin bald verlassen muß. Wenn wir wahrhaft Schafe des himmlischen Hirten sind, weil wir uns nicht von den Annehmlichkeiten des Weges fesseln lassen, werden wir, ans Ziel gelangt, auf ewiger Weide gesättigt.

Habita ad populum in basilica sancti Pauli apostoli, Dominica in Sexagesima

Lectio sancti Evangelii secundum Lucam 8, 4–15

In illo tempore cum turba plurima conveniret, et de civita- 5
tibus properarent ad Iesum, dixit per similitudinem: Exiit
qui seminat, seminare semen suum. Et dum seminat, aliud
cecidit secus viam, et conculcatum est, et volucres coeli
comederunt illud. Et aliud cecidit supra petram, et natum
aruit, quia non habebat humorem. Et aliud cecidit super 10
spinas, et simul exortae spinae suffocaverunt illud. Et aliud
cecidit in terram bonam, et ortum fecit fructum centuplum.
Haec dicens, clamabat: Qui habet aures audiendi, audiat.
Interrogant autem eum discipuli eius, quae esset haec pa-
rabola. Quibus ipse dixit: Vobis datum est nosse mysterium 15
regni Dei, ceteris autem in parabolis: ut videntes non vide-
ant, et audientes non intelligant. Est autem haec parabola:
Semen est verbum Dei. Quod autem secus viam, hi sunt
qui audiunt, deinde venit diabolus, et tollit verbum de
corde eorum, ne credentes salvi fiant. Nam quod supra 20
petram, hi sunt qui cum audierint, cum gaudio suscipiunt
verbum. Et hi radices non habent: quia ad tempus credunt,
et in tempore tentationis recedunt. Quod autem in spinas
cecidit, hi sunt qui audierunt, et a solicitudinibus, et divitiis,
et voluptatibus vitae, euntes suffocantur, et non referunt 25
fructum. Quod autem cecidit in terram bonam, hi sunt qui

Gehalten vor dem Volk in der Basilika des heiligen
Apostels Petrus, am Sonntag Sexagesima[1]

Lesung des heiligen Evangeliums nach Lukas 8,4–15
*In jener Zeit, als eine große Volksmenge zusammenkam
und die Leute aus den Städten zu Jesus strömten, trug er
ihnen ein Gleichnis vor: Ein Sämann ging aus, seinen Samen zu säen. Beim Säen fiel einiges auf den Weg, wurde
zertreten, und die Vögel des Himmels fraßen es auf. Anderes fiel auf steinigen Grund, ging zwar auf, verdorrte aber,
weil es keine Feuchtigkeit hatte. Wieder anderes fiel unter
die Dornen, und die Dornen wuchsen auf und erstickten
es. Anderes endlich fiel auf gute Erde, ging auf und trug
hundertfache Frucht. Nach diesen Worten rief er: Wer Ohren hat zu hören, der höre. Da fragten ihn seine Jünger,
was dieses Gleichnis bedeute. Er antwortete ihnen: Euch
ist es gegeben, das Geheimnis des Reiches Gottes zu verstehen, den anderen aber wird es nur in Gleichnissen darge-
boten, damit sie sehen und doch nicht sehen, hören und
doch nicht begreifen. Das Gleichnis bedeutet dies: Der
Same ist das Wort Gottes. Auf den Weg ist es bei denen
gesät, die es nur hören, dann kommt der Widersacher,
nimmt das Wort aus ihren Herzen hinweg, damit sie nicht
glauben und gerettet werden. Auf steinigen Grund ist es
bei denen gesät, die das Wort zwar hören und es mit Freude
aufnehmen, aber keine Wurzeln haben, da sie nur eine
Zeitlang glauben und in der Zeit der Versuchung abfallen.
Unter die Dornen ist es bei denen gefallen, die es zwar
hören, dann aber in den Sorgen, den Reichtümern, den
Genüssen des Lebens ersticken und keine Frucht bringen.
Auf gutes Erdreich ist es bei denen gefallen, die das Wort*

---

[1] CHAVASSE, *Aménagements* 92.94, datiert die Homilie auf den
18.2.591.

*in corde bono et optimo audientes verbum retinent, et
fructum afferunt in patientia.*

1. Lectio sancti Evangelii, quam modo, fratres carissimi,
audistis, expositione non indiget, sed admonitione. Quam
enim per semetipsam Veritas exposuit, hanc discutere hu- 5
mana fragilitas non praesumit. Sed est quod solicite in hac
ipsa expositione dominica pensare debeatis: quia si nos
vobis semen verbum, agrum mundum, volucres daemonia,
spinas divitias significare diceremus; ad credendum nobis
mens forsitan vestra dubitaret. Unde et idem Dominus per 10
semetipsum dignatus est exponere quod dicebat, ut sciatis
rerum significationes quaerere in iis etiam, quae per semetipsum noluit explanare. Exponendo ergo quod dixit, figu-
rate se loqui innotuit: quatenus certos vos redderet, cum
vobis nostra fragilitas verborum illius figuras aperiret. Quis 15
enim mihi | unquam crederet, si spinas divitias interpretari | 184
voluissem; maxime cum illae pungant, istae delectent? Et
tamen spinae sunt: quia cogitationum suarum punctionibus
mentem lacerant, et cum usque ad peccatum pertrahunt,
quasi inflicto vulnere cruentant. Quas bene hoc in loco, alio 20
evangelista attestante, nequaquam Dominus divitias, sed
fallaces divitias appellat. Fallaces enim sunt, quae nobiscum
diu permanere non possunt: fallaces sunt, quae mentis
nostrae inopiam non expellunt. Solae autem divitiae verae
sunt, quae nos divites virtutibus faciunt. Si ergo, fratres 25
carissimi, divites esse cupitis, veras divitias amate. Si culmen veri honoris quaeritis, ad coeleste regnum tendite. Si
gloriam dignitatum diligitis, in illa superna angelorum cu-
ria adscribi festinate.

----

[2] Zur reichen Metaphorik dieser Homilie vgl. GIORDANO, *Metafora*
606 f.
[3] Zur möglichen Inspiration durch AUGUSTINUS, *serm.* 113,5 (PL 38,
650) und *in psalm.* 122,11 (CCL 40, 1823 f), sowie zur liturgischen
Verwendung des Satzes als Antiphon vgl. OLIVAR, *Interdependencia.*

mit einem guten und willigen Herzen bewahren und mit
Geduld Frucht bringen.

1. Die Lesung des heiligen Evangeliums, die ihr, geliebte
Brüder, soeben vernommen habt, bedarf keiner Auslegung,
sondern nur einer Ermahnung. Was nämlich die Wahrheit
selbst ausgelegt hat, das darf menschliche Schwachheit
nicht vermessen diskutieren wollen. Doch gibt es etwas,
das ihr in dieser Auslegung des Herrn aufmerksam erwägen
müßt. Wenn wir euch nämlich sagten, der Same bedeute das
Wort, der Acker die Welt, die Vögel die Dämonen, die
Dornen den Reichtum, dann würde euer Verstand vielleicht
zweifeln, ob er uns glauben solle. Daher war der Herr bereit, selbst auszulegen, was er sagte, damit ihr versteht, nach
dem Sinn der Dinge auch in dem zu suchen, was er selbst
nicht erklären wollte. Indem er also auslegte, was er sagte,
gab er zu verstehen, daß er bildlich sprach, um euch Gewißheit zu geben, wenn unsere Schwachheit euch die Bilder
seiner Worte erschließt. Wer hätte mir nämlich jemals geglaubt, wenn ich die Dornen als Reichtümer hätte deuten
wollen, zumal jene stechen, diese aber erfreuen? Und doch
sind sie Dornen, da sie mit den Stichen der auf sie gerichteten Gedanken den Geist verletzen[2]; und wenn sie ihn bis
zur Sünde verführen, verwunden sie sozusagen bis auf das
Blut. Treffend nennt sie der Herr an dieser Stelle, wie ein
anderer Evangelist bezeugt, nicht nur Reichtümer, sondern
trügerische Reichtümer (vgl. Mt 13, 22). Trügerisch sind sie
nämlich, da sie nicht lange bei uns bleiben können, trügerisch sind sie, da sie unsere seelische Armut nicht überwinden können. Wahre Reichtümer sind hingegen allein die,
die uns reich an Tugenden machen. Wenn ihr also, geliebte
Brüder, reich zu sein begehrt, dann liebt die wahren Reichtümer.[3] Wenn ihr den Gipfel wahrer Ehre sucht, dann strebt
nach dem himmlischen Reich. Wenn ihr den Ruhm würde-
voller Stellungen liebt, dann beeilt euch, in jenem himmlischen Hofstaat der Engel eingeschrieben zu werden.

2. Verba Domini, quae aure percipitis, mente retinete. Cibus enim mentis est sermo Dei. Et quasi acceptus cibus stomacho languente reicitur, quando auditus sermo in ventre memoriae non tenetur. Sed quisquis alimenta non retinet, huius profecto vita desperatur. Aeternae igitur mortis 5 periculum formidate, si cibum quidem sanctae exhortationis accipitis, sed verba vitae, id est alimenta iustitiae in memoria non tenetis. Ecce transit omne quod agitis, et ad extremum iudicium sine ulla momenti interpositione quotidie volentes nolentesque properatis. Cur ergo amatur, 10 quod relinquitur? Cur illud negligitur, quo pervenitur? Mementote quod dicitur: „Si quis habet aures audiendi, audiat." Omnes enim qui illic aderant, aures corporis habebant. Sed qui cunctis aures habentibus, „Si quis habet aures audiendi, audiat", dicit, aures procul dubio cordis requirit. 15 Curate ergo, ut acceptus sermo in cordis aure remaneat. Curate, ne semen iuxta viam cadat, ne malignus spiritus veniat, et a memoria verbum tollat. Curate ne petrosa terra semen excipiat, et fructum boni operis sine perseverantiae radicibus mittat. Multis enim libet quod audiunt, boni 20 operis initia proponunt: sed mox ut fatigari adversitatibus coeperint, inchoata derelinquunt. Petrosa ergo terra humorem non habuit, quae hoc quod germinaverat, ad fructum perseverantiae non perduxit. Multi namque cum verbum contra avaritiam audiunt, eandem avaritiam detestantur, 25 rerum omnium contemptum laudant: sed mox ut viderit animus quod concupiscat, obliviscitur quod laudabat. Multi cum verbum contra luxuriam audiunt, pollutiones carnis

2. Bewahrt die Worte des Herrn, die ihr mit dem Ohr vernehmt, im Geist. Die Speise des Geistes ist ja das Wort Gottes. Die aufgenommene Speise wird vom kranken Magen gleichsam ausgestoßen, wenn das vernommene Wort nicht im Magen des Gedächtnisses behalten wird. Wer aber die Nahrung nicht bei sich behält, für dessen Leben gibt es in der Tat keine Hoffnung. Fürchtet daher die Gefahr des ewigen Todes, wenn ihr zwar die Speise heiliger Mahnung empfangt, doch die Worte des Lebens, das heißt die Speise der Gerechtigkeit, nicht im Gedächtnis behaltet. Seht, alles, was ihr tut, vergeht, und ohne daß es irgendeinen Aufschub gäbe, eilt ihr täglich zum Endgericht, ob ihr es wollt oder nicht. Warum wird also geliebt, was man verlassen muß? Warum wird das vernachlässigt, wohin man gelangt? Denkt daran, daß gesagt wird: „Wer Ohren hat zu hören, der höre" (Lk 8, 8). Alle, die dort waren, besaßen ja leibliche Ohren. Wer aber zu all denen, die Ohren besitzen, sagt: „Wer Ohren hat zu hören, der höre", verlangt ohne Zweifel die Ohren des Herzens. Sorgt also dafür, daß das aufgenommene Wort im Ohr des Herzens verbleibt. Sorgt dafür, daß der Same nicht auf den Weg fällt, daß nicht der böse Geist kommt und das Wort aus dem Gedächtnis hinwegnimmt. Sorgt dafür, daß nicht steiniger Grund den Samen aufnimmt und die Frucht des guten Werkes ohne Wurzel der Beharrlichkeit hervorbringt. Vielen gefällt ja, was sie hören, sie lassen die Anfänge eines guten Werkes erkennen. Doch schnell schon geben sie das Begonnene auf, sobald ihnen Widrigkeiten heftig zusetzen. Der steinige Grund hat also keine Feuchtigkeit besessen, wenn er das, was er hervorgebracht hatte, nicht zur Frucht der Beharrlichkeit gelangen ließ. Wenn sie nämlich ein Wort gegen die Habgier hören, verwerfen viele solche Habgier, preisen gänzliche Besitzverachtung; doch sobald der Geist erblickt, was er begehrt, vergißt er sogleich, was er lobte. Wenn sie ein Wort gegen die Unzucht hören, verlangen viele nicht nur, die Befleckungen des Fleisches nicht zu vollziehen, sondern

non solum perpetrare non appetunt, sed etiam perpetratas
erubescunt: sed mox ut carnis species eorum oculis apparet,
sic mens ad desideria rapitur, ac si adhuc ab ea nihil sit
contra haec eadem desideria deliberatum: | et damnanda |186
agit, quae quidquid egisse se meminit, iam et ipsa damnavit. 5
Saepe etiam contra culpas compungimur, et tamen post
fletum ad easdem culpas redimus. Sic Balaam israelitici
populi tabernacula contemplatus flevit, eisque se similem
fieri in morte deposcit, dicens: „Moriatur anima mea morte
iustorum, et fiant novissima mea horum similia"; sed mox 10
ut hora compunctionis transiit, in avaritiae nequitiam exar-
sit. Nam propter promissa munera, in eius populi mortem
consilium dedit, cuius morti se fieri similem optavit: et
oblitus est quod planxerat, cum exstinguere noluit quod
per avaritiam ardebat. 15

3. Notandum vero est, quod exponens Dominus dicit,
quia solicitudines, et voluptates, et divitiae suffocant verbum. Suffocant enim, quia importunis cogitationibus suis
guttur mentis strangulant: et dum bonum desiderium intrare ad cor non sinunt, quasi aditum flatus vitalis necant. 20
Notandum etiam, quod duo sunt quae divitiis iungit, solicitudines videlicet et voluptates: quia profecto et per curam
mentem opprimunt, et per affluentiam resolvunt. Re enim
contraria, possessores suos et afflictos et lubricos faciunt.
Sed quia voluptas convenire non potest cum afflictione, alio 25
quidem tempore per custodiae suae solicitudinem affligunt,
atque alio per abundantiam ad voluptates emolliunt.

4. Terra autem bona fructum per patientiam reddit: quia
videlicet nulla sunt bona quae agimus, si non aequanimiter

---

⁴ Vom moabitischen König gerufen, sollte der Prophet die Israeliten
verfluchen, segnete sie aber statt dessen. Da er später jedoch die Israeliten zum Abfall von Jahwe verführte, wird er für GREGOR zum Sinnbild
mangelnder Beharrlichkeit. Vgl. auch *past.* 3,30 (SCh 382, 480).

schämen sich sogar der vollzogenen; doch sobald vor ihren Augen die Schönheit des Fleisches erscheint, wird ihr Sinn so zu den Begierden hingerissen, als ob dieser noch nie etwas gegen diese Begierden erwogen hätte. Und er vollbringt Verdammenswertes, obwohl er selbst schon verdammte, was immer er seiner Erinnerung nach vollbracht hatte. Häufig empfinden wir auch tiefe Reue über unsere Schuld, und dennoch kehren wir nach den Tränen zu derselben Schuld zurück. So brach Bileam[4] in Tränen aus, als er die Zelte des Volkes Israel betrachtete, und verlangte, ihm im Tod ähnlich zu werden, indem er sprach: „Meine Seele sterbe den Tod der Gerechten, und mein Ende sei dem ihren ähnlich" (Num 23,10); doch sobald die Stunde der Reue vorüber war, entbrannte er sogleich zu ruchloser Habgier. Denn wegen der verheißenen Geschenke riet er zum Tod dieses Volkes, dem er im Tod ähnlich zu werden wünschte; und er vergaß, worüber er getrauert hatte, als er das Feuer seiner Habgier nicht auslöschen wollte.

3. Es ist nun aber zu beachten, daß der Herr bei seiner Auslegung sagt, daß Sorgen, Genüsse und Reichtümer das Wort ersticken. Sie ersticken es nämlich, da sie mit zudringlichen Gedanken die Kehle des Geistes würgen; und indem sie gutes Verlangen nicht ins Herz gelangen lassen, unterdrücken sie sozusagen den Zustrom des Lebenshauches. Auch ist zu beachten, daß er zwei Dinge mit den Reichtümern verknüpft, Sorgen und Genüsse, da sie in der Tat durch Besorgtheit den Geist erdrücken und durch Überfluß entkräften. In widersprüchlicher Wirkung lassen sie nämlich ihre Besitzer niedergedrückt und zugleich ruhelos sein. Doch da Genuß nicht mit Niedergeschlagenheit zusammenkommen kann, machen sie zu der einen Zeit durch die Sorge um ihre Bewahrung niedergeschlagen und zu anderer Zeit durch den Überfluß in den Genüssen schlaff.

4. Gute Erde aber bringt ihre Frucht in Geduld, denn das Gute, das wir tun, ist offensichtlich wertlos, wenn wir nicht

etiam proximorum mala toleramus. Quanto enim quisque
altius profecerit, tanto in hoc mundo invenit quod durius
portet: quia cum a praesenti seculo mentis nostrae dilectio
deficit, eiusdem seculi adversitas crescit. Hinc est enim
quod plerosque cernimus et bona agere, et tamen sub gravi 5
tribulationum fasce desudare. Terrena namque iam desideria fugiunt, et tamen flagellis durioribus fatigantur. Sed
iuxta vocem Domini fructum per patientiam reddunt: quia
cum humiliter flagella suscipiunt, post flagella ad requiem
sublimiter suscipiuntur. Sic uva calcibus tunditur, et in vini 10
saporem liquatur. Sic oliva contusionibus expressa amur-
cam suam deserit, et in olei liquorem pinguescit. Sic per
trituram areae a paleis grana separantur, et ad horreum
purgata perveniunt. Quisquis ergo appetit plene vitia vincere, studeat humiliter purgationis suae flagella tolerare: ut 15
tanto post ad iudicem mundior veniat, quanto nunc eius
rubiginem ignis tribulationis purgat.

5. In ea porticu, quae euntibus ad ecclesiam beati Cle-
mentis est pervia, fuit quidam Servulus nomine, | quem |188
multi vestrum mecum noverunt, rebus pauper, meritis di- 20
ves, quem longa aegritudo dissolverat. Nam a primaeva
aetate usque ad finem vitae paralyticus iacebat. Quid dicam
quia stare non poterat? Qui nunquam in lecto suo surgere
vel ad sedendum valebat: nunquam manum suam ad os
ducere: nunquam se potuit in latus aliud declinare. Huic ad 25
serviendum mater cum fratre aderat, et quidquid ex eleemosyna potuisset accipere, hoc eorum manibus pauperibus
erogabat. Nequaquam literas noverat, sed Scripturae sacrae
sibimet codices emerat, et religiosos quosque in hospitali-

---

5 GREGOR betrachtet vielfach die Geduld als Beweis der Liebe und
Vollkommenheit. Vgl. die Beispiele bei CATRY, *Amour du prochain* 338 f.
6 Die Kirche liegt zwischen den Erhebungen des Esquilin und Caelius.
Die Säulenhallen der Kirchen waren Asylstätte für Arme und Kranke.
7 Die gleiche Erzählung findet sich bei GREGOR, *dial.* 4, 15, 2–5 (SCh
265, 60–62).

auch das Böse seitens der Nächsten gleichmütig ertragen.[5] Je weiter einer nämlich vorangeschritten ist, desto Härteres muß er in dieser Welt ertragen. Denn wenn die Liebe unseres Herzens von der gegenwärtigen Welt abläßt, wächst der Widerstand eben dieser Welt. Daher sehen wir nämlich einige Gutes tun und sich doch zugleich unter der schweren Last von Bedrängnissen abmühen. Sie meiden irdisches Verlangen und werden dennoch von um so härteren Heimsuchungen getroffen. Doch bringen sie gemäß dem Wort des Herrn Frucht in Geduld, denn wenn sie die Heimsuchungen demütig empfangen, werden sie nach den Heimsuchungen in die ewige himmlische Ruhe aufgenommen. So wird die Traube mit den Füßen zertreten und zu wohlschmeckendem Wein geklärt. So wird die Olive durch Stoßen gepreßt, sondert ihren Schaum ab und verflüssigt sich zu fettem Öl. So werden durch Dreschen auf der Tenne die Körner von der Spreu geschieden und gelangen gereinigt in die Vorratskammer. Wer also vollkommen die Fehler überwinden will, muß sich bemühen, demütig die Heimsuchungen seiner Läuterung zu erdulden, um später um so reiner vor den Richter zu treten, je mehr ihn nun das Feuer der Drangsal vom Rost läutert.

5. In der Säulenhalle, die den Besuchern der Kirche des seligen Klemens[6] zugänglich ist, lag ein Mann namens Servulus[7], den viele von euch mit mir kannten. Arm an Besitz, doch reich an Verdiensten. Lange Krankheit hatte ihn entkräftet. Denn von frühester Kindheit bis ans Lebensende lag er gelähmt danieder. Was soll ich erwähnen, daß er nicht stehen konnte? Er vermochte sich niemals auf seinem Lager auch nur zum Sitzen aufzurichten, niemals konnte er die Hand zum Munde führen, niemals sich auf die andere Seite wenden. Um ihm zu dienen, war seine Mutter mit dem Bruder zur Stelle, und was immer er an Almosen hatte empfangen können, das reichte er durch deren Hände den Armen. Lesen konnte er nicht, doch hatte er sich Bücher der Heiligen Schrift gekauft. Indem er nun im geistlichen

tate suscipiens, hos coram se legere sine intermissione faciebat. Factumque est ut quantum ad mensuram propriam,
plene sacram Scripturam disceret; cum, sicut dixi, literas
funditus ignoraret. Studebat in dolore semper gratias agere,
hymnis Deo et laudibus diebus ac noctibus vacare. Sed cum 5
iam tempus esset, ut tanta eius patientia remunerari debuis-
set, membrorum dolor ad vitalia rediit. Cumque se iam
morti proximum agnovit, peregrinos viros atque in hospi-
talitate susceptos admonuit ut surgerent, et cum eo psalmos
pro exspectatione exitus sui decantarent. Cumque cum eis 10
et ipse moriens psalleret, voces psallentium repente
compescuit, cum terrore magni clamoris dicens: Tacete,
numquid non auditis, quantae resonant laudes in coelo?
Cumque ad easdem laudes, quas intus audierat, aurem cordis intenderet, sancta illa anima a carne soluta est. Sed 15
exeunte illa, tanta illic fragrantia odoris aspersa est, ut
omnes illi qui aderant, inaestimabili suavitate replerentur:
ita ut per hoc patenter agnoscerent, quod eam laudes in
coelo suscepissent. Cui rei monachus noster interfuit, qui
nunc usque vivit, et cum magno fletu attestari solet, quia 20
quousque corpus eius sepulturae traderetur, ab eorum na-
ribus odoris illius fragrantia non recessit. Ecce quo fine ex
hac vita exiit, qui in hac vita aequanimiter flagella toleravit.
Iuxta vocem ergo dominicam, bona terra fructum per patientiam reddidit, quae exarata disciplinae vomere, ad remu- 25
nerationis segetem pervenit. Sed vos rogo, fratres carissimi,
attendite quod excusationis argumentum in illo districto
iudicio habituri sumus nos, qui a bono opere torpentes, et
res et manus accepimus, si praecepta dominica egenus et

Stand Lebende gastfreundlich bei sich aufnahm, ließ er sich
diese Bücher unablässig vorlesen. So geschah es, daß er,
entsprechend seiner Fassungskraft, die Heilige Schrift vollständig kennenlernte, obwohl er, wie gesagt, des Lesens
völlig unkundig war. Er war bemüht, im Schmerz stets
Dank zu sagen, sich Hymnen und Lobgesängen an Gott
Tag und Nacht zu widmen. Doch als es nun Zeit war, daß
seine übergroße Geduld belohnt werden sollte, gelangte
der Schmerz von den Gliedern zu den lebenswichtigen
Organen. Als er nun erkannte, daß er dem Tod sehr nahe
war, mahnte er Freunde und gastfreundlich Aufgenommene, sich zu erheben und mit ihm Psalmen in der Erwartung
seines Todes zu singen. Während er mit ihnen, selbst schon
im Sterben, psalmodierte, ließ er die Stimme der Psalm-
odierenden plötzlich verstummen und rief mit furchtein-
flößendem Schrei: Schweigt, hört ihr etwa nicht, welch
herrlicher Lobgesang im Himmel erklingt? Während er das
Ohr des Herzens auf diese Lobgesänge richtete, die er
innerlich gehört hatte, wurde jene heilige Seele aus dem
Fleisch befreit. Doch als sie hinschied, verbreitete sich dort
solch angenehmer Wohlgeruch, daß alle Anwesenden von
unvergleichlich süßem Duft erfüllt wurden; daran erkannten sie eindeutig, daß die Lobgesänge die Seele im Himmel
aufgenommen hatten. Diesem Ereignis wohnte einer unserer Mönche bei, der jetzt noch lebt und unter vielen Tränen
zu bezeugen pflegt, daß so lange, bis sein Leichnam dem
Grab übergeben wurde, aus ihrer Nase jener Wohlgeruch
nicht entschwand. Seht, mit welchem Ende der aus seinem
Leben schied, der in diesem Leben die Heimsuchungen
gleichmütig ertragen hat. Gemäß dem Herrenwort brachte
also die gute Erde in Geduld Frucht, die, vom Pflug der
Zucht durchfurcht, zur Saat des Lohnes gelangte. Doch
bitte ich euch, geliebte Brüder, gebt acht! Welche Entschul-
digungen werden wir, im guten Werk gelähmt, bei jenem
strengen Gericht haben, die wir Mittel und Hände empfingen, wenn schon der Arme ohne Gebrauch seiner Hände

sine manibus impleverit. Non contra nos Dominus tunc
apostolos ostendat, qui ad regnum secum turbas fidelium
praedicando traxerunt: non contra nos martyres exhibeat,
qui ad coelestem patria sanguinem fundendo pervenerunt.
Quid tunc dicturi sumus, cum hunc de quo locuti sumus, 5
Servulum viderimus, cui longus languor brachia tenuit, sed
tamen haec a bono opere non ligavit? Haec vobiscum,
fratres, agite, sic vos ad studium boni operis instigate: ut
cum bonos vobis modo ad imitandum proponitis, eorum
consortes tunc esse valeatis.   10

die Gebote des Herrn erfüllte? Der Herr braucht uns dann nicht die Apostel entgegenzuhalten, die durch ihr Verkünden Scharen von Gläubigen zum Himmelreich mit sich zogen. Er braucht nicht die Martyrer gegen uns vorzuweisen, die durch Vergießen ihres Blutes zur himmlischen Heimat gelangten. Was werden wir dann sagen, wenn wir diesen Servulus sehen, über den wir sprachen, dem langes Siechtum die Arme band, sie aber nicht vom guten Werk mit seiner Fessel abhielt? Bedenkt dies, Brüder, spornt euch so im Bemühen an, Gutes zu wirken, daß ihr, wenn ihr euch jetzt die Guten zur Nachahmung vor Augen stellt, später deren Gefährten sein könnt.

Habita ad populum in basilica sancti Ioannis,
quae dicitur Constantiniana, Dominica prima
in Quadragesima

Lectio sancti Evangelii secundum Matthaeum 4, 1–11   5
In illo tempore ductus est Iesus in desertum a Spiritu, ut
tentaretur a diabolo. Et cum ieiunasset quadraginta diebus
et quadraginta noctibus, postea esuriit. Et accedens tenta-
tor, dixit ei: Si filius Dei es, dic ut lapides isti panes fiant.
Qui respondens dixit: Scriptum est: Non in solo pane vivit 10
homo, sed in omni verbo quod procedit de ore Dei. Tunc
assumpsit eum diabolus in sanctam civitatem, et statuit eum
supra pinnaculum templi, et dixit ei: Si filius Dei es, mitte
te deorsum. Scriptum est enim: Quia angelis suis mandavit
de te, et in manibus tollent te, ne forte offendas ad lapidem 15
pedem tuum. Ait illi Iesus: Rursum scriptum est: Non
tentabis Dominum Deum tuum. Iterum assumpsit eum
diabolus in montem excelsum valde, et ostendit ei omnia
regna mundi, et gloriam eorum, et dixit illi: Haec omnia
tibi dabo, si cadens adoraveris me. Tunc dicit ei Iesus: Vade, 20
satana. Scriptum est enim: Dominum Deum tuum adora-
bis, et illi soli servies. Tunc reliquit eum diabolus: et ecce
angeli accesserunt, et ministrabant ei.

1. Dubitari a quibusdam solet, a quo spiritu sit Iesus ductus
in desertum, propter hoc quod subditur: „Assumpsit eum 25
diabolus in sanctam civitatem." Et rursum: „Assumpsit
eum in montem excelsum valde." Sed vere et absque ulla
quaestione convenienter accipitur, ut a sancto Spiritu in

---

[1] Kaiser Konstantin hatte die Basilika neben dem Lateranpalast erbauen
lassen. CHAVASSE, *Aménagements* 92 f, datiert aufgrund von Abschnitt
5 die Homilie auf den 4.3.591, den ersten Fastensonntag.
[2] Im Vorwort seiner Homilien verweist GREGOR auf sein eigenes
Schwanken in der Auslegung dieser Stelle.

Gehalten vor dem Volk in der Basilika des heiligen
Johannes, der sogenannten Konstantinischen,
am ersten Sonntag in der Fastenzeit[1]

Lesung des heiligen Evangeliums nach Matthäus 4, 1–11
In jener Zeit wurde Jesus vom Geist in die Wüste geführt,
um vom Teufel versucht zu werden. Und er fastete vierzig
Tage und vierzig Nächte, dann hungerte ihn. Da trat der
Versucher heran und sprach zu ihm: Wenn du der Sohn
Gottes bist, so befiehl, daß diese Steine zu Brot werden. Er
erwiderte ihm: Es steht geschrieben: Der Mensch lebt nicht
vom Brot allein, sondern von jedem Wort, das aus dem
Munde Gottes kommt. Da nahm ihn der Teufel mit in die
heilige Stadt, stellte ihn auf die Zinne des Tempels und
sprach zu ihm: Wenn du der Sohn Gottes bist, so stürze dich
hinab. Es steht ja geschrieben: Er hat seine Engel für dich
entboten, sie werden dich auf den Händen tragen, damit
du deinen Fuß nicht an einen Stein stößt. Jesus entgegnete
ihm: Es steht auch geschrieben: Du sollst den Herrn, deinen
Gott, nicht versuchen. Sodann nahm ihn der Teufel mit auf
einen sehr hohen Berg, zeigte ihm alle Reiche der Welt samt
ihrer Herrlichkeit und sprach zu ihm: Dies alles will ich dir
geben, wenn du niederfällst und mich anbetest. Da gebot
ihm Jesus: Hinweg, Satan! Es steht geschrieben: Den
Herrn, deinen Gott, sollst du anbeten und ihm allein die-
nen. Da verließ ihn der Teufel, und siehe, Engel kamen und
dienten ihm.

1. Manche sind oft im Zweifel darüber, von welchem Geist
Jesus in die Wüste geführt wurde, weil hinzugefügt wird:
„Der Teufel führte ihn in die heilige Stadt" (Mt 4, 5). Und
nochmals: „Er führte ihn auf einen sehr hohen Berg" (Mt
4, 8).[2] Aber in Wahrheit läßt sich ohne jede Frage die Stelle
angemessen so verstehen, daß man glaubt, er sei vom Hei-

desertum ductus credatur: ut illuc eum suus Spiritus duce-
ret, ubi hunc ad tentandum malignus spiritus inveniret. Sed
ecce, cum dicitur Deus homo vel in excelsum montem, vel
in sanctam civitatem a diabolo assumptus, mens refugit,
humanae hoc audire aures expavescunt. Qui tamen non esse 5
incredibilia ista cognoscimus, si in illo et alia facta pensamus. Certe iniquorum omnium caput diabolus est, et huius
capitis membra sunt omnes iniqui. An non diaboli membrum fuit Pilatus? An non diaboli membra iudaei perse-
quentes et milites crucifigentes Christum fuerunt? Quid 10
ergo mirum si se ab illo permisit in montem duci, qui se
pertulit etiam a membris illius crucifigi? Non est ergo
indignum Redemptori nostro quod tentari voluit, qui venerat occidi. Iustum quippe erat, ut sic tentationes nostras
suis tentationibus vinceret, sicut mortem nostram venerat 15
sua morte supe|rare. Sed sciendum nobis est, quia tribus | 192
modis tentatio agitur, suggestione, delectatione et consen-
su. Et nos cum tentamur, plerumque in delectationem, aut
etiam in consensum labimur: quia de carnis peccato propa-
gati, in nobisipsis etiam gerimus unde certamina toleremus. 20
Deus vero, qui in utero Virginis incarnatus, in mundum
sine peccato venerat, nihil contradictionis in semetipso
tolerabat. Tentari ergo per suggestionem potuit, sed eius
mentem peccati delectatio non momordit. Atque ideo om-
nis diabolica illa tentatio foris, non intus fuit.   25

---

[3] GREGOR kannte und entfaltete die Überzeugung der Tradition, daß
analog zum Leib Christi, der Kirche, ein *corpus diaboli* existiert, das von
der Gemeinschaft aller verworfenen Engel und Menschen mit Satan als
ihrem Haupt konstituiert wird. Vgl. FIEDROWICZ, *Kirchenverständnis*
263–266.
[4] Vgl. GASTALDELLI, *Meccanismo psicologico* 588–600.
[5] Vgl. GASTALDELLI, *Meccanismo psicologico* 572–576.
[6] Zu handschriftlichen Varianten des Satzes vgl. ÉTAIX, *Tradition manuscrite* 557.

ligen Geist in die Wüste geführt worden, sein Geist habe
ihn dorthin geführt, wo ihn der böse Geist zur Versuchung
finden sollte. Doch seht, wenn es heißt, der Gottmensch sei
auf einen hohen Berg oder in die heilige Stadt vom Teufel
geführt worden, sträubt sich die Vorstellung, entsetzt sich
das menschliche Ohr, dies zu hören. Doch erkennen wir,
daß dies nicht unglaubhaft ist, wenn wir erwägen, was sonst
noch an ihm geschehen ist. Der Teufel ist ohne Zweifel das
Haupt aller Bösen, und alle Bösen sind Glieder dieses
Hauptes.[3] Oder war etwa Pilatus kein Glied des Teufels?
Waren etwa die Christus verfolgenden Juden und die ihn
kreuzigenden Soldaten keine Glieder des Teufels? Ist es da
verwunderlich, wenn er zuließ, von ihm auf den Berg
geführt zu werden, da er es ertrug, sogar von dessen Gliedern ans Kreuz geschlagen zu werden? Es ist also unseres
Erlösers nicht unwürdig, daß er versucht werden wollte, da
er gekommen war, sich töten zu lassen. Ja, es war gerecht,
daß er unsere Versuchungen durch seine Versuchungen
ebenso besiegte, wie er gekommen war, unseren Tod durch
seinen Tod zu überwinden. Doch müssen wir wissen, daß
eine Versuchung in dreifacher Weise erfolgt, durch Einflüsterung, Gefallenfinden und Zustimmung.[4] Wenn wir versucht werden, gleiten wir häufig ins Gefallenfinden oder in
Zustimmung ab, da wir, aus der Sünde des Fleisches hervorgegangen, auch selbst etwas haben, weswegen wir An-
fechtungen erdulden.[5] Gott hingegen, der, im Schoße der
Jungfrau Fleisch geworden, in die Welt ohne Sünde gekommen war[6], mußte keinerlei Widerspruch in sich selbst erdulden. Er konnte daher durch Einflüsterung versucht
werden, doch nagte an seinem Herzen nicht das Gefallenfinden an der Sünde. Deshalb war jene ganze teuflische
Versuchung äußerlich, nicht innerlich.[7]

---

[7] Gegen DUDDEN, *Gregory* 2,334f, der die Stelle als Argument für
GREGORS doketistische Christologie heranzieht, vgl. LEBON, *Docétisme*
196–200.

2. Sed si ipsum ordinem tentationis eius aspicimus, pensemus quanta magnitudine nos a tentatione liberamur. Antiquus hostis contra primum hominem parentem nostrum in tribus se tentationibus erexit: quia hunc videlicet gula, vana gloria et avaritia tentavit: sed tentando superavit, quia 5 sibi eum per consensum subdidit. Ex gula quippe tentavit, cum cibum ligni vetitum ostendit, atque ad comedendum suasit. Ex vana autem gloria tentavit, cum diceret: „Eritis sicut dii." Et ex profectu avaritiae tentavit, cum diceret: „Scientes bonum et malum." Avaritia enim non solum 10 pecuniae est, sed etiam altitudinis. Recte enim avaritia dicitur, cum supra modum sublimitas ambitur. Si enim non ad avaritiam honoris rapina pertineret, nequaquam Paulus de unigenito Dei Filio diceret: „Non rapinam arbitratus est, se esse aequalem Deo." In hoc autem diabolus parentem no- 15 strum ad superbiam traxit, quod eum ad avaritiam sublimitatis excitavit.

3. Sed quibus modis primum hominem stravit, eisdem modis secundo homini tentato succubuit. Per gulam quippe tentat, cum dicit: „Dic ut lapides isti panes fiant." Per 20 vanam gloriam tentat, cum dicit: „Si filius Dei es, mitte te deorsum." Per sublimitatis avaritiam tentat, cum regna omnia mundi ostendit, dicens: „Haec omnia tibi dabo, si procidens adoraveris me." Sed eisdem modis a secundo homine vincitur, quibus primum hominem se vicisse glo- 25 riabatur: ut a nostris cordibus ipso aditu captus exeat, quo

---

[8] GREGOR folgt hier CASSIAN, *conl.* 5,6,1f (CSEL 13,124f).
[9] Zur Parallele zwischen Adam und Christus vgl. Röm 5,12–21.

2. Doch wenn wir die Reihenfolge seiner Versuchung betrachten, dann laßt uns erwägen, wie großartig wir von der Versuchung befreit wurden. Der alte Feind erhob sich gegen den ersten Menschen, unseren Stammvater, in dreifacher Versuchung, da er ihn durch Gaumenlust, eitle Ruhmsucht und Habgier versuchte.[8] Durch die Versuchung aber überwand er ihn, da er ihn sich durch Zustimmung unterwarf. Durch Gaumenlust versuchte er ihn, als er ihm die verbotene Frucht des Baumes zeigte und ihm zuredete, sie zu essen. Durch eitle Ruhmsucht versuchte er ihn, als er sprach: „Ihr werdet sein wie Götter" (Gen 3,5). Durch gesteigerte Habgier versuchte er ihn, als er sprach: „Ihr werdet Gut und Böse erkennen" (Gen 3,5). Habgier richtet sich nämlich nicht allein auf Geld, sondern auch auf Größe. Mit Recht wird es Habgier genannt, wenn eine hohe Stellung maßlos erstrebt wird. Wenn nämlich das Ansichreißen von Ehre nicht zur Habgier gehörte, hätte Paulus niemals über den eingeborenen Sohn Gottes gesagt: „Er erachtete das Gottgleichsein nicht als Beutestück" (vgl. Phil 2,6). Dadurch aber verführte der Teufel unseren Stammvater zum Hochmut, daß er in ihm die Habgier nach hoher Stellung weckte.

3. Aber durch dieselben Mittel, mit denen er den ersten Menschen niederstreckte, unterlag er dem zweiten Menschen, als er ihn versuchte.[9] Durch Gaumenlust versucht er ihn nämlich, wenn er sagt: „Befiehl, daß diese Steine zu Brot werden" (Mt 4,3). Durch eitle Ruhmsucht versucht er ihn, indem er sagt: „Wenn du der Sohn Gottes bist, so stürze dich hinab" (Mt 4,6). Durch Habgier nach hoher Stellung versucht er ihn, als er ihm alle Reiche der Welt zeigt mit den Worten: „Dies alles will ich dir geben, wenn du niederfällst und mich anbetest" (Mt 4,9). Doch er wird vom zweiten Menschen durch dieselben Mittel besiegt, durch die er sich des Sieges über den ersten Menschen rühmte, so daß er unsere Herzen durch eben den Zugang gefangen verlassen muß, durch den er hineingelangte und

nos aditu intromissus tenebat. Sed est aliud, fratres carissimi, quod in hac tentatione dominica considerare debemus:
quia tentatus a diabolo Dominus sacri eloquii praecepta
respondit, et qui eo verbo quod erat, tentatorem suum
mergere in abyssum poterat, virtutem suae potentiae non 5
ostendit, sola divinae Scripturae praecepta dedit: quatenus
suae nobis patientiae praeberet exemplum, ut quoties a
pravis hominibus aliquid patimur, ad doctrinam excitemur
potius, quam ad vindictam. Pensate quanta est patientia
Dei, et quanta impatientia nostra. Nos si iniuriis aut aliqua 10
laesione provocamur, furore permoti, aut quantum | possu- | 194
mus nosmetipsos ulciscimur, aut quod non possumus, facere minamur. Ecce adversitatem diaboli Dominus pertulit,
et nihil ei nisi mansuetudinis verba respondit. Portat, quem
punire poterat, ut hoc in laudem eius altius cresceret, si 15
hostem suum non exstinguendo, sed interim patiendo superaret.

    4. Notandum vero quod subditur, quia recedente diabo-
lo, angeli ministrabant ei. Ex qua re quid aliud, quam unius
personae utraque natura ostenditur? Quia et homo est 20
quem diabolus tentat, et idem ipse Deus est, cui ab angelis
ministratur. Cognoscamus igitur in eo naturam nostram:
quia nisi hunc diabolus hominem cerneret, non tentaret.
Veneremur in illo divinitatem suam: quia nisi super omnia
Deus exsisteret, ei nullo modo angeli ministrarent.   25

    5. Sed quia his diebus lectio congruit: nam quadraginta
dierum abstinentiam nostri Redemptoris audivimus, qui
Quadragesimae tempus inchoamus; discutiendum nobis
est, cur haec ipsa abstinentia per quadraginta dierum nu-

---

[10] Vgl. Dtn 8,3; 6,16; 6,13.
[11] Aus dem folgenden geht hervor, daß die römische Fastenzeit am
6. Sonntag vor Ostern begann und am Abend des Karsamstags endete.
Durch die Ausnahme der Sonntage muß jedoch GREGOR das Dilemma
klären, daß das Evangelium von 40tägigem Fasten spricht, während die
römische Fastenpraxis nur 36 Tage umfaßte. Die Diskrepanz führte

uns gefangen hielt. Doch müssen wir, geliebte Brüder, noch etwas anderes bei dieser Versuchung des Herrn betrachten. Vom Teufel versucht, antwortet nämlich der Herr mit Geboten der Heiligen Schrift, und er, der mit diesem Wort, das er selber war, den Versucher in den Abgrund hätte stoßen können, zeigte nicht die Stärke seiner Macht, sondern gab allein die Gebote der Heiligen Schrift[10]. So wollte er uns ein Beispiel seiner Geduld geben, damit wir, sooft wir von bösen Menschen etwas erleiden, eher zur Unterweisung als zur Vergeltung angetrieben werden. Bedenkt, wie groß die Geduld Gottes und wie groß unsere Ungeduld ist. Wenn wir durch Unrecht oder irgendeine Verletzung herausgefordert werden, geraten wir in Wut; entweder rächen wir uns, wie wir nur können, oder drohen an, was wir nicht ausführen können. Seht, der Herr ertrug die Anfechtung des Teufels, und doch gibt er nur milde Worte zur Antwort. Er erträgt, den er strafen könnte, so daß es sein Verdienst steigerte, wenn er seinen Feind überwand, nicht indem er ihn auslöschte, sondern indem er ihn vorerst erduldete.

4. Beachtenswert ist auch der Zusatz, daß Engel ihm dienten, als sich der Teufel zurückzog. Was wird hierdurch anderes erwiesen als die beiden Naturen der einen Person? Er ist ja ein Mensch, den der Teufel versucht, und zugleich Gott, dem von den Engeln gedient wird. Erkennen wir daher in ihm unsere Natur, denn wenn der Teufel in ihm nicht den Menschen sähe, würde er ihn nicht versuchen. Verehren wir in ihm seine Göttlichkeit, denn wenn er nicht Gott über allem wäre, würden ihm die Engel keinesfalls dienen.

5. Nun paßt die Lesung für diese Tage. Denn wir haben vom vierzigtägigen Fasten unseres Erlösers gehört, da wir die vierzigtägige Fastenzeit beginnen.[11] So müssen wir klären, warum dieses Fasten vierzig Tage hindurch eingehalten

---

Mitte des 7. Jahrhunderts zur Vorverlegung des Fastenzeitbeginns auf Aschermittwoch. Vgl. BÖHNE, *Beginn;* CHAVASSE, *Aménagements* 93 f.

merum custoditur. Moyses enim ut legem acciperet secundo, diebus quadraginta ieiunavit. Elias in deserto quadraginta diebus abstinuit. Ipse auctor hominum ad homines
veniens, in quadraginta diebus nullum omnino cibum
sumpsit. Nos quoque, in quantum possumus, annuo Qua- 5
dragesimae tempore carnem nostram per abstinentiam af-
fligere conemur. Cur ergo in abstinentia quadragenarius
numerus custoditur, nisi quia virtus decalogi per libros
quatuor sancti Evangelii impletur? Denarius etenim quater
ductus, in quadragenarium surgit: quia tunc decalogi man- 10
data perficimus, cum profecto quatuor libros sancti Evangelii custodimus. Ex qua re sentiri et aliud potest. In hoc
enim mortali corpore ex quatuor elementis subsistimus, et
per voluptates eiusdem corporis praeceptis dominicis con-
traimus. Praecepta autem dominica per decalogum sunt 15
accepta. Quia ergo per carnis desideria decalogi mandata
contempsimus, dignum est ut eandem carnem quater decies
affligamus. Quamvis de hoc quadragesimae tempore est
adhuc aliud quod possit intelligi. A praesenti etenim die
usque ad paschalis solemnitatis gaudia sex hebdomadae 20
veniunt: quarum videlicet dies quadraginta duo fiunt. Ex
quibus dum sex Dominici ab abstinentia subtrahuntur, non
plus in abstinentia quam triginta et sex dies remanent. Dum
vero per trecentos et sexaginta quinque dies annus ducitur,
nos autem per triginta et sex dies affligimur, quasi anni 25
nostri decimas Deo damus: ut qui nobismetipsis per acceptum annum viximus, auctori nostro nos in eius decimis per
abstinentiam mortifi|cemus. Unde, fratres carissimi, sicut | 196
offerre in lege iubemini decimas rerum, ita ei offerre con-
tendite et decimas dierum. Unusquisque in quantum virtus 30
suppetit, carnem maceret, eiusque desideria affligat, concu-

wird. Mose fastete, um das Gesetz ein zweites Mal zu empfangen, vierzig Tage (vgl. Ex 34,28). Elija war in der Wüste vierzig Tage enthaltsam (vgl. 1 Kön 19,8). Als der Lehrer der Menschen zu den Menschen kam, nahm er vierzig Tage überhaupt keine Speise zu sich (vgl. Mt 4,2). So wollen auch wir, soweit möglich, in der jährlichen Fastenzeit unser Fleisch durch Fasten abzutöten suchen. Warum wird nun beim Fasten die Zahl Vierzig beachtet? Deshalb, weil die Kraft der Zehn Gebote durch die vier Bücher des heiligen Evangeliums zur Fülle gelangt. Die Zehn mit vier multipliziert, ergibt ja vierzig, wir erfüllen nämlich dann die Gebote des Dekaloges vollkommen, wenn wir die vier Bücher des heiligen Evangeliums beachten. Hierbei läßt sich noch eine andere Ansicht vertreten. In diesem sterblichen Leib bestehen wir ja aus vier Elementen, durch die Begierden dieses Leibes widersetzen wir uns den Geboten des Herrn. Die Gebote des Herrn werden nun aber im Dekalog empfangen. Da wir also durch die Begierden des Fleisches die Weisungen des Dekaloges verachtet haben, ist es angemessen, dieses Fleisch vier mal zehnmal abzutöten. Doch kann man auch unter dieser Fastenzeit noch etwas anderes verstehen. Vom heutigen Tag bis zu den Freuden des österlichen Hochfestes vergehen sechs Wochen, was zweiundvierzig Tage ergibt. Wenn hiervon sechs Herrentage vom Fasten abgezogen werden, bleiben für das Fasten nur sechsunddreißig Tage. Wenn sich nun aber das Jahr über 365 Tage erstreckt und wir uns sechsunddreißig Tage hindurch abtöten, dann geben wir Gott sozusagen den Zehnten unseres Jahres, so daß wir, die wir das empfangene Jahr hindurch für uns selbst gelebt haben, uns für unseren Schöpfer durch Fasten, das den ihm gebührenden Zehnten darstellt, abtöten. Darum, liebe Brüder, bemüht euch, ihm den Zehnten der Tage so zu opfern, wie euch das Gesetz gebietet, den Zehnten der Habe zu opfern (vgl. Lev 27,30–33). Ein jeder möge, soweit es seine Kraft zuläßt, das Fleisch kasteien und sein Verlangen unterdrücken, schänd-

piscentias turpes interficiat, ut iuxta Pauli vocem, hostia
viva fiat. Hostia quippe et immolatur et viva est, quando et
ab hac vita homo non deficit, et tamen se a carnalibus
desideriis occidit. Caro nos laeta traxit ad culpam, afflicta
reducat ad veniam. Auctor etenim mortis nostrae per fruc- 5
tum ligni vetiti vitae praecepta transgressus est. Qui ergo a
paradisi gaudiis per cibum cecidimus, ad haec in quantum
possumus, per abstinentiam resurgamus.

6. Sed nemo sibi eandem abstinentiam solam credat posse sufficere, cum per prophetam Dominus dicat: „Nonne 10
hoc est magis ieiunium quod elegi?" Subiciens: „Frange
esurienti panem tuum, et egenos vagosque induc in domum
tuam: cum videris nudum, operi eum, et carnem tuam ne
despexeris." Illud ergo ieiunium Deus approbat, quod ad
eius oculos manus eleemosynarum levat, quod cum proxi- 15
mi dilectione agitur, quod ex pietate conditur. Hoc ergo
quod tibi subtrahis, alteri largire: ut unde tua caro affligitur,
inde egentis proximi caro reparetur. Hinc etenim per prophetam Dominus dicit: „Cum ieiunaretis et plangeretis,
numquid ieiunium ieiunastis mihi? Et cum comeditis et 20
bibitis, numquid non vobis comeditis et vobismetipsis bibitis?" Sibi enim comedit et bibit, qui alimenta corporis,
quae sunt communia dona Conditoris, sine indigentibus
percipit. Et sibi quisque ieiunat, si ea quae sibi ad tempus
subtrahit, non pauperibus tribuit, sed ventri postmodum 25
offerenda custodit. Hinc per Ioelem dicitur: „Sanctificate
ieiunium." Ieiunium quippe sanctificare est, adiunctis bonis aliis, dignam Deo abstinentiam carnis ostendere. Cesset

---

[12] Zu handschriftlichen Varianten des Zitates vgl. ÉTAIX, *Tradition manuscrite* 555.

liche Begierden abtöten, um gemäß dem Wort des Paulus ein lebendiges Opfer zu werden (vgl. Röm 12, 1). Das Opfer wird getötet und ist zugleich lebendig, wenn der Mensch nicht sein Leben läßt und sich dennoch in seinen fleischlichen Begierden abtötet. Das Fleisch verführte uns mit Freuden zur Schuld, es möge uns durch Abtötung zur Vergebung zurückführen. Der Urheber des Todes hat ja durch die Frucht des verbotenen Baumes die Gebote des Lebens übertreten. Da wir also durch eine Speise aus den Freuden des Paradieses fielen, müssen wir uns zu ihnen wieder soweit möglich durch Fasten erheben.

6. Doch glaube niemand, daß für ihn dieses Fasten allein genügen könne, da der Herr durch den Propheten spricht: „Ist nicht das vielmehr ein Fasten, das ich erwählt habe?" und hinzufügt: „Brich dem Hungernden dein Brot, führe Arme und Obdachlose in dein Haus; wenn du einen Nackten siehst, bekleide ihn, und verachte dein Fleisch nicht" (vgl. Jes 58, 6 f) [12]. Dieses Fasten billigt also der Herr, das die Hand der Almosen vor seinen Augen erhebt, das zusammen mit der Nächstenliebe vollzogen wird, das mit Güte versehen ist. Was du dir selbst also entziehst, das spende einem anderen, damit das Fleisch des bedürftigen Nächsten mit dem gestärkt wird, wodurch dein eigenes Fleisch abgetötet wird. Daher sagt der Herr durch den Propheten: „Wenn ihr gefastet und getrauert habt, habt ihr etwa für mich so streng gefastet? Wenn ihr eßt und trinkt, eßt und trinkt ihr dann nicht für euch selbst?" (vgl. Sach 7, 5 f). Für sich selbst ißt und trinkt nämlich, wer die leibliche Nahrung, die eine für alle gemeinsame Gabe des Schöpfers ist, ohne Bedürftige zu sich nimmt. Und es fastet für sich, wenn er das, was er sich auf Zeit entzieht, nicht den Armen gibt, sondern aufbewahrt, um es dem Bauch später zu opfern. Daher heißt es bei Joël: „Haltet ein heiliges Fasten" (Joël 1, 14). Ein heiliges Fasten hält man ja, wenn durch weiteres hinzugefügte Gute eine Gottes würdige fleischliche Enthaltsamkeit an den Tag gelegt wird. Der Zorn möge wei-

ira, sopiantur iurgia. Incassum enim caro atteritur, si a
pravis suis voluptatibus animus non refrenatur, cum per
prophetam Dominus dicat: „Ecce in die ieiunii vestri invenitur voluntas vestra. Ecce ad lites et contentiones ieiunatis,
et percutitis pugno impie, et omnes debitores vestros repe- 5
titis." Neque enim qui a debitore suo hoc quod dedit,
repetit, aliquid iniustum facit: sed dignum est ut quisquis
se in poenitentia macerat, etiam hoc quod sibi iuste competit, interdicat. Sic sic nobis afflictis et poenitentibus a Deo
dimittitur quod iniuste egimus, si pro amore illius et hoc 10
quod nobis iuste competit, relaxemus.

chen, Streit zur Ruhe kommen. Vergebens wird ja das
Fleisch kasteit, wenn der Geist nicht in seinen bösen Nei-
gungen gezügelt wird, spricht doch der Herr durch den
Propheten: „Seht, am Tage eures Fastens findet sich euer
eigener Wille, seht, bei Streit und Zank fastet ihr, schlagt
gewissenlos mit der Faust zu, bedrängt all eure Schuldner"
(vgl. Jes 58, 3).[13] Wer von seinem Schuldner zurückfordert,
was er gab, begeht zwar kein Unrecht, doch ist es angemessen, daß sich ein jeder in Buße kasteit und auch das versagt,
was ihm rechtens zusteht. Wenn wir uns so und nicht
anders abtöten und Buße tun, wird Gott uns vergeben, was
wir an Unrecht verübten, vorausgesetzt, wir enthalten uns
aus Liebe zu ihm auch dessen, was uns rechtens zusteht.

---

[13] Die Verknüpfung der letzten vier Schriftzitate findet sich ebenso bei
GREGOR, *past.* 3,19 (SCh 382, 378).

Habita ad episcopos in fontes Lateranensium

Lectio sancti Evangelii secundum Lucam 10, 1–9
In illo tempore designavit Dominus et alios septuaginta
duos, et misit illos binos ante faciem suam in omnem civi- 5
tatem et locum, quo erat ipse venturus. Et dicebat illis:
Messis quidem multa, operarii autem pauci. Rogate ergo
dominum messis, ut mittat operarios in messem suam. Ite,
ecce ego mitto vos sicut agnos inter lupos. Nolite portare
sacculum, neque peram, neque calceamenta: et neminem 10
per viam salutaveritis. In quamcumque domum intraveri-
tis, primum dicite: Pax huic domui. Et si ibi fuerit filius
pacis, requiescet super illum pax vestra: sin autem, ad vos
revertetur. In eadem autem domo manete, edentes et bi-
bentes quae apud illos sunt. Dignus est enim operarius 15
mercede sua. Nolite transire de domo in domum. Et in
quamcumque civitatem intraveritis, et susceperint vos,
manducate quae apponuntur vobis: et curate infirmos, qui
in illa sunt, et dicite illis: Appropinquavit in vos regnum
Dei.   20

1. Dominus et Salvator noster, fratres carissimi, aliquando
nos sermonibus, aliquando vero operibus admonet. Ipsa
etenim facta eius, praecepta sunt: quia dum aliquid tacitus
facit, quid agere debeamus, innotescit. Ecce enim binos
in praedicationem discipulos mittit: quia duo sunt prae- 25
cepta caritatis, Dei videlicet amor et proximi: et minus
quam inter duos caritas haberi non potest. Nemo enim
proprie ad semetipsum habere caritatem dicitur, sed dilec-

---

[1] Nach CHAVASSE, *Aménagements* 92. 96, gehört die Homilie aufgrund
des Hinweises von Abschnitt 18 in den Kontext der Taufvorbereitung
(zusammen mit Homilie 19) der vierten Fastenwoche und ist auf den
31.3.591 zu datieren. Nähere Hinweise, wer diese Bischöfe waren,
finden sich nicht; vgl. CHAVASSE, *Episcopi*.

HOMILIE 17

Gehalten vor den Bischöfen im Baptisterium des Lateran[1]

Lesung des heiligen Evangeliums nach Lukas 10, 1–9
*In jener Zeit bestimmte der Herr zweiundsiebzig andere
und sandte sie zu zweit vor sich her in jede Stadt und
Ortschaft, wohin er selbst kommen wollte. Und er sagte
ihnen: Die Ernte ist groß, doch es gibt nur wenige Arbeiter.
Bittet also den Herrn der Ernte, Arbeiter in seine Ernte zu
senden. Geht hin, seht, ich sende euch wie Schafe unter die
Wölfe. Tragt keinen Geldbeutel mit euch, auch keine Vorratstasche, keine Sandalen, und grüßt niemanden unterwegs. Wenn ihr in ein Haus eintretet, sagt zunächst: Friede
diesem Haus! Und wenn dort ein Sohn des Friedens wohnt,
wird euer Friede auf ihm ruhen; andernfalls wird er zu euch
zurückkehren. Bleibt aber in demselben Haus, eßt und
trinkt, was es bei ihnen gibt. Der Arbeiter ist nämlich seines
Lohnes wert. Geht nicht von Haus zu Haus. Und wenn ihr
in eine Stadt kommt und man euch aufnimmt, dann eßt,
was man euch vorsetzt; heilt die Kranken, die dort sind,
und sagt ihnen: Das Reich Gottes hat sich euch genaht.*

1. Unser Herr und Erlöser ermahnt uns, geliebte Brüder,
bisweilen durch Worte, bisweilen aber auch durch Werke.
Denn schon seine Taten sind Weisungen. Indem er nämlich
schweigend etwas tut, offenbart er, was wir tun sollen. Seht,
er sendet nämlich die Jünger zu zweit zur Verkündigung,
weil es zwei Gebote der Liebe gibt: die Liebe zu Gott und
zum Nächsten. Auch kann es unter weniger als zweien
keine Liebe geben.[2] Denn von niemandem kann man im
eigentlichen Sinne sagen, daß er zu sich selbst Liebe emp-

---

[2] GREGOR übernahm das Wort von AUGUSTINUS, *quaest. ev.* 2, 14 (CCL
44 B, 59): *caritas minus quam inter duos esse non potest.* Vgl. MEHLMANN,
Caritas.

tio in alterum tendit, ut caritas esse possit. Binos ad prae-
dicandum discipulos Dominus mittit, quatenus hoc nobis
tacitus innuat, quia qui caritatem erga alterum non habet,
praedicationis officium suscipere nullatenus debet.

2. Bene autem dicitur, quia „misit eos ante faciem suam 5
in omnem civitatem et locum, quo erat ipse venturus".
Praedicatores enim suos Dominus sequitur; quia praedicatio praevenit, et tunc ad mentis nostrae habitaculum Dominus venit, quando verba exhortationis praecurrunt, atque
per haec veritas in mente suscipitur. Hinc namque eisdem 10
praedicatoribus Isaias dicit: | „Parate viam Domini, rectas | 200
facite semitas Dei nostri." Hinc illis psalmista ait: „Iter
facite ei, qui ascendit super occasum." Super occasum namque Dominus ascendit; quia unde in passione occubuit,
inde maiorem suam gloriam resurgendo manifestavit. Su- 15
per occasum videlicet ascendit: quia mortem quam pertulit,
resurgendo calcavit. Ei ergo qui ascendit super occasum,
iter facimus, cum nos eius gloriam vestris mentibus praedicamus, ut eas et ipse post veniens, per amoris sui praesentiam illustret.   20

3. Missis autem praedicatoribus, quid dicat audiamus:
„Messis quidem multa, operarii autem pauci. Rogate ergo
dominum messis, ut mittat operarios in messem suam." Ad
messem multam operarii pauci sunt, quod sine gravi moe-
rore loqui non possumus: quia etsi sunt qui bona audiant, 25
desunt qui dicant. Ecce mundus sacerdotibus plenus est,
sed tamen in messe Dei rarus valde invenitur operator: quia
officium quidem sacerdotale suscepimus, sed opus officii

---

[3] Gemeint ist der Westen. Zum Psalmvers als Testimonium der patristischen Auferstehungs- und Himmelfahrtstheologie vgl. DÖLGER, *Sol
salutis* 336–364; DANIÉLOU, *Liturgie* 316.
[4] Zum Terminus *sacerdos* vgl. Anm. 6, oben 120.

finde. Vielmehr richtet sich die Liebe auf einen anderen, um wirklich Liebe sein zu können. Zu zweit sendet der Herr die Jünger zum Verkündigen, um uns schweigend darauf hinzuweisen, daß das Verkündigungsamt keineswegs übernehmen dürfe, wer die Liebe zum Nächsten nicht hat.

2. Zu Recht heißt es ferner: „Er sandte sie vor sich her in jede Stadt und Ortschaft, wohin er selbst kommen wollte" (Lk 10, 1). Der Herr folgt nämlich seinen Verkündigern, weil die Verkündigung vorangeht und der Herr erst dann zum Haus unseres Herzens kommt, wenn ermahnende Worte vorausgehen und dadurch die Wahrheit im Herzen Aufnahme findet. Deshalb spricht nämlich Jesaja zu solchen Verkündigern: „Bereitet den Weg des Herrn, macht gerade die Pfade unseres Gottes" (vgl. Jes 40, 3). Daher sagt ihnen der Psalmist: „Schafft einen Weg für den, der aufsteigt über dem Sonnenuntergang³" (Ps 67, 5 Vg.). Über dem Sonnenuntergang stieg nämlich der Herr auf, denn seinem Untergang in der Passion entsprach eine um so größere Offenbarung seiner Herrlichkeit in der Auferstehung. Über dem Sonnenuntergang stieg der Herr auf, da er den Tod, den er erlitt, in seiner Auferstehung mit Füßen trat. Ihm, der über dem Sonnenuntergang aufsteigt, bereiten wir also den Weg, wenn wir euren Herzen seine Herrlichkeit verkündigen, damit anschließend auch er selbst komme und sie durch die Gegenwart seiner Liebe erleuchte.

3. Hören wir, was er zu den Verkündigern bei ihrer Aussendung spricht: „Die Ernte ist groß, doch es gibt nur wenige Arbeiter. Bittet also den Herrn der Ernte, Arbeiter in seine Ernte zu senden" (Lk 10, 2). Im Verhältnis zur großen Ernte gibt es nur wenige Arbeiter. Wir können dies nicht ohne tiefe Betrübnis sagen, denn obwohl es solche gibt, die das Gute hören wollen, fehlen solche, die es verkündigen. Seht, die Welt ist voll von Bischöfen⁴, und doch findet sich bei der Ernte des Herrn nur sehr selten ein Arbeiter, weil wir zwar das bischöfliche Amt übernommen haben, aber die Aufgaben des Amtes nicht erfüllen. Be-

non implemus. Sed pensate, fratres carissimi, pensate quod
dicitur: „Rogate dominum messis, ut mittat operarios in
messem suam." Vos pro nobis petite, ut digna vobis operari
valeamus, ne ab exhortatione lingua torpeat, ne postquam
praedicationis locum suscepimus, apud iustum iudicem no-   5
stra nos taciturnitas addicat. Saepe enim pro sua nequitia,
praedicantium lingua restringitur: saepe vero ex subiectorum culpa agitur, ut eis qui praesunt, praedicationis sermo
subtrahatur. Ex sua quippe nequitia praedicantium lingua
restringitur, sicut psalmista ait: „Peccatori autem dixit   10
Deus: Quare tu enarras iustitias meas?" Et rursum ex vitio
subiectorum vox praedicantium prohibetur, sicut ad Ezechielem Dominus dicit: „Linguam tuam adhaerescere faciam palato tuo, et eris mutus, nec quasi vir obiurgans: quia
domus exasperans est." Ac si aperte dicat: Idcirco tibi   15
praedicationis sermo tollitur, quia dum me in suis actibus
plebs exasperat, non est digna cui exhortatio veritatis fiat.
Ex cuius ergo vitio praedicatori sermo subtrahatur, non
facile cognoscitur. Quia vero pastoris taciturnitas aliquando sibi, semper autem subiectis noceat, certissime scitur.   20
    4. Sed utinam si ad praedicationis virtutem non suffici-
mus, loci nostri officium in innocentia vitae teneamus.
Nam subditur: „Ecce ego mitto vos sicut agnos inter lupos." Multi autem cum regiminis iura suscipiunt, ad la-
cerandos subditos inardescunt: terrorem potestatis exhi-   25
bent, et quibus prodesse debuerant, nocent. Et quia
caritatis viscera non habent, domini videri appetunt, patres

---

[5] Ausführlicher hierzu GREGOR, *moral.* 30, 82 f (CCL 143B, 1547 f); *in Ezech.* 1, 12, 16 f (CCL 142, 191–193).

[6] Häufig warnt GREGOR, daß das Schweigen des Verkündigers für den Tod des Sünders verantwortlich wird; vgl. *in Ezech.* 1, 9, 27 (CCL 142, 138) und 1, 11, 9 (CCL 142, 173); *epist.* 1, 33 (CCL 140, 39 f).

[7] Das kirchliche Amt wird von GREGOR dem Kriterium dienender Liebe unterstellt. Vgl. FIEDROWICZ, *Kirchenverständnis* 202–212.

denkt jedoch, geliebte Brüder, bedenkt, daß gesagt wird:
„Bittet den Herrn der Ernte, Arbeiter in seine Ernte zu
senden." Bittet ihr für uns, daß wir so für euch zu wirken
vermögen, wie ihr es verdient, daß die Zunge im Ermahnen
nicht müde wird, daß nicht, nachdem wir das Amt der
Verkündigung übernommen haben, unser Schweigen uns
beim gerechten Richter verurteilt. Denn häufig ist den
Verkündigern aufgrund ihrer Nichtswürdigkeit die Zunge
gebunden; häufig aber geschieht es durch die Schuld der
Untergebenen, daß den Vorstehern das Verkündigungswort entzogen wird.[5] Aufgrund ihrer eigenen Nichtswürdigkeit wird ja die Zunge der Verkündiger gebunden, wie
der Psalmist sagt: „Zum Sünder aber sprach Gott: Warum
zählst du meine Satzungen auf?" (Ps 50,16: Vg. Ps 49,16).
Umgekehrt wird durch die Schuld der Untergebenen die
Sprache der Verkündiger gehindert, wie bei Ezechiel der
Herr sagt: „Deine Zunge will ich an deinem Gaumen kle-
ben lassen, du wirst verstummen und nicht mehr tadeln,
denn es ist ein widerspenstiges Geschlecht" (Ez 3,26). Als
wollte er eigentlich sagen: Deshalb wird dir das Verkündi-
gungswort genommen, weil das Volk, das mich durch sein
Treiben erbittert, es nicht wert ist, die Ermahnung der
Wahrheit zu empfangen. Somit läßt sich nicht leicht erken-
nen, aufgrund wessen Verschulden dem Verkündiger das
Wort entzogen wird. Ganz gewiß jedoch weiß man, daß das
Schweigen des Hirten bisweilen ihm selbst, immer aber den
Untergebenen schadet.[6]

4. Wenn wir aber zu wirkungsvoller Verkündigung nicht
fähig sind, mögen wir wenigstens die Pflicht unserer Stellung durch ein schuldloses Leben erfüllen! Denn es wird
hinzugefügt: „Seht, ich sende euch wie Schafe unter die
Wölfe" (Lk 10,3). Viele aber gibt es, die die Führungsge-
walt empfangen, sich aber hinreißen lassen, die Untergebenen tief zu verletzen. Aufgrund ihrer Vollmacht verbreiten
sie Schrecken und schaden denen, denen sie nutzen sollten.[7]
Weil sie keine herzliche Liebe besitzen, wollen sie als Her-

se esse minime recognoscunt: humilitatis locum in ela-
tionem dominationis immutant: et | si quando extrinsecus | 202
blandiuntur, intrinsecus saeviunt. De quibus alias Veritas
dicit: „Veniunt ad vos in vestimentis ovium, intrinsecus
autem sunt lupi rapaces." Contra quae omnia consideran- 5
dum nobis est, quia sicut agni inter lupos mittimur, ut
sensum servantes innocentiae, morsum malitiae non habea-
mus. Qui enim locum praedicationis suscipit, mala inferre
non debet, sed tolerare: ut ex ipsa sua mansuetudine iram
saevientium mitiget, et peccatorum vulnera in aliis ipse 10
afflictionibus vulneratus sanet. Quem et si quando zelus
rectitudinis exigit, ut erga subiectos saeviat, furor ipse de
amore sit, non de crudelitate: quatenus et iura disciplinae
foris exhibeat, et intus paterna pietate diligat, quos foris
quasi insequendo castigat. Quod tunc bene rector exhibet, 15
cum seipsum diligere per amorem privatum nescit, cum
nulla quae mundi sunt, appetit; cum terrenae cupiditatis
oneribus nequaquam mentis colla supponit.

5. Unde et subditur: „Nolite portare sacculum, neque
peram, neque calceamenta: et neminem per viam salutave- 20
ritis." Praedicatori etenim tanta debet in Deo esse fiducia,
ut praesentis vitae sumptus quamvis non provideat, tamen
sibi hos non deesse certissime sciat: ne dum mens eius
occupatur ad temporalia, minus aliis provideat aeterna. Cui
etiam per viam neminem salutare conceditur, ut sub quanta 25
festinatione iter praedicationis pergere debeat, ostendatur.

---

[8] Zur biblischen Symbolik und Metaphorik dieser Homilie vgl. GIOR-
DANO, *Simbolismo del ‚Praedicator'* 168–175; ders., *Metafora* 608 f.

[9] Ebenso GREGOR, *moral.* 19,30 (CCL 143A, 981); *in I Reg.* 6,94 (CCL
144, 602f); 6,99 (CCL 144, 607).

[10] Zur Selbstlosigkeit als Voraussetzung kirchlicher Amtsausübung vgl.
FIEDROWICZ, *Kirchenverständnis* 208–211.

ren erscheinen und verkennen völlig, daß sie eigentlich Väter sind. Ihre Demut gebietende Stellung verkehren sie in überhebliche Herrschaftsausübung, und wenn sie einmal äußerlich freundlich sind, wüten sie innerlich. Über sie sagt die Wahrheit an anderer Stelle: „Sie kommen zu euch in Schafskleidern, im Innern aber sind sie reißende Wölfe" (Mt 7, 15). Im Gegensatz zu all dem müssen wir beachten, daß wir, wie Schafe unter die Wölfe gesandt, den Sinn dafür bewahren, keinen Schaden anzurichten, und nicht bissige Boshaftigkeit an den Tag legen.[8] Wer nämlich das Verkündigungsamt übernimmt, darf nichts Böses zufügen, sondern muß es ertragen, um durch seine Sanftmut den Zorn der Wütenden zu besänftigen und die Wunden der Sünden bei den anderen durch die selbst erlittenen Verwundungen zu heilen. Wenn auch einmal der Eifer für das Rechte von ihm fordert, gegenüber den Untergebenen hart durchzugreifen, so soll doch die Entschiedenheit aus der Liebe, nicht aus der Grausamkeit kommen, damit er äußerlich strenge Zucht walten läßt und innerlich mit väterlicher Güte jene liebt, die er äußerlich unnachgiebig zurechtweist.[9] Solches Verhalten wird der Seelsorger dann in rechter Weise an den Tag legen, wenn er sich selbst gegenüber keine egoistische Liebe kennt, wenn er nichts Weltliches erstrebt, wenn er sich in keiner Weise geistig unter das Joch irdischen Begehrens beugt.[10]

5. Deshalb wird noch hinzugefügt: „Tragt keinen Geldbeutel mit euch, auch keine Vorratstasche, keine Sandalen, und grüßt niemanden unterwegs" (Lk 10, 4). Der Verkündiger muß nämlich so großes Vertrauen auf Gott besitzen, daß er, auch ohne für den Unterhalt des gegenwärtigen Lebens vorzusorgen, dennoch ganz sicher weiß, ihm werde hierfür nichts fehlen, damit seine Aufmerksamkeit nicht vom Zeitlichen völlig in Anspruch genommen wird und er den anderen kaum noch das Ewige vermitteln kann. Sogar unterwegs jemanden zu grüßen ist ihm untersagt, um deutlich zu machen, wie eilig er auf dem Weg der Verkündigung

Quae si quis verba etiam per allegoriam velit intelligi, in
sacculo pecunia clausa est: pecunia vero clausa, est sapientia
occulta. Qui igitur sapientiae verbum habet, sed hoc erogare proximo negligit, quasi pecuniam in sacculo ligatam
tenet. Unde scriptum est: „Sapientia abscondita et thesau- 5
rus occultus, quae utilitas in utrisque?" Quid vero per
peram, nisi onera seculi: et quid hoc loco per calceamenta,
nisi mortuorum operum exempla signantur? Qui ergo officium praedicationis suscipit, dignum non est ut onus
secularium negotiorum portet: ne dum hoc eius colla depri- 10
mit, ad praedicanda coelestia non assurgat. Nec debet stultorum operum exempla conspicere, ne sua opera quasi ex
mortuis pellibus credat munire. Sunt etenim multi, qui
pravitatem suam ex alienis pravitatibus tuentur. Quia enim
alios talia fecisse considerant, se haec facere licenter putant. 15
Hi quid aliud faciunt, nisi pedes suos ex mortuorum ani-
malium munire pellibus conantur? Omnis vero qui salutat
in via, ex occasione salutat itineris, non ex studio optandae
eiusdem salutis. Qui igitur non amore aeternae patriae, sed
praemiorum ambitu salutem audientibus prae|dicat, quasi 20 |2
in itinere salutat: quia ex occasione, et non ex intentione,
salutem audientibus exoptat.

6. Sequitur: „In quamcumque domum intraveritis, primum dicite: Pax huic domui. Et si ibi fuerit filius pacis,
requiescet super illum pax vestra: sin autem, ad vos rever- 25
tetur." Pax, quae ab ore praedicatoris offertur, aut requiescit in domo, si in ea filius pacis fuerit, aut ad eundem

---

[11] GREGOR verwendet hier und im folgenden das lateinische Wortspiel:
salutare („grüßen") und *salus* („Gruß, Heil").

voranschreiten soll. Wenn jemand diese Worte allegorisch verstanden wissen will, so ist im Beutel das Geld verschlossen; verschlossenes Geld aber bedeutet verborgene Weisheit. Wer folglich über das Wort der Weisheit verfügt, es aber aus Gleichgültigkeit für den Nächsten nicht verausgaben will, der hält sein Geld sozusagen im Beutel fest. Daher steht geschrieben: „Verborgene Weisheit und ein versteckter Schatz, welchen Nutzen bringen beide?" (Sir 41, 14: Vg. Sir 41, 17). Was wird jedoch durch die Tasche anderes als die Lasten der Welt versinnbildlicht und was an dieser Stelle durch die Sandalen sonst als die Beispiele toter Werke? Für den, der das Verkündigungsamt übernimmt, ist es demnach nicht angemessen, die Last weltlicher Beschäftigungen zu tragen, damit ihn dies nicht so belaste, daß er sich zur Verkündigung des Himmlischen nicht mehr zu erheben vermag. Auch darf er nicht die Beispiele törichter Werke erblicken, damit er nicht meine, seine eigenen Werke gleichsam mit toten Häuten schützen zu können. Es gibt nämlich viele, die ihre Verkehrtheit mit fremder Verkehrtheit schützen. Da sie nämlich sehen, daß andere derartiges getan haben, meinen sie das Recht zu haben, es ebenfalls zu tun. Was tun sie anderes, als zu versuchen, ihre Füße mit den Häuten toter Tiere zu schützen? Jeder jedoch, der unterwegs grüßt, tut es, weil der Weg die Gelegenheit dazu bietet und nicht aus dem Bestreben, das Heil zu wünschen.[11] Wer demnach nicht aus Liebe zur ewigen Heimat, sondern aus dem Streben nach Lohn den Hörern das Heil verkündet, grüßt gewissermaßen auf dem Weg, weil er aufgrund der Gelegenheit, nicht aufgrund innerer Überzeugung den Hörern das Heil wünscht.

6. Es folgt: „Wenn ihr in ein Haus eintretet, sagt zunächst: Friede diesem Haus. Und wenn dort ein Sohn des Friedens wohnt, wird euer Friede auf ihm ruhen; andernfalls wird er zu euch zurückkehren" (Lk 10, 5 f). Der aus dem Mund des Verkündigers entbotene Friede ruht entweder auf dem Haus, wenn in ihm ein Sohn des Friedens

praedicatorem revertitur; quia aut erit quisque praedestina-
tus ad vitam, et coeleste verbum sequitur, quod audit: aut
si nullus audire voluerit, ipse praedicator sine fructu non
erit: quia ad eum pax revertitur, quoniam ei a Domino pro
labore sui operis merces recompensatur.   5

7. Ecce autem qui peram et sacculum portare prohibuit,
sumptus et alimenta ex eadem praedicatione concedit. Nam
subditur: „In eadem autem domo manete, edentes et bibentes quae apud illos sunt. Dignus est enim operarius mercede
sua." Si pax nostra recipitur, dignum est ut in eadem domo 10
maneamus, edentes et bibentes quae apud illos sunt: ut ab
eis terrena stipendia consequamur, quibus praemia patriae
coelestis offerimus. Unde etiam Paulus haec ipsa pro minimo suscipiens, dicit: „Si nos vobis spiritalia seminavimus,
magnum est si vestra carnalia metamus?" Et notandum 15
quod subditur: „Dignus est operarius mercede sua": quia
iam de mercede sunt operis ipsa alimenta sustentationis; ut
hic merces de labore praedicationis inchoetur, quae illic de
veritatis visione perficitur. Qua in re considerandum est,
quod uni nostro operi duae mercedes debentur: una in via, 20
altera in patria: una quae nos in labore sustentat, alia quae
nos in resurrectione remunerat. Merces itaque quae in praesenti accipitur, hoc in nobis debet agere, ut ad sequentem
mercedem robustius tendatur. Verus ergo quisque praedicator non ideo praedicare debet, ut in hoc tempore merce- 25
dem recipiat, sed ideo mercedem recipere, ut praedicare
subsistat. Quisquis namque ideo praedicat, ut hic vel laudis
vel muneris mercedem recipiat, aeterna procul dubio mer-

---

[12] Ebenso GREGOR, *in I Reg.* 1,20 (CCL 144, 66); *epist.* 3,62 (CCL 140,
212f).
[13] Ebenso GREGOR, *moral.* 19,22 (CCL 143A, 974).

wohnt, oder er kehrt zu dem Verkündiger zurück; denn entweder ist jemand zum Leben prädestiniert und befolgt das himmlische Wort, das er hört; oder der Verkündiger selbst wird, wenn niemand hören wollte, nicht ohne Frucht bleiben, weil der Friede zu ihm zurückkehrt, da ihm vom Herrn für die Mühe seines Wirkens entsprechender Lohn zuteil wird.[12]

7. Doch seht, der, der Tasche und Beutel mitzunehmen verbot, gestattet es, den Lebensunterhalt aus der Verkündigung zu empfangen. Denn es wird hinzugefügt: „Bleibt aber in demselben Haus, eßt und trinkt, was es bei ihnen gibt. Der Arbeiter ist nämlich seines Lohnes wert" (Lk 10, 7). Wenn unser Friedensgruß aufgenommen wird, ist es angemessen, im selben Haus zu bleiben und zu essen und zu trinken, was es bei ihnen gibt, um von jenen irdische Unterstützung zu empfangen, denen wir den Reichtum der himmlischen Heimat bringen. Daher sagt auch Paulus, der dies für etwas sehr Geringes hielt: „Wenn wir für euch das Geistige säten, ist es dann etwas Großes, von euch zu ernten, was der Leib braucht?" (1 Kor 9, 11). Zu beachten ist, was hinzugefügt wird: „Der Arbeiter ist seines Lohnes wert"; denn schon die Verpflegung gehört zum Arbeitslohn, damit bereits hier der Lohn für die Mühe der Verkündigung beginne, der sich dort in der Schau der Wahrheit vollendet. Hierbei ist zu beachten, daß unserem einen Werk ein zweifacher Lohn geschuldet wird, der eine auf dem Wege, der andere in der Heimat; der eine hält uns in der Mühsal aufrecht, der andere belohnt uns bei der Auferstehung. Der gegenwärtig empfangene Lohn soll deshalb in uns bewirken, daß wir um so entschiedener dem künftigen Lohn entgegenstreben. Der wahre Verkündiger soll also nicht deswegen predigen, um in dieser Zeit Lohn zu empfangen, vielmehr deswegen seinen Lohn empfangen, um imstande zu sein, weiter zu verkündigen.[13] Wer nämlich deswegen verkündigt, um hier den Lohn in Form von Lob oder Gefälligkeiten zu empfangen, der beraubt sich ohne

cede se privat. Quisquis vero vel ea quae dicit, ideo placere
hominibus appetit, ut dum placet quod dicitur, per eadem
dicta non ipse, sed Dominus ametur: vel idcirco terrena
stipendia in praedicatione consequitur, ne a praedicationis
voce per indigentiam lassetur; huic procul dubio ad reci- 5
piendam mercedem nil obstat in patria, quia sumptus
sumpsit in via.

8. Sed quid nos — quod tamen sine dolore dicere non
possum —, quid nos, o pastores, agimus, qui et mercedem
consequimur, et tamen operarii nequaquam sumus? Fruc- 10
tus quippe sanctae Ecclesiae in stipendio quotidiano perci-
pimus, sed tamen | pro aeterna Ecclesia minime in praedi- | 206
catione laboramus. Pensemus cuius damnationis sit, sine
labore hic percipere mercedem laboris. Ecce ex oblatione
fidelium vivimus, sed quid pro animabus fidelium labora- 15
mus? Illa in stipendium nostrum sumimus, quae pro red-
imendis peccatis suis fideles obtulerunt; nec tamen contra
peccata eadem vel orationis studio, vel praedicationis, ut
dignum est, insudamus. Vix pro culpa sua quempiam aperta
voce reprehendimus. Et adhuc — quod est gravius — ali- 20
quando si persona in hoc mundo potens sit, eius forsitan
errata laudantur, ne si adversetur, per iracundiam munus
subtrahat quod impendebat. Sed debemus sine cessatione
meminisse quod de quibusdam scriptum est: „Peccata populi mei comedent." Cur autem peccata populi comedere 25
dicuntur, nisi quia peccata delinquentium fovent, ne temporalia stipendia amittant? Sed et nos qui ex oblationibus

---

[14] Vgl. Rush, *Salary*.
[15] Gemeint ist, daß die Priester von den Opfergaben lebten, die das Volk
für seine Sünden darbrachte.

Zweifel des ewigen Lohnes. Wer jedoch danach strebt, daß seine Worte deswegen den Menschen gefallen, damit nicht er selbst, sondern der Herr aufgrund solch gefälliger Worte geliebt werde, oder wer deswegen irdischen Lohn in der Verkündigung empfängt, damit die Stimme der Verkündigung nicht aufgrund des Mangels müde werde, der wird ohne Zweifel nicht aus dem Grunde daran gehindert, den Lohn in der ewigen Heimat zu empfangen, daß er seinen Lebensunterhalt auf dem Wege bekommen hat.

8. Doch was tun wir — ich kann es nur mit Schmerz aussprechen —, was tun wir, ihr Hirten, die wir einerseits Lohn empfangen, doch andererseits keinesfalls Arbeiter sind? Wir empfangen ja die Einkünfte der heiligen Kirche zu unserem täglichen Lebensunterhalt[14], aber doch mühen wir uns für die ewige Kirche keineswegs in der Verkündigung. Bedenken wir doch, wie verdammenswert es ist, ohne Einsatz hier einen Arbeitslohn zu empfangen! Seht, wir leben von den Opfergaben der Gläubigen, doch welche Mühe nehmen wir auf uns für die Seelen der Gläubigen? Wir nehmen das als unsere Unterstützung, was die Gläubigen darbrachten, um ihre Sünden wiedergutzumachen, und trotzdem unternehmen wir keinerlei Anstrengung, gegen diese Sünden durch Eifer im Gebet oder in der Verkündigung so anzugehen, wie es angemessen wäre. Kaum einmal weisen wir jemanden aufgrund seiner Schuld freimütig zurecht. Und was noch schlimmer ist, wenn es einmal um eine einflußreiche Persönlichkeit dieser Welt geht, werden womöglich ihre Vergehen noch gelobt, damit sie nicht, wenn sich Widerspruch erhebt, aus Unmut die Gaben zurückzieht, die sie gewährte. Doch müssen wir ohne Unterlaß daran denken, daß von einigen geschrieben steht: „Sie verzehren die Sünden meines Volkes" (Hos 4,8)[15]. Doch warum heißt es, sie verzehrten die Sünden des Volkes, wenn nicht deshalb, weil sie die Sünden der Übeltäter begünstigen, um nicht die Unterstützung für das zeitliche Leben zu verlieren? Wenn also auch wir, die wir von den

fidelium vivimus, quas illi pro peccatis suis obtulerunt, si
comedimus et tacemus, eorum procul dubio peccata man-
ducamus. Pensemus ergo, cuius sit apud Deum criminis,
peccatorum pretium manducare, et nihil contra peccata
praedicando agere. Audiamus quid beati Iob voce dicitur: 5
„Si adversum me terra mea clamat, et cum ipsa sulci eius
deflent, si fructus eius comedi absque pecunia." Terra enim
contra possessorem suum clamat, quando contra pastorem
suum iuste Ecclesia murmurat. Cuius etiam sulci deflent, si
corda audientium, quae a praecedentibus sunt patribus 10
praedicationis voce et vigore invectionis exarata, vident
aliquid quod lugeant de vita pastoris. Cuius videlicet terrae
fructus possessor bonus sine pecunia non manducat: quia
discretus pastor praerogat talentum verbi, ne ad damnationem suam de Ecclesia stipendium sumat alimenti. Tunc 15
enim de terra nostra cum pecunia fructus comedimus,
quando sumentes ecclesiastica subsidia, in praedicatione
laboramus. Praecones namque venturi iudicis sumus. Quis
ergo venturum iudicem nunciet, si praeco tacet?

9. Proinde considerandum nobis est, ut, in quantum valet 20
quisque, in quantum sufficit, et terrorem venturi iudicii, et
dulcedinem regni susceptae Ecclesiae insinuare contendat.
Et qui una eademque exhortationis voce non sufficit simul
cunctos admonere, debet singulos, in quantum valet, in-
struere, privatis locutionibus aedificare, exhortatione sim- 25
plici fructum in filiorum suorum cordibus quaerere. Debemus namque pensare continuo quod sanctis apostolis
dicitur, et per apostolos nobis: „Vos estis sal terrae." Si ergo

---

[16] Ähnlich GREGOR in seiner programmatischen *Epistula Synodica;* vgl.
epist. 1, 24 (CCL 140, 26).
[17] Wie kaum ein anderer Kirchenvater vor ihm war GREGOR bemüht,
den unterschiedlichen Voraussetzungen seitens der Hörer durch eine
differenzierte Verkündigung zu entsprechen. Zeugnis hiervon gaben
past. 3 (SCh 382, 262–532) und bereits *moral.* 30, 12 (CCL 143B, 1499).

Opfergaben der Gläubigen leben, die sie für ihre Sünden
darbrachten, uns nähren und schweigen, dann verzehren
wir ohne Zweifel deren Sünden. Erwägen wir also, welch
Vergehen es vor Gott bedeutet, den Lösepreis der Sünden
zu verzehren und nicht mit der Verkündigung den Sünden
entgegenzuwirken. Hören wir, was durch die Stimme des
seligen Ijob gesagt wird: „Wenn mein Land gegen mich
klagt und seine Furchen mit ihm weinen, wenn ich seinen
Ertrag verzehrte ohne Bezahlung ...“ (Ijob 31,38 f). Das
Land klagt nämlich gegen seinen Besitzer, wenn die Kirche
gegen ihre Hirten zu Recht murrt. Auch seine Furchen
weinen, wenn die Herzen der Hörer, die von den vorangegangenen Vätern mit der Stimme der Verkündigung und
entschiedener Zurechtweisung durchpflügt wurden, etwas
im Leben der Hirten entdecken, was sie beklagen müssen.
Den Ertrag dieses Landes verzehrt der gute Besitzer nicht
ohne Bezahlung, da ein besonnener Hirt zuvor das Talent
des Wortes bezahlt, um nicht zu seiner Verdammnis von der
Kirche den notwendigen Lebensunterhalt zu empfangen.
Denn dann verzehren wir den Ertrag unseres Landes gegen
Bezahlung, wenn wir uns für den Empfang kirchlicher
Unterstützung in der Verkündigung abmühen. Wir sind
doch Herolde des kommenden Richters. Wer wird also den
kommenden Richter ankündigen, wenn der Herold
schweigt?[16]

9. Somit müssen wir beachten, daß ein jeder sich bemühe, soweit er es kann und vermag, einerseits den Schrecken
des kommenden Richters, andererseits die Schönheit des
Himmelreiches der ihm anvertrauten Kirche zu vermitteln.
Da es nicht möglich ist, mit ein und demselben Wort eindringlicher Ansprache alle zugleich zu ermahnen, muß man
sie, soweit möglich, einzeln unterweisen, durch private
Gespräche erbauen, durch schlichtes Zureden in den Herzen seiner Söhne Erfolg suchen.[17] Wir müssen nämlich stets
bedenken, was den heiligen Aposteln und durch die Apostel auch uns gesagt wird: „Ihr seid das Salz der Erde“ (Mt

sal sumus, condire mentes fidelium debemus. Vos | igitur |208
qui pastores estis, pensate quia Dei animalia pascitis. De
quibus profecto animalibus Deo per psalmistam dicitur:
„Animalia tua habitabunt in ea." Et saepe videmus, quod
petra salis brutis animalibus ponitur, ut eandem salis pe- 5
tram lambere debeant, et meliorari. Quasi ergo inter bruta
animalia petra salis debet esse sacerdos in populis. Curare
namque sacerdotem necesse est, quae singulis dicat, unumquemque qualiter admoneat: ut quisquis sacerdoti iungitur,
quasi ex salis tactu, aeternae vitae sapore condiatur. Sal 10
etenim terrae non sumus, si corda audientium non condi-
mus. Quod profecto condimentum ille veraciter proximo
impendit, qui praedicationis verbum non subtrahit.

10. Sed tunc vere aliis recta praedicamus, si dicta rebus
ostendimus, si nosipsi divino amore compungimur, et hu- 15
manae vitae, quae sine culpa transire nequaquam potest,
quotidianas lacrymis maculas lavamus. Tunc autem de nobis vere compungimur, si studiose patrum praecedentium
facta pensamus, ut ex conspecta illorum gloria in nostris
nobis oculis nostra vita sordescat. Tunc vere compungimur, 20
cum praecepta Domini studiose perscrutamur, et per haec
proficere ipsi contendimus, per quae iam profecisse novimus quos veneramur. Hinc est enim quod de Moyse scriptum est: „Posuit et labrum aeneum, in quo lavarentur
Aaron et filii eius, cum ingrederentur in sancta Sanctorum, 25
quod fecit de speculis mulierum, quae excubabant in ostio
tabernaculi." Labrum quippe aeneum Moyses ponit, in quo
sacerdotes lavari debeant, et sancta Sanctorum ingredi: quia

---

[18] Die von GREGOR häufig verwendeten Begriffe *compungi, compunctio*
enthalten neben der Zerknirschung über die begangenen Sünden auch
die Komponente der Sehnsucht nach Gott. Vgl. CASEY, *Spiritual Desire*
309: „It is active disgust at our low-level living, knowing that we were
made for something better and that nothing than God can bring us what
our nature craves." Zum Begriff in den Homilien vgl. ebd. 310f; zu GRE-
GOR allgemein PEGON, *Componction* 1315; RÉGAMEY, *Componction*.

5,13). Wenn wir also Salz sind, müssen wir die Herzen der
Gläubigen würzen. Ihr, die ihr Hirten seid, bedenkt also,
daß ihr Geschöpfe Gottes weidet. Von ihnen sagt der
Psalmist zu Gott: „Deine Geschöpfe wohnen dort" (Ps
68,11: Vg. Ps 67,11). Häufig sehen wir, wie ein Stück Salz
den vernunftlosen Tieren gegeben wird, damit sie an diesem
Salzstück lecken und kräftiger werden. So soll der Bischof
im Volk gewissermaßen wie ein Stück Salz bei den vernunftlosen Tieren sein. Der Bischof muß nämlich darauf
achten, was er den einzelnen sagt, wie er einen jeden ermahnt, so daß der, der mit einem Bischof zusammentrifft,
wie durch Berührung mit Salz vom Wohlgeschmack ewigen
Lebens gewürzt werde. Wir sind nämlich nicht Salz der
Erde, wenn wir die Herzen der Hörer nicht würzen. Diese
Würze gibt in der Tat derjenige wahrhaft seinem Nächsten,
der ihm das Verkündigungswort nicht entzieht.

10. Doch verkündigen wir den anderen dann wahrhaft
das Rechte, wenn wir das Gesagte mit Taten veranschaulichen, wenn wir aus Liebe zu Gott tiefe Reue[18] üben und die
täglichen Makel menschlichen Lebens, das ohne Schuld
unmöglich vorübergehen kann, mit Tränen abwaschen. Wir
haben die rechte Reue über uns selbst aber dann, wenn wir
mit Eifer die Taten der uns vorangegangenen Väter erwägen, damit sich durch die Betrachtung ihrer Herrlichkeit
unser eigenes Leben in unseren Augen verdunkele. Dann
üben wir die rechte Reue, wenn wir mit Eifer die Weisungen des Herrn durchforschen und selbst dadurch voranzuschreiten streben, wodurch schon, wie wir wissen, jene
vorangeschritten sind, die wir verehren. Daher steht nämlich über Mose geschrieben: „Er fertigte ein ehernes Bek-
ken, worin sich Aaron und seine Söhne waschen sollten,
wenn sie das Allerheiligste betraten. Er fertigte es aus den
Spiegeln der Frauen, die am Eingang des Offenbarungszeltes wachten" (Ex 38,8; vgl. Ex 30,19f). Mose stellt ja ein
ehernes Becken auf, in dem sich die Priester waschen sollen,
um dann das Allerheiligste zu betreten, da uns das Gesetz

lex Dei prius nos lavari per compunctionem praecipit, ut
nostra immunditia ad penetrandam secretorum Dei munditiam non sit indigna. Quod bene labrum de speculis
mulierum perhibet factum, quae ad tabernaculi ostium in-
desinenter excubabant. Specula quippe mulierum sunt 5
praecepta Dei, in quibus se sanctae animae semper aspiciunt, et si quae in eis sunt foeditatis maculae, deprehendunt.
Cogitationum vitia corrigunt, et quasi renitentes vultus
velut ex reddita imagine componunt: quia dum praeceptis
dominicis solerter intendunt, in eis procul dubio vel quid 10
in se coelesti viro placeat, vel quid displiceat agnoscunt.
Quae quamdiu in hac vita sunt, aeternum tabernaculum
ingredi nequaquam possunt. Sed tamen ad ostium tabernaculi mulieres excubant: quia sanctae animae etiam cum
infirmitate adhuc carnis gravantur, amore tamen continuo 15
ingressum aeterni introitus observant. Moyses ergo labrum
sacerdotibus de speculis mulierum fecit: quia lex Dei la-
vacrum compunctionis peccatorum nostrorum maculis exhibet, dum ea, per quae sanctae animae superno sponso
placuerunt, | intuenda nobis coelestia praecepta praebet. 20 | 2
Quibus si diligenter intendimus, internae nostrae imaginis
maculas videmus. Videntes autem maculas, in poenitentiae
dolore compungimur: compuncti vero, quasi in labro de
speculis mulierum lavamur.

11. Est autem valde necessarium, ut cum de nobis in 25
compunctione afficimur, etiam commissorum nobis vitam
zelemus. Sic ergo nos amaritudo compunctionis afficiat, ut
tamen a proximorum custodia non avertat. Quid enim
prodest, si amantes nosmetipsos, relinquamus proximos?
Vel quid rursum prodest, si amantes vel zelantes proximos, 30

Gottes gebietet, uns durch tiefe Reue zu reinigen, damit
nicht unsere Unreinheit unwürdig sei, die reinen Geheimnisse Gottes zu durchdringen. Dies zeigt deutlich das Bek-
ken, das aus den Spiegeln der Frauen gefertigt war, die am
Eingang des Offenbarungszeltes unaufhörlich wachten.
Die Spiegel der Frauen sind ja die Gebote Gottes, in denen
sich die heiligen Seelen stets betrachten und es wahrnehmen, wenn es an ihnen häßliche Makel gibt. Sie gehen gegen
die Gedankensünden an und ordnen sozusagen ihr wider-
strahlendes Antlitz nach dem vom Spiegel reflektierten
Bilde. Denn wenn sie aufmerksam auf die Gebote des
Herrn achten, erkennen sie darin ohne Zweifel, was dem
himmlischen Manne an ihnen gefällt und was ihm mißfällt.
Doch solange sie in diesem Leben stehen, können sie keinesfalls das ewige Zelt betreten. Dennoch wachen die Frau-
en am Eingang des Offenbarungszeltes, weil die heiligen
Seelen zwar noch von der Schwachheit des Fleisches be-
schwert werden, aber trotzdem in ständiger Liebe das Betreten des Einganges zur Ewigkeit im Auge haben. Mose
fertigte also für die Priester ein Becken aus den Spiegeln der
Frauen, weil das Gesetz Gottes unserem Sündenmakel ein
Bad tiefer Reue gewährt, indem es uns das, wodurch heilige
Seelen dem himmlischen Bräutigam gefielen, als himmlische Gebote zur Betrachtung vorlegt. Wenn wir hierauf
sorgfältig achtgeben, sehen wir die Makel auf unserem
inneren Bild. Wenn wir aber die Makel entdecken, bereuen
wir im Schmerz der Buße, durch tiefe Reue jedoch reinigen
wir uns gewissermaßen im Becken aus den Spiegeln der
Frauen.

11. Es ist aber überaus notwendig, daß wir bei aller Reue
über uns selbst auch tiefe Liebe für das Leben der uns
Anvertrauten empfinden. Das Bittere der Reue soll uns also
derart zusetzen, daß sie uns dennoch nicht von der Acht-
samkeit für die Nächsten ablenke. Denn was nützt es, wenn
wir aus Liebe zu uns selbst die Nächsten im Stich lassen?
Oder was nützt es umgekehrt, wenn wir aus Liebe und

relinquamus nosmetipsos? In ornamento quippe tabernaculi bis tinctus coccus offerri praecipitur: ut ante Dei
oculos caritas nostra Dei et proximi amore coloretur. Ille
autem vere se diligit, qui pure diligit auctorem. Tunc ergo
coccus bis tingitur, quando erga se et proximum ex amore 5
veritatis animus inflammatur.

12. Sed inter haec sciendum nobis est, ut sic exerceatur
zelus rectitudinis contra prava acta proximorum, quatenus
in fervore districtionis nullo modo relinquatur virtus mansuetudinis. Ira etenim sacerdotis nequaquam debet esse 10
praeceps et perturbata, sed magis ex consilii gravitate miti-
ganda. Et portare ergo debemus quos corrigimus, et corri-
gere quos portamus: ne si ex utroque unum defuerit, vel in
fervore vel in mansuetudine actio sacerdotalis non sit. Hinc
namque est, quod in templi ministerio, in basibus templi 15
sculptorio opere leones et boves et cherubim expressa sunt.
Cherubim quippe est plenitudo scientiae. Sed quid est,
quod in basibus nec leones sine bobus nec boves sine leonibus fiunt? Quid enim aliud designant bases in templo,
nisi sacerdotes in Ecclesia? Qui dum solicitudinem regimi- 20
nis tolerant, quasi more basium superimpositum onus
portant. In basibus ergo cherubim exprimuntur; quia decet
nimirum, ut sacerdotum pectora plenitudine scientiae sint
referta. Per leones autem terror severitatis, per boves vero
patientia mansuetudinis figuratur. Itaque in basibus nec 25
leones sine bobus, nec boves sine leonibus exprimuntur:
quia semper in sacerdotali pectore cum terrore severitatis

---

[19] Ebenso GREGOR, *in Ezech.* 2, 4, 3 (CCL 142, 259).

Eifer für die Nächsten uns selbst vernachlässigen? Für den Schmuck des Offenbarungszeltes wird ja vorgeschrieben, doppelt gefärbten Purpur darzubringen (vgl. Ex 25, 4 Vg.), damit in den Augen Gottes unsere Liebe von der Liebe zu Gott und zum Nächsten gefärbt sei. Derjenige liebt nun aber wahrhaftig sich selbst, der in reiner Absicht den Schöpfer liebt. Der Purpur ist also dann zweifach gefärbt, wenn die Seele für sich selbst und den Nächsten von der Liebe zur Wahrheit entflammt wird.[19]

12. Doch müssen wir unterdessen wissen, daß der Eifer für das Rechte sich gegenüber den verkehrten Taten der Nächsten so verhalten soll, daß bei allem entschiedenen Einschreiten keinesfalls die Tugend der Sanftmut aufgegeben werde. Die Entrüstung eines Bischofs darf nämlich niemals übereilt und ungeordnet sein, sondern muß eher durch besonnene Überlegung gemildert werden. So müssen wir die ertragen, die wir korrigieren, und die korrigieren, die wir ertragen, damit es nicht, wenn eines von beiden fehlt, entweder im Eifer oder in der Milde kein wahrhaft bischöfliches Verhalten mehr ist. Daher wurden nämlich bei der Tempelkonstruktion an den Sockeln des Tempels Skulpturen von Löwen, Rindern und Kerubim angebracht. Die Kerubim bedeuten ja die Fülle des Wissens. Doch was bedeutet es, daß an den Sockeln weder Löwen ohne Rinder noch Rinder ohne Löwen dargestellt werden? Was versinnbildlichen denn die Sockel am Tempel anderes als die Bischöfe in der Kirche? Indem die Sorge für die Leitung auf ihnen lastet, tragen sie gewissermaßen wie Sockel die auf ihnen ruhende Last. Auf den Sockeln werden also Kerubim dargestellt, da es doch angemessen ist, daß die Herzen der Bischöfe mit der Fülle des Wissens ausgestattet sind. Durch die Löwen aber wird der Schrecken der Strenge, durch die Rinder die Geduld der Sanftmut versinnbildlicht. Daher sind an den Sockeln weder Löwen ohne Rinder noch Rinder ohne Löwen dargestellt, weil im Herzen des Bischofs mit dem Schrecken der Strenge zugleich die Tugend der

custodiri debet virtus mansuetudinis: ut et iram mansuetudo condiat, et eandem mansuetudinem, ne fortasse dissoluta sit, zelus districtionis accendat.

13. Sed ista cur loquimur, cum adhuc plerosque gravari factis atrocioribus videamus? Vobis enim sacerdotibus lu- 5 gens loquor, quia nonnullos vestrum cum praemiis facere ordinationes agnovimus, spiritualem gratiam vendere, et de alienis iniquitatibus cum peccati damno temporalia lucra cumu|lare. Cur ergo ad memoriam vestram non redit, quod | 212 vox dominica praecipiens dicit: „Gratis accepistis, gratis 10 date"? Cur non ante mentis oculos revocatis, quod templum Redemptor noster ingressus, cathedras vendentium columbas evertit, et nummulariorum effudit aes? Qui namque sunt in templo Dei hodie qui columbas vendunt, nisi qui in Ecclesia pretium de impositione manus accipi- 15 unt? Per quam videlicet impositionem Spiritus sanctus coelitus datur. Columba ergo venditur, quia manus impositio, per quam Spiritus sanctus accipitur, ad pretium praebetur. Sed Redemptor noster cathedras vendentium columbas evertit; quia talium negotiatorum sacerdotium destruit. 20 Hinc est enim quod sacri canones simoniacam haeresim damnant, et eos privari sacerdotio praecipiunt, qui de largiendis ordinibus pretium quaerunt. Cathedra ergo vendentium columbas evertitur, quando hi, qui spiritalem gratiam venumdant, vel ante humanos vel ante Dei oculos 25 sacerdotio privantur. Et quidem multa sunt alia praepositorum mala, quae humanos modo oculos latent. Et plerumque se pastores sanctos hominibus exhibent, atque in occultis suis videri turpes ante interni arbitri oculos non erubescunt. Veniet, veniet profecto ille dies, nec longe est, 30

---

[20] Die Forderung dieses Äquilibriums von Strenge und Sanftmut findet sich ebenso bei GREGOR, *past.* 2,6 (SCh 381, 216–218).

[21] Ebenso *in euang.* 1,4,4.

[22] Zum Terminus vgl. LECLERQ, *Simoniaca haeresis.*

Sanftmut bewahrt werden muß, damit die Sanftmut den Zorn lindere und ebenso strenger Eifer, um nicht etwa nachlässig zu sein, die Sanftmut entflamme.[20]

13. Aber warum reden wir davon, während wir sehen müssen, daß sehr viele zudem mit noch schlimmeren Taten belastet sind? Denn voller Trauer sage ich euch Bischöfen, daß, wie wir erfahren haben, einige von euch gegen Geld die Weihen spenden, die Gnade des Geistes verkaufen und aus fremdem Unrecht zeitlichen Gewinn auf Kosten einer Sünde anhäufen. Warum erinnert ihr euch nicht an die Weisung des Herrn, der sagt: „Umsonst habt ihr empfangen, umsonst sollt ihr geben" (Mt 10, 8)? Warum ruft ihr euch nicht das Bild ins Bewußtsein, wie unser Erlöser beim Betreten des Tempels die Tische der Taubenverkäufer umstieß und das Geld der Wechsler verstreute (vgl. Joh 2, 14–16)? Wer sind denn heute im Tempel Gottes die Taubenverkäufer, wenn nicht diejenigen, die in der Kirche für die Handauflegung Geld annehmen?[21] Durch diese Handauflegung nämlich wird der Heilige Geist vom Himmel her geschenkt. Die Taube wird also verkauft, weil die Handauflegung, durch die man den Heiligen Geist empfängt, gegen Geld gewährt wird. Doch stößt unser Erlöser die Tische der Taubenverkäufer um, weil er das Bischofsamt solcher Händler zunichte macht. Daher verurteilen die heiligen Kirchengesetze die Häresie der Simonie[22] und ordnen an, diejenigen vom Bischofsamt zu suspendieren, die aus der Spendung der Weihen Gewinn schlagen wollen. Der Tisch der Taubenverkäufer wird also umgestoßen, wenn die, die die Gnade des Geistes verkaufen, entweder vor menschlichem oder göttlichem Auge des Bischofsamtes enthoben werden. Gewiß gibt es bei den Vorstehern noch viele andere Mißstände, die nur menschlichen Augen verborgen bleiben. Für gewöhnlich zeigen sich die Hirten den Menschen als heiligmäßig, doch schämen sie sich nicht, mit der verborgenen Seite ihres Lebens vor den Augen des inneren Richters in Schande dazustehen. Es kommt, ja ganz gewiß

in quo pastorum Pastor appareat, et uniuscuiusque facta in
publicum deducat: et qui modo subditorum culpas per
praepositos ulciscitur, tunc praepositorum mala per semetipsum saeviens damnat. Unde et ingressus in templum, per
semetipsum quasi flagellum de funiculis fecit, et de domo 5
Dei pravos negotiatores eiciens, cathedras vendentium columbas evertit: quia subditorum quidem culpas per pastores percutit, sed pastorum vitia per semetipsum ferit. Ecce
modo hominibus negari potest, quod latenter agitur. Ille
certe iudex venturus est, cui tacendo quisque se non potest 10
celare, quem negando non potest fallere.

14. Est et aliud, fratres carissimi, quod me de vita pastorum vehementer affligit: sed ne cui hoc iniuriosum videatur fortasse quod assero, me quoque pariter accuso,
quamvis barbarici temporis necessitate compulsus, valde in 15
his iaceo invitus. Ad exteriora enim negotia delapsi sumus,
et aliud ex honore suscepimus, atque aliud officio actionis
exhibemus. Ministerium praedicationis relinquimus, et ad
poenam nostram, ut video, episcopi vocamur, qui honoris
nomen, non virtutem tenemus. Relinquunt namque Deum 20
hi, qui nobis commissi sunt, et tacemus. In pravis actibus
iacent, et correptionis manum non tendimus. Quotidie per
multas nequitias pereunt, et eos ad infernum tendere negli-
genter videmus. Sed | quando nos vitam corrigere valeamus | 214
alienam, qui negligimus nostram? Curis enim secularibus 25
intenti, tanto insensibiliores intus efficimur, quanto ad ea,
quae foris sunt, studiosiores videmur. Usu quippe curae

---

[23] Ebenso GREGOR, *in I Reg.* 2,113 (CCL 144, 181).
[24] Sowohl die Gesetzgebung JUSTINIANS als auch die Kriegswirren des
6. Jahrhunderts hatten dazu geführt, daß die Bischöfe vielfältigste Aufgaben im zivilen Bereich wahrnehmen mußten. Vgl. HÜRTEN, *Episkopat*
32–39; RICHARDS, *Gregor* 92–114; CASPAR, *Geschichte des Papsttums*
324 f; FIEDROWICZ, *Kirchenverständnis* 207 f. 370 f.

kommt der Tag, und er ist nicht mehr fern, an dem der Hirte
der Hirten erscheint und die Taten eines jeden ans Licht
bringt. Der jetzt noch die Schuld der Untergebenen durch
die Vorsteher ahndet, verurteilt zürnend dann die Vergehen
der Vorsteher in eigener Person. Daher machte er sich beim
Betreten des Tempels aus Stricken eine Art Geißel, warf die
unwürdigen Händler aus dem Gotteshaus, stieß die Tische
der Taubenverkäufer um, weil er zwar die Schuld der Untergebenen durch die Hirten straft, aber die Sünden der
Hirten persönlich ahndet.[23] Seht, noch kann den Menschen
verheimlicht werden, was verborgen geschieht. Doch wird
jener Richter sicher kommen, vor dem sich niemand durch
Schweigen verbergen und den man nicht durch Leugnen
täuschen kann.

14. Noch etwas anderes gibt es, geliebte Brüder, das mich
im Hinblick auf das Leben der Hirten sehr betroffen macht.
Damit jedoch niemandem meine Behauptung etwa unge-
recht erscheine, klage ich gleichermaßen auch mich selber
an, obwohl ich, durch die Not der Barbarenzeit gedrängt,
ganz und gar gegen meinen Willen diesem Vorwurf unter-
liege. Wir sind nämlich völlig äußeren Beschäftigungen
verfallen; das eine haben wir ehrenhalber auf uns genommen, anderes tun wir aus Pflichtgefühl.[24] Wir geben den
Dienst der Verkündigung auf, und zu unserer Strafe, wie
ich es sehe, lassen wir uns Bischöfe nennen, die wir nur den
Ehrentitel, nicht aber die entsprechende Vollkommenheit
besitzen. Denn die uns Anvertrauten verlassen Gott, wir
aber schweigen. In schlimmem Tun liegen sie danieder, wir
aber reichen nicht die Hand zur Besserung. Täglich richten
sie sich durch vielerlei Unrecht zugrunde, wir aber schauen
tatenlos zu, wie sie auf dem Weg zur Hölle sind. Doch wann
werden wir das Leben anderer bessern, wenn wir unser
eigenes vernachlässigen? Auf weltliche Sorgen gerichtet,
werden wir nämlich im Innern um so weniger empfindsam,
je engagierter wir im äußeren Bereich erscheinen. Häufige
Beschäftigung mit irdischen Sorgen verhärtet das Herz, um

terrenae a coelesti desiderio obdurescit animus: et dum ipso
usu durus efficitur per actionem seculi, ad ea emolliri non
valet, quae pertinent ad caritatem Dei. Unde bene sancta
Ecclesia de membris suis infirmantibus dicit: „Posuerunt
me custodem in vineis, vineam meam non custodivi." 5
Vineae quippe nostrae actiones sunt, quas usu quotidiani
laboris excolimus. Sed custodes in vineis positi, nostram
vineam minime custodimus: quia dum extraneis actionibus
implicamur, ministerium actionis nostrae negligimus.

Nullum puto, fratres carissimi, ab aliis maius praeiudici- 10
um, quam a sacerdotibus tolerat Deus, quando eos quos ad
aliorum correctionem posuit, dare de se exempla pravitatis
cernit: quando ipsi peccamus, qui compescere peccata debuimus. Plerumque, quod est gravius, sacerdotes qui propria dare debuerant, etiam aliena diripiunt. Plerumque, si 15
quos humiliter, si quos continenter vivere conspiciunt, ir-
rident. Considerate ergo quid de gregibus agatur, quando
pastores lupi fiunt. Hi enim custodiam gregis suscipiunt,
qui insidiari gregi dominico non metuunt, contra quos Dei
greges custodiri debuerant. Nulla animarum lucra quaeri- 20
mus, ad nostra quotidie studia vacamus, terrena concupiscimus, humanam gloriam intenta mente captamus. Et
quia eo ipso, quo ceteris praelati sumus, ad agenda quaelibet maiorem licentiam habemus: susceptae benedictionis
ministerium vertimus ad ambitionis argumentum: Dei cau- 25
sam relinquimus, ad terrena negotia vacamus: locum sanctitatis accipimus, et terrenis actibus implicamur. Impletum
est in nobis profecto quod scriptum est: „Et erit sicut

noch Himmlisches ersehnen zu können; und wenn es durch
eben diese Beschäftigung mit weltlichen Aktivitäten hart
geworden ist, verfügt es nicht mehr über die Schmiegsam-
keit für die Belange der Gottesliebe. Daher sagt die heilige
Kirche treffend von ihren schwachen Gliedern: „Sie machten mich zum Hüter in den Weinbergen; meinen eigenen
Weinberg aber habe ich nicht gehütet" (Hld 1,6: Vg. Hld
1,5). Die Weinberge sind offensichtlich unsere Tätigkeits-
bereiche, die wir in täglicher Mühe bearbeiten. Doch zu
Hütern in den Weinbergen bestellt, haben wir unseren
eigenen Weinberg nur schlecht behütet, denn indem wir
uns in äußere Aufgaben verwickeln lassen, vernachlässigen
wir den Dienst an unserer eigentlichen Aufgabe.

Ich glaube, geliebte Brüder, Gott hat von niemandem
größeren Schaden zu erleiden als von den Bischöfen, wenn
er sehen muß, wie diejenigen, die er zur Besserung der
anderen einsetzte, ein schlimmes Beispiel geben, wenn wir
selbst sündigen, obwohl wir die Sünden unterdrücken sollten. Was noch gravierender ist: Bischöfe, die ihr Eigenes
geben sollten, rauben häufig sogar Fremdes. Häufig ver-
spotten sie jene, die sie demütig und enthaltsam leben
sehen. Bedenkt also, was mit der Herde geschieht, wenn aus
den Hirten Wölfe werden. Denn dann übernehmen solche
die Bewachung der Herde, die sich nicht scheuen, der
Herde des Herrn nachzustellen, und gegen die die Herden
Gottes hätten beschützt werden müssen. Wir suchen keinerlei Gewinn der Seelen, halten uns täglich für die eigenen
Interessen frei, trachten nach Irdischem, jagen angespannt
menschlichem Ruhm nach. Da wir aufgrund unserer Vorrangstellung größere Handlungsfreiheit besitzen, verkehren wir den Dienst der empfangenen Weihe in eine Gelegenheit zu selbstsüchtigem Streben. Wir lassen die Sache
Gottes im Stich und halten uns für irdische Aufgaben frei.
Wir nehmen eine heilige Stellung ein und verwickeln uns in
weltliche Aktivitäten. An uns hat sich in der Tat erfüllt, was
geschrieben steht: „Wie das Volk wird auch der Priester

populus, sic sacerdos." Sacerdos enim non distat a populo, quando nullo merito vitae suae vulgi transcendit actionem.

15. Imploremus Ieremiae lacrymas, consideret mortem nostram, et deplorans dicat: „Quomodo obscuratum est aurum, mutatus est color optimus, dispersi sunt lapides 5 sanctuarii in capite omnium platearum." Aurum quippe obscuratum est; quia sacerdotum vita quondam per gloriam virtutum clara, nunc per actiones infimas ostenditur reproba. Color optimus est mutatus; quia ille sanctitatis habitus, per terrena et abiecta opera ad ignominiam despectionis 10 venit. Lapides vero sanctuarii intrinsecus habebantur, nec sumebantur in summi sacerdotis corpore, nisi cum sancta Sanctorum ingrediens, in secreto sui Conditoris apparebat. Nos ergo, fratres carissimi, nos sumus lapides sanctuarii, qui apparere semper debemus in secreto Dei: quos nun- 15 quam necesse est foris con|spici, id est nunquam in ex- | 216 traneis actionibus videri. Sed dispersi sunt lapides sanctuarii in capite omnium platearum, quia hi qui per vitam et orationem intus semper esse debuerant, per vitam reprobam foris vacant. Ecce iam pene nulla est seculi actio, quam 20 non sacerdotes administrent. Dum ergo in sancto habitu constituti, exteriora sunt quae exhibent, quasi sanctuarii lapides foris iacent. Quia enim graeca voce platea a latitudine vocatur, sanctuarii lapides in plateis sunt, cum religiosi

---

[25] Im ursprünglichen Kontext besagt das Prophetenwort, daß der Priester für seine Vergehen ebenso wie das Volk von Gott gestraft wird.

[26] Der vorliegende Abschnitt findet sich in sehr ähnlicher Form bei GREGOR, *past.* 2,7 (SCh 381, 222–226).

[27] Vielfach klagt GREGOR über den Niedergang des geistlichen Amtes im Vergleich zur Vergangenheit. Vgl. *in I Reg.* 4,93 (CCL 144, 342); 4,39f (CCL 144, 315f).

[28] Andere Äußerungen GREGORS klingen differenzierter, wenn er für die kirchlichen Amtsträger die *vita mixta,* das Äquilibrium von Aktion und Kontemplation, als Ideal proklamiert. Vgl. FIEDROWICZ, *Kirchenverständnis* 226–230. 379.

sein" (Hos 4, 9)[25]. Der Priester unterscheidet sich nämlich nicht vom Volk, wenn er durch kein Verdienst seinerseits das Tun des Volkes überragt.

15. Bitten wir um die Tränen des Jeremia[26]; er möge unseren Tod betrachten und klagend sprechen: „Wie ist das Gold dunkel geworden und der strahlende Glanz verwandelt; zerstreut liegen die Steine des Heiligtums an allen Straßenecken" (Klgl 4, 1). Das Gold ist ja dunkel geworden, weil das Leben der Bischöfe einst im Glanz der Tugenden leuchtete, sich jetzt aber durch niedriges Tun als verworfen erweist.[27] Strahlender Glanz ist verwandelt, weil jenes Gewand der Heiligkeit durch irdische und nichtswürdige Werke zu verächtlicher Schmach geworden ist. Die Steine des Heiligtums wurden jedoch im Innern aufbewahrt und nur dann vom Hohenpriester am Leibe getragen, wenn er das Allerheiligste betrat und im Verborgenen vor seinem Schöpfer erschien (vgl. Ex 28, 9–12. 17–21). Wir, geliebte Brüder, wir sind diese Steine des Heiligtums, die immer im Verborgenen vor Gott erscheinen sollen, für die es keinen Grund gibt, sich jemals außerhalb blicken zu lassen, das heißt jemals mit äußerlichen Aktivitäten in Erscheinung zu treten.[28] Nun sind aber die Steine des Heiligtums an allen Straßenecken verstreut, weil die, deren Leben und Gebet stets hätte nach innen gerichtet sein sollen, durch ihre verwerfliche Lebensweise ganz veräußerlicht sind. Seht, schon gibt es fast keine weltliche Aktivität mehr, die nicht von Bischöfen wahrgenommen wird. Wenn sie sich also trotz ihres heiligen Gewandes äußerlichen Aufgaben widmen, liegen die Steine des Heiligtums sozusagen außen herum. Da sich nämlich das griechische Wort für Straße von Breite herleitet[29], liegen die Steine des Heiligtums auf der Straße, wenn die Gottgeweihten den breiten Straßen dieser

---

[29] Vgl. AUGUSTINUS, *in psalm.* 118, s. 10, 6 (CCL 40, 1695): *Platea quippe de verbo graeco a latitudine nomen accepit; quoniam graece πλατὺ dicitur latum.*

quique lata mundi itinera sectantur. Nec solum in plateis,
sed et in capite platearum dispersi sunt: quia et per desiderium huius mundi opera peragunt, et tamen de religioso
habitu culmen honoris quaerunt. In capite ergo platearum
dispersi sunt: quia et iacent per ministerium operis, et 5
honorari volunt de imagine sanctitatis.

16. Quanto autem mundus gladio feriatur, aspicitis: quibus quotidie percussionibus intereat populus, videtis. Cuius hoc, nisi nostro praecipue peccato agitur? Ecce depopu-
latae urbes, eversa castra, ecclesiae ac monasteria destructa, 10
in solitudinem agri redacta sunt. Sed nos pereunti populo
auctores mortis exsistimus, qui esse debuimus duces ad
vitam. Ex nostro etenim peccato populi turba prostrata est:
quia nostra faciente negligentia, ad vitam erudita non est.
Quid autem animas hominum, nisi cibum Domini dixeri- 15
mus, quae ad hoc sunt conditae, ut in eius corpore traician-
tur, id est ut in aeternae Ecclesiae augmentum tendant? Sed
huius cibi condimentum nos esse debuimus. Sicut enim
paulo superius praefati sumus, missis praedicatoribus dicitur: „Vos estis sal terrae." Si igitur cibus Dei est populus, 20
condimentum cibi sacerdotes esse debuerunt. Sed quia dum
nos ab orationis et eruditionis sanctae usu cessamus, sal
infatuatum est, condire non valet cibos Dei: atque idcirco
ab auctore non sumitur, quia exigente fatuitate nostra, minime conditur. Pensemus ergo qui unquam per linguam 25
nostram conversi, qui de perverso suo opere nostra incre-
patione correpti, poenitentiam egerunt, quis luxuriam ex

---

[30] Eine ähnliche Schilderung bietet GREGOR, *in Ezech.* 2,6,22 (CCL
142, 310).

Welt folgen. Und nicht allein auf den Straßen, sondern auch an den Straßenecken sind sie verstreut, weil sie die Aufgaben dieser Welt mit innerem Verlangen wahrnehmen und trotz ihres heiligen Gewandes höchstes Ansehen erstreben. An den Straßenecken sind sie also verstreut, weil sie durch die ausgeübten Tätigkeiten daniederliegen und dennoch aufgrund des Anscheines von Heiligkeit geehrt werden wollen.

16. Nun seht ihr aber, von welch heftigem Schwertstreich die Welt getroffen ist, und müßt mit ansehen, wie das Volk unter den Schicksalsschlägen täglich zugrunde geht. Was ist dafür verantwortlich, wenn nicht in erster Linie unsere Sünde? Seht, die Städte sind entvölkert, die Festungen vernichtet, Kirchen und Klöster zerstört und dem Erdboden gleichgemacht.[30] Doch wir sind dem untergehenden Volk die Urheber des Todes, die wir Führer zum Leben hätten sein müssen. Aufgrund unserer Sünde liegt nämlich das Volk danieder, denn durch unsere Nachlässigkeit ist es nicht zum Leben unterwiesen worden. Wie aber sollen wir die Seelen der Menschen, die dazu geschaffen sind, in seinen Leib überzugehen, das heißt zum Wachstum der ewigen Kirche beizutragen, bezeichnen, wenn nicht als die Speise des Herrn? Die Würze dieser Speise aber hätten wir sein müssen. Wie wir es schon kurz zuvor erwähnt haben, wird bei der Aussendung den Verkündigern gesagt: „Ihr seid das Salz der Erde" (Mt 5,13). Wenn also das Volk die Speise Gottes ist, hätten die Bischöfe die Würze dieser Speise sein müssen. Doch da das Salz schal geworden ist, indem wir in der Übung des Gebetes und in der heiligen Unterweisung nachlässig werden, vermag es die Speisen Gottes nicht mehr zu würzen und wird daher vom Schöpfer nicht mehr genommen, weil es wegen unserer Fadheit ohne Würze ist. Überlegen wir also: Welche Menschen sind jemals durch unser Zureden bekehrt worden? Welche wurden durch unseren Tadel von ihrem verkehrten Tun abgebracht und haben Buße getan? Wer hat aufgrund unseres

nostra eruditione deseruit, quis avaritiam, quis superbiam
declinavit? Pensemus quod lucrum Deo fecimus nos, qui
accepto talento, ab eo ad negotium missi sumus. Etenim
dicit: „Negotiamini dum venio." Ecce iam venit, ecce de
nostro negotio lucrum requirit. Quale ei animarum lucrum 5
de nostra negotiatione monstrabimus? Quot eius conspec-
tui animarum manipulos de praedicationis nostrae segete
illaturi sumus?

17. Ponamus ante oculos nostros illum tantae districtio- 218
nis diem, quo iudex veniet, et rationem cum servis suis, 10
quibus talenta credidit, ponet. Ecce in maiestate terribili
inter angelorum atque archangelorum choros videbitur. In
illo tanto examine electorum omnium et reproborum multitudo deducetur, et unusquisque quid sit operatus ostendetur. Ibi Petrus cum Iudaea conversa, quam post se traxit, 15
apparebit. Ibi Paulus conversum, ut ita dixerim, mundum
ducens. Ibi Andreas post se Achaiam, ibi Ioannes Asiam,
Thomas Indiam, in conspectum sui regis conversam ducet.
Ibi omnes dominici gregis arietes cum animarum lucris
apparebunt, qui sanctis suis praedicationibus Deo post se 20
subditum gregem trahunt. Cum igitur tot pastores cum
gregibus suis ante aeterni Pastoris oculos venerint, nos
miseri quid dicturi sumus, qui ad Dominum nostrum post
negotium vacui redimus, qui pastorum nomen habuimus,
et oves quas ex nutrimento nostro debeamus ostendere, 25
non habemus? Hic pastores vocati sumus, et ibi gregem non
ducimus.

18. Sed numquid si nos negligimus, omnipotens Deus
deserit oves suas? Nullo modo: nam ipse eas, sicut per

---

[31] Das gleiche Bild verwendet GREGOR in *in euang.* 2,22,1.

Verweises von der Unzucht abgelassen, wer sich von Habgier, wer von Hochmut abgewandt? Überlegen wir, welchen Gewinn wir für Gott erzielt haben, nachdem wir ein
Talent empfingen und von ihm zum Handeltreiben ausgesandt wurden. Sagt er doch: „Treibt Handel damit, bis ich
komme" (Lk 19, 13). Seht, schon kommt er, schon fordert
er von unserem Handeln den Gewinn. Welchen Gewinn an
Seelen können wir ihm aufgrund unseres Handels zeigen?
Wie wenig Seelengarben können wir ihm aufgrund der
Aussaat unserer Verkündigung vor sein Angesicht bringen?[31]

17. Stellen wir uns jenen Tag der großen Strenge vor
Augen, wenn der Richter kommen und Rechenschaft fordern wird von seinen Knechten, denen er die Talente anver-
traute. Seht, in erschreckender Majestät wird er erscheinen,
inmitten der Chöre von Engeln und Erzengeln. Bei jener
so großen Prüfung wird die Schar aller Erwählten und
Verworfenen vorgeführt, und bei einem jeden muß sich
zeigen, was er geleistet hat. Dort wird Petrus mit dem
bekehrten Judäa erscheinen, das er mit sich zog. Dort wird
Paulus sein, der sozusagen die bekehrte Welt mit sich führt.
Dort wird Andreas das bekehrte Achaia, Jakobus Asien,
Thomas Indien vor das Angesicht seines Königs führen.
Dort werden alle Leittiere der Herde des Herrn mit den
gewonnenen Seelen erscheinen, die sie durch ihre heilige
Verkündigung als eine Gott untergebene Herde hinter sich
folgen lassen. Wenn also so viele Hirten mit ihren Herden
vor die Augen des ewigen Hirten gekommen sind, was
werden wir Armen dann sagen, die wir nach dem Handel
mit leeren Händen zu unserem Herrn zurückkehren, die
wir den Namen „Hirten" trugen, aber keine Schafe haben,
die wir aufgrund unserer Fürsorge vorweisen sollten? Hier
werden wir „Hirten" genannt, dorthin aber führen wir
keine Herde.

18. Aber wenn wir nachlässig sind, wird dann etwa der
allmächtige Gott seine Schafe im Stich lassen? Keineswegs.

prophetam pollicitus est, per semetipsum pascit: omnesque
quos praeordinavit ad vitam, flagellorum stimulis, compunctionis spiritu erudit. Et per nos quidem fideles ad
sanctum baptisma veniunt, nostris precibus benedicuntur,
et per impositionem nostrarum manuum a Deo Spiritum 5
sanctum percipiunt: atque ipsi ad regnum coelorum pertingunt, et ecce nos per negligentiam nostram deorsum
tendimus. Ingrediuntur electi, sacerdotum manibus expiati,
coelestem patriam: et sacerdotes ipsi per vitam reprobam
ad inferni supplicia festinant. Cui ergo rei, cui similes dixe- 10
rim sacerdotes malos, nisi aquae baptismatis, quae peccata
baptizatorum diluens illos ad regnum coeleste mittit, et ipsa
postea in cloacas descendit? Timeamus haec, fratres, conveniat actioni nostrae ipsum ministerium nostrum. De peccatorum nostrorum relaxatione quotidie cogitemus, ne no- 15
stra vita peccato obligata remaneat, per quam omnipotens
Deus quotidie alios solvit. Consideremus sine cessatione
quid sumus, pensemus negotium nostrum, pensemus pondus quod suscepimus. Faciamus quotidie nobiscum rationes, quas cum nostro iudice habemus. Et sic debemus agere 20
curam nostri, ut non negligamus curam proximi: ut quisquis ad nos iungitur, ex linguae nostrae sale condiatur.

Cum vacantem quempiam et lubricum videmus, admonendus est ut coniugio frenare studeat iniquitatem suam:
quatenus per hoc quod licet, discat superare quod non licet. 25
Cum coniugatum videmus, admonendus est, ut sic exerceat
curam seculi, ne postponat amorem Dei: sic placeat | volun- | 220
tati coniugis, ut non displiceat Conditori. Cum clericum

Denn er selbst weidet, wie er durch den Propheten verheißen hat, seine Schafe (vgl. Ez 34, 12–16) und unterweist alle,
die er zum Leben vorherbestimmte, durch Stacheln der
Heimsuchungen und den Geist tiefer Reue. Durch uns
kommen zwar die Gläubigen zur heiligen Taufe, durch
unsere Gebete werden sie gesegnet, sie empfangen durch
die Auflegung unserer Hände von Gott den Heiligen Geist
und gelangen selbst zum himmlischen Reich, wir aber gleiten durch unsere Nachlässigkeit in die Tiefe. Die Erwählten
betreten, durch die Hände der Bischöfe geheiligt, die
himmlische Heimat, die Bischöfe aber eilen aufgrund ihres
verworfenen Lebens den Höllenstrafen entgegen. Womit
also soll ich schlechte Bischöfe vergleichen, wenn nicht mit
dem Taufwasser, das die Sünden der Täuflinge abwäscht,
jene zum himmlischen Reich führt, selbst aber anschließend in den Ausguß geschüttet wird? Laßt uns also besorgt
sein, Brüder, möge unser Handeln unserem Dienst entsprechen. Denken wir täglich an den Nachlaß unserer Sünden,
damit nicht unser Leben, durch das der allmächtige Gott
täglich andere löst, selbst an die Sünde gebunden bleibe.
Bedenken wir ohne Unterlaß, was wir sind, bedenken wir
unsere Aufgabe, bedenken wir die Verantwortung, die wir
auf uns genommen haben. Geben wir uns täglich Rechenschaft, wie wir sie auch unserem Richter zu geben haben.
Wir müssen in der Weise Sorge für uns tragen, daß wir nicht
die Sorge für den Nächsten vernachlässigen, daß jeder, der
mit uns zusammentrifft, vom Salz unseres Wortes gewürzt
wird.

Sehen wir einen Unverheirateten in bedenklicher Weise
leben, müssen wir ihn ermahnen, in ehelicher Verbindung
sein Unmaß zu zügeln, damit er durch das Erlaubte das
Unerlaubte überwinden lerne. Sehen wir einen Verheirate-
ten, müssen wir ihn ermahnen, so Sorge für die Welt zu
tragen, daß nicht die Liebe zu Gott zurückgestellt werde.
Den Willen der Gattin erfülle er so, daß er seinem Schöpfer
nicht mißfalle. Sehen wir einen Kleriker, müssen wir ihn

videmus, admonendus est, quatenus sic vivat, ut exemplum
vitae secularibus praebeat: ne si quid in illo iuste reprehen-
ditur, ex eius vitio ipsa religionis nostrae aestimatio grave-
tur. Cum monachum videmus, admonendus est, ut reveren-
tiam habitus sui in actu, in locutione, in cogitatione sua 5
semper circumspiciat: ut ea quae mundi sunt, perfecte deserat, et quod ostendit humanis oculis habitu, hoc ante Dei
oculos moribus praetendat. Iste itaque iam sanctus est,
admoneatur ut crescat: ille vero adhuc iniquus est, admoneatur ut se corrigat: quatenus quisquis se ad sacerdotem 10
iunxerit, sale sermonis illius conditus recedat. Haec, fratres,
vobiscum solicite cogitate, haec et proximis vestris impen-
dite: omnipotenti Deo fructum vos reddere de negotio
quod accepistis, parate. Sed ista quae dicimus, melius apud
vos orando quam loquendo obtinebimus.   15

Oremus: Deus, qui nos pastores in populo vocare volu-
isti: praesta, quaesumus, ut hoc quod humano ore dicimur,
in tuis oculis esse valeamus. Per Dominum nostrum etc.

ermahnen, so zu leben, daß er mit seinem Leben den Laien
ein Beispiel gebe, damit nicht aufgrund seines Fehlverhal-
tens die Achtung vor der Heiligkeit unseres Standes ge-
schmälert werde, wenn zu Recht an ihm etwas getadelt
werden muß. Sehen wir einen Mönch, müssen wir ihn
ermahnen, die Ehrfurcht vor seinem Gewand beim Handeln, Sprechen und Denken stets im Auge zu haben, alles
Weltliche vollkommen aufzugeben und, was er durch sein
Gewand in den Augen der Menschen darstellt, im Verhalten auch vor Gottes Augen zu vollziehen. Ist nun einer
schon heilig, sollen wir ihn erinnern, darin noch zu wachsen, ist jemand noch ein Sünder, sollen wir ihn ermahnen,
sich zu bessern, damit jeder, der mit einem Bischof zusammentrifft, durch das Salz seiner Worte gewürzt von ihm
fortgehe. Laßt euch, meine Brüder, dies aufmerksam durch
den Kopf gehen, laßt es auch den Nächsten zuteil werden.
Bemüht euch, dem allmächtigen Gott Frucht zu bringen
aus dem Auftrag, den ihr empfangen habt. Doch werden
wir das Gesagte besser durch Gebet als durch Worte bei
euch erreichen.

Lasset uns beten: Gott, nach dessen Willen wir zu Hirten
beim Volk berufen wurden, gewähre, so bitten wir, daß wir
so, wie wir von Menschenmund genannt werden, in deinen
Augen zu sein vermögen. Durch unseren Herrn ...[32]

---

[32] Trotz des gregorianischen Stiles ist die Schlußoration nicht authen-
tisch, da sie erst von späteren Sakramentaren bezeugt wird; vgl. DESHUS-
SES, *Sacramentaire Grégorien* 707.

Habita ad populum in basilica sancti Petri apostoli,
Dominica in Passione

Lectio sancti Evangelii secundum Ioannem 8, 46–59
In illo tempore dicebat Iesus turbis iudaeorum et principi- 5
bus sacerdotum: Quis ex vobis arguet me de peccato? Si
veritatem dico, quare non creditis mihi? Qui ex Deo est,
verba Dei audit: propterea vos non auditis, quia ex Deo
non estis. Responderunt igitur iudaei, et dixerunt ei: Nonne
bene dicimus nos, quia samaritanus es tu, et daemonium 10
habes? Respondit Iesus: Ego daemonium non habeo, sed
honorifico Patrem meum: et vos inhonorastis me. Ego
autem non quaero gloriam meam: est qui quaerat, et iudi-
cet. Amen, amen dico vobis, si quis sermonem meum ser-
vaverit, mortem non videbit in aeternum. Dixerunt ergo 15
iudaei: Nunc cognovimus, quia daemonium habes. Abra-
ham mortuus est, et prophetae: et tu dicis: Si quis sermonem
meum servaverit, mortem non gustabit in aeternum. Num-
quid tu maior es patre nostro Abraham, qui mortuus est?
Et prophetae mortui sunt. Quem teipsum facis? Respondit 20
Iesus: Si ego glorifico meipsum, gloria mea nihil est. Est
Pater meus qui glorificat me, quem vos dicitis, quia Deus
vester est, et non cognovistis eum. Ego autem novi eum. Et
si dixero, quia non scio eum, ero similis vobis, mendax: sed
scio eum et sermonem eius servo. Abraham pater vester 25
exsultavit ut videret diem meum: vidit, et gavisus est.
Dixerunt ergo iudaei ad eum: Quinquaginta annos non-
dum habes, et Abraham vidisti? Dixit eis Iesus: Amen,
amen dico vobis, antequam Abraham fieret, ego sum. Tu-

---

[1] Chavasse, *Aménagements* 92. 94, datiert die Homilie auf den 1. 4. 591,
den fünften Sonntag der Fastenzeit. Das für diesen Sonntag noch vom

HOMILIE 18

Gehalten vor dem Volk in der Basilika des heiligen
Apostels Petrus, am Passionssontag[1]

Lesung des heiligen Evangeliums nach Johannes 8, 46–59
*In jener Zeit sprach Jesus zu den Scharen der Juden und zu
den Hohenpriestern: Wer von euch kann mich einer Sünde
überführen? Wenn ich die Wahrheit sage, warum glaubt
ihr mir nicht? Wer aus Gott ist, hört Gottes Worte. Ihr hört
sie deswegen nicht, weil ihr nicht aus Gott seid. Da entgegneten ihm die Juden: Sagen wir nicht mit Recht, du bist ein
Samariter und hast einen Dämon? Jesus erwiderte: Ich
habe keinen Dämon; ich ehre meinen Vater, doch ihr entehrt mich. Ich suche aber nicht meine Ehre; es gibt einen,
der auf sie bedacht ist und richtet. Amen, amen, ich sage
euch, wenn einer mein Wort bewahrt, wird er den Tod in
Ewigkeit nicht schauen. Da riefen die Juden: Nun wissen
wir, daß du einen Dämon hast. Abraham ist gestorben, und
die Propheten sind gestorben, und du sagst: Wenn einer
mein Wort bewahrt, wird er in Ewigkeit den Tod nicht
kosten. Bist du etwa größer als unser Vater Abraham, der
gestorben ist? Auch die Propheten sind gestorben. Für wen
gibst du dich aus? Jesus entgegnete: Wenn ich mich selbst
ehre, ist meine Ehre nichtig. Mein Vater ist es, der mich
ehrt, den ihr euren Gott nennt und doch nicht kennt. Ich
aber kenne ihn; wollte ich sagen, ich kenne ihn nicht, wäre
ich ein Lügner, ähnlich wie ihr. Aber ich kenne ihn und
bewahre sein Wort. Euer Vater Abraham frohlockte, daß
er meinen Tag sehen sollte; er sah ihn und frohlockte. Da
sagten die Juden zu ihm: Du bist noch keine fünfzig Jahre
alt und hast Abraham gesehen? Jesus erwiderte ihnen:
Amen, amen, ich sage euch, ehe Abraham ward, bin ich.*

Altgelasianum bezeugte dritte Skrutinium ist z. Z. GREGORS bereits auf
einen Wochentag verlegt. Vgl. BÖHNE, *Beginn* 232.

Ierunt ergo lapides, ut iacerent in eum. Iesus autem abscondit se, et exivit de templo.

1. Pensate, fratres carissimi, mansuetudinem Dei. Relaxare peccata venerat, et dicebat: „Quis ex vobis arguet me de peccato?" Non dedignatur ex ratione ostendere se pecca- 5 torem non esse, qui ex virtute divinitatis poterat peccatores iustificare. Sed terribile est valde quod subditur: „Qui ex Deo est, verba Dei audit: propterea vos non auditis, quia ex Deo non estis." Si enim ipse verba Dei audit qui ex Deo est, et audire verba eius non potest quisquis ex illo non est: 10 interroget se unusquisque si verba Dei in aure cordis percipit, et intelliget unde sit. Coelestem patriam desiderare Veritas iubet, carnis desideria conteri, mundi gloriam declinare, aliena non appetere, propria largiri. Penset ergo apud se unusquisque vestrum, si haec vox Dei in cordis eius aure 15 convaluit, et quia iam ex Deo sit, agnoscit. Nam sunt nonnulli, | qui praecepta Dei nec aure corporis percipere |224 dignantur. Et sunt nonnulli, qui haec quidem corporis aure percipiunt, sed nullo ea mentis desiderio complectuntur. Et sunt nonnulli, qui libenter verba Dei suscipiunt, ita ut 20 etiam in fletibus compungantur, sed post lacrymarum tempus ad iniquitatem redeunt. Hi profecto verba Dei non audiunt, qui haec exercere opere contemnunt. Vitam ergo vestram, fratres carissimi, ante mentis oculos revocate, et alta consideratione pertimescite hoc, quod ex ore Veritatis 25 sonat: „Propterea vos non auditis, quia ex Deo non estis." Sed hoc quod de reprobis Veritas loquitur, ipsi hoc de semetipsis reprobi suis operibus ostendunt. Nam sequitur:

Da hoben sie Steine auf, um nach ihm zu werfen. Jesus aber verbarg sich und ging aus dem Tempel hinaus.

1. Bedenkt, geliebte Brüder, die Sanftmut Gottes. Er kam, die Sünden nachzulassen, und sprach: „Wer von euch kann mich einer Sünde überführen?" (Joh 8, 46). Er hält es nicht für unter seiner Würde, mittels der Vernunft aufzuweisen, daß er kein Sünder ist, er, der kraft seiner Gottheit die Sünder rechtfertigen konnte. Doch überaus schrecken-erregend ist, was hinzugefügt wird: „Wer aus Gott ist, hört Gottes Worte; ihr hört sie deswegen nicht, weil ihr nicht aus Gott seid" (Joh 8, 47). Wenn nämlich die Worte Gottes hört, wer aus Gott ist, und seine Worte nicht hören kann, wer nicht aus ihm ist, dann muß sich ein jeder fragen, ob er die Worte Gottes im Ohr des Herzens vernimmt, und er wird erkennen, woher er stammt. Die Wahrheit gebietet, die himmlische Heimat zu ersehnen, die des Fleisches ab-zutöten, weltlichem Ruhm aus dem Wege zu gehen, Frem-des nicht zu begehren, das Eigene zu verschenken. Ein jeder von euch bedenke aber für sich selbst, ob diese Stim-me Gottes im Ohr seines Herzens erklang, und er wird erkennen, ob er schon aus Gott ist. Es gibt nämlich einige, die die Gebote Gottes nicht einmal mit dem leiblichen Ohr vernehmen wollen. Auch gibt es einige, die sie zwar mit dem leiblichen Ohr vernehmen, sie aber mit keinerlei Ver-langen des Herzens umfassen. Dann gibt es solche, die die Worte Gottes freudig aufnehmen, so daß sie sogar unter Tränen tiefe Reue empfinden, doch nach der Zeit der Trä-nen kehren sie wieder zum Bösen zurück. Diese hören Gottes Worte bestimmt nicht, da sie es verschmähen, sie in die Tat umzusetzen. Ruft euch also, geliebte Brüder, euer Leben vor die Augen eures Geistes und fürchtet in gründ-licher Erwägung das, was aus dem Mund der Wahrheit erklingt: „Ihr hört sie deswegen nicht, weil ihr nicht aus Gott seid." Doch was die Wahrheit über die Verworfenen sagt, das zeigen die Verworfenen selbst von sich durch ihr

„Responderunt igitur iudaei, et dixerunt ei: Nonne bene
dicimus nos, quia samaritanus es tu, et daemonium habes?"

2. Accepta autem tanta contumelia, quid Dominus respondeat, audiamus: „Ego daemonium non habeo, sed honorifico Patrem meum: et vos inhonorastis me." Quia enim 5
samaritanus interpretatur custos, et ipse veraciter custos
est, de quo psalmista ait: „Nisi Dominus custodierit civitatem, in vanum vigilant qui custodiunt eam": et cui per
Isaiam dicitur: „Custos quid de nocte? Custos quid de
nocte?", respondere noluit Dominus: Samaritanus non 10
sum: sed, „Ego daemonium non habeo." Duo quippe ei
illata fuerunt: unum negavit, aliud tacendo consensit. Custos namque humani generis venerat: et si samaritanum se
non esse diceret, esse se custodem negaret. Sed tacuit quod
recognovit, et patienter repulit quod dictum fallaciter au- 15
divit, dicens: „Ego daemonium non habeo." In quibus
verbis quid aliud nisi superbia nostra confunditur? Quae si
exagitata vel leviter fuerit, atrociores iniurias reddit, quam
acceperat: facit mala quae potest, minatur et quae facere
non potest. Ecce iniuriam suscipiens Dominus non irasci- 20
tur, non contumeliosa verba respondet. Qui si eisdem ista
dicentibus respondere voluisset, daemonium vos habetis,
verum profecto diceret: quia nisi impleti essent daemonio,
tam perversa de Deo loqui non possent. Sed accepta iniuria,
etiam quod verum erat, dicere Veritas noluit: ne non dixisse 25
veritatem, sed provocatus contumeliam reddidisse videre-
tur. Ex qua re quid nobis innuitur, nisi ut eo tempore quo

---

[2] GREGOR folgt in der anschließenden Auslegung des Verses AUGUSTI-
NUS, *in euang. Ioh.* 43,2 (CCL 36, 373f).

[3] Vgl. HIERONYMUS, *nom. hebr.* (CCL 72, 142).

[4] Ebenso schon ORIGENES, *comm. in Io.* 20,35 (GCS 10, Origenes 4,
375).

Tun. Denn es folgt: „Da entgegneten ihm die Juden: Sagen wir nicht mit Recht, du bist ein Samariter und hast einen Dämon?" (Joh 8, 48).[2]

2. Hören wir aber, was der Herr auf solch gewaltige Schmähung zur Antwort gibt: „Ich habe keinen Dämon; ich ehre meinen Vater, doch ihr entehrt mich" (Joh 8, 49). Weil nämlich Samariter mit Wächter übersetzt wird[3] und er selbst in Wahrheit der Wächter ist[4], über den der Psalmist sagt: „Wenn der Herr nicht die Stadt bewacht, wachen ihre Wächter umsonst" (Ps 127, 1: Vg. Ps 126, 1) und zu dem von Jesaja gesagt wird: „Wächter, wie weit ist die Nacht, Wächter, wie weit ist die Nacht?" (Jes 21, 11), wollte er nicht antworten: Ich bin kein Samariter, sondern nur: „Ich habe keinen Dämon." Zwei Dinge sind ihm ja vorgeworfen worden: Eines wies er zurück, das andere gab er stillschweigend zu. Denn er war als Wächter der Menschheit gekommen; hätte er behauptet, kein Samariter zu sein, dann hätte er bestritten, ein Wächter zu sein. Er schwieg aber über das, was er anerkannte, und wies geduldig zurück, was er als falsche Behauptung vernahm, indem er sagte: „Ich habe keinen Dämon." Was wird mit diesem Wort anderes beschämt als unser Stolz? Wenn dieser auch nur leicht verletzt wird, antwortet er mit schrofferer Beleidigung, als er empfangen hatte. Er vollbringt das Böse, das er kann, droht zudem an, was er nicht vollbringen kann. Seht, als er Unrecht erfährt, gerät der Herr nicht in Zorn, antwortet nicht mit Schmähworten. Wenn er ihnen auf solche Äußerungen hätte entgegnen wollen: Ihr habt einen Dämon, dann hätte er in der Tat die Wahrheit gesagt, denn wenn sie nicht von einem Dämon besessen gewesen wären, hätten sie über Gott nicht so Verkehrtes reden können. Doch trotz des erfahrenen Unrechts wollte die Wahrheit nicht einmal das Wahre sagen, um nicht den Eindruck zu erwecken, als habe sie nicht die Wahrheit gesagt, sondern nur die Herausforderung mit einer Schmähung erwidert. Was wird uns hierdurch anderes zu verstehen gegeben, als daß wir in der

a proximis ex falsitate contumelias accipimus, eorum etiam
vera mala taceamus, ne ministerium iustae correptionis in
arma vertamus furoris? Sed quia quisquis Dei zelo utitur, a
pravis hominibus dehonestatur, in semetipso nobis Dominus patientiae praebuit exemplum, qui ait: „Sed honorifico 5
Patrem meum, et vos inhonorastis me." Sed quid nobis ad
ista faciendum sit, adhuc exemplo nos admonet, cum subiungit: „Ego autem non quaero gloriam meam: est qui
quaerat, et iudicet." Scimus certe quod scriptum est, quia
Pater omne | iudicium dedit Filio: et tamen ecce idem Filius 10　| 22
iniurias accipiens, gloriam suam non quaerit. Illatas contumelias Patris iudicio reservat, ut nobis profecto insinuet,
quantum nos esse patientes debemus, dum se adhuc ulcisci
non vult et ipse qui iudicat.

Cum vero malorum perversitas crescit, non solum prae- 15
dicatio frangi non debet, sed etiam augeri. Quod suo Dominus exemplo nos admonet, qui postquam habere daemonium dictus est, praedicationis suae beneficia largius
impendit, dicens: „Amen, amen dico vobis si quis sermonem meum servaverit, mortem non videbit in aeternum." 20
Sed sicut bonis necesse est ut meliores etiam per contumelias existant, ita semper reprobi de beneficio peiores fiunt.
Nam accepta praedicatione iterum dicunt: „Nunc cognovimus quia daemonium habes." Quia enim aeternae morti
inhaeserant, et eandem mortem cui inhaeserant, non vide- 25
bant: dum solam mortem carnis aspicerent, in Veritatis
sermone caligabant, dicentes: „Abraham mortuus est, et
prophetae mortui sunt, et tu dicis: Si quis sermonem meum

Situation, da wir von den Nächsten ungerechtfertigte Schmähungen empfangen, sogar deren wahre Fehler verschweigen sollen, um nicht den Dienst angemessener Zurechtweisung in eine Waffe des Zornes zu verwandeln. Da nun aber jeder, der für Gott eifert, von bösen Menschen entehrt wird, gab uns der Herr durch sich selbst ein Beispiel der Geduld, wenn er sagt: „Ich aber ehre meinen Vater, und ihr entehrt mich." Was wir aber in solcher Situation tun müssen, dazu mahnt er uns weiter durch ein Beispiel, wenn er hinzufügt: „Ich aber suche nicht meine Ehre; es gibt einen, der auf sie bedacht ist und richtet" (Joh 8, 50). Ohne Zweifel steht geschrieben, wie wir wissen, daß der Vater alles Gericht dem Sohn übergab (vgl. Joh 5, 22), und siehe, dennoch ist eben dieser Sohn, als er Unrecht erfährt, nicht auf seine Ehre bedacht. Die zugefügten Schmähungen überläßt er dem Gericht des Vaters, um uns einzuprägen, wie sehr wir geduldig sein müssen, wenn jetzt nicht einmal der sich Genugtuung verschaffen will, der der Richter ist.

Wenn aber die Verkehrtheit der Bösen zunimmt, darf die Verkündigung daran nicht zerbrechen, sondern muß noch vermehrt werden. Dazu ermahnt uns der Herr durch sein Beispiel; nachdem man von ihm sagte, er habe einen Dämon, spendete er die Wohltaten seiner Verkündigung noch reichlicher aus mit den Worten: „Amen, amen, ich sage euch, wenn einer mein Wort bewahrt, wird er den Tod in Ewigkeit nicht schauen" (Joh 8, 51). Aber wie die Guten selbst durch die Schmähungen notwendigerweise besser werden, so werden die Verworfenen durch die Wohltat stets schlechter. Denn als sie die Verkündigung vernommen haben, sagen sie wiederum: „Nun wissen wir, daß du einen Dämon hast" (Joh 8, 52). Da sie nämlich dem ewigen Tod verfallen waren und den Tod, dem sie verfallen waren, nicht sahen, indem sie nur den leiblichen Tod im Blick hatten, waren sie für die Worte der Wahrheit blind und sprachen: „Abraham ist gestorben, auch die Propheten sind gestorben, und du sagst: Wenn einer mein Wort bewahrt, wird er

servaverit, mortem non gustabit in aeternum?" Unde et ipsi Veritati eundem Abraham et prophetas quasi venerantes praeferunt. Sed aperta nobis ratione ostenditur, quia qui Deum nesciunt, Dei quoque famulos falso venerantur.

3. Et notandum, quod vidit eos Dominus aperta sibi 5 impugnatione resistere, et tamen eis se iterata non desinit voce praedicare, dicens: „Abraham pater vester exsultavit ut videret diem meum: vidit, et gavisus est." Tunc quippe diem Domini Abraham vidit, cum in figura summae Trinitatis tres angelos hospitio suscepit: quibus profecto suscep- 10 tis, sic tribus quasi uni locutus est: quia etsi in personis numerus Trinitatis est, in natura unitas divinitatis est. Sed carnales mentes audientium oculos a carne non sublevant, dum in eo solam carnis aetatem pensant, dicentes: „Quinquaginta annos nondum habes et Abraham vidisti?" Quos 15 benigne Redemptor noster a carnis suae intuitu submovet, et ad divinitatis contemplationem trahit, dicens: „Amen, amen dico vobis, antequam Abraham fieret, ego sum." Ante enim, praeteriti temporis est: „sum", praesentis. Et quia praeteritum et futurum tempus divinitas non habet, 20 sed semper esse habet, non ait: „Ante Abraham ego fui", sed: „Ante Abraham ego sum." Unde et ad Moysen dicitur: „Ego sum qui sum." Et, „Dices filiis Israel: Qui est, misit me ad vos." Ante ergo et post Abraham habuit, qui et accedere potuit per exhibitionem praesentiae, et recedere 25 per cursum vitae. Veritas vero semper esse habet; quia ei quidquam nec priori tempore incipitur, nec subsequenti terminatur. Sed sustinere ista aeternitatis verba mentes in-

in Ewigkeit den Tod nicht kosten" (Joh 8, 52). Daher ziehen sie Abraham und die Propheten sozusagen in ihrer Verehrung der Wahrheit selbst vor. Doch wird uns in eindeutiger Weise gezeigt, daß die, die Gott nicht kennen, auch die Diener Gottes fälschlich verehren.

3. Auch ist zu beachten, daß der Herr sieht, wie sie sich ihm mit offenem Angriff widersetzen, und es dennoch nicht unterläßt, ihnen noch einmal zu verkündigen, sagt er doch: „Euer Vater Abraham frohlockte, daß er meinen Tag sehen sollte; er sah ihn und frohlockte" (Joh 8, 56). Damals sah Abraham ja den Tag des Herrn, als er die drei Engel als Sinnbild der höchsten Dreifaltigkeit gastlich bei sich aufnahm (vgl. Gen 18, 1–33); als er sie aufgenommen hatte, sprach er zu den Dreien wie zu einem Einzigen, da, wenn auch in den Personen die Zahl der Dreifaltigkeit ist, im Wesen die Einheit der Gottheit ist. Doch der fleischliche Sinn der Hörer erhebt die Augen nicht vom Fleisch, wenn sie bei ihm allein das leibliche Alter bedenken und sagen: „Du bist noch keine fünfzig Jahre alt und hast Abraham gesehen?" (Joh 8, 57). Gütig lenkt sie unser Erlöser vom Blick auf seinen Leib fort und führt sie zur Schau seiner Gottheit mit den Worten: „Amen, amen, ich sage euch, ehe Abraham ward, bin ich" (Joh 8, 58). „Ehe" bezeichnet nämlich die Vergangenheit, „bin" die Gegenwart. Und da die Gottheit keine Vergangenheit und keine Zukunft besitzt, sondern beständiges Sein besitzt, sagt er nicht: „Vor Abraham war ich", sondern: „Vor Abraham bin ich". Daher wird auch zu Mose gesagt: „Ich bin, der ich bin." Und: „Sage den Söhnen Israels: Der ist, hat mich zu euch gesandt" (Ex 3, 14). Abraham besaß also ein Vorher und ein Nachher, da er auftreten konnte, indem er sich gegenwärtig zeigte, und entschwinden konnte, indem sein Leben verging. Die Wahrheit jedoch besitzt beständiges Sein, da für sie nichts zu früherer Zeit beginnt noch in folgender Zeit ein Ende findet. Doch da der Sinn der Ungläubigen die Worte der Ewigkeit nicht zu ertragen vermochte, eilen sie

fidelium non valentes, ad lapides currunt, et quem intelligere non poterant, obruere quaerebant.

4. Quid autem contra furorem lapidantium Dominus 228 fecerit ostenditur, cum protinus subinfertur: „Iesus autem abscondit se et exivit de templo." Mirum valde est, fratres 5 carissimi, cur persecutores suos Dominus se abscondendo declinaverit, qui si divinitatis suae potentiam exercere voluisset, tacito nutu mentis in suis eos ictibus ligaret, aut in poena subitae mortis obrueret. Sed quia pati venerat, exercere iudicium nolebat. Certe sub ipso passionis tempore et 10 quantum poterat ostendit, et tamen hoc ad quod venerat, pertulit. Nam cum persecutoribus suis se quaerentibus diceret: „Ego sum", sola hac voce eorum superbiam perculit, et omnes in terram stravit. Qui ergo et hoc in loco potuit manus lapidantium non se abscondendo evadere, cur 15 abscondit se, nisi quod homo inter homines factus Redemptor noster, alia nobis verbo loquitur, alia exemplo? Quid autem nobis hoc exemplo loquitur, nisi ut etiam cum resistere possumus, iram superbientium humiliter declinemus? Unde et per Paulum dicitur: „Date locum irae." 20 Quanta humilitate iram proximi fugere debeat, perpendat homo, si furores irascentium abscondendo se, declinavit Deus. Nemo ergo se contra acceptas contumelias erigat, nemo conviciis convicium reddat. Imitatione etenim Dei gloriosius est iniuriam tacendo fugere, quam respondendo 25 superare.

5. Sed contra hoc superbia dicit in corde: Turpe est, ut accepta iniuria taceas. Quisquis conspicit, quia contu-

---

[5] LUISELLI, *Cod. Sessoriano* 634f, plädiert für die Lesart *potuerat*.

[6] Im Kontext ist der göttliche Zorn gemeint, der sich die Bestrafung der Sünde vorbehält.

[7] LUISELLI, *Cod. Sessoriano* 635, plädiert für die Lesart *fugire*.

zu den Steinen und versuchen, den zu vernichten, den sie nicht begreifen konnten.

4. Was nun der Herr gegen die Wut der Steiniger tat, zeigt sich, wenn sogleich hinzugefügt wird: „Jesus aber verbarg sich und ging aus dem Tempel hinaus" (Joh 8, 59). Es ist sehr verwunderlich, geliebte Brüder, warum der Herr seinen Verfolgern aus dem Weg ging, indem er sich verbarg. Hätte er die Macht seiner Gottheit ausüben wollen, dann hätte er sie durch einen stillen Wink des Willens an ihren Steinwürfen hindern oder in die Strafe plötzlichen Todes stürzen können. Doch da er gekommen war, um zu leiden, wollte er das Gericht nicht ausüben. Ohne Zweifel zeigte er gerade in der Zeit der Passion, wie viel er vermochte[5], und dennoch erduldete er das, wozu er gekommen war. Denn als er seinen Verfolgern, die nach ihm suchten, antwortete: „Ich bin es" (Joh 18, 6), erschütterte er allein durch dieses Wort ihren Hochmut und streckte alle zu Boden. Er hätte also auch in dieser Situation den Händen der Steiniger entgehen können, ohne sich zu verbergen. Warum aber verbarg er sich, wenn nicht aus dem Grunde, daß unser Erlöser, ein Mensch unter Menschen geworden, uns einiges durch das Wort, anderes durch das Beispiel mitteilt? Was sagt er uns nun aber durch dieses Beispiel anderes, als daß wir, auch wenn wir widerstehen können, dem Zorn der Hochmütigen demütig ausweichen sollen? Daher heißt es bei Paulus: „Gebt dem Zorn Raum" (Röm 12, 19)[6]. Mit welcher Demut er den Zorn des Nächsten fliehen soll, erwäge der Mensch, wenn Gott der Wut der Zornentbrannten aus dem Wege ging, indem er sich verbarg. Niemand erhebe sich also gegen erfahrene Schmähungen, niemand erwidere Beschimpfungen durch Beschimpfung. In der Nachahmung Gottes ist es nämlich ruhmvoller, Unrecht stillschweigend zu fliehen[7], als durch Erwiderung zu besiegen.

5. Doch spricht der Hochmut im Herzen dagegen: Schändlich ist es, bei erfahrenem Unrecht zu schweigen.

meliam accipis, et taces, non putat quia patientiam exhibes,
sed crimina agnoscis. Sed unde vox ista in corde nostro
contra patientiam nascitur, nisi quia in imis cogitationem
fiximus, et dum in terra gloriam quaerimus, placere ei, qui
nos de coelo conspicit, non curamus? Accepta ergo contu- 5
melia, meditemur in opere vocem Dei: „Ego non quaero
gloriam meam: est qui quaerat et iudicet." Hoc autem quod
de Domino scriptum est: „Abscondit se", intelligi et aliter
potest. Multa quippe iudaeis praedicaverat, sed praedicationis eius verba deridebant. Deteriores quoque ex praedi- 10
catione facti sunt, qui usque ad iaciendos lapides pervenerunt. Et quid abscondendo se Dominus significat, nisi
quod eis ipsa veritas absconditur, qui eius verba sequi con-
temnunt? Eam quippe, quam non invenit humilem, veritas
fugit mentem. Et quam multi sunt hodie, qui iudaeorum 15
duritiam detestantur, quia praedicationem Domini audire
noluerunt; et tamen quales illos arguunt fuisse ad fidem,
tales ipsi sunt ad operationem. Praecepta Domini audiunt,
miracula cognoscunt: sed converti a suis pravitatibus renu-
unt. | Ecce vocat, et redire nolumus. Ecce sustinet, et eius 20 |2
patientiam dissimulamus. Dum ergo tempus est, fratres,
pravitatem suam unusquisque deserat, Dei patientiam per-
timescat: ne quem nunc tranquillum despicit, iratum postmodum nequaquam evadere possit.

Wer sieht, daß du die Schmähung empfängst und dazu schweigst, glaubt nicht, daß du Geduld übst, sondern daß du den Anschuldigungen zustimmst. Doch woher sonst stammt diese Stimme in unseren Herzen gegen die Geduld, wenn nicht daher, daß wir unser Sinnen auf das Niedrigste gerichtet haben und, weil wir auf Erden Ehre suchen, uns nicht darum sorgen, dem zu gefallen, der uns vom Himmel aus sieht? Wenn wir also eine Schmähung empfangen haben, wollen wir im Handeln das Wort Gottes betrachten: „Ich suche nicht meine Ehre; es gibt einen, der auf sie bedacht ist und richtet" (Joh 8,50). Was aber über den Herrn geschrieben steht: „Er verbarg sich" (Joh 8,59) kann auch anders verstanden werden. Er hatte ja den Juden vieles verkündet, doch sie verspotteten die Worte seiner Verkündigung. Sie wurden infolge seiner Verkündigung nur noch schlechter, gingen sie doch so weit, daß sie Steine warfen. Was gibt nun der Herr durch sein Sichverbergen anderes zu verstehen[8], als daß sich die Wahrheit vor denen verbirgt, die es von sich weisen, ihren Worten zu folgen? Die Wahrheit flieht ja den Geist, den sie nicht demütig findet. Und wie viele gibt es heute, die die Herzenshärte der Juden verurteilen, da sie die Verkündigung des Herrn nicht hören wollten, die aber dennoch selbst hinsichtlich ihres Handelns genau so sind, wie sie es jenen vorwerfen, hinsichtlich ihres Glaubens gewesen zu sein. Sie hören die Gebote des Herrn, sie erfahren von seinen Wundern, doch sie lehnen es ab, sich von ihren bösen Taten zu bekehren. Seht, er ruft, und wir wollen nicht umkehren. Seht, er wartet, und wir übersehen willentlich seine Geduld. Solange also noch Zeit ist, Brüder, lasse ein jeder von seiner Schlechtigkeit ab und sei wegen der Geduld Gottes besorgt, damit er nicht ihm, den er jetzt verachtet, solange er friedlich ist, später in seinem Zorn nicht mehr entgehen kann.

---

[8] LUISELLI, *Cod. Sessoriano* 635, plädiert für die Lesart *signat*.

Habita ad populum in basilica beati Laurentii martyris,
Dominica in Septuagesima

Lectio sancti Evangelii secundum Matthaeum 20, 1–16
In illo tempore dixit Iesus discipulis suis parabolam hanc: 5
Simile est regnum coelorum homini patrifamilias, qui exiit
primo mane conducere operarios in vineam suam. Conven-
tione autem facta cum operariis ex denario diurno, misit
eos in vineam suam. Et egressus circa horam tertiam, vidit
alios stantes in foro otiosos, et dixit illis: Ite et vos in vineam 10
meam, et quod iustum fuerit, dabo vobis. Illi autem
abierunt. Iterum autem exiit circa sextam et nonam horam;
et fecit similiter. Circa undecimam vero exiit, et invenit
alios stantes, et dicit illis: Quid hic statis tota die otiosi?'
Dicunt ei: Quia nemo nos conduxit. Dicit illis: Ite et vos in 15
vineam meam. Cum sero autem factum esset, dicit Domi-
nus vineae procuratori suo: Voca operarios, et redde illis
mercedem, incipiens a novissimis usque ad primos. Cum
venissent ergo qui circa undecimam horam venerant, acce-
perunt singulos denarios. Venientes autem et primi, arbi- 20
trati sunt quod plus essent accepturi. Acceperunt autem et
ipsi singulos denarios. Et accipientes murmurabant ad-
versus patremfamilias, dicentes: Hi novissimi una hora
fecerunt, et pares illos nobis fecisti, qui portavimus pondus
diei et aestus? At ille respondens uni eorum, dixit: Amice, 25
non facio tibi iniuriam. Nonne ex denario convenisti
mecum? Tolle quod tuum est, et vade. Volo autem et huic

---

[1] Nach Chavasse, *Aménagements* 92.95f, findet sich in mehreren
Handschriften diese Homilie zusammen mit Homilie 17 zwischen den
Homilien 16 und 18. Sie wurde anläßlich eines Gottesdienstes *in aurium*
apertione am Mittwoch der vierten Fastenwoche (28.3.591) vor Getauften und Taufbewerbern gehalten. Crampton, *Septuagesima*, betrachtet
die Homilie als früheste Bezeugung des Sonntags Septuagesima und
datiert sie auf den 11.2.591.

Gehalten vor dem Volk in der Basilika des seligen
Martyrers Laurentius, am Sonntag Septuagesima[1]

Lesung des heiligen Evangeliums nach Matthäus 20, 1–16
*In jener Zeit trug Jesus seinen Jüngern folgendes Gleichnis[2]
vor: Mit dem Himmelreich ist es wie mit einem Hausherrn,
der am frühen Morgen ausging, um Arbeiter für seinen
Weinberg anzuwerben. Er vereinbarte mit den Arbeitern
einen Tageslohn von einem Denar und schickte sie in seinen
Weinberg. Um die dritte Stunde ging er wieder aus, sah
andere müßig auf dem Markt stehen und sprach zu ihnen:
Geht auch ihr in meinen Weinberg, ich will euch geben,
was recht ist. So gingen sie hin. Um die sechste und neunte
Stunde ging er nochmals aus und machte es ebenso. Als er
nun um die elfte Stunde ausging, fand er wieder andere
dastehen und fragt sie: Was steht ihr hier den ganzen Tag
müßig herum? Sie antworten ihm: Niemand hat uns angeworben. Er erwidert ihnen: Geht auch ihr in meinen Weinberg. Am Abend spricht der Herr des Weinberges zu seinem
Verwalter: Ruf die Arbeiter und zahle ihnen den Lohn aus,
von den letzten angefangen bis zu den ersten. Da kamen
die der elften Stunde, und jeder erhielt einen Denar. Als
die der ersten kamen, meinten sie, sie würden mehr erhalten; aber auch von ihnen erhielt jeder einen Denar. Während sie ihn empfingen, murrten sie gegen den Hausherrn
und sagten: Die letzten da haben nur eine einzige Stunde
gearbeitet, und du hast sie uns gleichgestellt, die wir die
Last und Hitze des Tages getragen haben. Er erwiderte
einem von ihnen: Freund, ich tue dir nicht unrecht. Hast
du nicht mit mir einen Denar vereinbart? Nimm, was dein
ist, und geh. Ich will aber dem letzten ebensoviel geben wie*

---

[2] LUISELLI, *Cod. Sessoriano* 637 f, plädiert für die Lesart *similitudinem.*

*novissimo dare, sicut et tibi. Aut non licet mihi quod volo
facere? An oculus tuus nequam est, quia ego bonus sum?
Sic erunt novissimi primi, et primi novissimi. Multi enim
sunt vocati, pauci vero electi.*

1. In explanatione sua multa ad loquendum sancti Evangelii 5
lectio postulat, quam volo, si possum, sub brevitate per-
stringere: ne vos et extensa processio et prolixa expositio
videatur onerare. Regnum coelorum homini patrifamilias
simile dicitur, qui ad excolendam vineam suam operarios
conducit. Quis ergo patrisfamilias similitudinem rectius 10
tenet, quam Conditor noster, qui regit quos condidit, et
electos suos sic in hoc mundo possidet, quasi subiectos
dominus in domo? Qui habet vineam, universalem scilicet
Ecclesiam, quae ab Abel iusto usque ad ultimum electum,
qui in fine mundi nasciturus est, quot sanctos protulit, 15
quasi tot palmites misit. Hic itaque paterfamilias ad excolendam vineam suam mane, hora tertia, sexta, nona et
undecima operarios conducit: quia a mundi huius initio
usque in finem ad erudiendam plebem fidelium | praedica- | 234
tores congregare non destitit. Mane etenim mundi fuit ab 20
Adam usque ad Noe. Hora vero tertia, a Noe usque ad
Abraham. Sexta quoque ab Abraham usque ad Moysen.
Nona autem a Moyse usque ad adventum Domini. Undecima vero ab adventu Domini usque ad finem mundi. In
qua praedicatores sancti apostoli missi sunt, qui mercedem 25
plenam et tarde venientes acceperunt. Ad erudiendam ergo
Dominus plebem suam, quasi ad excolendam vineam suam,
nullo tempore destitit operarios mittere: quia et prius per

---

³ Nach CHAVASSE, *Aménagements* 95, deutet der Terminus *extensa
processio* auf die durch die *traditio symboli* verlängerte liturgische Feier.
⁴ LUISELLI, *Cod. Sessoriano* 637 f, plädiert für den Fortfall von *homini*.
⁵ Bereits bei Jes 5, 1–7 war der Weinberg Gleichnis des erwählten Volkes.
⁶ GREGOR hat den augustinischen Gedanken der *ecclesia ab Abel* vielfach aufgegriffen. Vgl. FIEDROWICZ, *Kirchenverständnis* 110–112.
⁷ Häufig betont GREGOR, daß die Verkündigung der Kirche ein die

dir. Oder darf ich nicht machen, was ich will? Oder ist dein
Auge mißgünstig, weil ich gut bin? So werden die Letzten
Erste sein und die Ersten Letzte. Denn viele sind berufen,
wenige aber auserwählt.

1. Die Lesung des heiligen Evangeliums verlangt, bei seiner
Auslegung viel zu sagen. Ich will sie, sofern ich es kann,
kurz zusammenfassen, damit euch nicht neben der ausge-
dehnten Zeremonie[3] auch noch eine ausführliche Auslegung zu belasten scheint. Das Himmelreich wird mit einem
Hausherrn[4] verglichen, der zum Bebauen seines Weinberges Arbeiter anwirbt. Für wen gilt das Gleichnis vom
Hausvater eher als für unseren Schöpfer, der seine Geschöpfe leitet und seine Erwählten in dieser Welt so besitzt
wie ein Herr im Hause seine Untergebenen? Als Weinberg
besitzt er die universale Kirche[5], die von Abel, dem Gerechten[6], bis zum letzten Erwählten, der am Ende der Welt
geboren werden wird, gleichsam so viele Rebzweige hervorbrachte, wie sie Heilige besitzt. Um seinen Weinberg zu
bebauen, mietet der Hausvater daher frühmorgens, zur
dritten Stunde, zur sechsten, zur neunten und zur elften
Arbeiter an, denn vom Beginn dieser Welt bis an deren
Ende ließ Gott nicht davon ab, Verkündiger für die Unterweisung des Volkes der Gläubigen zu berufen.[7] Der Morgen dieser Welt währte nämlich von Adam bis Noach, die
dritte Stunde von Noach bis Abraham, die sechste von
Abraham bis Mose, die neunte von Mose bis zur Ankunft
des Herrn, die elfte aber von der Ankunft des Herrn bis
zum Ende der Welt. In dieser Stunde wurden als Verkündiger die heiligen Apostel gesandt, die den vollen Lohn empfingen, obwohl sie spät kamen. Um also sein Volk zu
unterweisen, gleichsam um seinen Weinberg zu bebauen,
ließ der Herr zu keiner Zeit davon ab, Arbeiter zu senden;

gesamte Heilsgeschichte umgreifendes Geschehen ist. Vgl. FIEDROWICZ,
Kirchenverständnis 126–137.

patres, et postmodum per legis doctores et prophetas, ad
extremum vero per apostolos, dum plebis suae mores exco-
luit, quasi per operarios in vineae cultura laboravit. Quamvis in quolibet modulo vel mensura, quisquis cum fide recta
bonae actionis exstitit, huius vineae operarius fuit. Opera- 5
tor ergo mane, hora tertia, sexta et nona, antiquus ille
hebraicus populus designatur, qui in electis suis ab ipso
mundi exordio dum recta fide Deum studuit colere, quasi
non destitit in vineae cultura laborare. Ad undecimam vero
gentiles vocantur, quibus et dicitur: „Quid hic statis tota 10
die otiosi?" Qui enim transacto tam longo mundi tempore,
pro vita sua laborare neglexerant, quasi tota die otiosi
stabant. Sed pensate, fratres, quid inquisiti respondeant:
Dicunt enim: „Quia nemo nos conduxit." Nullus quippe
ad eos patriarcha, nullus propheta venerat. Et quid est 15
dicere: „Ad laborem nos nemo conduxit", nisi, „vitae nobis
vias nullus praedicavit"? Quid ergo nos a bono opere ces-
santes, in excusatione nostra dicturi sumus, qui pene a matris utero ad fidem venimus, qui verba vitae ab ipsis cuna-
bulis audivimus, qui ab uberibus sanctae Ecclesiae potum 20
supernae praedicationis sumpsimus cum lacte carnis?

2. Possumus vero et easdem diversitates horarum etiam
ad unumquemque hominem per aetatum momenta distin-
guere. Mane quippe intellectus nostri pueritia est. Hora
autem tertia adolescentia intelligi potest: quia quasi iam sol 25
in altum proficit, dum calor aetatis crescit. Sexta vero iuventus est; quia velut in centro sol figitur, dum in ea pleni-

---

[8] Zur heilsgeschichtlichen Auslegungstradition seit ORIGENES vgl. TE-
VEL, *Labourers* 362–369 und 379 Anm. 86, wo eine Abhängigkeit GRE-
GORS eher von HIERONYMUS, *in Matth.* 3 (CCL 77, 173–176), oder
AMBROSIUS, *in Luc.* 7, 20 (CCL 14, 290–292), als von AUGUSTINUS, *serm.*
87 (PL 38, 533), angenommen wird; vgl. auch SINISCALCO, *Età del mondo*
379 f.

[9] Zur moralischen Auslegungstradition seit ORIGENES und zur Abhängigkeit GREGORS von AUGUSTINUS, *serm.* 49 (PL 38, 320–326), vgl.
TEVEL, *Labourers* 359–362.

denn zunächst hat er sich durch die Patriarchen, später auch durch Gesetzeslehrer und Propheten, zuletzt aber durch die Apostel wie durch Arbeiter bei der Pflege des Weinbergs abgemüht[8], als er die Lebensweise seines Volkes veredelte. Jeder, der, wenn auch in noch so geringem Maß, mit rechtem Glauben und gutem Handeln lebte, war ein Arbeiter in diesem Weinberg. Als Arbeiter am frühen Morgen, in der dritten, sechsten und neunten Stunde läßt sich also jenes alte Hebräervolk bezeichnen; indem es in seinen Erwählten seit Weltbeginn danach strebte, Gott in rechtem Glauben zu verehren, ließ es so gleichsam nicht nach, sich in der Pflege des Weinbergs abzumühen. Zur elften Stunde jedoch werden die Heiden berufen, zu denen noch gesagt wird: „Was steht ihr hier den ganzen Tag müßig herum?" (Mt 20,6). Da schon so viel Weltzeit vergangen war und sie es versäumt hatten, sich für ihr Leben abzumühen, standen sie gleichsam den ganzen Tag müßig herum. Bedenkt jedoch, meine Brüder, was sie auf die Frage zur Antwort gaben. Sie sagen nämlich: „Niemand hat uns angeworben" (Mt 20,7). War doch zu ihnen kein Patriarch, kein Prophet gekommen. Und was bedeutet ihr Wort „Niemand hat uns zur Arbeit angeworben" anderes als „Niemand hat uns die Wege des Lebens verkündet"? Was werden wir also, wenn wir im guten Handeln nachlassen, zu unserer Entschuldigung sagen, die wir fast vom Mutterschoß zum Glauben gekommen sind, die wir die Worte des Lebens schon von der Wiege auf vernommen haben, die wir an der Brust der heiligen Kirche den Trank himmlischer Verkündigung mit der Muttermilch eingesogen haben?

2. Wir können nun aber die verschiedenen Stunden auch bei einem jeden Menschen in seinen Altersstufen unterscheiden.[9] Der frühe Morgen ist ja die Kindheit unserer geistigen Erkenntnis. Die dritte Stunde aber läßt sich als Jugendzeit verstehen, da die Sonne sozusagen schon höher steigt, wenn die Glut des Alters wächst. Die sechste Stunde ist jedoch das Mannesalter, da die Sonne sozusagen im Zenit

tudo roboris solidatur. Nona autem senectus intelligitur, in
qua sol velut ab alto axe descendit; quia ea aetas a calore
iuventutis deficit. Undecima vero hora ea est aetas, quae
decrepita vel veterana dicitur. Unde graeci valde seniores,
non γέροντας, sed πρεσβυτέρους appellant, ut plus quam 5
senes esse insinuent, quos provectiores vocant. Quia ergo
ad vitam bonam alius in pueritia, alius in adolescentia, alius
in iuventute, alius in senectute, alius in decrepita aetate
perducitur, quasi diversis horis operarii ad vineam vocantur. Mores ergo vestros, frates carissimi, aspicite, et si iam 10
Dei operarii estis, videte. Penset unusquisque quid agat, et
consideret si in Domini vinea laboret. Qui enim in hac vita
ea, | quae sua sunt quaerit, adhuc ad dominicam vineam non | 236
venit. Illi namque Domino laborant, qui non sua, sed lucra
dominica cogitant, qui zelo caritatis, studio pietatis inser- 15
viunt, animabus lucrandis invigilant, perducere et alios
secum ad vitam festinant. Nam qui sibi vivit, qui carnis suae
voluptatibus pascitur, recte otiosus redarguitur, quia fructum divini operis non sectatur.

3. Qui vero et usque ad aetatem ultimam Deo vivere 20
neglexerit, quasi usque ad undecimam otiosus stetit. Unde
recte usque ad undecimam torpentibus dicitur: „Quid hic
statis tota die otiosi?" Ac si aperte dicatur: Et si Deo vivere
in pueritia et iuventute noluistis, saltem in ultima aetate
resipiscite, et ad vitae vias cum iam laboraturi multum non 25
estis, vel sero venite. Et tales ergo paterfamilias vocat, et

---

[10] LUISELLI, *Cod. Sessoriano* 638–640, plädiert für den Fortfall von *hora*.
[11] LUISELLI, *Cod. Sessoriano* 640, plädiert für die Lesart *ad ultimam aetatem*.

steht, wenn sich in ihm die Fülle der Kraft festigt. Unter
der neunten Stunde versteht man nun aber das Greisenalter,
in dem die Sonne gleichsam vom hohen Himmel herab-
sinkt, da in jener Phase die Glut des Mannesalters nachläßt.
Die elfte Stunde[10] aber ist jene Zeit, die „Altersschwäche"
und „hohes Alter" heißt. Daher nennen die Griechen die
ganz Alten nicht „Greise", sondern „Ältere", um auszu-
drücken, daß sie noch älter als jene Greise sind, die sie „im
Alter Vorgerückte" nennen. Da nun der eine in der Kindheit, der andere in der Jugend, ein dritter im Mannesalter,
ein weiterer im Greisenalter, ein weiterer im hohen Alter
zu gutem Leben gelangt, werden sozusagen zu verschiedenen Stunden Arbeiter in den Weinberg gerufen. Blickt also
auf euren Lebenswandel, geliebte Brüder, und seht, ob ihr
schon Gottes Arbeiter seid. Ein jeder bedenke, was er tut,
und überlege, ob er im Weinberg des Herrn arbeitet. Wer
nämlich in diesem Leben nur das Seine sucht, ist noch nicht
in den Weinberg des Herrn gekommen. Denn jene arbeiten
für den Herrn, die nicht nach eigenem Gewinn, sondern
nach dem des Herrn trachten, die in liebendem Eifer und
hingebungsvoller Sorge dienen, die darauf bedacht sind,
Seelen zu gewinnen, und danach streben, auch andere mit
sich zum Leben zu führen. Denn wer für sich selbst lebt,
wer seinen fleischlichen Begierden frönt, der wird zu Recht
des Müßiganges bezichtigt, weil er nicht die Frucht göttlichen Werkes erstrebt.

3. Wer jedoch noch bis ins höchste Alter versäumte, für
Gott zu leben, stand sozusagen bis zur elften Stunde müßig
herum. Daher wird zu Recht den bis zur elften Stunde
untätig Gebliebenen gesagt: „Was steht ihr hier den ganzen
Tag müßig herum?" (Mt 20,6). Als sollte eigentlich gesagt
werden: Auch wenn ihr nicht im Kindes- oder Mannesalter
für Gott leben wolltet, kommt wenigstens in der letzten
Lebensphase[11] zur Besinnung. Kommt wenigstens am
Abend, wenn ihr nicht mehr viel zu arbeiten habt, auf die
Wege des Lebens. Auch solche beruft ja der Hausvater und

plerumque ante remunerantur: quia prius ad regnum de
corpore exeunt, quam hi, qui iam a pueritia vocati esse
videbantur. An non ad undecimam horam venit latro, qui
etsi non habuit per aetatem, habuit tamen sero per poenam,
qui Deum in cruce confessus est, et pene cum voce senten- 5
tiae spiritum exhalavit vitae? A novissimo autem reddere
denarium paterfamilias coepit: quia ad paradisi requiem
prius latronem, quam Petrum perduxit. Quanti patres ante
legem, quanti sub lege fuerunt, et tamen hi, qui in Domini
adventu vocati sunt, ad coelorum regnum sine aliqua tardi- 10
tate pervenerunt. Eundem ergo denarium accipiunt qui
laboraverunt ad undecimam, quem expextaverunt toto desiderio qui laboraverunt ad primam: quia aequalem vitae
aeternae retributionem sortiti sunt cum his, qui a mundi
initio vocati fuerant, hi qui in mundi fine ad Dominum 15
venerunt. Unde et hi qui in labore praecesserant, murmu-
rantes dicunt: „Hi novissimi una hora fecerunt, et pares
illos nobis fecisti, qui portavimus pondus diei et aestus?"
Pondus enim diei et aestus portaverunt hi, quos a mundi
initio, quia diu hic contigit vivere, necesse fuit etiam lon- 20
giora carnis tentamenta tolerare. Unicuique enim pondus
diei et aestus ferre, est per longioris vitae tempora carnis
suae calore fatigari.

4. Sed quaeri potest, quomodo murmurasse dicti sunt,
qui saltem sero ad regnum vocantur? Coelorum etenim 25
regnum nullus murmurans accipit: nullus qui accipit,
murmurare potest. Sed quia antiqui patres usque ad adventum Domini, quantumlibet iuste vixerint, ducti ad regnum
non sunt, nisi ille descenderet, qui paradisi claustra homi-

---

[12] LUISELLI, *Cod. Sessoriano* 638–640, plädiert für den Fortfall von
horam.

[13] LÖFSTEDT, *Adnotatiunculae* 170, hält *quamdiu* statt *quia diu* für eine
zu erwägende Lesart.

entlohnt sie meist vor den anderen, da sie früher aus dem Leib ins Himmelreich scheiden als die, die schon von Kindheit an berufen zu sein schienen. Kam etwa der Schächer nicht erst zur elften Stunde[12]? Wenn auch nicht aufgrund des Alters, so befand er sich doch aufgrund der Strafe am Lebensabend, als er Gott am Kreuz bekannte und fast zusammen mit dem Wort des Bekenntnisses den Lebensgeist aushauchte. Der Hausherr aber begann nun beim letzten, den Denar auszuzahlen, da er den Schächer eher als Petrus in die Ruhe des Paradieses führte. Welch bedeutende Väter lebten vor dem Gesetz, welch bedeutende unter dem Gesetz, und dennoch gelangten die, die bei der Ankunft des Herrn berufen wurden, ohne irgendwelchen Aufschub ins Himmelreich. Die zur elften Stunde gearbeitet haben, empfingen also denselben Denar, den mit großer Sehnsucht die erwarteten, die in der ersten Stunde arbeiteten, da diejenigen, die am Weltenende zum Herrn gekommen sind, mit den von Weltbeginn an Berufenen den gleichen Lohn des ewigen Lebens erlangten. Daher murrten auch die, die in der Arbeit vorausgegangen waren, und sagen: „Die letzten da haben nur eine einzige Stunde gearbeitet, und du hast sie uns gleichgestellt, die wir die Last und Hitze des Tages getragen haben" (Mt 20, 12). Last und Hitze des Tages trugen nämlich die, die von Weltbeginn an, weil ihnen hier ein langes Leben beschieden war[13], auch längerwährende Versuchungen des Fleisches erdulden mußten. Last und Hitze des Tages zu tragen bedeutet nämlich für einen jeden, infolge einer längeren Lebenszeit von der Leidenschaft des Fleisches beunruhigt zu werden.

4. Doch kann die Frage gestellt werden, weshalb die gemurrt haben sollen, die wenigstens noch spät zum Himmelreich berufen werden. Denn niemand, der murrt, erlangt das Himmelreich, niemand, der es erlangt, kann murren. Da nun aber die Vorväter bis zur Ankunft des Herrn, mögen sie auch noch so gerecht gelebt haben, nicht ins Himmelreich geführt wurden, wenn nicht jener herabkä-

nibus interpositione suae mortis aperiret: | eorum hoc ip- | 238
sum murmurasse est, quod et recte pro percipiendo regno
vixerunt, et tamen diu ad percipiendum regnum dilati sunt.
Quos enim post peractam iustitiam inferni loca, quamvis
tranquilla, susceperunt, eis profecto et laborasse fuit in 5
vinea et murmurasse. Quasi ergo post murmurationem
denarium accipiunt, qui post longa inferni tempora ad gaudia regni pervenerunt. Nos autem qui ad undecimam venimus, post laborem non murmuramus, et denarium accipimus: quia post Mediatoris adventum in hoc mundo 10
venientes, ad regnum ducimur mox ut de corpore eximus,
et illud sine mora percipimus, quod antiqui patres cum
magna percipere dilatione meruerunt. Unde et idem paterfamilias dicit: „Volo et huic novissimo dare sicut et tibi." Et
quia ipsa regni perceptio eius est bonitas voluntatis, recte 15
subiungit: „Aut non licet mihi quod volo facere?" Stulta
enim quaestio est hominis contra benignitatem Dei. Non
quaerendum quippe esset, si non dat quod non debet, sed
si non daret quod deberet. Unde apte subditur: „An oculus
tuus nequam est, quia ego bonus sum?" Nemo autem se de 20
opere, nemo de tempore extollat, cum hac expleta sententia
subsequenter Veritas clamet: „Sic erunt novissimi primi, et
primi novissimi." Ecce enim etsi iam scimus quae vel
quanta bona egimus, adhuc supernus iudex qua subtilitate
haec examinet, ignoramus. Et quidem gaudendum cuique 25
summopere est in regno Dei esse vel ultimum.

---

[14] GREGOR unterscheidet im Totenreich einen Ort der Sünder, die Qual
erleiden, und einen Ort der Gerechten, die in Frieden ruhen; vgl. *moral.*
12,13 (CCL 143A, 636). Zu diesem Ort stieg Christus hinab, um die
alttestamentlichen Gerechten zu befreien.

me, der den Menschen die Pforten des Paradieses durch die Vermittlung seines Todes erschloß, besteht ihr Murren darin, daß sie einerseits recht lebten, um das Himmelreich empfangen zu können, doch andererseits lange hingehalten wurden, bis sie das Himmelreich tatsächlich empfingen. Die nämlich nach ausgeübter Gerechtigkeit von den, wenn auch friedlichen, Orten des Totenreiches[14] aufgenommen wurden, denen war es in der Tat möglich, sowohl im Weinberg gearbeitet als auch gemurrt zu haben. Sozusagen nach dem Murren empfangen sie also einen Denar, als sie nach der langen Zeit im Totenreich zu den Freuden des Himmelreichs gelangt sind. Wir jedoch, die wir zur elften Stunde gekommen sind, murren nach der Arbeit nicht und empfangen einen Denar, da wir nach der Ankunft des Mittlers in die Welt kommen und, sobald wir aus dem Leibe scheiden, zum Himmelreich geführt werden und unverzüglich das empfangen, was die Vorväter nur mit großer Verzögerung zu empfangen verdienten. Daher sagt der Hausvater: „Ich will dem letzten ebensoviel geben wie dir" (Mt 20, 14). Und weil der Empfang des Himmelreiches in der Güte seines Willens gründet, fügt er mit Recht hinzu: „Oder darf ich nicht machen, was ich will?" (Mt 20, 15). Töricht ist ja die Frage eines Menschen gegenüber der Güte Gottes. Man darf ja nicht Rechenschaft verlangen, wenn er nicht gibt, was er nicht schuldet, es sei denn, er gäbe nicht, was er schuldete. Daher wird passend hinzugefügt: „Oder ist dein Auge mißgünstig, weil ich gut bin?" (Mt 20, 15). Niemand erhebe sich aber aufgrund seines Tuns, niemand aufgrund der Dauer, wenn nach diesem Ausspruch die Wahrheit sogleich ruft: „So werden die Letzten Erste sein und die Ersten Letzte" (Mt 20, 16). Denn seht, auch wenn wir schon wissen, was oder wieviel Gutes wir gewirkt haben, so wissen wir doch noch nicht, mit welcher Genauigkeit der himmlische Richter dies prüft. So muß sich ein jeder schon überaus freuen, wenn er im Reich Gottes auch nur der Letzte ist.

5. Sed post haec terribile est valde quod sequitur: „Multi
enim sunt vocati, pauci vero electi": quia et ad fidem plures
veniunt, et ad coeleste regnum pauci perducuntur. Ecce
enim ad hodiernam festivitatem quam multi convenimus,
ecclesiae parietes implemus: sed tamen quis sciat quam 5
pauci sunt qui in illo electorum Dei grege numerentur?
Ecce enim vox omnium Christum clamat, sed vita omnium
non clamat. Plerique Deum vocibus sequuntur, moribus
fugiunt. Hinc etenim Paulus dicit: „Qui confitentur se
nosse Deum, factis autem negant." Hinc Iacobus ait: „Fides 10
sine operibus mortua est." Hinc per psalmistam Dominus
dicit: „Annuntiavi et locutus sum, multiplicati sunt super
numerum." Vocante enim Domino super numerum multi-
plicantur fideles: quia nonnunquam etiam hi ad fidem veniunt, qui ad electorum numerum non pertingunt. Hic 15
enim fidelibus per confessionem admixti sunt, sed propter
vitam reprobam illic numerari in sorte fidelium non merentur. Hoc ovile sanctae Ecclesiae hoedos cum agnis recipit:
sed attestante Evangelio, cum iudex venerit, bonos a malis
separat, sicut pastor segregat oves ab hoedis. Neque | et- 20 | 24
enim possunt qui hic carnis suae voluptatibus serviunt, illic
in ovium grege numerari. Illic eos a sorte humilium iudex
separat, qui se hic in superbiae cornibus exaltant. Regnum
coelorum percipere nequeunt, qui hic et in coelesti fide
positi, toto desiderio terram quaerunt.   25

---

[15] Nur spätere biblische Textzeugen weisen diesen Zusatz auf, der aus
Mt 22, 14 entlehnt ist.
[16] Erwählte sind für GREGOR all jene, die letztlich zur ewigen Anschau-
ung Gottes gelangen werden. Der Begriff hat eine stark eschatologische,
weniger gnadentheologische Komponente; vgl. FIEDROWICZ, Kirchenverständnis 285–288.
[17] Mit den traditionellen Termini ad fidem venire, confessio bezieht sich
GREGOR nach CHAVASSE, Aménagements 95, auf die anwesenden Tauf-
bewerber.
[18] GREGOR folgt der augustinischen Auffassung von der Ecclesia per-

5. Doch äußerst erschreckend ist, was anschließend folgt: „Viele sind berufen, wenige aber auserwählt" (Mt 20, 16)[15], denn viele kommen zwar zum Glauben, doch wenige gelangen ins Himmelreich. Seht doch, wie zahlreich wir zum heutigen Fest zusammengekommen sind und die Mauern der Kirche füllen, doch wer weiß, wie wenige es sind, die zu jener Schar der Erwählten[16] Gottes zu rechnen sind? Seht, die Stimme aller bekennt Christus, doch bekennt ihn nicht das Leben aller. Sehr viele folgen Gott in den Worten, doch meiden sie ihn in ihrem Lebenswandel. Deshalb sagt nämlich Paulus: „Sie geben vor, Gott zu kennen, verleugnen ihn aber durch ihre Taten" (Tit 1, 16). Daher sagt Jakobus: „Der Glaube ohne Werke ist tot" (Jak 2, 26). Daher sagt der Herr durch den Psalmisten: „Verkündet habe ich und gesprochen, sie werden mehr, als man zählen kann" (vgl. Ps 40, 6: Vg. Ps 39, 6). Auf den Ruf des Herrn hin wurden nämlich die Gläubigen mehr, als man zählen kann, da zuweilen auch die zum Glauben kommen, die nicht zur Zahl der Erwählten gehören. Hier sind sie zwar durch ihr Bekenntnis[17] unter die Gläubigen gemischt[18], doch aufgrund des verworfenen Lebens verdienen sie es nicht, auch dort zur Zahl der Gläubigen gerechnet zu werden. Der Schafstall der heiligen Kirche nimmt mit den Lämmern zugleich Böcke auf, doch wenn, wie das Evangelium bezeugt, der Richter kommt, trennt er die Guten von den Bösen, wie der Hirt die Schafe von den Böcken trennt (vgl. Mt 25, 32). Die hier den Begierden ihres Fleisches dienen, können nämlich dort nicht zur Herde der Schafe gezählt werden. Dort scheidet der Richter vom Los der Demütigen diejenigen, die sich hier mit den Hörnern des Hochmutes erheben. Das Himmelreich können die nicht empfangen, die trotz des bekannten Glaubens an das Himmlische mit ganzem Verlangen nur die Erde suchen.

---

mixta, die auf Erden durch die Vermischung von Guten und Bösen gekennzeichnet ist. Vgl. Fiedrowicz, *Kirchenverständnis* 281–283.

6. Et multos tales intra Ecclesiam, fratres carissimi, cernitis: sed eos nec imitari, nec desperare debetis. Quid enim sit hodie aspicimus: sed quid cras futurus sit unusquisque, nescimus. Plerumque et qui post nos venire cernitur, per agilitatem nos boni operis antecedit: et vix eum cras sequi- 5 mur, quem hodie praeire videbamur. Certe cum Stephanus pro fide moreretur, Saulus lapidantium vestimenta servabat. Omnium ergo lapidantium manibus ipse lapidavit, qui ad lapidandum omnes exsertos reddidit: et tamen eundem ipsum in sancta Ecclesia laboribus antecessit, quem perse- 10 quendo martyrem fecit. Duo ergo sunt quae solicite pensare debemus. Quia enim multi vocati, sed pauci electi sunt, primum est, ut de se quisque minime praesumat: quia etsi iam ad fidem vocatus est, utrum perenni regno dignus sit nescit. Secundum vero est, ut unusquisque proximum, 15 quem fortasse iacere in vitiis conspicit, desperare non audeat: quia divinae misericordiae divitias ignorat.

7. Rem, fratres, quae nuper contigit refero, ut si vos peccatores ex corde esse conspicitis, omnipotentis Dei misericordiam amplius ametis. Praesenti anno in monasterio 20 meo, quod iuxta beatorum martyrum Ioannis et Pauli ecclesiam situm est, frater quidam ad conversionem venit: devote susceptus est, sed ipse devotius est conversatus. Hunc ad monasterium frater suus corpore, non corde secutus est. Nam valde conversionis vitam et habitum detestans, 25 in monasterio ut hospes habitabat, et monachorum vitam

---

[19] Diese Kombination von Demut und Hoffnung ist für GREGOR eine Grundhaltung kirchlicher Spiritualität, wie er sie von AUGUSTINUS übernahm; vgl. FIEDROWICZ, *Kirchenverständnis* 291 f.

[20] Dasselbe Ereignis schildert GREGOR in *in euang.* 2,38,16 und *dial.* 4,40,2–5 (SCh 265, 140–142).

[21] Das von GREGOR gegründete St.-Andreas-Kloster auf dem Clivus Scauri.

[22] Der Terminus *conversio* bezeichnet den Eintritt ins Kloster als Weg

6. Zwar seht ihr viele solcher in der Kirche, geliebte Brüder, doch dürft ihr sie weder nachahmen noch an ihnen verzweifeln. Was nämlich heute jemand ist, haben wir vor Augen, aber was ein jeder morgen sein kann, wissen wir nicht. Oft übertrifft uns einer, den man noch hinter uns kommen sieht, durch Bereitschaft zu guten Werken, und schon morgen können wir kaum noch dem folgen, dem wir heute noch voranzugehen schienen. Kein Zweifel, als Stephanus für den Glauben starb, bewahrte Saulus die Kleider der Steiniger (vgl. Apg 7, 58). Mit den Händen aller Steiniger hat er also selbst gesteinigt, da er sie alle zu steinigen befähigte. Und trotzdem hat er in der heiligen Kirche durch sein Mühen den übertroffen, den er durch die Verfolgung zum Martyrer machte. Zweierlei müssen wir also hierbei sorgfältig bedenken. Da nämlich viele berufen, wenige aber auserwählt sind, darf zunächst niemand für sich vermessen etwas erwarten, denn wenn er auch schon zum Glauben gerufen ist, weiß er doch nicht, ob er auch des ewigen Reiches würdig ist. Zweitens jedoch darf niemand es wagen, am Nächsten zu verzweifeln, den er vielleicht in Sünden daniederliegen sieht, da er den Reichtum göttlicher Barmherzigkeit nicht kennt.[19]

7. Ich kann eine Begebenheit berichten, Brüder, die sich vor kurzem ereignete[20], so daß ihr, wenn ihr erkennt, daß ihr im Herzen Sünder seid, die Barmherzigkeit des allmächtigen Gottes um so mehr liebt. In meinem Kloster[21], das neben der Kirche der seligen Martyrer Johannes und Paulus liegt, kam in diesem Jahr ein Bruder zur Bekehrung; er wurde hingebungsvoll aufgenommen, doch sein Wandel[22] war noch hingebungsvoller. Ihm folgte sein Bruder ins Kloster, nur mit dem Leibe, nicht dem Herzen nach. Er lehnte nämlich monastisches Leben und Gewand heftig ab, wohnte im Kloster als Gast. Obwohl er das Leben der

---

der existentiellen Bekehrung, während *conversatio* den monastischen Lebenswandel meint; vgl. DAGENS, *Culture* 281.

moribus fugiens, recedere a monasterii habitatione non
poterat; quia vel quid ageret, vel unde viveret, non habebat.
Erat eius pravitas cunctis onerosa, sed hunc omnes aequanimiter pro fratris eius amore tolerabant. Nam superbus et
lubricus, si qua post hoc seculum sequeretur vita nesciebat: 5
irridebat vero si quis illi hanc praedicare voluisset. Itaque
cum habitu seculari vivebat in monasterio, verbis levis,
motibus instabilis, mente tumidus, veste compositus, actione dissipatus. Mense autem Iulio nuper elapso, huius quam
nostis, pestilentiae clade percussus est: qui ad | extremum 10 |24
veniens, urgeri coepit ut animam redderet. Et ultima iam
corporis parte praemortua, vitalis virtus in solo pectore et
lingua remanserat. Fratres aderant, eiusque exitum, in
quantum Deo largiente poterant, oratione tuebantur. At ille
subito ad devorandum se draconem venire conspiciens, 15
magnis vocibus coepit clamare, dicens: „Ecce, draconi ad
devorandum datus sum, qui propter vestram praesentiam
devorare me non potest. Quid mihi moras facitis? Date
locum, ut ei devorare me liceat." Cumque hunc fratres ut
signum sibi crucis imprimeret admonerent, respondebat 20
virtute qua poterat, dicens: „Volo me signare, sed non
possum, quia a dracone premor. Spumae oris eius faciem
meam liniunt, guttur meum eius ore suffocatur. Ecce ab eo
brachia mea comprimuntur, qui iam et caput meum in suo
ore absorbuit." Cumque hoc ille pallens et tremens et mo- 25
riens diceret, coeperunt fratres vehementius orationibus
insistere, et oppressum draconis praesentia suis precibus
adiuvare. Tunc repente liberatus, magnis coepit vocibus
clamare, dicens: „Deo gratias: ecce discessit, ecce exiit, ante
orationes vestras fugit draco, qui me acceperat." Mox au- 30

---

[23] Insofern die Pestepidemie zu Beginn des Jahres 590 auftrat, jedoch
nicht mehr im Juli 591 herrschte, läßt sich das Ereignis auf das Jahr 590
datieren.

Mönche durch seinen Wandel mied, konnte er doch die
Wohnstatt im Kloster nicht aufgeben, weil er nichts hatte,
was er tun oder wovon er leben konnte. Sein unschicklicher
Wandel war allen eine Last, doch ertrugen ihn alle gleichmütig aus Liebe zu seinem Bruder. Stolz und zuchtlos wie
er war, wußte er nicht, ob nach dieser Welt ein anderes
Leben folgte, ja er spottete noch, wenn jemand ihm dies
verkünden wollte. So lebte er mit einem weltlichen Gewand im Kloster, leichtfertig in den Worten, unbeständig
in seinen Regungen, hochfahrenden Sinnes, elegant gekleidet, unstet im Tun. Als der Juli unlängst vorüber war, befiel
ihn das euch bekannte Unheil der Pest.[23] Es ging dem Ende
zu, und der Todeskampf begann, in dem er die Seele herge-
ben sollte. Schon waren die äußersten Körperteile abge-
storben, die Lebenskraft war allein in Brust und Zunge
verblieben. Dic Brüder waren zugegen und begleiteten sor-
genvoll sein Hinscheiden, soweit sie es mit Gottes Gnade
vermochten, durch Gebet. Doch als er plötzlich einen Drachen kommen sah, der ihn verschlingen sollte, begann er
laut zu rufen: „Seht, ich bin einem Drachen ausgeliefert, der
mich verschlingen will. Wegen eurer Gegenwart kann er
mich nicht verschlingen. Was haltet ihr mich auf? Weicht,
damit er mich verschlingen kann." Als ihn die Brüder
mahnten, er solle sich mit dem Kreuz bezeichnen, erwiderte er mit der ihm verbliebenen Kraft: „Ich will mich bezeichnen, doch kann ich es nicht, da ich vom Drachen
bedrängt werde. Der Schaum seines Rachens besudelt mein
Angesicht, sein Rachen würgt meine Kehle. Seht, meine
Arme drückt er nieder, und schon hat er mein Haupt in
seinem Rachen verschlungen." Als jener dies bleich, zit-
ternd und sterbend sagte, begannen die Brüder, sich noch
eifriger dem Gebet zu widmen und dem von der Anwesenheit des Drachens Bedrängten durch ihre Fürbitte zu hel-
fen. Plötzlich wurde er befreit und begann mit lauter Stimme zu rufen: „Dank sei Gott. Seht, er ist entschwunden,
seht, er ging fort, vor eurem Gebet floh der Drache, der

tem serviturum se Deo et esse monachum devovit; atque a
tempore illo nuncusque febribus premitur, doloribus fatigatur. Morti quidem subtractus est, sed adhuc plenius vitae
restitutus non est. Quia enim longis et diuturnis iniquitatibus pressus est, longo languore fatigatur, et durum cor ignis 5
purgationis durior concremat: quia divina dispensatione
agitur, ut prolixiora vitia aegritudo prolixior exurat. Quis
illum unquam servari ad conversionem crederet? Quis tantam Dei misericordiam considerare sufficiat? Ecce, iuvenis
pravus draconem vidit in morte, cui servivit in vita: nec 10
vidit ut vitam funditus perderet, sed ut cui servierat sciret,
sciendo resisteret, ipsumque resistendo superaret: et eum a
quo prius non videns tenebatur, vidit postea ne teneretur.
Quae ergo lingua narrare viscera divinae misericordiae sufficiat? Quis spiritus tantae pietatis divitias non obstu- 15
pescat? Has divinae pietatis divitias consideravit psalmista,
cum diceret: „Adiutor meus, tibi psallam, quia tu Deus
susceptor meus es, Deus meus misericordia mea.“ Ecce
perpendens in quibus laboribus humana sit vita constituta,
Deum appellavit adiutorem: et quia a tribulatione praesenti 20
in requiem aeternam nos suscipit, appellat etiam suscepto-
rem. Sed considerans quod mala nostra aspicit et portat,
culpas nostras tolerat, et tamen nos per poenitentiam ad
praemia reservat, noluit Deum misericordem dicere, sed
hunc ipsam misericordiam vocavit, dicens: „Deus meus 25
misericordia mea.“ Revocemus ergo ante oculos mala quae

---

[24] Innerhalb der patristischen Reflexion über den Sinn des Leidens
entdeckte und betonte GREGOR besonders dessen sühnende Bedeutung;
vgl. LAPORTE, *Suffering*.

mich gepackt hatte." Sogleich gelobte er aber, Gott zu
dienen und Mönch zu werden. Seit jener Zeit bis jetzt wird
er vom Fieber bedrängt und von Schmerzen geplagt. Dem
Tode wurde er zwar entrissen, doch wurde er noch nicht
voll dem Leben zurückgegeben. Da er sich nämlich von
langwährendem Unrechttun niederdrücken ließ, wird er
durch langwieriges Siechtum zermürbt und sein verhärte-
tes Herz von ausdauerndem Läuterungsfeuer verbrannt, da
es durch göttliche Anordnung so gefügt ist, daß langwährende Laster noch langwierigere Krankheit ausbrennt.[24]
Wer hätte jemals geglaubt, daß dieser zur Bekehrung bewahrt bleibe? Wer vermag die übergroße Barmherzigkeit
Gottes hinreichend zu betrachten? Seht, der schlimme
Mann sah im Tode den Drachen, dem er im Leben gedient
hat; er sah ihn aber nicht, um sein Leben gänzlich zu
verlieren, sondern um zu wissen, wem er gedient hatte, und
ihm in diesem Wissen zu widerstehen und ihn durch den
Widerstand zu überwinden; von dem er zunächst festgehalten wurde, ohne ihn zu sehen, den sah er später, um nicht
weiter festgehalten zu werden. Welche Zunge vermag also
die Tiefe der göttlichen Barmherzigkeit zu schildern? Welcher Geist geriete nicht angesichts des Reichtums solcher
Güte ins Staunen? Diesen Reichtum göttlicher Güte betrachtete der Psalmist, als er sprach: „Mein Beistand, dir
will ich singen, denn du, o Gott, bist es, der mich aufnimmt,
mein Gott, mein Erbarmen" (vgl. Ps 59, 18: Vg. Ps 58, 18).
Seht, als er erwog, in welcher Mühsal sich das menschliche
Leben befindet, nannte er Gott seinen „Beistand"; und da
er uns aus der gegenwärtigen Drangsal in die ewige Ruhe
aufnimmt, nennt er ihn auch den, der ihn aufnimmt. Doch
indem er erwägt, daß er unser Böses sieht und trägt, unsere
Schuld erduldet und uns dennoch durch die Buße für den
Lohn bewahrt, wollte er Gott nicht barmherzig nennen,
sondern nannte ihn das „Erbarmen selbst", wenn er sprach:
„Mein Gott, mein Erbarmen." Rufen wir uns also das
begangene Böse vor Augen, bedenken wir, von welch un-

fecimus: pensemus ex quanta Dei benignitate toleramur:
consideremus quae sunt pietatis eius | viscera, ut non solum | 244
culpas indulgeat, sed coeleste regnum poenitentibus etiam
post culpas promittat. Atque ex omnibus medullis cordis
dicamus singuli, dicamus omnes: „Deus meus misericordia 5
mea": qui vivis et regnas trinus in unitate, et unus in trini-
tate, per infinita secula seculorum. Amen.

ermeßlicher Güte Gottes wir ertragen werden, erwägen wir
die Tiefen seiner Güte, daß er nicht allein Schuld vergibt,
sondern den Bösen das Himmelreich sogar nach der Schuld
verheißt. Und aus der ganzen Tiefe des Herzens laßt uns
jeder für sich, laßt uns gemeinsam sprechen: „Mein Gott,
mein Erbarmen", der du lebst und herrschst als Dreifaltiger
in der Einheit und als Einer in der Dreifaltigkeit, in alle
Ewigkeit ohne Ende. Amen.

Habita ad populum in basilica sancti Ioannis Baptistae,
Sabbato quatuor temporum ante Natalem Christi

Lectio sancti Evangelii secundum Lucam 3, 1–11
Anno quintodecimo imperii Tiberii Caesaris, procurante 5
Pontio Pilato Iudaeam, tetrarcha autem Galilaeae Herode,
Philippo autem fratre eius tetrarcha Ituraeae et Thracho-
nitidis regionis, et Lysania Abilinae tetrarcha, sub princi-
pibus sacerdotum Anna et Caipha, factum est verbum
Domini super Ioannes, Zachariae filium, in deserto. Et 10
venit in omnem regionem Iordanis, praedicans baptismum
poenitentiae in remissionem peccatorum, sicut scriptum est
in libro sermonum Isaiae prophetae: Vox clamantis in
deserto: Parate viam Domini, rectas facite semitas eius.
Omnis vallis implebitur, et omnis mons et collis humi- 15
liabitur. Et erunt prava in directa, et aspera in vias planas.
Et videbit omnis caro salutare Dei. Dicebat ergo ad turbas,
quae exibant ut baptizarentur ab ipso: Genimina vi-
perarum, quis ostendit vobis fugere a ventura ira? Facite
ergo fructus dignos poenitentiae: et ne coeperitis dicere: 20
Patrem habemus Abraham. Dico enim vobis, quia potens
est Deus de lapidibus istis suscitare filios Abrahae. Iam
enim securis ad radicem arboris posita est. Omnis ergo
arbor non faciens fructum bonum, excidetur, et in ignem
mittetur. Et interrogabant eum turbae, dicentes: Quid 25
ergo faciemus? Respondens autem dicebat illis: Qui habet

---

[1] CHAVASSE, *Aménagements* 96.98, datiert die Homilie auf den
22./23. 12. 591, welche die doppelte liturgische Zugehörigkeit des Tages

Gehalten vor dem Volk in der Basilika des heiligen Johannes des Täufers, am Quatembersamstag vor dem Geburtsfest Christi[1]

Lesung des heiligen Evangeliums nach Lukas 3, 1–11

Es war im fünfzehnten Jahr der Regierung des Kaisers Tiberius; Pontius Pilatus war Statthalter von Judäa, Herodes Tetrarch von Galiläa, sein Bruder Philippus Tetrarch von Ituräa und der Landschaft Trachonitis, Lysanias Tetrarch von Abilene, Hohepriester waren Hannas und Kajaphas. Da erging das Wort Gottes an Johannes, den Sohn des Zacharias, in der Wüste. Er durchzog die ganze Gegend am Jordan und verkündete eine Bußtaufe zur Vergebung der Sünden, wie es geschrieben steht im Buch der Reden des Propheten Jesaja: Eine Stimme ruft in der Wüste: Bereitet den Weg des Herrn, macht gerade seine Pfade. Jedes Tal soll ausgefüllt werden, jeder Berg und Hügel erniedrigt werden. Was krumm ist, soll gerade, was uneben ist, soll ebener Weg werden. Und alles Fleisch wird das Heil Gottes schauen. So sprach er zu den Volksscharen, die hinausgezogen waren, um sich von ihm taufen zu lassen: Ihr Schlangenbrut, wer hat euch gelehrt, daß ihr dem kommenden Zorn entrinnen würdet? Bringt also Früchte, die der Buße entsprechen, und fangt nicht an zu sagen: Wir haben ja Abraham zum Vater. Denn ich sage euch, Gott kann dem Abraham aus diesen Steinen da Kinder erwecken. Schon ist die Axt an die Wurzel des Baumes gelegt. Jeder Baum also, der keine gute Frucht bringt, wird umgehauen und ins Feuer geworfen. Da fragten ihn die Volksscharen: Was sollen wir denn tun? Er antwortete ihnen: Wer zwei Ge-

---

zum Advent (1–7) und zum Quatemberfasten (8–15) inhaltlich widerspiegelt.

duas tunicas, det non habenti: et qui habet escas, similiter faciat.

1. Redemptoris nostri praecursor quo tempore praedicationis verbum acceperit, memorato romanae reipublicae
principe et Iudaeae regibus, designatur, cum dicitur: „Anno 5
quintodecimo imperii Tiberii Caesaris, procurante Pontio
Pilato Iudaeam, tetrarcha autem Galilaeae Herode, Philippo autem fratre eius tetrarcha Ituraeae et Thrachonitidis
regionis, et Lysania Abilinae tetrarcha, sub principibus
sacerdotum Anna et Caipha, factum est verbum Domini 10
super Ioannem, Zachariae filium, in deserto." Quia enim
illum praedicare veniebat, qui et ex Iudaea quosdam, et
multos ex gentibus redempturus erat, per regem gentium et
principes iudaeorum praedicationis eius tempora designantur. Quia autem gentilitas colligenda erat, et Iudaea pro 15
culpa perfidiae dispergenda, ipsa quoque descriptio terreni
principatus ostendit, quoniam et in romana republica unus
praefuisse describitur, et in Iudaeae regno per quartam
partem plurimi principabantur. Voce etenim Redemptoris
| nostri dicitur: „Omne regnum in seipsum divisum deso- 20 | 2
labitur." Liquet ergo quod ad finem regni Iudaea pervene-
rat, quae tot regibus divisa subiacebat. Apte quoque non
solum quibus regibus, sed etiam quibus sacerdotibus actum
sit, demonstratur: quia illum Ioannes Baptista praedicaret,
qui simul rex et sacerdos exsisteret, Lucas evangelista prae- 25
dicationis eius tempora per regnum et sacerdotium designavit.

2. „Et venit in omnem regionem Iordanis, praedicans
baptismum poenitentiae in remissionem peccatorum."
Cunctis legentibus liquet, quia Ioannes non solum baptis- 30

*wänder hat, gebe eines davon dem, der keines hat, und wer
zu essen hat, der handle ebenso.*

1. Die Zeit, da der Vorläufer unseres Erlösers das Wort der
Verkündigung empfing, wird durch Erwähnung des Herr-
schers des römischen Staatswesens und der Könige Judäas
bezeichnet, wenn es heißt: „Es war im fünfzehnten Jahr der
Regierung des Kaisers Tiberius; Pontius Pilatus war
Statthalter von Judäa, Herodes Tetrarch von Galiläa, sein
Bruder Philippus Tetrarch von Ituräa und der Landschaft
Trachonitis, Lysanias Tetrarch von Abilene, Hohepriester
waren Hannas und Kajaphas. Da erging das Wort Gottes
an Johannes, den Sohn des Zacharias, in der Wüste" (Lk
3, 1 f). Da er nämlich kam, den zu verkünden, der einige aus
dem Judentum und viele von den Heiden erlösen sollte,
werden die Zeiten seiner Verkündigung durch den Herr-
scher der Heiden und die Fürsten der Juden bezeichnet.
Daß aber das Heidentum gesammelt und das Judentum
aufgrund der Schuld des Unglaubens zerstreut werden
sollte, zeigt auch die Beschreibung der irdischen Herrschaft selbst, derzufolge im römischen Staatswesen ein
einzelner die Führung innehatte und im jüdischen Reich
mehrere als Tetrarchen herrschten. Durch das Wort unseres
Erlösers heißt es nämlich: „Jedes Reich, das in sich uneins
ist, zerfällt" (Lk 11,17). Somit ist es klar, daß Judäa, das
aufgeteilt war und so vielen Königen unterstand, am Ende
seiner Herrschaft angelangt war. Angemessen wird auch
gezeigt, nicht nur unter welchen Königen, sondern auch
unter welchen Priestern es geschah. Da Johannes der
Täufer denjenigen verkündete, der sich zugleich als König
und Priester zeigte, bezeichnete der Evangelist Lukas die
Zeiten seiner Verkündigung durch das König- und Priestertum.

    2. „Er durchzog die ganze Gegend am Jordan und ver-
kündete eine Bußtaufe zur Vergebung der Sünden" (Lk
3,3). Allen, die dies lesen, ist klar, daß Johannes nicht nur

mum poenitentiae praedicavit, verum etiam quibusdam dedit: sed tamen baptismum suum in remissionem peccatorum dare non potuit. Remissio etenim peccatorum in solo
nobis baptismo Christi tribuitur. Notandum itaque quod
dicitur: „Praedicans baptismum poenitentiae in remissio- 5
nem peccatorum": quoniam baptismum quod peccata solveret, quia dare non poterat, praedicabat: ut sicut incarna-
tum Verbum Patris praecurrebat verbo praedicationis, ita
baptismum poenitentiae, quo peccata solvuntur, praecurre-
ret suo baptismate quo peccata solvi non possunt: ut quia 10
eius sermo praecurrebat praesentiam Redemptoris, ipsum
quoque eius baptisma praecedendo fieret umbra veritatis.
Sequitur:

3. „Sicut scriptum est in libro sermonum Isaiae prophetae: Vox clamantis in deserto, parate viam Domini, rectas 15
facite semitas eius." Idem vero Ioannes Baptista requisitus
quis esset, respondit dicens: „Ego vox clamantis in deserto." Qui sicut ante per nos dictum est, ideo vox a propheta
vocatus est, quia verbum praeibat. Quid autem clamaret,
aperitur cum subditur: „Parate viam Domini, rectas facite 20
semitas eius." Omnis qui fidem rectam et bona opera praedicat, quid aliud quam venienti Domino ad corda audientium viam parat? Ut haec vis gratiae penetret, ut lumen
veritatis illustret, ut rectas Deo semitas faciat, dum mundas
in animo cogitationes per sermonem bonae praedicationis 25
format. „Omnis vallis implebitur, et omnis mons et collis
humiliabitur." Quid hoc loco vallium nomine, nisi humiles? Quid montium et collium, nisi superbi homines designantur? In adventu ergo Redemptoris valles impletae,
montes vero et colles humiliati sunt; quia iuxta eius vocem: 30

---

² Gegen HURTER, *Homiliarum in Evangelia Libri* 135 Anm. 1, der den
Hinweis auf den vorangegangenen Abschnitt bezieht, sieht PFEILSCHIF-
TER, *Ausgabe* 27, hierin eine Anspielung auf *in euang.* 1,7,2. Der sich
durch die Datierung von CHAVASSE, *Aménagements* 91.96, ergebende
zeitliche Abstand beider Homilien von einem Jahr macht dies unwahr-
scheinlich.

eine Bußtaufe verkündet, sondern einigen sogar gespendet hat, aber daß er seine Taufe dennoch nicht zur Vergebung der Sünden spenden konnte. Die Sündenvergebung wird uns nämlich allein in der Taufe Christi zuteil. Daher ist zu beachten, daß gesagt wird: „Er verkündete eine Bußtaufe zur Vergebung der Sünden", da er eine Taufe, die Sünden vergab, nur verkündete — spenden konnte er sie ja nicht. So sollte er, wie er dem menschgewordenen Wort des Vaters mit dem Wort der Verkündigung vorausging, ebenso der Bußtaufe, durch welche die Sünden vergeben werden, mit seiner Taufe vorausgehen, durch welche die Sünden nicht vergeben werden können. Da sein Wort der Gegenwart des Erlösers vorausging, sollte auch seine Taufe im Vorausgehen ein Schattenbild der Wahrheit werden. Es folgt:

3. „Wie es geschrieben steht im Buch der Reden des Propheten Jesaja: Eine Stimme ruft in der Wüste: Bereitet den Weg des Herrn, macht gerade seine Pfade" (Lk 3,4). Als aber Johannes der Täufer gefragt wurde, wer er wäre, antwortete er: „Ich bin die Stimme eines Rufenden in der Wüste" (Joh 1,23). Wie wir zuvor gesagt haben[2], wurde er deswegen Stimme vom Propheten genannt, weil er dem Wort vorausging. Was er aber rief, wird deutlich, wenn hinzugefügt wird: „Bereitet den Weg des Herrn, macht gerade seine Pfade" (Lk 3,4). Was tut jeder, der den rechten Glauben und gute Werke verkündet, anderes als dem kommenden Herrn den Weg zu den Herzen der Hörer zu bereiten? So soll die Macht der Gnade diese durchdringen, das Licht der Wahrheit sie erleuchten und er für Gott die Pfade ebnen, indem er durch das Wort guter Verkündigung im Geist reine Gedanken hervorbringt. „Jedes Tal soll ausgefüllt werden, jeder Berg und Hügel erniedrigt werden" (Lk 3,5). Was bedeutet an dieser Stelle das Wort Täler anderes als demütige, was Berge und Hügel anderes als hochmütige Menschen? Bei der Ankunft des Erlösers wurden also die Täler ausgefüllt, die Berge und Hügel aber erniedrigt, da nach seinem Wort gilt: „Jeder, der sich er-

„Omnis qui se exaltat, humiliabitur; et omnis qui se humi-
liat, exaltabitur." Vallis etenim impleta crescit, mons autem
et collis humiliatus decrescit: quia nimirum in fide Mediatoris Dei et hominum hominis Christi Iesu, et gentilitas
plenitudinem gratiae accepit, et Iudaea per errorem perfi- 5
diae hoc unde tumebat, perdidit. Omnis enim vallis implebitur; quia corda humilium sacrae doctrinae eloquio virtutum gratia replebuntur, iuxta hoc quod scriptum est: „Qui
| emittit fontes in convallibus." Et unde rursum dicitur: „Et | 250
convalles abundabunt frumento." A montibus namque 10
aqua dilabitur; quia superbas mentes veritatis doctrina deserit. Sed fontes in convallibus surgunt; quia mentes humilium verbum praedicationis accipiunt. Iam videmus, iam
convalles frumento abundare conspicimus: quia illorum
ora pabulo veritatis impleta sunt, qui mites ac simplices 15
huic mundo despicabiles esse videbantur.

4. Ipsum quoque Ioannem Baptistam, quia mira sanctitate praeditum populus viderat, illum hunc esse singulariter
celsum ac solidum montem credebat, de quo scriptum est:
„In novissimo dierum erit mons domus Domini praepara- 20
tus in vertice montium." Nam hunc esse Christum putabat,
sicut per Evangelium dicitur: „Aestimante autem populo et
cogitantibus omnibus in cordibus suis de Ioanne, ne forte
ipse esset Christus, quem et requirebant dicentes: Numquid Christus es tu?" Sed nisi idem Ioannes apud se vallis 25
esset, repletus gratiae spiritu non fuisset. Qui ut hoc quod
erat ostenderet, dixit: „Venit fortior me post me, cuius non
sum dignus solvere corrigiam calceamenti eius." Et rursum
ait: „Qui habet sponsam, sponsus est: amicus autem sponsi

---

[3] Die Erweiterung des Zitates um die Frage fehlt in der Vulgata.

höht, wird erniedrigt, und jeder, der sich erniedrigt, wird
erhöht werden" (Lk 14, 11). Ein aufgefülltes Tal wird nämlich höher, ein erniedrigter Berg und Hügel wird tiefer, da
ohne Zweifel das Heidentum im Glauben an den Mittler
zwischen Gott und den Menschen, den Menschen Christus
Jesus, die Fülle der Gnade empfing und das Judentum
durch den Irrtum des Unglaubens das verlor, worauf es sich
etwas eingebildet hatte. Jedes Tal wird nämlich aufgefüllt,
da die Herzen der Demütigen durch das Wort heiliger
Lehre mit der Gnade der Tugenden erfüllt werden gemäß
dem Schriftwort: „Er läßt Quellen in den Tälern hervor-
sprudeln" (vgl. Ps 104, 10: Vg. Ps 103, 10). Daher wird
nochmals gesagt: „Die Täler sind voller Getreide" (Ps
65, 14: Vg. Ps 64, 14). Von den Bergen fließt nämlich das
Wasser herab, da die Lehre der Wahrheit stolze Herzen
verläßt. Doch entspringen Quellen in den Tälern, da die
Herzen der Demütigen das Wort der Verkündigung aufnehmen. Schon sehen wir, schon erblicken wir, wie die
Täler voller Getreide sind, da deren Mund von der Nahrung der Wahrheit erfüllt ist, die als Sanftmütige und Ein-
fältige der Welt verächtlich erschienen.

4. Da das Volk auch Johannes den Täufer selbst mit
wunderbarer Heiligkeit ausgestattet sah, glaubte es, dieser
sei der einzigartig hochragende und festgegründete Berg,
von dem geschrieben steht: „In den letzten Tagen wird der
Berg des Hauses des Herrn an der Spitze der Berge bereitet
sein" (Jes 2, 2; Mi 4, 1). Denn es glaubte, er sei der Messias,
wie es im Evangelium heißt: „Das Volk war in Span-
nung. Alle überlegten bei sich, ob Johannes vielleicht der
Messias sei, und fragten ihn auch: Bist du der Messias?"
(vgl. Lk 3, 15)³. Doch wäre Johannes nicht in seinen eigenen
Augen ein Tal gewesen, so wäre er nicht vom Geist der
Gnade erfüllt worden. Um zu zeigen, was er war, sprach er:
„Nach mir kommt der, der mächtiger ist als ich; ich bin
nicht wert, dessen Schuhriemen zu lösen" (Mk 1, 7). Und
nochmals sagt er: „Wer die Braut hat, der ist der Bräutigam,

qui stat et audit eum, gaudio gaudet propter vocem sponsi.
Hoc autem gaudium meum impletum est. Illum oportet
crescere, me autem minui." Ecce cum pro mira operatione
virtutum talis esset, ut Christus esse crederetur, non solum
Christum non esse se respondit, sed etiam corrigiam calcea-   5
menti eius solvere, id est incarnationis eius mysterium
perscrutari non se dignum esse perhibuit. Eius esse
sponsam Ecclesiam credebant, qui hunc, quia Christus
esset existimabant. Sed ait: „Qui habet sponsam, sponsus
est." Ac si diceret: Ego sponsus non sum, sed amicus sponsi   10
sum. Nec propter vocem suam, sed in voce sponsi se gaudere perhibebat: quia non ideo laetabatur in corde, quoniam a populis humiliter audiebatur loquens: sed quia ipse
veritatis vocem audiebat intus, ut loqueretur foris. Quod
bene gaudium impletum dicit: quia quisquis de sua voce   15
gaudet, plenum gaudium non habet. A quo et subditur:
„Illum oportet crescere, me autem minui."

5. Qua in re quaerendum est, in quo crevit Christus, in
quo imminutus est Ioannes: nisi quod populus Ioannis
abstinentiam videns, remotum hunc ab hominibus esse   20
conspiciens, eum esse Christum putabat: Christum vero
cum publicanis comedentem, inter peccatores ambulantem
intuens, eum non Christum, sed esse prophetam credebat.
Sed dum per accessum temporis et Christus qui propheta
esse putabatur, Christus est agnitus, et Ioannes qui Christus   25
esse credebatur, propheta esse innotuit, impletum est quod
de Christo suus praecursor praedixit: „Illum oportet crescere, me autem minui." In aestimatione quippe populi et

---

[4] Ebenso *in euang.* 1,7,3.
[5] Häufig betont GREGOR, daß nur der äußerlich verkünden könne, der
sich zuvor im Innern von Gott belehren ließ; vgl. *in I Reg.* 3,171 (CCL
144,293); *in Ezech.* 1,11,8 (CCL 142,172).

der Freund des Bräutigams aber, der dasteht und ihn hört, freut sich sehr über die Stimme des Bräutigams. Diese meine Freude ist nun aber in Erfüllung gegangen. Jener muß wachsen, ich aber abnehmen" (Joh 3,29 f). Seht, obwohl er aufgrund wunderbaren Tugendwirkens ein Mann von der Art war, daß er für den Messias gehalten wurde, antwortete er nicht nur, nicht der Messias zu sein, sondern erklärte sich sogar für unwert, dessen Schuhriemen zu lösen, das heißt das Mysterium seiner Menschwerdung zu ergründen.[4] Daß ihm die Braut, die Kirche, gehöre, glaubten die, welche ihn für den Messias hielten. Doch sagt er: Wer die Braut hat, der ist der Bräutigam. Als wollte er sagen: Ich bin nicht der Bräutigam, sondern der Freund des Bräutigams. Auch sagte er, er freue sich nicht über seine eigene Stimme, sondern über die Stimme des Bräutigams, da er nicht deswegen im Herzen frohlockte, weil sein Reden von den Volksscharen demütig gehört wurde, sondern weil er selbst innerlich die Stimme der Wahrheit hörte, um äußerlich zu reden.[5] Treffend nennt er dies die in Erfüllung gegangene Freude, da, wer immer sich an der eigenen Stimme erfreut, nicht die volle Freude besitzt. Von ihm wird noch hinzugefügt: „Jener muß wachsen, ich aber abnehmen."

5. Hierbei ist zu fragen, in welcher Hinsicht Christus gewachsen ist, in welcher Hinsicht Johannes abgenommen hat, wenn nicht insofern, als das Volk Johannes für den Messias hielt, da es seine Enthaltsamkeit sah und ihn fern von den Menschen entdeckte, Christus jedoch nicht für den Messias, sondern für einen Propheten hielt, da es ihn mit Zöllnern essen und unter Sündern wandeln sah. Doch als im Laufe der Zeit Christus, den man für einen Propheten hielt, als Messias anerkannt wurde, und Johannes, den man für den Messias hielt, sich als Prophet erwies, erfüllte sich, was Christi Vorläufer über ihn vorausgesagt hatte: „Jener muß wachsen, ich aber abnehmen" (Joh 3,30). In der Wertschätzung des Volkes ist ja Christus gewachsen, da er als

Christus crevit, quia agnitus est quod erat: et Ioannes de-
crevit, quia cessavit | dici quod non erat. Igitur quoniam et | 252
idem Ioannes ideo in sanctitate perstitit, quia in cordis
humilitate perduravit: et multi idcirco ceciderunt, quia
apud semetipsos elata cogitatione tumuerunt, dicatur recte: 5
„Omnis vallis implebitur, et omnis mons et collis humiliabitur": quia donum humiles accipiunt, quod a se corda
superbientium repellunt.

6. Sequitur: „Et erunt prava in directa, et aspera in vias
planas." Prava directa fiunt, cum malorum corda per iniu- 10
stitiam detorta, ad iustitiae regulam diriguntur. Et aspera in
vias planas immutantur, cum immites atque iracundae mentes per infusionem supernae gratiae ad lenitatem mansuetudinis redeunt. Quando enim verbum veritatis ab iracunda
mente non recipitur, quasi asperitas itineris gressum per- 15
gentis repellit. Sed cum mens iracunda per acceptam mansuetudinis gratiam, correptionis vel exhortationis verbum
recipit, ibi planam viam praedicator invenit, ubi prius prae
asperitate itineris pergere, id est praedicationis gressum
ponere non valebat.   20

7. Sequitur: „Et videbit omnis caro salutare Dei." Quia
omnis caro accipitur omnis homo, salutare Dei, videlicet
Christum in hac vita omnis homo videre non potuit. Ubi
ergo in hac sententia propheta prophetiae oculum nisi ad
extremi iudicii diem tendit? Ubi cum apertis coelis, mini- 25
strantibus angelis, consedentibus apostolis, in sede maie-
statis suae Christus apparuerit, omnes hunc et electi et
reprobi pariter videbunt: ut et iusti de munere retributionis

derjenige anerkannt wurde, der er war; und Johannes hat abgenommen, da er aufhörte, als das bezeichnet zu werden, was er nicht war. Da also dieser Johannes deswegen in der Heiligkeit blieb, weil er in der Demut des Herzens verharrte, und zahlreiche deswegen fielen, weil sie sich in stolzem Denken vor sich selbst aufblähten, muß es zu Recht heißen: „Jedes Tal soll aufgefüllt werden, jeder Berg und Hügel erniedrigt werden" (Lk 3, 5), weil die Demütigen die Gabe empfangen, die die Herzen der Hochmütigen von sich stoßen.

6. Es folgt: „Was krumm ist, soll gerade, was uneben ist, soll ebener Weg werden" (Lk 3, 5). Krummes wird gerade, wenn die durch Ungerechtigkeit verkrümmten Herzen der Bösen am Richtmaß der Gerechtigkeit gerade gemacht werden. Und Unebenes wird in einen ebenen Weg verwandelt, wenn rauhe und jähzornige Gemüter durch die Eingießung himmlischer Gnade zur Milde der Sanftmut zurückkehren. Wenn nämlich das Wort der Wahrheit von einem jähzornigen Gemüt nicht aufgenommen wird, hindert sozusagen die Unebenheit des Weges den Schritt des Wanderers. Doch wenn ein jähzorniges Gemüt infolge der empfangenen Gnade der Sanftmut ein Wort der Zurechtweisung oder Ermahnung aufnimmt, dann findet der Verkündiger dort einen ebenen Weg, wo er zuvor wegen der Unebenheit des Weges nicht dahinschreiten, das heißt die Schritte der Verkündigung setzen konnte.

7. Es folgt: „Und alles Fleisch wird das Heil Gottes schauen" (Lk 3, 6). Da alles Fleisch als jeder Mensch zu verstehen ist, konnte das Heil Gottes, das heißt Christus, in diesem Leben nicht jeder Mensch schauen. Worauf richtet also in diesem Ausspruch der Prophet den Prophetenblick, wenn nicht auf den Tag des Endgerichts? Wenn die Himmel offenstehen, die Engel zu Diensten sind, die Apostel bei ihm sitzen, Christus auf dem Thron seiner Herrlichkeit erscheint, werden ihn dort alle Erwählten und Verworfenen gleichermaßen sehen, so daß sowohl die Ge-

sine fine gaudeant, et iniusti in ultione supplicii in perpetuum gemant. Nam quia ad hoc ista sententia intendit,
quod in extremo examine ab omni carne videbitur, recte
subiungitur: „Dicebat autem ad turbas, quae exibant ut
baptizarentur ab eo: Genimina viperarum, quis ostendit 5
vobis fugere a ventura ira?" Ventura enim ira est anim-
adversio ultionis extremae: quam tunc fugere peccator non
valet, qui nunc ad lamenta poenitentiae non recurrit. Et
notandum, quod malae soboles malorum parentum actiones imitantes, genimina viperarum vocantur: quia per hoc 10
quod bonis invident, eosque persequuntur, quod quibusdam mala retribuunt, quod laesiones proximis exquirunt,
quoniam in his omnibus priorum suorum carnalium vias
sequuntur, quasi venenati filii de venenatis parentibus nati
sunt.   15

    8. Sed quia iam peccavimus, quia usu malae consuetudi-
nis involuti sumus: dicat quid nobis faciendum sit, ut fugere
a ventura ira valeamus. Sequitur: „Facite ergo fructus
dignos poenitentiae." In quibus verbis notandum est, quod
amicus sponsi non solum fructus poenitentiae, sed dignos 20
poenitentiae admonet esse faciendos. Aliud namque | est | 254
poenitentiae fructum facere, aliud dignum poenitentiae
fructum facere. Ut enim secundum dignos poenitentiae
fructus loquamur, sciendum est, quia quisquis illicita nulla
commisit, huic iure conceditur ut licitis utatur: sicque pie- 25
tatis opera faciat, ut tamen si noluerit, ea quae mundi sunt,
non relinquat. At si quis in fornicationis culpam, vel fortasse quod est gravius, in adulterium lapsus est, tanto a se

rechten sich über das Geschenk der Belohnung ohne Ende freuen als auch die Ungerechten in der Pein der Strafe in Ewigkeit stöhnen werden. Denn da sich dieser Ausspruch darauf bezieht, daß Christus bei der letzten Prüfung von allem Fleisch gesehen wird, wird mit Recht hinzugefügt: „So sprach er zu den Volksscharen, die hinausgezogen waren, um sich von ihm taufen zu lassen: Ihr Schlangenbrut, wer hat euch gelehrt, daß ihr dem kommenden Zorn entrinnen würdet?" (Lk 3,7). Der kommende Zorn ist nämlich die Verhängung der endgültigen Strafe, der der Sünder, der jetzt nicht zu den Klagen der Buße Zuflucht nimmt, dann nicht zu entrinnen vermag. Auch ist zu beachten, daß böse Nachkommenschaft, die die Taten böser Eltern nachahmt, „Schlangenbrut" genannt wird. Indem sie gegenüber den Guten mißgünstig sind und sie verfolgen, einigen Böses widerfahren lassen, die Nächsten zu verletzen suchen und da sie in all dem den Wegen ihrer leiblichen Vorfahren folgen, sind sie gleichsam als vergiftete Söhne von vergifteten Eltern gezeugt.

8. Da wir aber bereits gesündigt haben, da wir in böse Gewohnheit verstrickt sind, möge jener uns sagen, was wir tun müssen, um dem kommenden Zorn entrinnen zu können. Es folgt: „Bringt also Früchte, die der Buße entsprechen" (Lk 3,8). Bei diesen Worten ist zu beachten, daß der Freund des Bräutigams nicht nur mahnt, Früchte der Buße, sondern der Buße entsprechende Früchte zu bringen. Eine Sache ist es nämlich, Früchte der Buße zu bringen, eine andere, der Buße entsprechende Früchte zu bringen. Um nämlich von der Buße entsprechenden Früchten sprechen zu können, muß man wissen, daß dem, der nichts Unerlaubtes tat, zu Recht gestattet wird, Erlaubtes zu gebrauchen; und die Werke der Frömmigkeit mag er so verrichten, daß er dabei dennoch nicht, wenn er es nicht will, das aufgeben muß, was der Welt gehört. Wenn hingegen jemand in die Schuld der Unzucht gefallen ist oder vielleicht, was noch schlimmer ist, Ehebruch begangen hat, muß er sich in

licita debet abscindere, quanto se meminit et illicita perpe-
trasse. Neque enim par fructus boni operis esse debet eius
qui minus, et eius qui amplius deliquit: aut eius qui in nullis,
et eius qui in quibusdam facinoribus cecidit, et eius qui in
multis est lapsus. Per hoc ergo quod dicitur: „Facite dignos 5
fructus poenitentiae", uniuscuiusque conscientia conveni-
tur: ut tanto maiora quaerat bonorum operum lucra per
poenitentiam, quanto graviora sibi intulit damna per culpam.

9. Sed iudaei de generis nobilitate gloriantes, idcirco se 10
agnoscere peccatores nolebant, quia de Abrahae stirpe de-
scenderant. Quibus recte dicitur: „Et ne coeperitis dicere,
patrem habemus Abraham: dico enim vobis, quia potens est
Deus de lapidibus istis suscitare filios Abrahae." Quid enim
lapides, nisi corda gentilium fuerunt, ad intellectum Dei 15
omnipotentis insensibilia? Sicut etiam quibusdam ex iudaeis dicitur: „Auferam cor lapideum de carne vestra." Nec
immerito lapidum nomine gentes significatae sunt, quia
lapides coluerunt. Unde scriptum est: „Similes illis fiant qui
faciunt ea, et omnes qui confidunt in eis." De quibus ni- 20
mirum lapidibus filii Abrahae suscitati sunt: quia dum dura
corda gentilium in Abrahae semine, id est in Christo credi-
derunt, eius filii facti sunt, cuius semini sunt uniti. Unde et
eisdem gentibus per egregium praedicatorem dicitur: „Si
autem vos Christi, ergo Abrahae semen estis." Si igitur nos 25
per fidem Christi Abrahae iam semen exsistimus, iudaei
propter perfidiam Abrahae filii esse desierunt. Quia vero in

---

[6] Vielfach charakterisiert GREGOR das Heidentum durch den Kult toter
Götterbilder, dessen Überleben er sogar bis in seine Gegenwart hinein
erleben mußte; vgl. *moral.* 1,21 (CCL 143, 35); 27,58 (CCL 143B, 1376);
35,41 (CCL 143B, 1801); *in Ezech.* 2,4,19 (CCL 142, 271); *epist.* 4,27
(CCL 140, 246); 8,29 (CCL 140A, 551).

dem Maße vom Erlaubten entschieden trennen, als er sich
bewußt ist, Unerlaubtes begangen zu haben. Die Frucht
guten Tuns darf nämlich nicht gleich sein bei dem, der sich
weniger, und bei dem, der sich mehr verfehlt hat, oder bei
dem, der keinerlei, und dem, der einigen Vergehen verfiel,
und noch mehr dem, der in vielen Vergehen zu Fall kam.
Durch das Wort: „Bringt Früchte, die der Buße entsprechen" wird das Gewissen eines jeden in passender Weise
angesprochen, daß es um so größeren Gewinn an guten
Werken durch die Buße sucht, je schwereren Verlust es sich
durch die Schuld zufügte.

9. Doch die Juden, die sich ihrer vornehmen Abstam-
mung rühmten, wollten sich deshalb nicht als Sünder bekennen, weil sie aus dem Geschlecht Abrahams abstamm-
ten. Zu ihnen wird mit Recht gesagt: „Und fangt nicht an
zu sagen: Wir haben ja Abraham zum Vater. Denn ich sage
euch: Gott kann dem Abraham aus diesen Steinen Kinder
erwecken" (Lk 3,8). Was waren die Steine nämlich anderes
als die Herzen der Heiden, empfindungslos für die Erkenntnis des allmächtigen Gottes? Wie auch einigen von
den Juden gesagt wird: „Ich werde das Herz von Stein aus
euren Herzen nehmen" (vgl. Ez 11,19). Nicht zu Unrecht
wurden mit dem Wort „Steine" die Heiden bezeichnet, da
sie Steine verehrten.[6] Daher steht geschrieben: „Die sie
gebildet haben, sollen ihnen gleichen, und alle, die auf sie
vertrauen" (Ps 115,8: Vg. Ps 113,8). Aus diesen Steinen
wurden ohne Zweifel dem Abraham Kinder erweckt, denn
indem die harten Herzen der Heiden an Abrahams Nachkommen, das heißt an Christus, glaubten, wurden sie dessen Kinder, mit dessen Nachkommen sie vereint wurden.
Daher wird ebendiesen Heiden durch den herausragenden
Verkündiger gesagt: „Wenn ihr aber Christus angehört, so
seid ihr auch Abrahams Nachkommen" (Gal 3,29). Wenn
wir folglich durch den Glauben an Christus nun Nachkommen Abrahams sind, dann haben die Juden wegen ihres
Unglaubens aufgehört, Kinder Abrahams zu sein. Daß aber

illo tremendi examinis die parentes boni malis filiis prodesse non possint, testatur propheta, qui dicit: „Noe, Daniel
et Iob si fuerint in medio eorum, vivo ego, dicit Dominus
Deus, quia filium et filiam non liberabunt: sed ipsi iustitia
sua liberabunt animas suas." Et rursum, quia boni filii nihil 5
malis parentibus prosint, sed ad reatum potius malorum
parentum proficiat bonitas filiorum, ipsa per se Veritas non
credentibus iudaeis dicit: „Si ego in Beelzebub eicio daemonia, filii vestri in quo eiciunt? Ideo ipsi iudices vestri
erunt."   10

10. Sequitur: „Iam enim securis ad radicem arboris posita
est. Omnis enim arbor non faciens fructum bonum, excide-
tur, et in ignem mittetur." Arbor huius | mundi est univer- | 256
sum genus humanum. Securis vero est Redemptor noster,
qui velut ex manubrio et ferro tenetur ex humanitate, sed 15
incidit ex divinitate. Quae videlicet securis iam ad radicem
arboris posita est: quia etsi per patientiam exspectat, videtur tamen quid factura est. „Omnis enim arbor non faciens
fructum bonum, excidetur, et in ignem mittetur": quia
unusquisque perversus paratam citius gehennae concrema- 20
tionem invenit, qui hic fructum boni operis facere contemnit. Et notandum, quod securim non iuxta ramos positam,
sed ad radicem dicit. Cum enim malorum filii tolluntur,
quid aliud quam rami infructuosae arboris abscinduntur?
Cum vero tota simul progenies cum parente tollitur, infruc- 25
tuosa arbor a radice abscissa est, ne iam remaneat unde
prava iterum soboles succrescat. In quibus Ioannis Baptistae verbis constat quod audientium corda turbata sunt,

---

[7] Löfstedt, *Adnotatiunculae* 170, plädiert für die Lesart *huius modi*
statt *huius mundi*.

an jenem Tag der schrecklichen Prüfung gute Eltern ihren
bösen Kindern nicht nutzen können, bezeugt der Prophet,
wenn er sagt: „Wenn Noach, Daniel und Ijob in ihrer Mitte
wären, spricht Gott, der Herr, sie würden weder Sohn noch
Tochter retten, sondern aufgrund ihrer Gerechtigkeit nur
ihre eigenen Seelen" (vgl. Ez 14, 14). Und umgekehrt, daß
gute Kinder ihren bösen Eltern in keiner Weise nutzen,
sondern die Güte der Kinder die Schuld der bösen Eltern
eher noch steigert, sagt die Wahrheit selbst gegenüber den
nicht glaubenden Juden: „Wenn ich durch Beelzebul Dämonen austreibe, durch wen treiben dann eure Söhne sie
aus? Deswegen werden sie selbst eure Richter sein" (Lk
11, 19).

10. Es folgt: „Schon ist die Axt an die Wurzel des Baumes
gelegt. Jeder Baum also, der keine gute Frucht bringt, wird
umgehauen und ins Feuer geworfen" (Lk 3, 9). Der Baum
dieser Welt[7] ist die gesamte Menschheit. Die Axt aber ist
unser Erlöser, der aufgrund seiner Menschheit wie an Stiel
und Eisen gehalten wird, doch aufgrund seiner Gottheit
einschneidet. Diese Axt ist offenkundig schon an die Wurzel des Baumes gelegt, denn wenn sie auch mit Geduld
abwartet, so kann man doch sehen, was sie vollbringen
wird. „Jeder Baum also, der keine gute Frucht bringt, wird
umgehauen und ins Feuer geworfen", denn jeder Böse, der
es hier verschmäht, die Frucht guten Tuns zu bringen,
findet recht schnell das Feuer der Hölle bereitet. Auch ist
zu beachten, daß er nicht sagt, die Axt sei an die Zweige,
sondern an die Wurzel gelegt. Wenn nämlich die Kinder der
Bösen hinweggenommen werden, was wird dann anderes
abgeschnitten als die Zweige des unfruchtbaren Baumes?
Wenn jedoch die ganze Nachkommenschaft mit dem Er-
zeuger hinweggenommen wird, dann ist der unfruchtbare
Baum an der Wurzel abgehauen, damit nichts mehr zurück-
bleibt, woraus nochmals ein schlechter Sproß hervorwach-
sen könnte. Offensichtlich werden die Herzen der Hörer
bei den Worten Johannes' des Täufers unruhig, wenn so-

cum protinus subinfertur: „Et interrogabant eum turbae,
dicentes: Quid ergo faciemus?" Perculsae enim terrore fuerant, quae consilium quaerebant.

11. Sequitur: „Respondens autem dicebat illis: Qui habet
duas tunicas, det non habenti: et qui habet escas, similiter 5
faciat." Per hoc quod tunica plus est necessaria usui nostro,
quam pallium, ad fructum dignum poenitentiae pertinet, ut
non solum exteriora quaeque et minus necessaria, sed ipsa
valde nobis necessaria dividere cum proximis debeamus,
scilicet vel escam qua carnaliter vivimus, vel tunicam qua 10
vestimur. Quia enim in lege scriptum est: „Diliges proximum tuum sicut teipsum": minus proximum amare convincitur, qui non cum eo in necessitate illius etiam ea quae sibi
sunt necessaria partitur. Idcirco ergo de dividendis cum
proximo duabus tunicis datur praeceptum, quia hoc de una 15
dici non potuit: quoniam si una dividatur, nemo vestitur. In
dimidia quippe tunica et nudus remanet qui accipit, et
nudus qui dedit. Inter haec autem sciendum est, quantum
misericordiae opera valeant, cum ad fructus dignos poenitentiae ipsa prae ceteris praecipiuntur. Hinc etiam per se- 20
metipsam Veritas dicit: „Date eleemosynam, et ecce omnia
munda sunt vobis." Hinc rursus ait: „Date, et dabitur vobis." Hinc scriptum est: „Ignem ardentem exstinguit aqua,
et eleemosyna resistit peccatis." Hinc iterum dicitur: „Con-
clude eleemosynam in sinu pauperis, et haec pro te exora- 25
bit." Hinc bonus pater innocentem filium admonet, dicens:
„Si multum tibi fuerit, abundanter tribue: si exiguum fuerit,
etiam exiguum libenter stude impartiri."

12. Ut autem quanta esset virtus in continentia et suscep-
tione indigentium Redemptor noster ostenderet, dicit: 30

---

[8] Wörtlich: die Tunika, d.h. das unmittelbar auf dem Leib getragene
Gewand.

gleich hinzugefügt wird: „Da fragten ihn die Volksscharen: Was sollen wir denn tun?" (Lk 3, 10). Vom Schrecken waren nämlich die ergriffen, die um Rat fragten.

11. Es folgt: „Er antwortete ihnen: Wer zwei Gewänder hat, gebe eines davon dem, der keines hat, und wer zu essen hat, der handle ebenso" (Lk 3, 11). Da das Gewand[8] für unseren Gebrauch notwendiger ist als der Mantel, gehört es zur Frucht, die der Buße entspricht, daß wir nicht allein alles Äußere und weniger Notwendige, sondern auch das uns überaus Notwendige mit den Nächsten teilen müssen, das heißt die Nahrung, von der unser Leib lebt, oder das Gewand, mit dem wir uns bekleiden. Da nämlich im Gesetz geschrieben steht: „Du sollst den Nächsten wie dich selbst lieben" (Mt 22, 39; Lev 19, 18), wird der überführt, den Nächsten weniger zu lieben, der mit ihm in seiner Notlage nicht auch das teilt, was für ihn selbst notwendig ist. Deshalb wird also die Weisung gegeben, zwei Gewänder mit dem Nächsten zu teilen, weil dies von einem einzigen nicht gesagt werden kann, denn teilt man eines, so wird niemand bekleidet. Bei einem halbierten Gewand bleibt ja der unbekleidet, der es empfängt, und ebenso der, der es spendet. Hierbei muß man aber wissen, wieviel die Werke der Barmherzigkeit vermögen, wenn sie vor allen anderen als Früchte, die der Buße entsprechen, geboten werden. Daher sagt auch die Wahrheit selbst: „Gebt Almosen, dann seht, alles ist euch rein" (vgl. Lk 11, 41). Daher spricht sie nochmals: „Gebt, und es wird euch gegeben werden" (Lk 6, 38). Daher steht geschrieben: „Glühendes Feuer löscht das Wasser, und Almosen wehrt den Sünden" (Sir 3, 30: Vg. Sir 3, 33). Daher wird nochmals gesagt: „Lege ein Almosen in der Tasche des Armen an, und es wird für dich flehen" (Sir 29, 15 Vg.). Daher mahnt der gute Vater seinen unschuldigen Sohn: „Hast du viel, so gib reichlich, hast du wenig, so bemühe dich, auch das Wenige gerne zu teilen" (Tob 4, 8).

12. Um aber zu zeigen, welch große Vollkommenheit in der Selbstlosigkeit und in der Aufnahme der Bedürftigen

„Qui recipit prophetam in nomine prophetae, mercedem
prophetae accipiet: et qui recipit iustum in nomine | iusti, |258
mercedem iusti accipiet." In quibus verbis notandum est,
quia non ait: mercedem de propheta, vel mercedem de
iusto, sed: mercedem prophetae atque mercedem iusti acci- 5
piet. Aliud est enim merces de propheta, aliud merces prophetae: atque aliud merces de iusto, aliud merces iusti.
Quid est enim dicere, „Mercedem prophetae accipiet", nisi
quia is qui prophetam sua largitate sustentat, quamvis ipse
prophetiam non habeat, apud omnipotentem tamen Domi- 10
num prophetiae praemia habebit? Iste enim fortasse iustus
est, et quanto in hoc mundo nihil possidet, tanto loquendi
pro iustitia fiduciam maiorem habet. Hunc dum ille sustentat, qui in hoc mundo aliquid possidet, et fortasse adhuc
pro iustitia loqui libere non praesumit, iustitiae illius liber- 15
tatem sibi participem facit: ut cum eo pariter iustitiae praemia recipiat, quem sustentando adiuvit, quatenus eandem
iustitiam libere loqui potuisset. Ille prophetiae spiritu plenus est, sed tamen corporeo eget alimento. Et si corpus non
reficitur, certum est quod vox ipsi subtrahatur. Qui ergo 20
alimentum prophetae propter hoc quod propheta est, tribuit, prophetiae illius vires ad loquendum dedit. Cum propheta ergo mercedem prophetae recipiet, quia etsi spiritu
prophetiae plenus non fuit, hoc tamen ante Dei oculos
exhibuit, quod adiuvit. Hinc est quod de quibusdam per- 25
egrinantibus fratribus Caio per Ioannem dicitur: „Pro no-

---

[9] D.h. wegen der Aufnahme des Propheten.

liegt, sagt er: „Wer einen Propheten wegen seines Prophetenamtes aufnimmt, wird den Lohn eines Propheten empfangen; und wer einen Gerechten wegen seiner Gerechtigkeit aufnimmt, wird den Lohn eines Gerechten
empfangen" (Mt 10,41). Bei diesen Worten ist zu beachten,
daß er nicht sagt, er werde den Lohn wegen des Propheten[9]
oder den Lohn wegen des Gerechten empfangen, sondern
den Lohn eines Propheten und den Lohn eines Gerechten.
Eine Sache ist nämlich der Lohn wegen eines Propheten,
eine andere der Lohn eines Propheten, und eine Sache ist
der Lohn wegen eines Gerechten und eine andere der Lohn
eines Gerechten. Was bedeutet denn das Wort: „Er wird
den Lohn eines Propheten empfangen" anderes, als daß der,
der mit seiner Großzügigkeit einen Propheten unterstützt,
beim allmächtigen Gott dennoch den Lohn eines Propheten erhalten wird, obwohl er selbst nicht über die Prophetie
verfügt? Da ist vielleicht ein Gerechter, und je weniger er
in dieser Welt besitzt, desto größeren Freimut hat er, für die
Gerechtigkeit zu sprechen. Wenn ihn nun jener unterstützt,
der in dieser Welt etwas besitzt und es vielleicht noch nicht
wagt, für die Gerechtigkeit freimütig das Wort zu ergreifen,
macht er sich zum Teilhaber am Freimut hinsichtlich jener
Gerechtigkeit, um gleichermaßen mit dem den Lohn der
Gerechtigkeit zu empfangen, welchem er durch seine Unterstützung half, diese Gerechtigkeit freimütig verkünden
zu können. Ein weiterer ist vom Geist der Prophetie erfüllt,
bedarf aber der Nahrung für den Leib. Und wenn der Leib
nicht gestärkt wird, ist es sicher, daß die Stimme selbst
verschwindet. Wer also einem Propheten, eben weil er ein
Prophet ist, Nahrung gab, verlieh seiner Prophetie die
Kraft zum Reden. Mit dem Propheten wird er also den
Lohn eines Propheten empfangen, denn auch wenn er vom
Geist der Prophetie nicht erfüllt war, hat er doch vor den
Augen Gottes das vollbracht, wozu er verhalf. Daher rührt
es, was Johannes über einige umherziehende Brüder an
Gaius schreibt: „Um des Namens Christi willen sind sie

mine enim Christi profecti sunt, nihil accipientes a gentilibus. Nos ergo debemus suscipere huiusmodi ut cooperato-
res simus veritatis." Qui enim spiritalia dona habentibus,
temporalia subsidia tribuit, in ipsis donis spiritalibus co-
operator exsistit. Nam cum pauci sint qui spiritalia dona 5
percipiunt, et multi qui rebus temporalibus abundant: per
hoc se divites virtutibus pauperum inserunt, quo eisdem
sanctis pauperibus de suis divitiis solatiantur. Unde cum
per Isaiae vocem derelictae Dominus gentilitati, id est sanctae Ecclesiae, spiritalium virtutum merita, tamquam deser- 10
to arbusta promitteret, ulmum quoque pariter promisit,
dicens: „Ponam desertum in stagna aquarum, et terram
inviam in rivos aquarum: dabo in solitudine cedrum et
spinam, myrtum et lignum olivae: ponam in deserto abietem, ulmum et buxum simul, ut videant, et sciant, et reco- 15
gitent et intelligant pariter."

13. Desertum quippe Dominus in stagna aquarum posuit, et terram inviam in rivos aquarum: quia gentilitati, quae
prius per ariditatem mentis nullos bonorum operum fructus ferebat, fluenta sanctae praedicationis dedit: et ipsa, ad 20
quam prius pro asperitate suae siccitatis via praedicatoribus
non patebat, doctrinae postmodum rivos emanavit. Cui
adhuc ex magno munere promittitur: „Dabo in solitudine
cedrum et | spinam." Cedrum, quia magni odoris est atque | 260
imputribilis naturae, iure accipimus in promissione. De 25
spina vero, cum peccanti homini dictum sit: „Terra tua
spinas et tribulos germinabit tibi": quid mirum, si sanctae
Ecclesiae illud promittitur, quod peccanti homini pro poe-

---

[10] Zur Metaphorik der folgenden Auslegung vgl. GIORDANO, *Metafora*
610f.
[11] Ebenso GREGOR, *moral.* 18,58 (CCL 143A, 924f).

ausgezogen, ohne etwas von den Heiden anzunehmen. Wir
müssen uns also solcher Männer annehmen, um Mitarbeiter
der Wahrheit zu sein" (3 Joh 7 f). Wer nämlich denen, die
geistliche Gaben besitzen, zeitliche Unterstützung gewährt, wird zum Mitarbeiter an den geistlichen Gaben
selbst. Denn da es wenige sind, die geistliche Gaben empfangen, und viele, die an zeitlichen Dingen Überfluß haben,
vereinigen sich die Reichen mit den Tugenden der Armen
dadurch, daß sie diesen heiligen Armen mit ihrem Reichtum zu Hilfe kommen. Als daher der Herr durch die Stimme Jesajas dem verlassenen Heidentum, das heißt der heiligen Kirche, kostbare geistliche Kräfte wie einer Wüste
Baumwerk verhieß, da hat er gleichermaßen auch die Ulme
verheißen, indem er sagte: „Ich will die Wüste zu Wasserteichen machen und unwegsames Land zu Wasserquellen.
Ich lasse in der Einöde die Zeder und den Dornbusch
sprossen, die Myrte und den Ölbaum. Ich will in der Wüste
die Zypresse pflanzen, die Ulme und den Buchsbaum zugleich, damit sie sehen und erkennen, beherzigen und zusammen verstehen" (Jes 41, 18–20).[10]

13. Der Herr machte ja die Wüste zu Wasserteichen und
unwegsames Land zu Wasserquellen, da er dem Heidentum, das zunächst infolge seiner geistigen Dürre keine
Früchte guter Werke hervorbrachte, die Ströme heiliger
Verkündigung spendete und es selbst, zu dem den Verkündigern zunächst aufgrund seiner rauhen Dürre kein Weg
offenstand, später die Flüsse der Lehre ausströmen ließ.[11]
Ihm wird im Zusammenhang der großen Gaben weiter
verheißen: „Ich lasse in der Einöde die Zeder und den
Dornbusch sprossen" (Jes 41, 19). Da die Zeder von kräfti-
gem Geruch und unvergänglicher Natur ist, empfangen wir
sie mit Recht in der Verheißung. Insofern dem sündigen
Menschen gesagt wird: „Deine Erde soll dir Dornen und
Disteln tragen" (Gen 3, 18), ist es da nicht verwunderlich,
wenn der heiligen Kirche über den Dornbusch das verheißen wird, was sich dem sündigen Menschen zur Strafe

na multiplicatur? Sed cedri signantur nomine hi, qui virtutes et signa exhibent in sua operatione, qui dicere cum Paulo
valent: „Christi bonus odor sumus Deo." Quorum corda
ita in aeterno amore solidata sunt, ut eadem iam terreni
amoris putredo nulla corrumpat. Per spinam vero signati 5
sunt doctrinae spiritalis viri, qui dum de peccatis ac virtutibus disserunt, et modo aeterna supplicia minantur, modo
coelestis regni gaudia promittunt, corda audientium
pungunt. Sicque mentem dolore compunctionis perforant,
ut ab eorum oculis quasi quidam sanguis animae, lacrymae 10
decurrant. Myrtus vero temperativae virtutis est, ita ut
dissoluta membra temperando restringat. Quid itaque per
myrtum, nisi hi signati sunt, qui afflictionibus proximorum
compati sciunt, eorumque tribulationem per compas-
sionem temperant? Iuxta hoc quod scriptum est: „Gratias 15
autem Deo, qui consolatur nos in omni tribulatione nostra,
ut possimus et ipsi consolari eos qui in omni pressura sunt."
Qui dum afflictis proximus verbum vel opem consolationis
ferunt, eos procul dubio ad statum rectitudinis restringunt,
ne immoderata tribulatione in desperationem solvantur. 20
Quos autem per olivam, nisi misericordes accipimus? Quia
et graece ἔλεος misericordia vocatur, et quasi olivae liquor
ante omnipotentis Dei oculos misericordiae fructus lucet.

Cui adhuc in promissione subiungitur: „Ponam in deserto abietem, ulmum et buxum simul." Qui per abietem, quae 25
valde crescendo ad aëris alta sustollitur, nisi hi designati
sunt, qui intra sanctam Ecclesiam adhuc in terrenis corpo-

---

[12] Die *compassio* ist für GREGOR eine der wichtigsten Ausdrucksformen
der Nächstenliebe. Vgl. CATRY, *Amour du prochain* 315–322.
[13] GREGOR nutzt für seine Auslegung die terminologische Ähnlichkeit
von ἔλεος („Erbarmen") und ἔλαιον („Öl der Olive").

vervielfältigt? Mit dem Namen Zeder werden nun aber die bezeichnet, die die Tugenden und Zeichen in ihrem Wirken sichtbar werden lassen, die mit Paulus sagen können: „Christi Wohlgeruch sind wir für Gott" (2 Kor 2, 15). Deren Herzen sind in der ewigen Liebe so verwurzelt, daß sie keinerlei Fäulnis irdischer Liebe mehr verdirbt. Durch den Dornbusch jedoch werden die Männer geistlicher Lehre bezeichnet. Wenn diese über Sünden und Tugenden sprechen und bald ewige Strafen androhen, bald die Freuden des himmlischen Reiches verheißen, stechen sie die Herzen der Hörer und durchbohren das Gemüt mit dem Schmerz tiefer Reue in der Weise, daß aus deren Augen die Tränen, gleichsam das Blut der Seele, herabströmen. Die Myrte aber besitzt lindernde Wirkung, so daß ausgerenkte Gliedmaßen unter dem lindernden Einfluß wieder eingerenkt werden. Wer sonst wird daher durch die Myrte bezeichnet als diejenigen, die es verstehen, mit den Bedrängnissen der Nächsten Mitgefühl[12] zu haben und deren Drangsal durch Mitfühlen zu lindern, gemäß dem Schriftwort: „Gepriesen sei Gott, der uns in all unserer Drangsal tröstet, damit auch wir diejenigen trösten können, die in jeglicher Bedrängnis sind" (vgl. 2 Kor 1, 3 f). Wenn sie ihren bedrängten Nächsten ein tröstendes Wort oder tröstende Hilfe spenden, dann bringen sie ohne Zweifel diese wieder in den aufrechten Zustand, damit sie nicht durch maßlose Drangsal in Verzweiflung vergehen. Wen aber verstehen wir unter dem Ölbaum, wenn nicht die Barmherzigen? Denn im Griechischen heißt Barmherzigkeit[13] ἔλεος, und wie das Öl der Olive leuchtet vor den Augen des allmächtigen Gottes die Frucht der Barmherzigkeit.

In der Verheißung wird der Kirche noch weiter gesagt: „Ich will in der Wüste die Zypresse pflanzen, die Ulme und den Buchsbaum zugleich" (Jes 41, 19). Wer wird durch die Zypresse, die sich hoch emporwachsend bis zur Himmelshöhe aufrichtet, bezeichnet, wenn nicht diejenigen, die in der heiligen Kirche, noch im irdischen Leibe weilend,

ribus positi, iam coelestia contemplantur? Et quamvis
nascendo de terra exierunt, contemplando tamen iam iuxta
aethera verticem mentis extollunt. Et quid per ulmum, nisi
secularium mentes expressae sunt? Quae dum terrenis adhuc curis inserviunt, nullum virtutum spiritalium fructum 5
ferunt. Sed etsi fructum proprium ulmus non habet, portare
tamen vitem cum fructu solet: quia et seculares viri intra
sanctam Ecclesiam, quamvis spiritalium virtutum dona non
habeant, dum tamen sanctos viros donis spiritalibus plenos
sua largitate sustentant, quid aliud quam vitem cum botris 10
portant? Buxus autem quos alios designat, quae in altum
non proficit, et quamvis fructum non habeat, viriditatem
tamen habet, nisi eos, qui intra sanctam Ecclesiam adhuc ex
aetatis infirmitate bona opera ferre non valent, sed tamen
parentum fidelium credulitatem sequentes, fidem perpe- 15
tuae viriditatis tenent?

Post quae omnia apte subiungitur: „Ut videant et sciant,
et recogitent et intelligant pariter." Ad hoc enim cedrus in
Ecclesia ponitur, ut quisquis a proximo odorem | virtutum | 262
spiritalium trahit, ipse quoque in aeternae vitae dilectione 20
non torpeat, sed ad bonorum coelestium desideria ignescat.
Ad hoc spina ponitur, ut qui praedicationis eius verbo
compunctus fuerit, ipse quoque exemplo illius discat corda
sequentium praedicationis verbo compungere. Ad hoc
myrtus ponitur, ut qui in ardore tribulationis ab ore vel 25
opere proximi compatientis temperamentum consolationis
acceperit, ipse etiam discat, quemadmodum afflictis proximis suae consolationis temperamentum proferat. Ad hoc

---

[14] GREGOR nutzt in der Auslegung das Wortspiel, insofern das Verb
compungi das Stechen sowohl des Dornes als auch des Reueschmerzes
bedeutet.

schon das Himmlische schauen? Und obwohl sie durch die
Geburt der Erde entstammten, erheben sie doch durch das
Schauen die Spitze ihres Geistes in die Nähe des Himmlischen. Und was wird durch die Ulme zum Ausdruck gebracht, wenn nicht der Sinn derer, die in der Welt leben?
Indem sie noch irdischen Sorgen ergeben sind, bringen sie
keinerlei Frucht an geistlichen Tugenden. Doch wenn auch
die Ulme keine eigene Frucht besitzt, pflegt sie doch den
Weinstock mit seiner Frucht zu tragen. Denn wenn auch
die in der Welt lebenden Männer in der heiligen Kirche
nicht die Gaben geistlicher Tugenden besitzen, aber dennoch die heiligen, von geistlichen Gaben erfüllten Männer
durch ihre Großzügigkeit unterstützen, was tun sie da
anderes, als den Weinstock mit den Trauben zu tragen? Der
Buchsbaum aber, der nicht in die Höhe wächst und, obwohl
er keine Frucht trägt, dennoch Lebenskraft besitzt, wen
anders bezeichnet er als diejenigen, die in der heiligen
Kirche aufgrund der Schwäche ihres Alters noch keine
guten Werke vollbringen können, aber dennoch, indem sie
der Gläubigkeit ihrer gläubigen Eltern folgen, den Glauben
ewiger Lebenskraft besitzen?

Nach all dem wird passend hinzugefügt: „damit sie sehen und erkennen, beherzigen und zusammen verstehen"
(Jes 41, 20). Die Zeder wird nämlich dazu in der Kirche
angelegt, daß jeder, der von seinen Nächsten den Wohlgeruch geistlicher Tugenden einzieht, auch selbst nicht in der
Liebe zum ewigen Leben erkalte, sondern zur Sehnsucht
nach den himmlischen Gütern entbrenne. Der Dornbusch
wird dazu gepflanzt, daß, wer vom Wort seiner Verkündigung reuevoll gestochen[14] wurde, selbst auch durch dessen
Beispiel lerne, die Herzen der ihm Folgenden mit dem Wort
der Verkündigung reuevoll zu stechen. Die Myrte wird
dazu gepflanzt, daß, wer im Feuer der Drangsal aus dem
Mund oder Werk eines mitfühlenden Nächsten die Linderung des Trostes empfangen hat, auch selbst lerne, wie er
den bedrängten Nächsten die Linderung des Trostes spen-

oliva ponitur, ut qui alienae misericordiae opera cognoscit, discat quemadmodum debeat indigenti proximo et ipse misereri. Ad hoc abies ponitur, ut quisquis vim contemplationis eius agnoverit, ipse quoque ad contemplanda aeterna praemia succendatur. Ad hoc ulmus ponitur, ut quisquis 5 intuitus fuerit eum, qui habere virtutum fructum spiritalium non valet, sed tamen eos, qui spiritalibus donis pleni sunt, sustentat, ipse quoque sanctorum vitae quanta valet largitate inserviat, et coelestium bonorum botros, quos gignendo non valet, sustentando ferat. Ad hoc buxus poni- 10 tur, ut qui habere multos adhuc in infirmitate positos verae fidei viriditatem considerat, etiam esse ipse infidelis erubescat. Bene ergo descriptis prius arboribus dicitur: „Ut videant et sciant, et recogitent et intelligant." Ubi et apte subiungitur „pariter": quia cum intra sanctam Ecclesiam 15 diversi hominum mores, diversi sunt ordines, necesse est, ut omnes simul discant, dum in ea spiritales viri diversae qualitatis, aetatis et ordinis ad imitandum simul videntur. Sed ecce nos dum monstrare ulmum quaerimus, per multa arbusta longius evagati sumus. Ad hoc itaque, propter quod 20 prophetae testimonium protulimus, revertamur. „Qui recipit prophetam in nomine prophetae, mercedem prophetae accipiet": quia etsi fructum ulmus non habet, vitem tamen cum fructibus portans, haec ipsa sua efficit, quae bene sustentat aliena.   25

14. Quia vero ad magna nos opera Ioannes admonet, dicens: „Facite ergo fructus dignos poenitentiae"; et rursus: „Qui habet duas tunicas, det non habenti: et qui habet escas,

de. Der Ölbaum wird dazu gepflanzt, daß, wer die Werke fremder Barmherzigkeit erkennt, es lerne, wie auch er selbst sich des bedürftigen Nächsten erbarmen muß. Die Zypresse wird dazu gepflanzt, daß jeder, der die Kraft ihrer Schau erkannt hat, auch selbst entflammt werde, den ewigen Lohn zu schauen. Die Ulme wird dazu gepflanzt, daß jeder, der einen sah, der keine Frucht an geistlichen Tugenden haben kann, aber dennoch die von geistlichen Gaben Erfüllten unterstützt, auch selber dem Leben der Heiligen mit der ihm möglichen Großzügigkeit dient und die Trauben himmlischer Güter, die er nicht hervorzubringen vermag, durch sein Unterstützen trägt. Der Buchsbaum wird dazu gepflanzt, daß, wer die große Zahl derer erwägt, die trotz ihres noch schwachen Alters die Lebenskraft des wahren Glaubens besitzen, sich schäme, selbst noch immer ein Ungläubiger zu sein. Treffend heißt es also nach der vorangegangenen Beschreibung der Bäume: „Damit sie sehen und erkennen, es beherzigen und verstehen." Hier wird passend noch „zusammen" hinzugefügt. Denn indem in der heiligen Kirche verschiedene Lebensweisen der Menschen verschiedene Lebensordnungen darstellen, müssen alle zusammen lernen, wenn sich in ihr geistliche Männer, an Charakter, Alter und Stellung verschieden, zusammen sehen lassen, damit man sie nachahme. Doch seht, indem wir die Ulme zu erklären suchten, sind wir recht weit auf vielerlei Baumwerk abgeschweift. Laßt uns daher zu dem zurückkehren, weswegen wir das Zeugnis des Propheten angeführt haben. „Wer einen Propheten wegen des Prophetenamtes aufnimmt, wird den Lohn eines Propheten empfangen" (Mt 10,41). Denn wenn auch die Ulme keine Frucht besitzt, aber trotzdem den Weinstock mit den Früchten trägt, macht sie das zu dem Ihrigen, was sie als Fremdes hilfreich unterstützt.

14. Da uns Johannes zu großen Werken mahnt, wenn er sagt: „Bringt Früchte, die der Buße entsprechen" (Lk 3,8); und nochmals: „wer zwei Gewänder hat, gebe eines davon

similiter faciat": iam patenter datur intelligi quid est quod
Veritas dicit: „A diebus Ioannis Baptistae usque nunc regnum coelorum vim patitur, et violenti rapiunt illud." Quae
supernae verba sententiae nobis sunt magnopere perscru-
tanda. Nam quaerendum est, quomodo vim perpeti regnum 5
coelorum possit. Quis enim coelo violentiam irrogat? Et
rursum quaerendum est, si pati vim regnum coelorum potest, cur eandem vim a diebus Ioannes Baptistae, et non
etiam ante pertulerit? Sed cum lex dicat: Si quis haec vel illa
fecerit, morte moriatur; cunctis legentibus liquet, quia pec- 10
catores quosque poena suae severitatis perculit, non autem
per poenitentiam ad vitam reduxit. Cum vero Ioannes Baptista, Redemptoris gratiam praecurrens, poenitentiam praedicat, ut peccator, qui ex culpa mortuus est, per conver-
sionem | vivat, profecto a diebus Ioannis Baptistae regnum 15 | 26
coelorum vim patitur. Quid est autem regnum coelorum,
nisi locus iustorum? Solis enim iustis coelestis patriae praemia debentur, ut humiles, casti, mites atque misericordes ad
gaudia superna perveniant. Cum vero quis vel superbia
tumidus, vel carnis facinore pollutus, vel iracundia accen- 20
sus, vel crudelitate impius, post culpas ad poenitentiam
redit et vitam aeternam percipit, quasi in locum peccator
intrat alienum. A diebus ergo Ioannis Baptistae regnum
coelorum vim patitur, et violenti rapiunt illud: quia qui
poenitentiam peccatoribus indixit, quid aliud quam regno 25
coelorum fieri violentiam docuit?

15. Recogitemus ergo, fratres carissimi, mala quae fecimus, et nosmetipsos assiduis lamentis atteramus. Heredi-
tatem iustorum, quam non tenuimus per vitam, rapiamus

dem, der keines hat, und wer zu essen hat, der handle ebenso" (Lk 3, 11), wird schon das volle Verständnis dessen erschlossen, was die Wahrheit sagt: „Seit den Tagen Johannes' des Täufers bis jetzt leidet das Himmelreich Gewalt, und die Gewalttätigen reißen es an sich" (Mt 11, 12). Dieses Wort eines himmlischen Ausspruches müssen wir eingehend untersuchen. Es ist nämlich zu fragen, wie das Himmelreich Gewalt erleiden kann. Denn wer tut dem Himmel Gewalt an? Und wiederum ist zu fragen: wenn das Himmelreich Gewalt leidet, warum hat es diese Gewalt seit den Tagen Johannes' des Täufers und nicht schon zuvor erlitten? Aber wenn das Gesetz sagt: Hat einer dies oder jenes getan, soll er des Todes sterben, dann ist allen, die es lesen, klar, daß es alle Sünder mit der Strenge seiner Strafe niederschmetterte, nicht aber durch Buße zum Leben zurückführte. Wenn nun aber Johannes der Täufer der Gnade des Erlösers vorausgeht und Buße verkündet, damit der Sünder, der infolge seiner Schuld tot ist, durch die Bekehrung lebe, dann leidet das Himmelreich in der Tat seit den Tagen Johannes' des Täufers Gewalt. Was aber ist das Himmelreich anderes als der Ort der Gerechten? Allein den Gerechten gebührt nämlich der Lohn der himmlischen Heimat, so daß die Demütigen, Keuschen, Sanftmütigen und Barmherzigen zu den himmlischen Freuden gelangen. Wenn jedoch ein von Hochmut Aufgeblasener oder von fleischlicher Sünde Befleckter oder ein Zornentbrannter oder ein in seiner Grausamkeit Gottloser nach der Schuld zur Buße umkehrt und das ewige Leben empfängt, betritt der Sünder sozusagen einen fremden Ort. Seit den Tagen Johannes' des Täufers erleidet also das Himmelreich Gewalt, und Gewalttätige reißen es an sich. Denn was hat der, der den Sündern Buße verkündete, anderes gelehrt, als daß dem Himmelreich Gewalt zugefügt werde?

15. Überdenken wir also, geliebte Brüder, das Böse, das wir begangen haben, setzen wir uns selbst durch beständige Bußklagen heftig zu. Laßt uns das Erbe der Gerechten, das

per poenitentiam. Vult a nobis omnipotens Deus talem
violentiam perpeti. Nam regnum coelorum rapi vult nostris
fletibus, quod nostris meritis non debetur. Ab spei ergo
certitudine nulla nos malorum nostrorum qualitas, nulla
quantitas frangat. Praestat magnam veniae fiduciam latro 5
ille venerabilis, qui non inde venerabilis, unde latro: nam
latro ex crudelitate, venerabilis ex confessione. Cogitate
ergo, cogitate quam sint incomprehensibilia in omnipotenti
Deo misericordiae viscera. Latro iste cruentis manibus abs-
tractus a fauce itineris, suspensus est in patibulo crucis: ibi 10
confessus, ibi sanatus est, ibi audire meruit: „Hodie mecum
eris in paradiso." Quid est hoc? Quis tantam bonitatem Dei
dicere, quis aestimare sufficiat? De ipsa poena criminis
pervenit ad praemia virtutis. Idcirco autem omnipotens
Deus electos suos in quibusdam lapsibus cadere permisit, 15
ut aliis in culpa iacentibus, si toto ad eum corde consurgant,
spem veniae reddat, et eis per lamenta poenitentia viam
pietatis aperiat. Exerceamus ergo nosmetipsos in lamentis,
exstinguamus fletibus et dignis poenitentiae fructibus culpas quas fecimus: ad indulgentiam nobis tempora indulta 20
non pereant: quia qui multos a suis iniquitatibus iam sana-
tos aspicimus, quid aliud quam supernae misericordiae pi-
gnus tenemus?

wir nicht durch unser Leben bewahrten, durch Buße an uns
reißen. Der allmächtige Gott will von uns solche Gewalt
erleiden. Er will nämlich, daß das Himmelreich, das unse-
ren Verdiensten nicht gebührt, durch unsere Tränen erobert
werde. In der Gewißheit der Hoffnung entmutige uns also
nicht die Art, nicht die Menge unserer Vergehen. Großes
Vertrauen auf Vergebung schenkt jener ehrwürdige
Schächer, der nicht deswegen ehrwürdig ist, weil er ein
Schächer ist. Denn ein Schächer ist er aufgrund seiner
Grausamkeit, ehrwürdig aufgrund seines Bekenntnisses.
Bedenkt also, bedenkt, wie unbegreiflich die Tiefen der
Barmherzigkeit im allmächtigen Gott sind. Dieser
Schächer wurde noch mit Blut an den Händen aus dem
Versteck am Weg gezogen und an den Pfahl des Kreuzes
gehängt; dort bekannte er, dort kam er zum Heil, dort
verdiente er zu hören: „Heute noch wirst du mit mir im
Paradies sein" (Lk 23, 43). Was bedeutet das? Wer vermag
die übergroße Güte Gottes zu beschreiben, wer sie zu
würdigen? Unmittelbar von der Strafe seines Verbrechens
gelangte er zum Lohn der Tugend. Doch ließ der allmächtige Gott deswegen seine Erwählten manchen Fehltritt begehen, damit er einigen in Schuld Versunkenen, sofern sie
mit ganzem Herzen sich zu ihm erheben, die Hoffnung auf
Vergebung wieder schenke und ihnen durch die Klagen der
Buße den Weg der Frömmigkeit eröffne. Laßt uns also in
dieser Klage unermüdlich sein, laßt uns mit Tränen und
Früchten, die der Buße entsprechen, die Schuld auslöschen,
die wir begangen haben; die uns zur Vergebung gewährte
Zeit möge nicht verlorengehen. Wenn wir viele sehen, die
von ihren Vergehen schon zum Heil gelangten, was besitzen wir da anderes als ein Unterpfand der himmlischen
Barmherzigkeit?